台州 2019
TAIZHOU STATISTICAL YEARBOOK
统计年鉴

台 州 市 统 计 局
国家统计局台州调查队
编

中国统计出版社
China Statistics Press

图书在版编目（CIP）数据

台州统计年鉴. 2019 / 台州市统计局，国家统计局台州调查队编. -- 北京 : 中国统计出版社，2019.9
ISBN 978-7-5037-8937-3

Ⅰ. ①台… Ⅱ. ①台… ②国… Ⅲ. ①统计资料－台州－2019－年鉴 Ⅳ. ①C832.553-54

中国版本图书馆 CIP 数据核字（2019）第 183072 号

台州统计年鉴—2019

作　　者 / 台州市统计局　国家统计局台州调查队
责任编辑 / 李　冲　张　洁
封面设计 / 李雪燕
出版发行 / 中国统计出版社有限公司
通信地址 / 北京市丰台区西三环南路甲 6 号　邮政编码 /100073
电　　话 / 邮购（010）63376909　书店（010）68783171
网　　址 / http://www.zgtjcbs.com
印　　刷 / 河北鑫兆源印刷有限责任公司
经　　销 / 新华书店
开　　本 / 890mm×1240mm　1/16
字　　数 / 900 千字
印　　张 / 35.75　0.375 彩页
版　　别 / 2019 年 11 月第 1 版
版　　次 / 2019 年 11 月第 1 次印刷
定　　价 / 300.00 元

如有印装差错，由本社发行部调换。

《台州统计年鉴－2019》

编委会与编辑人员

生产总值（亿元）

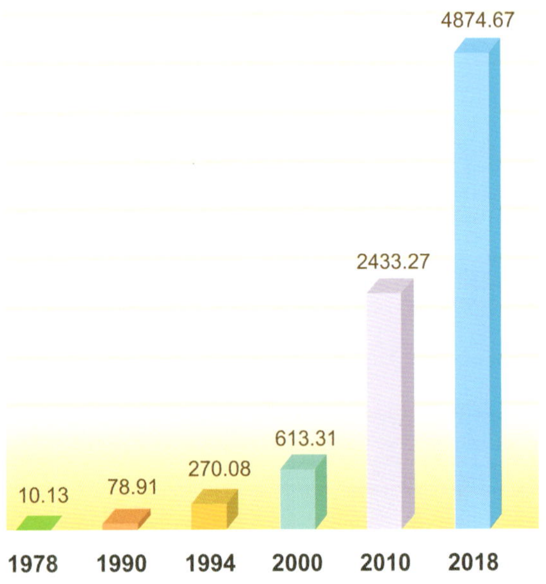

工业增加值（亿元）

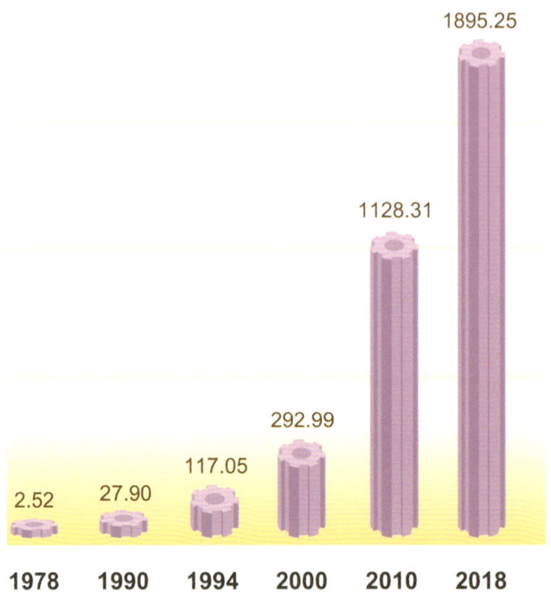

生产总值三次产业构成（%）

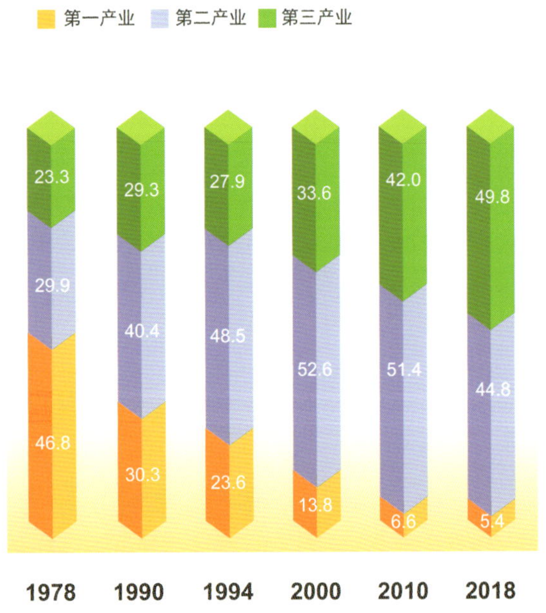

人均生产总值（元）

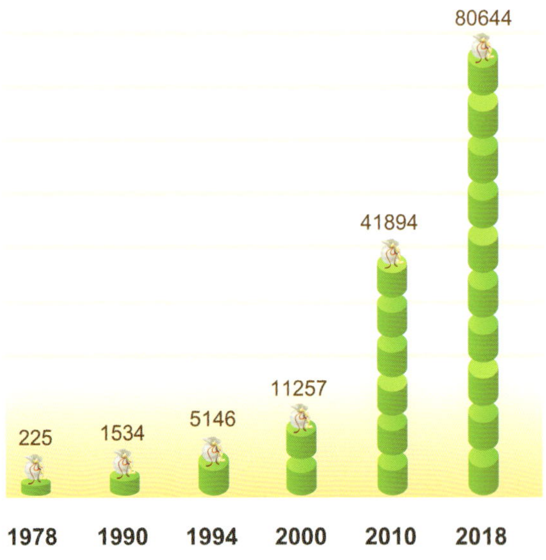

财政总收入（亿元）

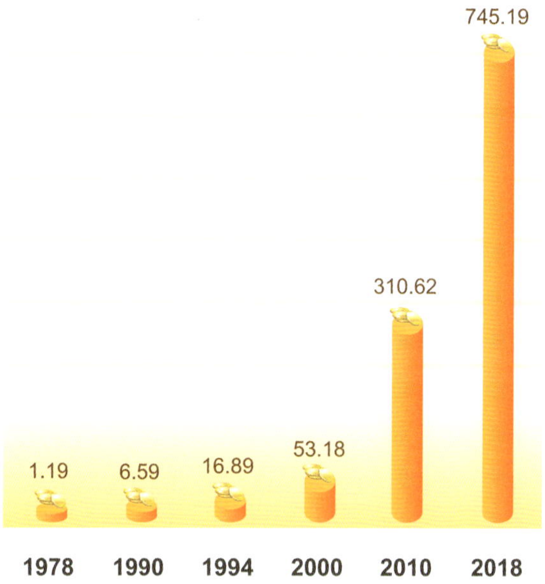

外贸自营出口总额（亿美元）

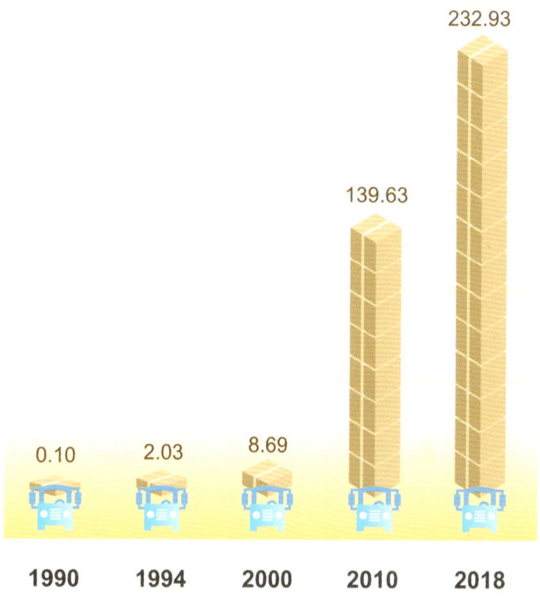

社会消费品零售总额（亿元）

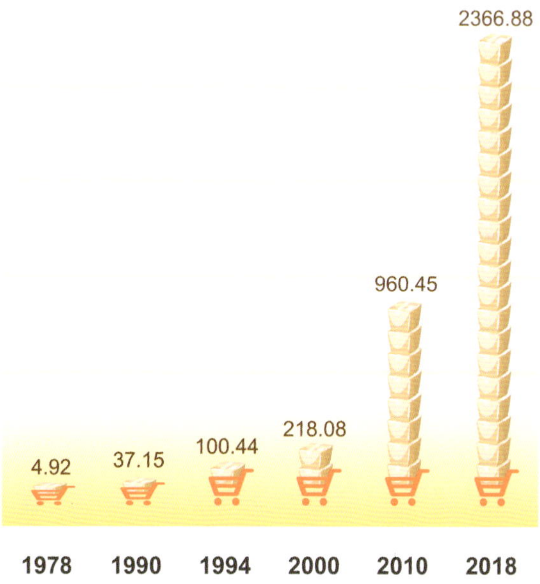

城乡居民收入（元）

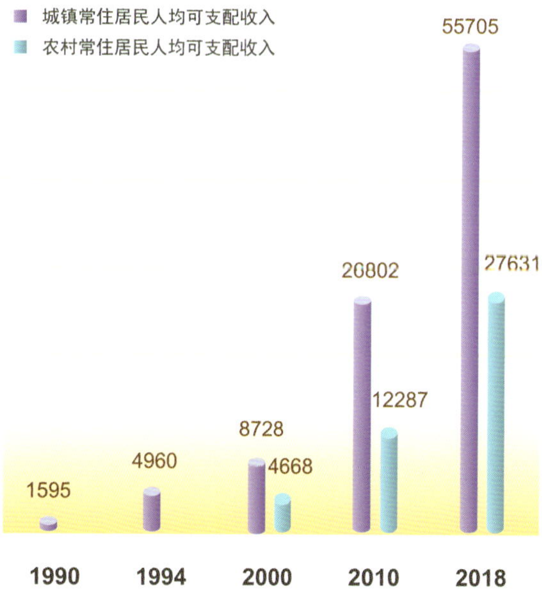

编辑说明

一、《台州统计年鉴-2019》是一部反映台州国民经济和社会发展情况的资料性年刊，本年鉴不仅记载了台州市和各县、市、区、乡镇、全省各市及长江三角洲各城市2018年经济和社会各方面大量的统计数据，还整理收录了主要历史年份和撤地建市以来台州主要统计数据。

二、全书内容分21个篇章。即：(1) 综合；(2) 人口和从业人员；(3) 农业；(4) 工业；(5) 固定资产投资和建筑业；(6) 交通运输邮电通信和电力；(7) 原材料和能源；(8) 批发零售贸易业和住宿餐饮业；(9) 对外经济贸易和旅游；(10) 财政金融保险；(11) 物价；(12) 人民生活；(13) 城市建设和环境保护；(14) 教育科技和质量监督；(15) 文化卫生体育和广播；(16) 档案工会妇联优抚和社会保障；(17) 各县市区国民经济主要指标；(18) 乡镇经济社会基本情况；(19) 各市国民经济主要指标；(20) 长江三角洲各城市国民经济主要指标；(21) 统计公报。

为了便于读者使用，每篇章后均附有主要统计指标解释，并在部分表下作了简要注释。

三、本年鉴对过去发表的统计资料重新予以核实，并按统计口径的变化对历史年份数据作了调整，凡以往统计资料与本年鉴不一致的，均以本年鉴为准。

四、本年鉴中部分数据合计数或相对数由于单位取舍不同而产生的计算误差，均未做机械调整。

五、本年鉴中使用的符号："#"表示其中的主要项；"…"表示数据不足本表最小单位数；"空格"表示无该项指标数据或数据不详。

《台州统计年鉴》自公开出版以来，受到社会各界和重视和好评，为进一步提高年鉴的编辑水平，欢迎读者提出宝贵意见。

目　　录

一、综　合

二、人口和从业人员

三、农 业

四、工　业

五、固定资产投资和建筑业

六、交通运输邮电通信和电力

七、原材料和能源

八、批发零售贸易业和住宿餐饮业

九、对外经济贸易和旅游

十、财政金融保险

十一、物　价

十二、人民生活

十三、城市建设和环境保护

十四、教育科技和质量监督

十五、文化卫生体育和广播

十六、档案工会妇联优抚和社会保障

十七、各县市区国民经济主要指标

十八、乡镇经济社会基本情况

十九、各市国民经济主要指标

二十、长江三角洲各城市国民经济主要指标

二十一、统计公报

1

综　合

General Survey

1-1 人口和自然资源

(2018年)

指 标		2018年
一、人 口		
年末总人口	(万人)	605.40
人口密度	(人/平方公里)	602
二、土 地		
土地面积	(平方公里)	10050.43
	(千公顷)	1005.04
山地、丘陵占总面积比重	(%)	73.0
平原占总面积比重	(%)	22.4
河流水面占总面积比重	(%)	4.6
三、森 林		
有林地面积	(千公顷)	632.39
森林覆盖率	(%)	61.56
林木蓄积量	(万立方米)	1979.53
四、水文、水利		
淡水总面积	(千公顷)	51.16
其中：已养殖面积	(千公顷)	7.97
滩涂围垦可利用资源	(千公顷)	66.62
其中：已养殖面积	(千公顷)	11.03
年降水总量	(亿立方米)	156.74
河川年径流量	(亿立方米)	77.08
水资源总量	(亿立方米)	77.97
水力资源蕴藏量	(万千瓦)	53.71
其中：可开发量	(万千瓦)	36.20
已开发量	(万千瓦)	28.40
潮汐能已开发量	(千瓦)	4100
大陆岸线长度	(公里)	726
岛屿个数	(个)	921

注：人口资料取自公安户籍年报，下同。

1-2　行政区划土地面积和人口密度

(2018年)

地　区	行　政　区　划（个）						土地面积(平方公里)	人口密度(人/平方公里)
	镇　数	乡　数	街道办事处数	城　市社　区	居　民委员会	村　民委员会		
全　市	**61**	**24**	**44**	**265**	**97**	**3043**	**10050.43**	**602**
市　区	10	6	22	112	31	691	1679.75	967
椒江区	1		8	57	4	203	363.79	1511
黄岩区	5	6	8	28	15	306	988.36	622
路桥区	4		6	27	12	182	327.60	1404
三门县	6	1	3	8	5	275	1105.18	405
天台县	7	5	3	21		374	1431.66	421
仙居县	7	10	3	21		311	2000.11	259
温岭市	11		5	33	57	579	1073.56	1138
临海市	14		5	34	3	628	2250.6	535
玉环市	6	2	3	36	1	185	509.57	854

注：土地面积根据浙江省统计局反馈和台州市自然资源和规划局提供的数据进行了调整。

1-3　部分县市区平均气温

(2018年)　　单位：摄氏度

地　区	1月	2月	3月	4月	5月	6月	7月	8月	9月	10月	11月	12月	年平均
椒江区	7.3	7.6	13.5	18.9	23.6	25.1	28.8	29.2	26.4	19.6	16.5	10.8	18.9
三门县	6.1	6.7	13.1	18.1	23.0	24.7	28.4	28.5	25.4	18.0	15.3	9.6	18.1
天台县	5.7	6.4	13.5	18.5	23.3	24.8	28.1	28.0	24.9	17.5	14.6	8.6	17.8
仙居县	6.7	7.4	14.3	19.2	24.0	25.5	28.6	28.5	25.6	18.5	15.6	9.6	18.6
温岭市	7.4	7.8	13.8	19.0	23.6	25.0	28.6	28.9	26.1	19.5	16.3	10.9	18.9
临海市	6.5	7.2	13.7	18.7	23.8	25.2	28.5	28.6	25.7	18.4	15.7	10.0	18.5
玉环市	7.7	7.5	12.9	17.7	22.0	24.0	27.6	28.5	25.4	19.6	16.5	11.3	18.4

1-4　部分县市区日照时数

(2018年)　　单位：小时

地　区	1月	2月	3月	4月	5月	6月	7月	8月	9月	10月	11月	12月	全年
椒江区	84.5	128.9	138.4	156.2	122.4	133.6	216.4	231.9	165.1	169.6	87.6	55.6	1690.2
三门县	88.8	124.8	140.0	152.5	116.0	112.1	190.3	175.5	155.9	157.2	93.4	53.4	1559.9
天台县	97.4	146.0	160.4	183.8	151.8	146.5	235.5	209.5	174.4	173.8	97.8	52.5	1829.4
仙居县	79.6	124.3	135.2	131.5	106.3	127.9	192.1	170.3	152.8	164.8	76.7	42.3	1503.8
温岭市	69.9	116.4	108.7	137.6	126.4	124.8	179.8	182.8	149.0	150.0	69.8	44.5	1459.7
临海市	96.5	135.3	151.6	165.6	140.0	159.8	221.9	222.3	183.0	182.0	93.9	57.2	1809.1
玉环市	97.9	126.6	153.1	153.0	131.0	139.7	223.6	250.1	197.7	194.1	101.9	59.6	1828.3

1-5　部分县市区降水量

(2018年)　　单位：毫米

地　区	1月	2月	3月	4月	5月	6月	7月	8月	9月	10月	11月	12月	全年
椒江区	78.1	30.8	66.6	100.0	92.7	210.5	281.2	317.5	219.4	45.6	79.0	46.2	1567.6
三门县	81.4	27.0	93.4	80.5	130.2	201.0	172.4	242.8	189.9	43.1	56.9	85.2	1403.8
天台县	60.1	25.4	84.4	124.6	157.9	183.0	120.9	368.9	136.6	46.5	49.0	71.4	1428.7
仙居县	74.5	22.9	86.0	95.8	271.1	166.3	175.2	233.3	234.1	32.3	65.2	67.0	1523.7
温岭市	121.8	43.7	70.5	114.6	128.4	128.8	175.7	354.4	239.0	53.1	139.8	58.6	1628.4
临海市	69.6	26.5	91.5	66.9	156.3	255.5	300.2	322.0	220.3	32.8	65.8	61.5	1668.9
玉环市	95.4	26.3	78.3	70.9	207.7	83.8	190.0	234.1	201.9	53.7	103.1	25.1	1370.3

1-6 主要年份国民经济和社会发展主要指标

指 标		1978年	1990年	1994年	2000年	2010年	2017年	2018年
年末户籍总人口	(万人)	452.71	515.49	526.31	546.62	583.14	603.53	605.40
年末常住人口	(万人)					596.88	611.80	613.90
年末从业人员数	(万人)	176.88	307.23	330.65	340.48	367.56	406.65	407.80
在岗职工人数	(万人)	22.90	33.49	33.64	32.56	64.81	92.05	86.39
其中：国有单位职工	(万人)	12.06	17.90	19.32	17.99	16.65	15.76	15.42
城镇集体单位职工	(万人)	10.84	15.41	13.24	7.40	2.66	5.25	5.37
生产总值(当年价)	(亿元)	10.13	78.91	270.08	613.31	2433.27	4407.37	4874.67
指数(1978年=100)	(%)	100.00	450.40	1053.29	2236.03	7472.55	12468.97	13412.41
第一产业增加值	(亿元)	4.74	23.89	63.82	84.60	160.42	266.59	264.28
指数(1978年=100)	(%)	100.00	154.50	218.27	286.80	352.81	426.31	430.26
第二产业增加值	(亿元)	3.03	31.90	130.91	322.38	1251.02	1953.37	2182.60
指数(1978年=100)	(%)	100.00	920.41	2819.88	6783.60	23729.20	37730.84	41014.04
第三产业增加值	(亿元)	2.36	23.12	75.36	206.33	1021.83	2187.41	2427.79
指数(1978年=100)	(%)	100.00	523.08	1200.22	2540.43	10098.84	18593.19	19946.76
在生产总值中：工业增加值	(亿元)	2.52	27.90	117.05	292.99	1128.31	1699.70	1895.25
指数(1978年=100)	(%)	100.00	1122.28	3594.97	8783.95	31395.97	49188.04	53793.14
人均生产总值(当年价)	(元)	225	1534	5146	11257	41894	73230	80644
指数(1978年=100)	(%)	100.00	393.97	902.77	1846.39	5787.85	9320.15	9981.99

注：人均生产总值按按户籍人口计算。

1-6 续表 1

指 标		1978年	1990年	1994年	2000年	2010年	2017年	2018年
全社会客运周转量	(亿人公里)	4.38	24.82	33.99	60.92	97.71	75.28	71.56
公 路	(亿人公里)	3.20	23.67	33.06	60.52	90.58	35.62	29.88
水 运	(亿人公里)	1.18	1.15	0.93	0.40	0.23	0.19	0.19
全社会货运周转量	(亿吨公里)	5.26	27.75	59.20	126.51	1110.64	1814.32	1830.78
公 路	(亿吨公里)	0.34	6.84	20.14	36.74	141.98	219.72	233.09
水 运	(亿吨公里)	4.92	20.91	39.06	89.78	968.66	1593.86	1597.02
财政总收入	(亿元)	1.19	6.59	16.89	53.18	310.62	656.97	745.19
地方财政收入	(亿元)			8.65	26.15	164.88	382.25	431.18
地方财政支出	(亿元)	0.99	4.99	12.20	33.19	222.76	563.10	653.75
金融机构年末人民币存款余额	(亿元)	1.64	31.26	106.19	528.96	3562.80	7429.26	8385.74
其中：城乡居民储蓄存款余额	(亿元)	0.44	15.36	54.64	289.62	1725.08	4038.69	4162.58
金融机构年末人民币贷款余额	(亿元)	3.46	30.79	83.81	330.43	2940.51	6366.68	7288.77
社会消费品零售总额	(亿元)	4.92	37.15	100.44	218.08	960.45	2235.73	2366.88
外贸进出口总额	(亿美元)		0.10	2.45	11.44	170.01	232.98	264.12
其中：外贸出口总额	(亿美元)		0.10	2.03	8.69	139.63	203.62	232.93
商品零售价格指数(以1978年为100)	(%)	100.00	236.00	405.10	472.20	543.50	616.70	628.10
居民消费价格指数(以1978年为100)	(%)	100.00	243.60	427.20	548.10	663.30	787.60	807.40

1-6 续表 2

指　　标		1978年	1990年	1994年	2000年	2010年	2017年	2018年
城镇居民人均可支配收入	(元)	311	1619	5036	8861	27212		
农村居民人均纯收入	(元)	120	918	2256	4296	11307		
城镇常住居民人均可支配收入	(元)		1595	4960	8728	26802	51374	55705
农村常住居民人均可支配收入	(元)				4668	12287	25369	27631
普通高校在校学生数	(人)	413	962	1794	4125	29749	34728	35216
普通高校专任教师数	(人)	79	133	167	381	1579	1741	1786
成人高等学校在校学生数	(人)		1962	1546	4802	22323	32070	34718
普通中学在校学生数	(万人)	22.58	20.01	22.21	33.41	28.68	30.50	31.41
普通中学专任教师数	(人)	10250	9751	11250	17663	20157	25403	23253
小学在校学生数	(万人)	64.96	46.03	49.75	37.05	43.05	45.34	44.57
小学专任教师数	(人)	21860	17010	17952	18809	20510	21714	24698
幼儿园在园儿童数	(万人)	0.85	7.19	8.48	9.79	25.98	21.65	20.11
卫生机构数	(个)	618	730	698	645	1380	3601	3691
其中：医院、卫生院	(个)	417	351	393	340	220	269	285
卫生机构床位数	(张)	4788	7030	7861	9559	16528	28257	29861
其中：医院、卫生院	(张)	4723	6902	7695	9459	16088	27282	28945
卫生技术人员	(人)	6998	11011	12406	14841	26765	42582	44797
其中：医　生	(人)	2743	4512	4950	6479	11521	17235	18103

注：本表卫生机构数2012年起包括村卫生室。

1-7 主要年份国民经济和社会主要指标发展情况

指标	2018年为下列年份%					平均每年增长%			
	1978年	1990年	1994年	2000年	2017年	1979-2018年	1991-2018年	1995-2018年	2001-2018年
年末户籍总人口	133.7	117.4	115.0	110.8	100.3	0.7	0.6	0.6	0.6
年末从业人员数	230.6	132.7	123.3	119.8	100.3	2.1	1.0	0.9	1.0
在岗职工人数	377.2	258.0	256.8	265.3	93.9	3.4	3.4	4.0	5.6
其中：国有单位职工	127.9	86.1	79.8	85.7	97.8	0.6	-0.5	-0.9	-0.9
城镇集体单位职工	49.5	34.8	40.6	72.6	102.3	-1.7	-3.7	-3.7	-1.8
生产总值	13412.4	2977.9	1273.4	599.8	107.6	13.0	12.9	11.2	10.5
第一产业增加值	430.3	278.5	197.1	150.0	100.9	3.7	3.7	2.9	2.3
第二产业增加值	41014.0	4456.1	1454.5	604.6	108.7	16.2	14.5	11.8	10.5
第三产业增加值	19946.8	3813.3	1661.9	785.2	107.3	14.2	13.9	12.4	12.1
在生产总值中：工业增加值	53793.1	4793.2	1496.3	612.4	109.4	17.0	14.8	11.9	10.6
人均生产总值	9982.0	2533.7	1105.7	540.6	107.1	12.2	12.2	10.5	9.8
全社会客运周转量	1633.8	288.3	210.5	117.5	95.1	7.2	3.9	3.2	0.9
公　路	933.8	126.2	90.4	49.4	83.9	5.7	0.8	-0.4	-3.8
水　运	16.1	16.5	20.4	47.5	100.0	-4.5	-6.2	-6.4	-4.1
全社会货运周转量	34805.7	6597.4	3092.5	1447.1	100.9	15.8	16.1	15.4	16.0
公　路	68555.9	3407.7	1157.3	634.4	106.1	17.7	13.4	10.7	10.8
水　运	32459.8	7637.6	4088.6	1778.8	100.2	15.6	16.7	16.7	17.3

注：本表生产总值、各产业增加值、人均生产总值发展速度按可比价格计算。

1-7 续表 1

指标	2018年为下列年份%					平均每年增长%			
	1978年	1990年	1994年	2000年	2017年	1979-2018年	1991-2018年	1995-2018年	2001-2018年
财政总收入	62621.0	11307.9	4412.0	1401.3	113.4	17.5	18.4	17.1	15.8
地方财政收入			4984.7	1648.9	112.8			17.7	16.8
地方财政支出	66035.4	13101.2	5358.6	1969.7	116.1	17.6	19.0	18.0	18.0
金融机构年末人民币存款余额	511325.6	26825.8	7896.9	1585.3	112.9	23.8	22.1	20.0	16.6
其中：城乡居民储蓄存款余额	946040.9	27100.1	7618.2	1437.3	103.1	25.7	22.1	19.8	16.0
金融机构年末人民币贷款余额	210658.2	23672.5	8696.8	2205.8	114.5	21.1	21.6	20.4	18.8
社会消费品零售总额	48107.2	6371.1	2356.5	1085.3	105.9	16.7	16.0	14.1	14.2
外贸进出口总额		264120.0	10780.4	2308.7	113.4		32.5	21.5	19.1
其中：外贸出口总额		232930.0	11474.4	2680.4	114.4		31.9	21.8	20.0
商品零售价格指数	628.1	266.1	155.0	133.0	101.8	4.7	3.6	1.8	1.6
居民消费价格指数	807.4	331.4	189.0	147.3	102.5	5.4	4.4	2.7	2.2

1-7 续表 2

指 标	2018年为下列年份%					平均每年增长%			
	1978年	1990年	1994年	2000年	2018年	1979–2018年	1991–2018年	1995–2018年	2001–2018年
普通高校在校学生数	8526.9	3660.7	1963.0	853.7	101.4	11.8	13.7	13.2	12.7
普通高校专任教师数	2260.8	1342.9	1069.5	468.8	102.6	8.1	9.7	10.4	9.0
成人高等学校在校学生数		1769.5	2245.7	723.0	108.3		10.8	13.8	11.6
普通中学在校学生数	139.1	157.0	141.4	94.0	103.0	0.8	1.6	1.5	-0.3
普通中学专任教师数	226.9	238.5	206.7	131.6	91.5	2.1	3.2	3.1	1.5
小学在校学生数	68.6	96.8	89.6	120.3	98.3	-0.9	-0.1	-0.5	1.0
小学专任教师数	113.0	145.2	137.6	131.3	113.7	0.3	1.3	1.3	1.5
幼儿园在园儿童数	2365.9	279.7	237.1	205.4	92.9	8.2	3.7	3.7	4.1
医院、卫生院机构数	68.3	81.2	72.5	83.8	105.9	-0.9	-0.7	-1.3	-1.0
卫生机构床位数	623.7	424.8	379.9	312.4	105.7	4.7	5.3	5.7	6.5
其中：医院、卫生院	612.9	419.4	376.2	306.0	106.1	4.6	5.3	5.7	6.4
卫生技术人员	640.1	406.8	361.1	301.8	105.2	4.8	5.1	5.5	6.3
其中：医 生	660.0	401.2	365.7	279.4	105.0	4.8	5.1	5.6	5.9

1-8 按登记注册类型分法人单位数

(2018年) 单位：个

项目	法人单位数	单产业法人	多产业法人
总计	**134381**	**132532**	**1849**
按登记注册类型分组			
内资	**133981**	**132156**	**1825**
国有	4108	3953	155
集体	4730	4708	22
股份合作	2184	2147	37
联营	23	23	
国有联营	4	4	
集体联营	3	3	
国有与集体联营	3	3	
其他联营	13	13	
有限责任公司	5266	5009	257
国有独资公司	435	403	32
其他有限责任公司	4831	4606	225
股份有限公司	715	675	40
私营	97086	95790	1296
私营独资	16216	16043	173
私营合伙	4124	4086	38
私营有限责任公司	75784	74718	1066
私营股份有限公司	962	943	19
其他内资	19869	19851	18
港澳台商投资	**190**	**178**	**12**
与港澳台商合资经营	112	108	4
与港澳台商合作经营	4	4	
港澳台商独资	67	61	6
港澳台商投资股份有限公司	5	4	1
其他港、澳、台商投资	2	1	1
外商投资	**210**	**198**	**12**
中外合资经营	124	119	5
中外合作经营	4	4	
外资企业	69	63	6
外商投资股份有限公司	3	2	1
其他外商投资	10	10	

1-9 按机构类型和行业分法人单位数

(2018年) 单位：个

项 目	法 人 单位数	单产业 法 人	多产业 法 人
总 计	**134381**	**132532**	**1849**
按机构类型分组			
企 业	105908	104213	1695
事业单位	2821	2729	92
机 关	738	695	43
社会团体	1840	1840	
民办非企业单位	2214	2214	
基金会	36	36	
居委会	327	327	
村委会	4154	4151	3
农民专业合作社	10567	10554	13
农村集体经济组织	4160	4159	1
其他组织机构	1616	1614	2
按三次产业分组			
第一产业	10990	10967	23
第二产业	50800	50282	518
第三产业	72591	71283	1308
法人单位数中：工业	47832	47433	399
按国民经济行业分组			
农、林、牧、渔业	**11151**	**11128**	**23**
农 业	7736	7722	14
林 业	388	387	1
畜牧业	1421	1415	6
渔 业	1445	1443	2
农、林、牧、渔专业及辅助性活动	161	161	
采矿业	**58**	**58**	
黑色金属矿采选业	1	1	
有色金属矿采选业	3	3	
非金属矿采选业	54	54	

1-9 续表 1

单位：个

项目	法人单位数	单产业法人	多产业法人
制造业	**47190**	**46806**	**384**
农副食品加工业	471	466	5
食品制造业	187	182	5
酒、饮料和精制茶制造业	139	132	7
纺织业	911	894	17
纺织服装、服饰业	1252	1246	6
皮革、毛皮、羽毛及其制品和制鞋业	4158	4143	15
木材加工和木、竹、藤、棕、草制品业	486	484	2
家具制造业	603	598	5
造纸和纸制品业	1297	1291	6
印刷和记录媒介复制业	724	707	17
文教、工美、体育和娱乐用品制造业	2742	2718	24
石油、煤炭及其他燃料加工业	27	27	
化学原料和化学制品制造业	585	569	16
医药制造业	148	141	7
化学纤维制造业	21	21	
橡胶和塑料制品业	6322	6280	42
非金属矿物制品业	1140	1129	11
黑色金属冶炼和压延加工业	158	155	3
有色金属冶炼和压延加工业	280	278	2
金属制品业	3117	3082	35
通用设备制造业	7573	7524	49
专用设备制造业	5332	5297	35
汽车制造业	3977	3961	16
铁路、船舶、航空航天和其他运输设备制造业	1171	1153	18
电气机械和器材制造业	3048	3023	25
计算机、通信和其他电子设备制造业	403	394	9
仪器仪表制造业	427	425	2
其他制造业	222	219	3
废弃资源综合利用业	135	134	1
金属制品、机械和设备修理业	134	133	1

1-9 续表 2

单位：个

项 目	法 人 单位数	单产业 法 人	多产业 法 人
电力、热力、燃气及水生产和供应业	**584**	**569**	**15**
电力、热力生产和供应业	374	367	7
燃气生产和供应业	24	23	1
水的生产和供应业	186	179	7
建筑业	**3102**	**2982**	**120**
房屋建筑业	499	462	37
土木工程建筑业	873	819	54
建筑安装业	431	419	12
建筑装饰和其他建筑业	1299	1282	17
批发和零售业	**31409**	**30910**	**499**
批发业	15160	14989	171
零售业	16249	15921	328
交通运输、仓储和邮政业	**2197**	**2065**	**132**
道路运输业	1384	1337	47
水上运输业	143	142	1
航空运输业	5	5	
多式联运和运输代理业	374	250	24
装卸搬运和仓储业	152	144	8
邮政业	139	87	52
住宿和餐饮业	**1639**	**1543**	**96**
住宿业	635	602	33
餐饮业	1004	941	63

1-9 续表 3

单位：个

项　目	法　人 单位数	单产业 法　人	多产业 法　人
信息传输、软件和信息技术服务业	**1412**	**1395**	**17**
电信、广播电视和卫星传输服务	52	43	9
互联网和相关服务	242	242	
软件和信息技术服务业	1118	1110	8
金融业	**243**	**234**	**9**
货币金融服务	92	88	4
资本市场服务	68	68	
保险业	1	1	
其他金融业	82	77	5
房地产业	**3208**	**3128**	**80**
房地产业	3208	3128	80
租赁和商务服务业	**10704**	**10574**	**130**
租赁业	677	669	8
商务服务业	10027	9905	122
科学研究和技术服务业	**2545**	**2497**	**48**
研究和试验发展	240	238	2
专业技术服务业	1428	1389	39
科技推广和应用服务业	877	870	7
水利、环境和公共设施管理业	**774**	**760**	**14**
水利管理业	120	118	2
生态保护和环境治理业	122	121	1
公共设施管理业	532	521	11

1-9 续表 4

单位：个

项 目	法 人 单位数	单产业 法 人	多产业 法 人
居民服务、修理和其他服务业	**1960**	**1898**	**62**
居民服务业	885	844	41
机动车、电子产品和日用产品修理业	759	741	18
其他服务业	316	313	3
教 育	**3671**	**3567**	**104**
教 育	3671	3567	104
卫生和社会工作	**995**	**958**	**37**
卫 生	610	576	34
社会工作	385	382	3
文化、体育和娱乐业	**1770**	**1743**	**27**
新闻和出版业	13	13	
广播、电视、电影和录音制作业	218	210	8
文化艺术业	384	383	1
体 育	276	266	10
娱乐业	879	871	8
公共管理、社会保障和社会组织	**9554**	**9503**	**51**
中国共产党机关	108	106	2
国家机构	1611	1566	45
人民政协、民主党派	33	33	
社会保障	17	17	
群众团体、社会团体和其他成员组织	3304	3303	1
基层群众自治组织	4481	4478	3

1-10 主要年份生产总值

单位：亿元

年份	生产总值	第一产业	第二产业	第三产业	在生产总值中：工业	人均生产总值 人民币(元) 按户籍人口计算	人均生产总值 人民币(元) 按常住人口计算	人均生产总值 美元 按户籍人口计算	人均生产总值 美元 按常住人口计算
1949	1.32	1.00	0.08	0.24	0.08	55		24	
1952	1.89	1.35	0.18	0.36	0.17	75		29	
1957	2.74	1.67	0.45	0.62	0.40	99		40	
1962	3.50	1.98	0.61	0.91	0.53	116		47	
1965	4.23	2.56	0.64	1.03	0.54	126		51	
1970	5.45	3.22	0.97	1.26	0.81	141		57	
1975	6.65	3.53	1.74	1.38	1.49	154		78	
1978	10.13	4.74	3.03	2.36	2.52	225		143	
1979	12.53	5.89	3.90	2.74	3.34	275		184	
1980	14.28	6.18	4.88	3.22	4.19	311		203	
1981	15.87	6.69	5.50	3.68	4.79	342		201	
1982	18.25	8.62	5.66	3.97	4.87	388		205	
1983	20.27	8.81	6.81	4.65	6.02	425		215	
1984	25.26	10.60	9.01	5.64	8.02	523		225	
1985	33.78	13.44	12.76	7.58	11.31	693		236	
1986	38.32	14.56	14.49	9.27	12.88	777		225	
1987	45.78	16.67	18.11	11.00	15.78	917		246	
1988	62.08	20.33	25.59	16.16	22.48	1227		330	
1989	72.92	22.33	30.79	19.80	27.43	1427		379	
1990	78.91	23.89	31.90	23.12	27.90	1534		321	
1991	100.53	29.99	38.46	32.08	33.30	1945		246	
1992	126.19	33.38	52.10	40.72	45.42	2430		330	
1993	177.84	41.51	85.01	51.32	74.81	3407		379	
1994	270.08	63.82	130.91	75.36	117.05	5146		597	
1995	380.84	83.09	187.49	110.26	164.80	7214		864	
1996	445.79	90.80	222.63	132.36	200.15	8391		1009	
1997	466.97	84.10	235.09	147.78	214.56	8737		1054	
1998	505.42	87.45	256.44	161.53	233.06	9399		1135	
1999	550.62	88.41	282.67	179.54	257.13	10173		1229	
2000	613.31	84.60	322.38	206.33	292.99	11257		1360	
2001	680.80	86.96	355.33	238.51	323.00	12433		1502	
2002	782.85	89.17	403.27	290.42	367.47	14247		1721	
2003	908.87	90.72	472.96	345.19	427.25	16479		1991	
2004	1076.48	94.24	560.29	421.95	504.04	19422		2347	
2005	1249.41	102.64	658.88	487.89	599.96	22395		2734	
2006	1458.48	105.97	783.80	568.71	710.92	25940		3254	
2007	1715.10	113.47	930.35	671.28	847.53	30247		3977	
2008	1946.23	122.95	1041.87	781.41	950.02	34041		4901	
2009	2041.05	132.22	1056.32	852.51	954.20	35419		5185	
2010	2433.27	160.42	1251.02	1021.83	1128.31	41894		6189	
2011	2766.47	189.25	1385.66	1191.57	1241.11	47293		7322	
2012	2921.32	200.91	1413.17	1307.24	1257.01	49609		7859	
2013	3169.37	211.58	1495.76	1462.03	1326.10	53492		8638	
2014	3387.38	215.63	1578.85	1592.89	1374.80	56876		9259	
2015	3553.85	229.75	1567.65	1756.45	1339.56	59499	58917	9553	9459
2016	3898.66	254.14	1695.80	1948.73	1469.10	65104	64287	9801	9678
2017	4407.37	266.59	1953.37	2187.41	1699.70	73230	72264	10846	10703
2018	4874.67	264.28	2182.60	2427.79	1895.25	80644	79541	12187	12020

注：本表按当年价格计算。2004年起第一产业包括农林牧渔服务业,2013年起三次产业分类依据国家统计局2012年制定的《三次产业划分规定》，2016年起研究与试验发展支出计入地区生产总值。下同。

1-11 分行业增加值(一)

(1992-2018年)

单位：亿元

年 份	农、林、牧、渔业	工业	建筑业	批发和零售业	交通运输、仓储及邮政业	住宿和餐饮业
1992	33.38	45.42	6.68	13.37	9.61	1.82
1993	41.51	74.81	10.20	18.22	10.97	2.24
1994	63.82	117.05	13.86	27.62	15.28	3.80
1995	83.09	164.80	22.69	40.11	20.63	6.69
1996	90.80	200.15	22.47	48.77	22.10	7.76
1997	84.10	214.56	20.53	52.04	24.30	8.33
1998	87.45	233.06	23.38	53.75	26.79	8.26
1999	88.41	257.13	25.54	57.95	28.89	8.83
2000	84.60	292.99	29.40	64.92	31.80	9.99
2001	86.96	323.00	32.33	71.72	33.76	11.02
2002	89.17	367.47	35.80	85.07	38.46	13.59
2003	90.72	427.25	45.72	98.48	43.03	16.18
2004	94.24	504.04	56.24	115.83	48.18	20.11
2005	102.64	599.96	58.92	127.99	54.25	23.76
2006	105.97	710.92	72.88	145.10	65.66	26.59
2007	113.47	847.53	82.82	169.14	73.79	31.57
2008	122.95	950.02	91.85	193.57	83.86	37.57
2009	132.22	954.20	102.12	219.92	80.06	41.07
2010	160.42	1128.31	122.71	258.57	91.56	49.17
2011	189.25	1241.11	144.55	313.91	100.90	58.90
2012	200.91	1257.01	156.16	365.44	108.74	71.07
2013	213.62	1326.10	172.27	412.26	115.93	79.89
2014	217.78	1374.80	206.65	451.59	126.78	99.90
2015	232.08	1339.56	230.43	485.66	141.97	114.71
2016	256.68	1469.10	228.95	530.98	155.52	123.08
2017	269.36	1699.70	256.54	580.41	173.19	135.16
2018	267.36	1895.25	290.53	626.43	181.95	146.81

1-12 分行业增加值(二)

(1992-2018年) 单位：亿元

年 份	金融业	房地产业	其他服务业	营利性服务业	非营利性服务业
1992	3.26	3.74	8.91		
1993	4.44	5.18	10.28		
1994	5.94	7.07	15.64		
1995	10.18	9.40	23.25		
1996	11.16	11.21	31.36		
1997	8.87	14.08	40.16		
1998	10.75	13.62	48.36		
1999	11.10	16.90	55.88		
2000	11.97	20.47	67.18		
2001	15.97	25.15	80.89		
2002	22.84	30.80	99.67		
2003	28.55	40.82	118.13		
2004	32.77	52.97	152.09	59.13	92.96
2005	49.51	57.87	174.53	69.04	105.49
2006	65.74	67.77	197.85	80.40	117.45
2007	89.72	80.63	226.42	93.41	133.00
2008	117.71	99.74	248.96	101.77	147.19
2009	137.43	106.58	267.44	100.36	167.09
2010	178.54	144.21	299.77	112.32	187.45
2011	215.70	161.44	340.72	130.76	209.97
2012	200.88	169.44	391.65	140.96	250.69
2013	227.60	187.00	434.70	159.72	274.98
2014	250.23	187.48	472.16	171.97	300.20
2015	274.11	208.36	526.96	190.28	336.68
2016	291.59	241.08	601.68	217.98	383.69
2017	324.22	286.26	682.54	234.50	448.04
2018	359.74	323.89	782.70	275.83	506.87

1-13 主要年份生产总值构成

单位：%

年 份	生产总值	第一产业	第二产业	第三产业	在生产总值中:工 业
1949	100.00	75.69	6.12	18.19	5.88
1952	100.00	71.65	9.46	18.89	8.76
1957	100.00	61.03	16.32	22.65	14.40
1962	100.00	56.63	17.32	26.05	15.16
1965	100.00	60.63	15.11	24.26	12.72
1970	100.00	59.00	17.77	23.23	14.89
1975	100.00	53.08	26.22	20.70	22.42
1978	100.00	46.79	29.91	23.30	24.88
1979	100.00	47.01	31.16	21.83	26.66
1980	100.00	43.28	34.15	22.57	29.34
1981	100.00	42.15	34.65	23.20	30.18
1982	100.00	47.23	31.01	21.77	26.68
1983	100.00	43.46	33.60	22.93	29.70
1984	100.00	41.97	35.69	22.34	31.76
1985	100.00	39.79	37.78	22.43	33.48
1986	100.00	38.00	37.80	24.20	33.61
1987	100.00	36.42	39.55	24.03	34.47
1988	100.00	32.75	41.23	26.03	36.21
1989	100.00	30.62	42.22	27.16	37.62
1990	100.00	30.27	40.43	29.30	35.36
1991	100.00	29.83	38.26	31.91	33.12
1992	100.00	26.45	41.28	32.27	35.99
1993	100.00	23.34	47.80	28.86	42.07
1994	100.00	23.63	48.47	27.90	43.34
1995	100.00	21.82	49.23	28.95	43.27
1996	100.00	20.37	49.94	29.69	44.90
1997	100.00	18.01	50.34	31.65	45.95
1998	100.00	17.30	50.74	31.96	46.11
1999	100.00	16.06	51.34	32.61	46.70
2000	100.00	13.79	52.56	33.64	47.77
2001	100.00	12.77	52.19	35.03	47.44
2002	100.00	11.39	51.51	37.10	46.94
2003	100.00	9.98	52.04	37.98	47.01
2004	100.00	8.75	52.05	39.20	46.82
2005	100.00	8.21	52.74	39.05	48.02
2006	100.00	7.27	53.74	38.99	48.74
2007	100.00	6.62	54.24	39.14	49.42
2008	100.00	6.32	53.53	40.15	48.81
2009	100.00	6.48	51.75	41.77	46.75
2010	100.00	6.59	51.41	41.99	46.37
2011	100.00	6.84	50.09	43.07	44.86
2012	100.00	6.88	48.37	44.75	43.03
2013	100.00	6.68	47.19	46.13	41.84
2014	100.00	6.37	46.61	47.02	40.59
2015	100.00	6.46	44.11	49.42	37.69
2016	100.00	6.52	43.50	49.98	37.68
2017	100.00	6.05	44.32	49.63	38.56
2018	100.00	5.42	44.77	49.80	38.88

1-14 主要年份生产总值指数

(以1952年为100)

年 份	生产总值	第一产业	第二产业	第三产业	在生产总值中:工 业	人 均 生产总值
1949	72.50	75.91	51.60	62.21	53.58	75.41
1952	100.00	100.00	100.00	100.00	100.00	100.00
1957	141.90	136.40	189.30	149.90	175.70	127.00
1962	137.40	121.80	235.10	184.00	220.90	113.10
1965	183.60	168.30	267.50	237.30	247.40	136.90
1970	223.60	196.30	405.70	297.40	395.10	144.30
1975	266.60	196.10	797.40	420.50	780.90	154.10
1978	385.00	251.30	1355.90	698.90	1201.80	213.10
1979	436.81	255.21	1749.94	795.80	1611.41	238.95
1980	485.74	250.83	2138.36	909.90	2131.84	263.13
1981	532.67	267.11	2395.09	1020.89	2428.03	285.75
1982	584.64	315.47	2441.67	1085.81	2445.32	309.40
1983	638.68	321.72	2860.87	1220.97	2939.98	333.19
1984	772.88	377.85	3655.90	1432.43	3795.42	398.77
1985	938.24	395.39	5196.46	1690.97	5423.19	479.24
1986	1039.11	422.09	5803.30	1951.71	6111.80	524.88
1987	1192.18	448.80	7117.57	2190.09	7421.21	594.54
1988	1445.86	389.81	9941.01	2887.93	10587.95	711.59
1989	1642.74	402.63	11834.00	3213.91	12825.48	800.30
1990	1734.03	388.25	12479.88	3655.80	13487.54	839.54
1991	2132.36	440.13	15278.82	4886.04	16381.73	1027.18
1992	2589.58	450.35	20590.11	5929.74	22222.17	1241.40
1993	3198.92	469.49	28848.22	6790.19	32247.29	1526.03
1994	4055.17	548.52	38234.75	8388.36	43204.29	1923.81
1995	5049.45	637.38	48982.03	10334.27	54366.52	2381.60
1996	5804.89	670.52	58633.16	11546.66	66430.67	2720.72
1997	6115.46	643.70	62764.87	12372.30	72029.13	2849.07
1998	6840.38	700.99	70987.98	13707.40	81266.57	3167.44
1999	7678.87	733.94	80762.04	15469.57	92663.22	3532.71
2000	8608.71	720.73	91978.84	17755.06	105565.50	3934.65
2001	9671.73	748.12	102340.98	20870.06	117732.41	4398.14
2002	11016.46	767.28	117107.66	24466.77	135306.91	4992.15
2003	12655.74	774.35	136435.49	28615.63	157158.42	5713.72
2004	14413.76	775.11	155639.57	33593.52	179416.08	6475.37
2005	16394.42	778.30	180121.79	38319.80	209391.28	7317.34
2006	18721.94	800.59	207904.65	44038.53	240189.90	8291.23
2007	21425.66	813.58	241617.55	50401.48	281309.97	9408.78
2008	23383.96	832.73	261480.05	56218.23	306933.56	10184.40
2009	25395.87	849.90	281541.59	62319.17	328959.50	10973.51
2010	28769.32	886.61	321744.18	70580.80	377316.76	12333.90
2011	31108.54	914.34	341810.00	78510.97	401051.30	13241.99
2012	33389.08	937.52	361691.16	86204.83	422751.98	14118.61
2013	36023.92	944.29	391834.31	93408.10	457387.46	15139.52
2014	38719.19	963.99	421130.37	101026.20	484868.34	16188.10
2015	41213.31	997.86	433999.87	111642.12	490865.93	17181.05
2016	44409.78	1041.11	466965.33	120962.23	532849.80	18466.20
2017	48005.53	1071.31	511592.42	129947.80	591141.81	19861.24
2018	51637.77	1081.25	556109.39	139407.90	646485.91	21271.63

注：本表中人均生产总值指数按户籍人口计算，下同。

1-15 主要年份生产总值指数

(以上年为100)

年 份	生产总值	第一产业	第二产业	第三产业	在生产总值中:工 业	人 均生产总值
1978	117.99	115.81	125.78	114.61	122.00	116.58
1979	113.46	101.56	129.06	113.86	134.08	112.13
1980	111.20	98.28	122.20	114.34	132.30	110.12
1981	109.67	106.50	112.01	112.20	113.90	108.62
1982	109.76	118.11	101.95	106.36	100.71	108.28
1983	109.25	101.99	117.17	112.45	120.23	107.69
1984	121.01	117.45	127.79	117.32	129.10	119.69
1985	121.38	104.62	142.13	118.04	142.88	120.14
1986	110.77	106.79	111.68	115.43	112.71	109.57
1987	114.73	106.33	122.65	112.22	121.43	113.28
1988	121.28	86.86	139.58	131.70	142.67	119.69
1989	113.62	103.29	119.04	111.29	121.13	112.47
1990	105.53	96.39	105.52	113.88	105.15	104.85
1991	123.01	113.42	122.36	133.50	121.47	122.43
1992	121.44	102.33	134.76	121.36	135.65	120.87
1993	123.53	104.25	140.11	114.51	145.11	122.93
1994	126.72	116.77	132.62	123.68	133.96	125.98
1995	124.52	116.20	128.11	123.20	125.84	123.80
1996	114.96	105.20	119.70	111.73	122.19	114.24
1997	105.35	96.00	107.05	107.15	108.43	104.72
1998	111.85	108.90	113.10	110.79	112.82	111.17
1999	112.26	104.70	113.77	112.86	114.02	111.53
2000	112.11	98.20	113.89	114.77	113.92	111.38
2001	112.35	103.80	111.27	117.54	111.53	111.78
2002	113.90	102.56	114.43	117.23	114.93	113.51
2003	114.88	100.92	116.50	116.96	116.15	114.45
2004	113.89	100.10	114.08	117.40	114.16	113.33
2005	113.74	100.41	115.73	114.07	116.71	113.00
2006	114.20	102.86	115.42	114.92	114.71	113.31
2007	114.44	101.62	116.22	114.45	117.12	113.48
2008	109.14	102.35	108.22	111.54	109.11	108.24
2009	108.60	102.06	107.67	110.85	107.18	107.75
2010	113.28	104.32	114.28	113.26	114.70	112.40
2011	108.13	103.13	106.24	111.24	106.29	107.36
2012	107.33	102.54	105.82	109.80	105.41	106.62
2013	107.89	100.72	108.33	108.36	108.19	107.23
2014	107.48	102.09	107.48	108.16	106.01	106.93
2015	106.44	103.51	103.06	110.51	101.24	106.13
2016	107.76	104.33	107.60	108.35	108.55	107.48
2017	108.10	102.90	109.56	107.43	110.94	107.55
2018	107.57	100.93	108.70	107.28	109.36	107.10

1-16 分行业增加值指数

(1992-2018年，以2004年为100)

年 份	农、林、牧、渔业	工 业	建筑业	批发和零售业	交通运输仓储及邮政业	住宿和餐饮业	金融业	房地产业	其 他服务业
1992	58.10	12.39	24.58	18.83	37.36	21.11	17.54	16.63	10.44
1993	60.57	17.97	25.96	23.27	36.68	20.29	20.34	20.56	12.37
1994	70.77	24.08	30.87	28.12	47.48	26.47	22.95	23.93	15.86
1995	82.23	30.30	47.03	35.71	52.85	39.25	33.75	24.91	19.82
1996	86.51	37.03	45.99	40.94	54.36	41.91	34.97	25.84	24.09
1997	83.05	40.15	42.23	43.38	57.71	44.31	27.69	32.34	27.27
1998	90.44	45.30	49.28	45.46	61.57	45.88	34.10	32.32	33.59
1999	94.69	51.65	54.49	50.08	64.65	50.55	36.05	40.82	39.84
2000	92.98	58.84	61.81	56.55	68.60	57.27	39.27	49.18	48.09
2001	96.52	65.62	67.17	64.58	71.88	63.82	54.23	59.88	59.05
2002	98.99	75.42	73.44	75.29	81.19	77.01	73.47	68.86	68.56
2003	99.90	87.59	88.36	87.43	90.69	88.95	91.39	84.24	79.96
2004	100.00	100.00	100.00	100.00	100.00	100.00	100.00	100.00	100.00
2005	100.41	116.71	105.50	109.51	110.04	116.35	148.84	108.24	113.02
2006	103.29	133.87	129.46	123.17	127.69	129.22	195.10	125.83	126.44
2007	104.96	156.79	139.31	138.37	140.30	144.60	253.61	142.24	143.06
2008	107.43	171.07	137.95	148.96	152.06	158.36	310.67	159.22	159.25
2009	109.65	183.35	156.35	170.93	150.42	169.08	371.56	175.99	173.12
2010	114.38	210.30	171.57	190.04	170.27	197.33	450.26	201.76	190.82
2011	117.96	223.53	181.43	216.52	188.63	221.13	511.03	210.99	211.38
2012	120.95	235.63	198.78	249.84	205.15	255.67	515.49	222.97	235.71
2013	121.87	254.93	217.81	279.05	223.41	280.28	581.82	235.33	244.56
2014	124.42	270.25	261.81	303.28	244.22	325.42	644.75	243.84	260.03
2015	128.85	273.59	306.00	326.48	275.29	362.36	727.41	275.78	286.34
2016	134.47	296.99	311.36	351.54	293.77	376.35	768.40	302.16	318.83
2017	138.42	329.48	314.18	378.93	320.81	400.58	821.53	313.54	345.78
2018	139.82	360.33	327.04	400.42	332.47	421.97	876.58	335.91	381.50

1-17 市区主要年份生产总值

单位：万元

年 份	市 区	椒江区	黄岩区	路桥区
1978	32548	11798	12199	8551
1979	41787	16112	14963	10712
1980	47228	19456	16261	11512
1981	50843	22082	16567	12194
1982	59039	25289	19328	14422
1983	70505	31523	22186	16796
1984	92014	41982	28500	21531
1985	123012	49694	41634	31685
1986	134558	52163	46940	35455
1987	158033	58958	56567	42508
1988	204461	72331	75302	56828
1989	233516	76817	86557	70142
1990	251971	85480	89308	77183
1991	320142	106932	117033	96178
1992	416663	135425	155083	126155
1993	566571	175524	215144	175903
1994	889076	277480	344506	267090
1995	1219390	420112	394322	404956
1996	1469187	512340	475342	481505
1997	1664627	589163	506782	568682
1998	1846313	665377	539013	641923
1999	2057792	750645	584676	722471
2000	2315012	852007	646569	816436
2001	2559125	946555	704133	908437
2002	2938954	1081028	805272	1052654
2003	3409949	1272132	907349	1230468
2004	4046993	1517137	1057407	1472449
2005	4676246	1729918	1237310	1709018
2006	5440355	1998309	1459654	1982392
2007	6299807	2290122	1715834	2293850
2008	7102018	2502935	1992212	2606871
2009	7306812	2610850	2009848	2686113
2010	8558216	3073502	2324439	3160274
2011	9862650	3541357	2673431	3647862
2012	10585857	3749956	2868755	3967146
2013	11473843	4064300	3081768	4327775
2014	12332110	4324431	3356469	4651211
2015	12959715	4597188	3538311	4824216
2016	14125346	4956595	3917314	5251437
2017	16240361	5594406	4539201	6106754
2018	18082012	6270971	5059425	6751616

1-18 各县市主要年份生产总值

单位：万元

年 份	三门县	天台县	仙居县	温岭市	临海市	玉环市
1978	7466	8526	8901	20355	18886	7910
1979	8347	9560	9579	26328	24162	9061
1980	9655	11307	10892	27552	27380	12849
1981	9795	12861	12833	32439	30403	15011
1982	11963	14452	14467	38050	35603	14439
1983	12577	15471	16195	42138	37204	15277
1984	15913	18594	18333	51657	45454	18665
1985	22798	25189	22548	69826	57830	27674
1986	26531	27417	26008	84676	74650	30742
1987	30993	31353	32580	107129	86161	39272
1988	40983	44292	44266	139991	112371	58652
1989	45282	53997	50121	152507	136167	59058
1990	46863	58527	53103	161212	137622	73143
1991	57381	69247	59045	216933	157599	98558
1992	66757	79406	70313	278919	194374	128821
1993	83114	109834	96943	421251	267318	173184
1994	116881	157202	129603	657951	411952	283692
1995	150638	196314	158030	933228	573323	393645
1996	172491	211334	177662	1160182	656810	479248
1997	139490	208921	187289	1245195	554209	525506
1998	173035	222958	203712	1353736	605975	577629
1999	194092	250604	227802	1482229	675992	656642
2000	222107	292820	255474	1656554	769872	745819
2001	244602	326569	273822	1782466	875558	828499
2002	291671	374218	322357	1996711	1017712	964328
2003	346115	437201	365210	2277769	1178192	1110045
2004	415166	532948	440053	2655088	1414103	1275327
2005	495020	621279	512406	3046852	1645667	1491049
2006	586951	721696	600620	3505331	1919255	1808080
2007	708585	837557	702939	4113559	2262489	2255094
2008	832095	961002	790216	4732891	2577347	2557079
2009	890531	1008145	842168	5004864	2772657	2452714
2010	1069088	1188819	1017219	5781044	3285699	3093270
2011	1245436	1377938	1181410	6612895	3694548	3594690
2012	1316007	1491435	1272516	6767718	3902936	3722256
2013	1422857	1606018	1399746	7403194	4246345	4030484
2014	1564290	1737879	1558254	7972117	4393416	4236762
2015	1699508	1882776	1692452	8271472	4648445	4365850
2016	1860232	2070499	1900975	8991382	5306242	4695827
2017	2069842	2297496	2134971	9851728	6100910	5293220
2018	2293784	2545147	2301117	10910665	6709216	5807680

1-19 市区主要年份生产总值指数

(以1978年为100)

年 份	市 区	椒江区	黄岩区	路桥区
1978	100.00	100.00	100.00	100.00
1979	116.82	124.11	110.67	115.91
1980	126.21	143.02	116.29	118.21
1981	135.25	162.98	117.26	123.70
1982	152.34	182.87	130.00	143.28
1983	181.75	227.21	151.64	163.30
1984	228.64	291.88	187.19	202.07
1985	287.40	337.88	252.92	269.27
1986	310.30	354.33	279.57	296.03
1987	365.33	393.90	353.94	345.40
1988	405.60	390.97	436.50	385.73
1989	447.89	401.04	490.74	456.25
1990	471.14	410.82	517.19	493.99
1991	572.51	488.30	639.99	602.05
1992	739.31	647.89	815.33	766.68
1993	863.17	673.45	1004.42	947.66
1994	1075.82	885.85	1164.71	1215.51
1995	1316.58	1128.57	1285.71	1582.65
1996	1560.34	1370.54	1533.47	1820.95
1997	1781.99	1571.90	1663.65	2167.63
1998	2067.28	1863.53	1869.94	2527.81
1999	2384.35	2152.12	2127.98	2943.60
2000	2679.40	2415.56	2379.09	3325.16
2001	3005.48	2713.77	2664.58	3727.94
2002	3433.07	3067.81	3066.93	4280.24
2003	3931.25	3523.53	3474.84	4924.69
2004	4512.59	4052.82	3940.46	5691.03
2005	5127.84	4544.27	4527.22	6503.45
2006	5837.40	5133.94	5231.24	7379.39
2007	6592.53	5722.10	6008.18	8339.83
2008	7147.13	6019.19	6715.04	9098.88
2009	7635.89	6465.52	6999.91	9852.18
2010	8557.45	7270.12	7762.18	11091.85
2011	9338.85	7863.77	8503.98	12174.14
2012	10074.03	8296.54	9218.28	13361.81
2013	10844.90	8901.56	9913.67	14439.04
2014	11729.56	9511.78	10793.16	15714.48
2015	12479.46	10102.73	11555.16	16668.95
2016	13373.74	10705.87	12444.53	17989.27
2017	14569.66	11415.72	13679.17	19859.70
2018	15782.11	12425.74	14859.24	21373.10

1-20 各县市主要年份生产总值指数

(以1978年为100)

年 份	三门县	天台县	仙居县	温岭市	临海市	玉环市
1978	100.00	100.00	100.00	100.00	100.00	100.00
1979	109.16	99.37	104.71	124.77	128.12	126.22
1980	112.08	114.88	130.29	129.65	145.32	156.70
1981	124.24	127.81	135.43	155.75	157.93	178.39
1982	139.95	138.66	139.54	175.85	172.82	162.03
1983	151.44	144.48	156.17	200.37	177.68	168.42
1984	185.20	167.38	182.28	246.82	201.17	201.79
1985	224.86	203.28	201.99	293.19	227.77	259.63
1986	240.61	211.51	225.66	372.32	285.39	278.31
1987	262.38	218.85	269.38	477.20	321.62	332.22
1988	311.38	275.47	335.51	559.87	374.73	457.68
1989	330.02	306.88	362.95	669.45	442.75	463.27
1990	327.32	322.07	377.83	731.81	403.49	497.55
1991	401.45	361.63	411.72	925.60	446.59	572.50
1992	454.84	394.30	431.41	1150.67	537.66	706.87
1993	492.59	460.92	547.64	1682.98	657.87	850.28
1994	557.12	543.24	626.95	2177.10	859.77	1130.88
1995	612.24	603.92	703.42	2670.24	969.79	1393.11
1996	610.71	621.85	766.81	3393.82	1087.64	1683.78
1997	498.39	614.14	819.32	3669.45	901.49	1906.02
1998	621.01	669.35	938.89	4162.68	1019.41	2141.09
1999	714.95	778.69	1078.83	4727.57	1169.65	2560.88
2000	803.31	908.08	1205.25	5301.42	1334.03	2957.20
2001	901.31	1018.70	1337.82	5787.66	1527.31	3344.60
2002	1044.62	1172.31	1530.47	6436.30	1755.55	3823.13
2003	1222.20	1343.35	1722.02	7270.97	2025.95	4373.48
2004	1411.65	1569.26	1969.42	8207.53	2350.66	4989.80
2005	1638.49	1783.36	2242.26	9215.75	2676.51	5692.81
2006	1909.60	2025.60	2579.93	10465.19	3056.89	6733.14
2007	2230.64	2280.14	2903.80	11947.56	3504.37	8196.35
2008	2493.97	2519.72	3143.76	13205.24	3854.15	8954.50
2009	2738.93	2721.18	3454.11	14508.92	4274.12	8828.20
2010	3115.52	3044.95	3945.22	15982.56	4850.66	10730.54
2011	3385.44	3371.68	4339.39	17315.92	5186.87	11955.80
2012	3574.36	3666.95	4733.67	18509.31	5556.30	12659.15
2013	3815.67	3931.92	5157.55	19895.45	6002.52	13653.33
2014	4166.39	4257.05	5718.15	21288.51	6221.47	14471.49
2015	4554.50	4648.89	6255.72	22453.33	6674.04	15200.12
2016	4883.18	5005.89	6970.10	24335.23	7324.36	16371.40
2017	5220.79	5356.26	7521.71	26192.96	7968.56	17673.03
2018	5615.09	5764.56	7894.43	28215.51	8522.66	18866.27

1-21 市区主要年份第一产业增加值

单位：万元

年份	市区	椒江区	黄岩区	路桥区
1978	12763	3051	5170	4542
1979	16518	4981	6457	5080
1980	17311	5578	6295	5438
1981	18352	6128	6615	5609
1982	21590	7166	7769	6655
1983	21903	6815	8282	6806
1984	28034	9022	10437	8575
1985	34876	10268	13508	11100
1986	35628	10716	13675	11237
1987	40455	12906	15123	12426
1988	47543	14666	18048	14829
1989	49622	13805	19662	16155
1990	52736	16412	19940	16384
1991	60743	17412	24218	19113
1992	71567	17951	30501	23115
1993	84136	23208	35266	25661
1994	121306	37497	49985	33824
1995	172467	56160	58221	58086
1996	190767	61694	65266	63807
1997	170736	52837	56381	61518
1998	185514	58055	64684	62775
1999	185907	57009	67150	61748
2000	180337	52036	68458	59843
2001	185606	53794	70107	61705
2002	194692	57853	73259	63580
2003	194801	55175	75641	63986
2004	203055	57532	78150	67373
2005	218671	61474	81718	75479
2006	224892	63608	87181	74103
2007	226444	68537	90841	67066
2008	242959	75343	96616	71000
2009	260844	83934	102865	74045
2010	327548	118033	122068	87447
2011	382029	141906	137166	102957
2012	402846	151507	146434	104905
2013	423208	164639	148864	109705
2014	433339	168648	152540	112151
2015	460410	182475	159476	118459
2016	509404	203583	174891	130930
2017	518188	210637	178297	129254
2018	512570	207957	175473	129140

1-22 各县市主要年份第一产业增加值

单位：万元

年 份	三门县	天台县	仙居县	温岭市	临海市	玉环市
1978	4123	4186	5459	8462	7578	3574
1979	4112	4830	6110	10182	11065	3675
1980	5086	5415	6361	9807	12224	3561
1981	3985	6250	7541	10199	13403	3860
1982	5921	7716	9285	14108	17520	5710
1983	5111	8260	9188	14354	18026	5698
1984	7283	9010	10267	14220	21336	6767
1985	10767	11833	12383	26138	23549	8300
1986	11221	11958	13125	29840	28022	8736
1987	13233	13113	14878	38716	27956	10859
1988	17456	16071	17768	47754	32001	16146
1989	20221	19057	19487	50792	36219	17617
1990	20412	17591	22630	53223	41691	20797
1991	23919	20269	22880	79171	48365	29177
1992	24094	20603	22615	94637	53015	32580
1993	32993	24889	30926	108432	58583	50920
1994	57979	36708	34974	180230	88069	83474
1995	73174	40348	38024	224680	118225	117290
1996	75830	45730	38789	236223	136829	134916
1997	43730	44881	38827	256253	122190	137597
1998	62386	46145	39751	259929	126369	137788
1999	66275	46735	40464	262839	131165	139536
2000	69227	47866	41425	255171	134870	136637
2001	75260	49731	41673	260372	141070	132488
2002	81151	51211	44133	261644	140131	129313
2003	87501	52517	47608	264787	144661	122686
2004	92727	54646	52542	265021	152358	122051
2005	103391	63186	60107	286396	164094	130510
2006	106801	66852	64195	290218	173500	133257
2007	114767	73583	77715	312720	192883	136616
2008	125657	76744	85587	334045	210884	153599
2009	134107	76876	87727	360766	236056	165812
2010	161867	102560	108655	420519	285087	197928
2011	194134	108189	122377	505873	337353	242524
2012	210039	116873	131128	535290	359878	253094
2013	225083	119056	132546	571582	379666	264681
2014	229206	121044	135020	582928	385661	269149
2015	247308	127476	141955	623656	402896	293853
2016	274679	136456	153529	695808	443740	327746
2017	295760	137296	155266	753120	465220	341093
2018	307058	135400	147234	751060	445821	343698

1-23 市区主要年份第一产业增加值指数

(以1978年为100)

年 份	市 区	椒江区	黄岩区	路桥区
1978	100.00	100.00	100.00	100.00
1979	119.89	145.90	110.80	112.80
1980	118.52	159.04	105.26	106.30
1981	124.22	176.17	106.10	109.84
1982	141.90	201.35	120.43	126.34
1983	145.61	193.52	127.77	133.69
1984	182.74	254.67	157.80	162.68
1985	205.69	286.69	185.73	173.59
1986	207.54	302.66	182.01	172.29
1987	235.08	365.24	207.86	177.79
1988	235.00	336.79	229.68	171.57
1989	237.55	308.47	248.75	175.97
1990	241.35	342.25	251.24	160.75
1991	267.95	344.40	309.27	171.58
1992	294.24	319.63	374.52	188.78
1993	290.46	324.33	377.90	175.82
1994	316.72	377.72	416.07	177.28
1995	371.97	493.10	378.20	270.94
1996	394.51	519.03	406.94	284.68
1997	369.21	466.26	365.44	287.58
1998	417.78	531.48	436.70	305.53
1999	437.11	540.51	466.83	319.28
2000	426.30	495.11	471.04	314.17
2001	438.94	508.97	487.52	322.02
2002	461.38	547.66	510.93	332.66
2003	459.31	519.18	523.19	334.42
2004	460.87	522.29	520.66	338.10
2005	455.73	532.81	494.46	340.87
2006	469.99	550.92	536.00	331.33
2007	478.90	552.02	560.66	331.66
2008	488.37	572.42	574.99	330.86
2009	494.81	598.14	580.48	327.30
2010	515.02	641.30	593.26	339.08
2011	529.92	660.22	611.65	347.64
2012	539.48	683.67	625.72	343.27
2013	542.72	697.33	626.76	340.65
2014	555.30	716.07	640.29	347.50
2015	578.58	749.57	669.44	357.73
2016	604.93	785.14	698.01	374.34
2017	610.01	788.02	728.75	362.34
2018	619.20	791.39	759.18	360.06

1-24 各县市主要年份第一产业增加值指数

(以1978年为100)

年 份	三门县	天台县	仙居县	温岭市	临海市	玉环市
1978	100.00	100.00	100.00	100.00	100.00	100.00
1979	102.16	89.12	112.15	106.36	146.01	138.85
1980	113.95	101.68	127.07	120.37	161.53	125.24
1981	122.16	114.98	131.87	133.52	176.97	133.25
1982	141.83	134.58	138.56	178.78	199.91	180.59
1983	137.29	138.58	133.87	199.91	212.76	178.45
1984	163.78	143.16	160.47	231.45	234.59	204.37
1985	186.39	161.45	166.97	274.75	228.85	206.48
1986	185.83	154.14	170.20	371.58	264.84	205.07
1987	188.43	146.06	169.42	452.25	256.13	243.51
1988	199.92	144.41	162.39	429.59	258.33	268.30
1989	207.12	159.25	168.75	603.71	274.17	292.18
1990	181.23	141.52	175.96	615.11	240.97	300.03
1991	238.59	159.57	194.40	693.23	291.93	315.87
1992	249.33	155.78	185.22	704.32	288.23	327.26
1993	270.73	171.05	212.63	743.06	288.04	395.24
1994	347.77	184.41	182.86	877.56	337.39	474.37
1995	386.72	184.41	187.43	965.31	329.35	592.94
1996	331.82	185.22	190.05	970.14	365.88	654.22
1997	198.90	188.81	197.66	1051.63	339.41	693.63
1998	295.57	201.54	210.70	1110.52	366.86	724.18
1999	323.67	210.24	224.78	1149.39	392.58	756.30
2000	335.41	213.31	233.10	1099.97	400.51	735.08
2001	368.32	223.79	234.90	1130.77	423.39	720.02
2002	397.16	230.56	250.15	1127.80	445.04	703.65
2003	428.23	233.86	268.24	1130.19	454.47	660.27
2004	427.88	234.38	283.40	1109.97	460.02	632.08
2005	439.10	241.67	300.05	1112.26	461.68	620.82
2006	453.15	249.40	321.66	1116.71	491.68	625.16
2007	458.59	253.39	338.06	1126.76	507.91	621.41
2008	469.78	259.30	351.40	1133.09	534.65	636.45
2009	480.42	266.44	358.45	1154.17	561.40	638.44
2010	509.14	277.68	379.96	1186.27	591.84	671.87
2011	524.47	284.24	393.26	1219.48	615.16	695.36
2012	548.20	290.07	400.73	1260.95	632.79	700.99
2013	549.29	295.23	402.20	1279.06	638.46	691.93
2014	561.42	302.17	411.51	1304.65	651.65	705.66
2015	583.56	313.96	427.42	1341.03	670.61	735.03
2016	606.32	327.50	445.36	1402.42	699.62	763.71
2017	633.92	340.59	463.25	1461.35	728.56	756.45
2018	653.63	354.27	479.53	1460.01	739.20	740.87

1-25 市区主要年份第二产业增加值

单位：万元

年 份	市 区	椒江区	黄岩区	路桥区
1978	12105	5876	3999	2230
1979	16193	7349	5287	3557
1980	18952	8600	6394	3958
1981	20713	9796	6584	4333
1982	23730	10793	7730	5206
1983	31643	15478	9352	6813
1984	42914	21290	12531	9092
1985	60756	26241	19772	14743
1986	65546	27450	21860	16236
1987	77119	29655	27293	20171
1988	104697	38987	37872	27839
1989	127816	45432	47575	34809
1990	128592	41626	50066	36899
1991	161295	52775	61762	46758
1992	219444	71945	84766	62733
1993	339288	105611	134799	98878
1994	529033	173928	207138	147966
1995	688456	258203	226954	203299
1996	838000	316848	279119	242033
1997	966312	378694	302684	284934
1998	1054524	410379	315510	328635
1999	1179197	464688	340909	373600
2000	1313821	515605	374926	423289
2001	1413010	558660	402198	452152
2002	1578265	610734	452162	515369
2003	1810217	706772	501383	602062
2004	2116833	831249	569441	716143
2005	2465316	942645	676560	846111
2006	2884074	1080425	810805	992844
2007	3311983	1176331	956764	1178889
2008	3665319	1218519	1109708	1337092
2009	3581144	1193872	1071856	1315416
2010	4144092	1378982	1232903	1532207
2011	4694882	1515102	1426305	1753475
2012	4947884	1592732	1467930	1887221
2013	5281254	1713056	1558840	2009358
2014	5660806	1876525	1686225	2098056
2015	5643371	1901726	1704752	2036893
2016	6038830	2060953	1883083	2094794
2017	7190313	2450788	2202125	2537400
2018	8118188	2765049	2493615	2859523

1-26 各县市主要年份第二产业增加值

单位：万元

年份	三门县	天台县	仙居县	温岭市	临海市	玉环市
1978	1676	2563	2029	5797	5700	2078
1979	2211	2653	1829	8879	7161	2847
1980	2438	3453	2792	9884	8293	5502
1981	3237	3778	3297	11675	9732	6408
1982	3238	3652	2961	11618	10063	5316
1983	4193	3797	4179	13204	10333	5767
1984	4676	5114	4847	19809	13143	7790
1985	6820	7376	6106	20608	17834	13659
1986	7948	8443	7676	23974	22430	14902
1987	9364	9684	11343	31088	28679	19789
1988	13319	16236	18054	39526	39588	30789
1989	14321	20983	21575	46165	54149	29681
1990	15737	23562	18925	50311	53073	32252
1991	19754	28333	22218	62931	59755	39694
1992	28860	33593	29559	94438	73998	59775
1993	33656	51057	40430	188319	121838	71050
1994	37992	68786	55277	280363	191025	126814
1995	44607	87516	69174	425266	274286	184924
1996	57545	86248	79887	574169	320133	238615
1997	48588	81583	83245	604343	247458	264373
1998	57988	87999	92413	663726	279073	294866
1999	66919	105251	106700	734779	317762	349993
2000	80041	127168	123397	845962	367305	411862
2001	84877	143378	129965	910492	425513	472867
2002	102628	168540	155632	1016922	508182	567736
2003	125912	197630	173794	1188978	597504	668028
2004	151335	240762	205140	1407838	723738	772140
2005	194467	285575	239772	1626839	860109	917240
2006	245951	340966	288702	1899699	1028346	1160442
2007	313572	382773	329817	2243960	1222191	1496990
2008	374137	443365	359323	2575938	1371839	1684266
2009	395063	450459	370595	2686488	1462591	1500807
2010	480004	526079	454002	3089237	1719375	1951561
2011	529074	620847	527153	3445108	1885946	2222064
2012	522251	644956	553258	3223615	1895249	2230270
2013	541011	689724	595782	3430144	2097860	2385270
2014	609870	756471	658761	3698581	2000999	2485695
2015	627691	811559	692300	3563446	2061729	2407779
2016	678973	874151	788217	3664388	2292401	2479653
2017	748286	948027	909799	4058581	2793154	2846877
2018	863234	1045545	980397	4547930	3103050	3145111

1-27 市区主要年份第二产业增加值指数

(以1978年为100)

年 份	市 区			
		椒江区	黄岩区	路桥区
1978	100.00	100.00	100.00	100.00
1979	117.37	114.81	117.74	122.81
1980	133.57	125.37	138.89	144.30
1981	144.17	142.79	139.97	153.69
1982	161.76	154.41	159.59	182.69
1983	213.55	219.76	198.01	222.68
1984	277.68	287.61	256.03	287.35
1985	378.13	345.03	374.89	463.86
1986	402.32	357.73	401.41	512.73
1987	476.03	374.33	528.05	639.90
1988	551.75	400.44	673.22	722.61
1989	660.24	453.24	829.44	889.54
1990	661.08	373.76	905.08	965.77
1991	854.66	499.10	1143.78	1240.30
1992	1144.76	699.76	1466.63	1664.92
1993	1420.46	781.58	1851.43	2272.93
1994	1716.13	1097.54	1786.15	2951.69
1995	2083.10	1364.62	2123.31	3553.29
1996	2579.97	1685.43	2777.12	4201.20
1997	3060.57	2048.50	3175.23	5013.23
1998	3485.13	2286.08	3519.77	5983.36
1999	4065.59	2662.97	4079.17	7029.98
2000	4541.86	2924.06	4593.75	7948.65
2001	5065.74	3214.30	5197.29	8922.52
2002	5703.21	3504.92	6028.17	10185.40
2003	6544.86	4003.20	6920.19	11748.07
2004	7402.97	4492.30	7793.20	13452.80
2005	8511.43	5029.56	9127.46	15691.10
2006	9661.14	5597.32	10606.57	17860.22
2007	10862.55	5960.48	12265.90	20770.37
2008	11601.49	5931.83	13750.37	22798.64
2009	12122.20	6133.73	14036.55	24500.53
2010	13550.62	6863.69	15652.60	27414.69
2011	14644.73	7180.03	17325.64	29906.51
2012	15869.26	7590.63	18626.14	33298.15
2013	17149.50	8267.72	20014.71	35912.86
2014	18683.01	9028.54	21833.98	39005.14
2015	19364.39	9323.41	22972.58	40068.42
2016	20760.04	10001.23	24784.10	42703.50
2017	23055.24	11042.02	27604.91	47569.76
2018	25363.37	12119.83	30532.98	52202.59

1-28 各县市主要年份第二产业增加值指数

(以1978年为100)

年 份	三门县	天台县	仙居县	温岭市	临海市	玉环市
1978	100.00	100.00	100.00	100.00	100.00	100.00
1979	112.17	102.14	82.99	153.30	126.33	128.31
1980	97.39	124.65	136.94	141.99	147.04	201.50
1981	108.18	134.84	134.98	166.01	171.38	226.62
1982	119.21	131.31	126.40	147.64	173.16	177.48
1983	149.76	137.27	179.22	170.82	167.72	190.26
1984	196.18	183.03	206.10	230.56	188.35	258.01
1985	264.84	253.48	254.32	273.35	241.12	399.38
1986	263.18	284.11	310.18	271.56	295.80	431.97
1987	320.84	307.97	468.61	405.39	373.09	533.16
1988	462.25	481.81	734.36	499.82	497.16	860.35
1989	538.52	572.25	823.97	597.90	693.59	869.32
1990	576.75	623.20	835.44	677.17	674.72	947.37
1991	619.21	682.20	848.25	948.82	710.53	1000.71
1992	881.61	779.82	890.01	1479.29	936.51	1399.11
1993	976.84	969.01	1297.78	2809.76	1414.18	1670.38
1994	943.09	1115.54	1723.47	3662.23	1926.93	2470.38
1995	893.21	1280.65	2032.35	4684.41	2218.78	3220.35
1996	1085.01	1267.58	2372.66	6425.61	2605.62	4225.06
1997	963.19	1199.72	2505.32	6968.72	2025.21	4702.77
1998	1025.15	1333.49	2910.57	7910.26	2353.99	5384.16
1999	1225.28	1682.70	3485.91	9100.52	2767.65	6638.89
2000	1409.46	2044.90	4002.58	10379.82	3205.06	7789.15
2001	1547.58	2335.45	4486.90	11359.33	3714.06	9115.88
2002	1779.72	2762.87	5155.44	12776.96	4321.41	10692.54
2003	2151.68	3194.25	5682.58	14800.12	5103.00	12432.25
2004	2502.41	3745.58	6441.31	16897.32	6040.44	14435.13
2005	3179.30	4366.99	7390.46	19189.51	7055.48	16864.28
2006	3911.70	5062.20	8653.72	22127.45	8186.90	20689.79
2007	4863.60	5558.55	9648.87	25613.22	9524.05	26157.00
2008	5540.10	6226.30	10203.71	28400.28	10355.71	28524.92
2009	6173.14	6614.50	11108.75	31451.81	11656.79	26769.15
2010	7192.20	7478.70	13005.50	34655.51	13267.93	33861.00
2011	7496.70	8413.17	14243.25	36893.74	13945.45	37551.57
2012	7676.52	9169.72	15601.17	38119.93	14622.37	39540.80
2013	8053.30	9918.94	16967.73	40646.37	15625.79	42847.80
2014	9000.51	10969.63	18859.80	43531.91	15110.99	45506.59
2015	9844.96	11921.26	20432.61	44737.32	16198.50	46520.52
2016	10736.44	12746.98	23166.11	47620.81	17246.14	49773.67
2017	11412.67	13522.65	25559.42	51807.48	19203.44	54546.72
2018	12739.03	14486.94	26688.13	56319.64	20718.75	58886.23

1-29 市区主要年份第三产业增加值

单位：万元

年 份	市 区	椒江区	黄岩区	路桥区
1978	7680	2871	3030	1779
1979	9076	3782	3219	2075
1980	10965	5278	3572	2116
1981	11778	6158	3368	2252
1982	13719	7330	3829	2561
1983	16959	9231	4552	3177
1984	21066	11670	5532	3864
1985	27380	13185	8354	5841
1986	33384	13998	11405	7981
1987	40459	16397	14151	9911
1988	52221	18678	19382	14161
1989	56078	17581	19320	19178
1990	70643	27442	19302	23899
1991	98105	36745	31053	30307
1992	125652	45530	39816	40307
1993	143148	46705	45079	51364
1994	238737	66055	87382	85300
1995	358468	105750	109147	143571
1996	440420	133798	130957	175665
1997	527579	157633	147717	222230
1998	606275	196943	158820	250513
1999	692688	228948	176617	287123
2000	820855	284366	203185	333303
2001	960509	334101	231829	394580
2002	1165997	412441	279851	473705
2003	1404931	510186	330325	564420
2004	1727105	628356	409816	688933
2005	1992259	725798	479033	787428
2006	2331390	854276	561669	915445
2007	2761380	1045255	668230	1047896
2008	3193740	1209072	785888	1198780
2009	3464824	1333045	835127	1296652
2010	4086576	1576487	969468	1540620
2011	4785739	1884349	1109960	1791430
2012	5235127	2005717	1254390	1975020
2013	5769381	2186605	1374065	2208712
2014	6237965	2279258	1517703	2441004
2015	6855934	2512987	1674083	2668864
2016	7577112	2692059	1859340	3025713
2017	8531860	2932981	2158778	3440100
2018	9451255	3297965	2390337	3762953

1-30 各县市主要年份第三产业增加值

单位：万元

年 份	三门县	天台县	仙居县	温岭市	临海市	玉环市
1978	1667	1777	1413	6096	5608	2258
1979	2024	2077	1640	7267	5936	2539
1980	2131	2439	1739	7860	6863	3786
1981	2573	2834	1995	10565	7268	4743
1982	2804	3084	2221	12324	8021	3413
1983	3273	3413	2828	14580	8846	3812
1984	3954	4470	3219	17628	10975	4108
1985	5211	5980	4059	23080	16447	5715
1986	7362	7016	5207	30862	24199	7104
1987	8396	8556	6359	37325	29526	8624
1988	10208	11985	8444	52712	40782	11717
1989	10740	13957	9059	55549	45799	11760
1990	10714	17375	11547	57678	42858	20094
1991	13708	20645	13947	74831	49479	29687
1992	13803	25210	18139	89844	67361	36466
1993	16465	33889	25587	124501	86896	51215
1994	20910	51708	39352	197359	132857	73405
1995	32857	68450	50832	283281	180813	91431
1996	39116	79357	58986	349790	199848	105718
1997	47172	82456	65217	384599	184562	123536
1998	52661	88815	71548	430081	200533	144975
1999	60898	98618	80638	484611	227065	167114
2000	72839	117786	90652	555421	267697	197320
2001	84465	133460	102184	611601	308975	223143
2002	107892	154467	122592	718145	369400	267278
2003	132702	187054	143808	824004	436026	319331
2004	171104	237541	182370	982229	538008	381135
2005	197162	272518	212527	1133617	621464	443298
2006	234199	313878	247724	1315414	717408	514381
2007	280246	381201	295406	1556879	847415	621488
2008	332301	440893	345305	1822908	994625	719214
2009	361361	480810	383847	1957609	1074010	786095
2010	427217	560179	454562	2271287	1281237	943781
2011	522228	648903	531881	2661914	1471249	1130102
2012	583717	729606	588130	3008813	1647808	1238892
2013	656763	797239	671419	3401468	1768819	1380533
2014	725213	860364	764473	3690607	2006756	1481918
2015	824509	943740	858197	4084370	2183820	1664218
2016	906579	1059892	959230	4631186	2570102	1888427
2017	1025796	1212173	1069905	5040027	2842536	2105249
2018	1123492	1364202	1173486	5611675	3160345	2318871

1-31 市区主要年份第三产业增加值指数

(以1978年为100)

年 份	市 区	椒江区	黄岩区	路桥区
1978	100.00	100.00	100.00	100.00
1979	111.25	118.96	101.38	114.56
1980	127.53	160.46	107.24	113.36
1981	139.74	188.40	108.30	118.48
1982	155.03	219.58	108.94	132.83
1983	191.29	275.05	133.49	158.35
1984	226.43	335.80	148.60	186.18
1985	277.46	372.14	210.10	247.50
1986	334.06	396.66	292.01	318.84
1987	405.13	458.98	382.77	374.49
1988	455.60	422.75	489.49	480.43
1989	456.27	384.47	467.05	591.00
1990	549.64	554.67	469.07	717.58
1991	633.23	596.29	551.53	876.48
1992	843.55	839.76	727.48	1109.07
1993	948.16	758.52	997.16	1300.25
1994	1340.88	888.79	1683.98	1773.68
1995	1693.38	1196.54	1811.52	2519.29
1996	1917.36	1466.88	1916.87	2851.89
1997	2155.35	1547.55	2008.00	3537.85
1998	2617.36	2176.03	2273.07	4059.72
1999	3025.35	2532.56	2545.81	4767.56
2000	3550.64	3096.77	2899.69	5519.36
2001	4088.64	3669.00	3276.66	6273.41
2002	4842.79	4426.59	3827.14	7371.80
2003	5654.17	5252.81	4359.12	8608.50
2004	6742.39	6343.10	5143.76	10209.46
2005	7666.40	7187.10	5946.84	11530.11
2006	8848.61	8335.51	6889.22	13218.91
2007	10143.01	9877.39	7947.81	14615.74
2008	11248.09	11027.23	8950.70	15937.58
2009	12370.99	12305.60	9642.60	17503.97
2010	13975.51	13934.62	10715.62	19934.98
2011	15471.32	15560.39	11672.51	22094.44
2012	16684.26	16410.22	12872.57	24034.82
2013	17974.42	17447.14	13961.78	26123.24
2014	19368.90	18347.11	15257.12	28565.50
2015	21168.28	19975.33	16720.21	31277.34
2016	22714.89	20983.95	18028.72	34125.95
2017	24463.32	21841.90	19634.92	37613.75
2018	26243.28	23734.61	20992.20	39986.42

1-32 各县市主要年份第三产业增加值指数

(以1978年为100)

年 份	三门县	天台县	仙居县	温岭市	临海市	玉环市
1978	100.00	100.00	100.00	100.00	100.00	100.00
1979	119.39	112.31	117.95	122.19	105.76	110.66
1980	119.25	123.75	130.81	130.49	121.66	160.32
1981	142.26	138.05	148.11	176.99	118.72	196.95
1982	153.36	144.19	161.88	207.91	135.89	139.95
1983	177.28	154.08	203.18	239.06	140.32	149.99
1984	208.84	191.75	225.89	291.21	168.86	156.26
1985	247.26	222.61	251.47	346.76	212.65	191.11
1986	326.88	240.38	302.47	497.05	302.15	219.99
1987	344.54	265.36	337.37	603.24	357.57	243.87
1988	353.84	308.23	372.13	816.39	407.95	271.36
1989	318.81	297.86	383.34	854.12	417.49	251.62
1990	316.90	350.04	432.16	967.06	349.78	270.97
1991	405.45	404.74	510.79	1231.11	374.79	380.26
1992	383.55	459.45	623.18	1385.55	488.47	453.08
1993	395.83	521.04	756.94	1638.09	516.72	549.31
1994	439.37	677.33	956.45	2206.14	679.86	664.34
1995	583.29	773.74	1074.79	2626.96	810.12	729.06
1996	604.90	847.31	1107.09	3123.56	838.26	786.74
1997	670.39	861.78	1234.27	3346.83	730.05	971.16
1998	817.57	930.13	1456.84	3910.30	808.48	1095.81
1999	960.25	1042.67	1637.42	4457.69	924.82	1321.94
2000	1146.61	1232.80	1824.36	5055.33	1090.40	1599.39
2001	1343.30	1392.42	2083.87	5646.60	1275.77	1849.55
2002	1666.63	1616.76	2434.24	6446.03	1499.06	2181.45
2003	2007.18	1905.49	2859.40	7314.05	1756.92	2631.80
2004	2520.53	2307.87	3389.65	8464.68	2075.01	3081.88
2005	2867.11	2608.87	3904.90	9626.93	2364.90	3498.00
2006	3358.61	2962.17	4490.13	11010.03	2689.44	3999.06
2007	3903.79	3490.37	5196.40	12640.44	3094.17	4682.98
2008	4420.64	3856.58	5824.12	14151.18	3490.61	5208.66
2009	4897.35	4267.57	6561.75	15568.34	3833.47	5694.06
2010	5547.05	4778.20	7413.96	17329.06	4393.85	6528.97
2011	6422.56	5284.91	8304.85	19396.66	4835.24	7453.06
2012	7010.50	5795.94	9154.90	21743.97	5363.46	8051.09
2013	7753.65	6212.42	10151.43	23794.32	5944.19	8730.39
2014	8445.74	6642.97	11387.11	25602.03	6658.52	9272.33
2015	9351.43	7339.41	12676.81	27887.46	7194.86	10256.79
2016	9986.20	7984.64	14070.99	30865.76	8197.80	11233.08
2017	10793.85	8637.15	14983.34	33069.34	8791.90	12018.36
2018	11403.17	9370.06	15828.89	35701.39	9403.96	12781.01

1-33 市区主要年份工业增加值

单位：万元

年 份	市 区	椒江区	黄岩区	路桥区
1978	10732	5022	3723	1987
1979	14534	6391	4920	3223
1980	17000	7554	5919	3527
1981	18331	8342	6088	3901
1982	21007	9176	7147	4684
1983	28492	13697	8640	6155
1984	38870	19082	11572	8216
1985	54825	23284	18240	13301
1986	58899	24124	20054	14721
1987	69174	25861	25024	18289
1988	93345	33402	34703	25240
1989	115459	40323	43571	31565
1990	115482	35586	46252	33644
1991	143251	44258	56336	42657
1992	194319	59771	77461	57087
1993	305645	94712	121311	89621
1994	475734	151088	187993	136653
1995	605992	226348	197183	182462
1996	749203	279027	253459	216717
1997	882086	347339	275365	259382
1998	963968	374267	290166	299535
1999	1074701	416711	315483	342507
2000	1202859	462828	348823	391208
2001	1284404	493489	371371	419544
2002	1421409	534170	417356	469882
2003	1615867	610878	459432	545557
2004	1869800	709131	518531	642138
2005	2237434	833787	632014	771633
2006	2617939	949383	756920	911636
2007	3010817	1037509	894574	1078734
2008	3318548	1069736	1034037	1214775
2009	3216805	1044931	990499	1181375
2010	3756116	1197400	1150501	1408215
2011	4229680	1310344	1321398	1597939
2012	4447698	1374030	1355861	1717808
2013	4736172	1467829	1437409	1830935
2014	5030909	1621584	1550734	1858591
2015	4956294	1629253	1567166	1759875
2016	5348862	1787846	1744982	1816034
2017	6389071	2128601	2046516	2213954
2018	7247187	2408763	2332987	2505438

1-34 各县市主要年份工业增加值

单位：万元

年 份	三门县	天台县	仙居县	温岭市	临海市	玉环市
1978	1567	2116	1578	3790	4140	1733
1979	1969	2220	1415	6301	5399	2489
1980	2242	2938	2313	7602	6569	4383
1981	2940	3206	2505	9089	8186	5096
1982	2927	3095	2517	9329	7642	4209
1983	3870	3326	3624	10187	8171	4743
1984	4218	4473	4252	15327	11359	6555
1985	6126	6364	5595	17433	15235	12332
1986	7001	7223	6801	21571	20049	13360
1987	8369	7694	9603	27669	24755	17092
1988	12120	13815	15879	34560	34921	28066
1989	13113	16025	19570	41699	48482	28396
1990	14026	17718	17456	43874	46926	30710
1991	17507	22617	18488	52290	52430	36830
1992	25973	26716	24624	84260	65379	55218
1993	30628	43983	33519	166108	106391	67067
1994	34200	60549	46936	254137	171697	117616
1995	39455	72235	56969	390945	232991	167533
1996	50283	71781	69253	531209	278957	227989
1997	43709	73592	72848	567611	212616	246086
1998	51018	79827	81962	625464	240342	276500
1999	58531	91101	94964	698865	278070	330731
2000	70398	107378	109657	805413	324969	387470
2001	72836	125484	116233	867278	380080	443081
2002	86529	147643	140050	964829	465332	512157
2003	104439	169498	153906	1120323	543670	594469
2004	126146	208288	174720	1318893	644653	712886
2005	164054	245451	199980	1535507	764403	851680
2006	197144	300776	235465	1779288	922535	1079766
2007	250813	336765	276025	2086360	1110107	1409189
2008	297597	387757	310666	2389819	1248400	1602925
2009	293185	397426	324805	2469397	1286894	1443210
2010	348955	460495	385059	2848074	1517457	1871106
2011	391479	523163	412690	3163210	1650326	2125858
2012	389438	535930	429662	2902717	1650723	2134369
2013	405151	572666	460042	3079783	1793763	2288633
2014	432739	646507	528757	3155933	1663068	2360161
2015	442522	675232	556396	2942778	1716442	2225128
2016	502544	742450	651412	3048204	1961155	2310036
2017	548167	798047	755564	3358795	2435209	2693154
2018	643098	880612	800452	3739575	2686774	2973193

1-35 市区主要年份工业增加值指数

(以1978年为100)

年 份	市 区	椒江区	黄岩区	路桥区
1978	100.00	100.00	100.00	100.00
1979	118.45	115.32	119.00	125.44
1980	141.26	131.15	147.32	156.51
1981	150.66	145.52	148.50	167.89
1982	169.39	156.79	169.74	201.23
1983	229.66	232.58	214.04	250.39
1984	301.54	308.59	278.25	325.51
1985	412.60	368.73	409.03	531.75
1986	439.92	382.02	438.88	590.46
1987	520.94	399.14	576.69	733.71
1988	602.45	418.88	739.32	828.58
1989	736.46	492.66	919.72	1034.06
1990	733.65	393.90	1003.41	1122.27
1991	947.66	527.26	1265.69	1440.77
1992	1285.25	745.16	1665.57	1941.81
1993	1644.01	890.21	2108.74	2707.03
1994	1961.38	1216.36	2013.67	3536.72
1995	2360.93	1504.46	2390.98	4186.26
1996	2942.09	1869.36	3117.94	5020.32
1997	3554.71	2351.71	3573.33	6083.15
1998	4047.28	2614.58	3968.82	7269.20
1999	4702.32	3008.95	4589.13	8566.28
2000	5255.73	3307.85	5165.44	9685.21
2001	5842.12	3590.57	5852.50	10902.07
2002	6551.51	3883.23	6722.14	12488.68
2003	7494.95	4415.11	7704.68	14360.36
2004	8456.72	4923.65	8654.01	16461.96
2005	9923.92	5676.20	10342.18	19395.76
2006	11240.67	6256.68	11990.42	22182.84
2007	12700.24	6717.22	13921.83	25787.24
2008	13614.35	6718.90	15639.78	28322.51
2009	14191.70	6959.14	15887.21	30327.33
2010	16029.50	7766.87	17904.69	34661.03
2011	17331.04	8164.71	19772.33	37704.23
2012	18748.07	8587.30	21227.93	41971.29
2013	20198.08	9281.50	22769.57	45261.89
2014	21946.15	10209.28	24792.15	48624.53
2015	22614.24	10460.25	26004.88	49607.42
2016	24404.17	11301.07	28171.56	53291.24
2017	27279.31	12526.76	31560.33	59921.05
2018	30347.92	13903.03	35286.60	66506.70

1-36 各县市主要年份工业增加值指数

(以1978年为100)

年 份	三门县	天台县	仙居县	温岭市	临海市	玉环市
1978	100.00	100.00	100.00	100.00	100.00	100.00
1979	112.59	103.76	82.52	170.88	130.33	129.28
1980	99.30	138.09	145.84	191.30	158.78	192.70
1981	161.31	149.41	131.84	227.50	197.30	218.33
1982	177.73	145.65	138.14	203.01	179.58	184.19
1983	227.07	157.80	199.81	227.65	179.40	198.35
1984	299.32	211.60	232.40	304.07	218.62	279.14
1985	433.27	290.87	299.55	413.20	277.10	521.54
1986	429.76	326.14	353.27	429.60	359.40	667.78
1987	521.08	334.66	509.95	649.20	441.45	851.76
1988	760.84	559.16	830.25	800.80	610.31	1450.89
1989	894.06	621.19	960.70	987.65	872.81	1478.45
1990	956.20	677.23	990.59	1107.15	847.32	1598.50
1991	1001.61	766.90	907.34	1509.83	876.64	1623.92
1992	1446.33	864.29	912.62	2516.85	1174.65	2282.91
1993	1612.66	1213.67	1410.86	4880.98	1816.02	2753.27
1994	1511.06	1421.87	1938.56	6466.34	2526.00	4041.43
1995	1290.45	1522.31	2225.42	8295.69	2732.20	5157.41
1996	1655.64	1524.87	2703.91	11445.32	3288.12	7060.00
1997	1458.62	1563.30	2868.88	12548.13	2525.41	7713.47
1998	1601.57	1748.45	3365.19	14278.51	2943.56	8814.92
1999	1960.32	2118.65	4038.22	16537.59	3516.14	10960.69
2000	2289.65	2523.64	4619.72	18876.95	4116.16	12900.13
2001	2532.35	2997.85	5248.00	20697.52	4822.61	15144.32
2002	2947.66	3558.94	6050.94	23215.08	5743.34	17749.15
2003	3619.73	4060.78	6608.93	26791.62	6780.56	20589.03
2004	4253.18	4828.96	7287.28	30513.94	7921.06	24006.81
2005	5423.36	5579.51	8178.12	34832.36	9209.21	28121.16
2006	6309.05	6618.70	9321.64	39844.46	10759.26	34513.25
2007	7885.44	7280.35	10735.16	45899.27	12719.19	44250.72
2008	9080.04	8195.19	11868.84	51076.40	13961.80	48973.88
2009	9602.74	8801.76	13137.57	56277.96	15310.18	46133.06
2010	11071.40	9922.52	15053.39	62266.03	17536.94	58238.58
2011	11955.25	10862.65	15420.94	66368.13	18440.77	64585.44
2012	12379.16	11738.15	16846.93	67837.51	19299.77	67996.61
2013	13030.20	12690.37	18250.47	71935.66	20509.26	73703.23
2014	14117.64	14418.55	21027.49	74669.63	19412.72	77543.94
2015	15442.53	15461.54	22687.22	75893.25	20809.42	77355.11
2016	17557.79	16743.02	26386.14	81459.08	22311.73	83170.33
2017	18823.47	17822.89	29597.87	89558.23	25106.95	92573.98
2018	21658.82	19288.81	30753.57	97794.69	27168.14	100235.57

1-37 市区主要年份人均生产总值

单位：元

年 份	市 区	椒江区	黄岩区	路桥区
1978	282	340	248	259
1979	354	459	302	321
1980	397	547	326	343
1981	424	614	330	361
1982	486	692	380	422
1983	572	849	431	484
1984	738	1114	547	616
1985	975	1299	790	900
1986	1053	1345	880	995
1987	1221	1498	1047	1179
1988	1559	1806	1379	1557
1989	1763	1889	1576	1902
1990	1889	2077	1621	2080
1991	2387	2572	2118	2580
1992	3092	3232	2798	3369
1993	4182	4156	3869	4672
1994	6522	6525	6169	7038
1995	8887	9805	7034	10571
1996	10628	11856	8436	12449
1997	11956	13524	8949	14571
1998	13165	15131	9498	16243
1999	14550	16868	10275	18048
2000	16235	18915	11314	20206
2001	17830	20749	12323	22280
2002	20351	23384	14116	25592
2003	23439	27159	15880	29646
2004	27586	31959	18445	35137
2005	31584	35982	21458	40387
2006	36397	41072	25126	46399
2007	41754	46523	29304	53223
2008	46677	50316	33792	59991
2009	47676	52020	33908	61330
2010	55454	60671	39039	71614
2011	63479	69237	44721	82082
2012	67696	72630	47801	88695
2013	72929	78000	51163	96200
2014	77994	82341	55555	102947
2015	81568	86990	58237	106547
2016	88453	93086	64161	115694
2017	101022	103806	74144	133785
2018	111645	114806	82361	147068

注：本表按户籍人口计算.

1-38 各县市主要年份人均生产总值

单位：元

年 份	三门县	天台县	仙居县	温岭市	临海市	玉环市
1978	228	189	231	218	207	250
1979	250	209	247	278	261	282
1980	286	245	279	289	292	394
1981	286	275	327	338	321	453
1982	344	304	365	391	370	430
1983	355	320	404	427	381	448
1984	443	381	455	518	461	540
1985	626	511	559	693	581	790
1986	719	552	641	831	742	865
1987	825	624	796	1039	846	1089
1988	1071	869	1069	1340	1090	1604
1989	1170	1048	1200	1440	1312	1598
1990	1209	1132	1265	1505	1322	1964
1991	1480	1334	1395	2007	1510	2633
1992	1715	1522	1656	2565	1855	3431
1993	2127	2098	2268	3856	2537	4599
1994	2981	2987	3004	5993	3887	7503
1995	3833	3707	3633	8451	5381	10365
1996	4377	3963	4054	10435	6130	12562
1997	3528	3891	4245	11127	5146	13721
1998	4358	4114	4587	12030	5602	15017
1999	4872	4571	5094	13111	6219	16976
2000	5560	5297	5655	14590	7073	19200
2001	6109	5889	5999	15643	7960	21260
2002	7276	6743	7013	17487	9230	24689
2003	8614	7875	7892	19912	10665	28302
2004	10274	9587	9438	23156	12754	32377
2005	12142	11140	10877	26505	14753	37575
2006	14248	12872	12591	30377	17077	45155
2007	17017	14856	14576	35423	19962	55760
2008	19781	16950	16252	40428	22561	62549
2009	20984	17627	17185	42409	24096	59410
2010	25001	20557	20604	48634	28340	74160
2011	28914	23598	23785	55287	31646	85382
2012	30337	25311	25423	56273	33224	87794
2013	32575	27045	27749	61271	35940	94438
2014	35595	29115	30716	65653	36999	98721
2015	38548	31588	33358	67987	38963	101476
2016	42054	34734	37408	73943	44301	108947
2017	46504	38277	41647	80857	50768	122292
2018	51310	42261	44580	89378	55712	133639

注：本表按户籍人口计算。

1-39 市区主要年份人均生产总值指数

(以1978年为100)

年 份	市 区	椒江区	黄岩区	路桥区
1978	100.00	100.00	100.00	100.00
1979	114.44	122.53	109.54	114.83
1980	122.62	139.46	113.61	116.43
1981	130.27	157.11	113.61	121.06
1982	144.74	173.51	123.07	138.31
1983	170.20	212.15	140.02	155.38
1984	211.78	268.49	169.51	190.95
1985	263.16	306.00	224.62	252.47
1986	280.51	316.56	242.20	274.32
1987	325.95	346.73	299.71	316.30
1988	357.17	338.26	362.61	348.85
1989	390.50	341.77	403.10	408.43
1990	408.04	345.94	422.28	439.49
1991	493.04	407.07	519.74	533.12
1992	633.61	535.80	658.87	675.92
1993	735.85	552.58	806.88	830.89
1994	911.56	721.91	928.10	1057.45
1995	1108.28	912.84	1016.94	1363.97
1996	1303.70	1099.06	1201.59	1554.24
1997	1478.38	1250.41	1290.98	1833.63
1998	1702.58	1468.57	1445.37	2111.62
1999	1947.29	1675.99	1636.71	2427.71
2000	2170.33	1858.39	1814.86	2716.88
2001	2418.62	2061.50	2033.30	3018.46
2002	2745.89	2299.70	2347.17	3435.42
2003	3121.15	2606.91	2651.50	3917.20
2004	3552.86	2958.72	2987.93	4483.46
2005	4000.45	3275.62	3412.99	5073.92
2006	4510.85	3656.85	3914.44	5702.23
2007	5046.94	4028.47	4460.58	6388.37
2008	5425.65	4193.45	4951.42	6912.81
2009	5754.80	4464.46	5133.69	7426.44
2010	6404.63	4973.49	5667.08	8298.07
2011	6942.69	5328.14	6183.95	9043.74
2012	7441.16	5568.81	6677.17	9862.45
2013	7961.95	5920.37	7154.63	10596.16
2014	8568.51	6276.58	7765.82	11482.76
2015	9074.05	6625.08	8267.58	12154.12
2016	9674.93	6967.84	8860.48	13084.24
2017	10470.12	7340.88	9713.04	14363.86
2018	11257.35	7883.64	10515.11	15370.20

注：本表按户籍人口计算。

1-40 各县市主要年份人均生产总值指数

(以1978年为100)

年 份	三门县	天台县	仙居县	温岭市	临海市	玉环市
1978	100.00	100.00	100.00	100.00	100.00	100.00
1979	107.10	98.09	104.08	123.38	126.38	124.18
1980	108.60	112.08	129.00	127.18	141.66	151.75
1981	118.92	123.17	133.25	151.67	152.21	170.29
1982	131.88	131.59	135.85	169.12	164.14	152.39
1983	140.19	135.02	150.47	189.98	166.20	156.13
1984	168.78	154.64	174.62	231.54	186.32	184.53
1985	202.20	186.18	193.11	272.29	209.14	234.15
1986	213.73	192.03	214.68	342.02	259.11	247.43
1987	228.90	196.43	253.97	433.07	288.32	291.14
1988	266.67	243.69	312.75	501.43	332.08	395.71
1989	279.47	268.67	335.32	591.56	389.62	396.37
1990	276.96	281.07	347.38	639.06	353.93	422.33
1991	339.55	314.26	375.57	801.19	390.78	483.48
1992	383.01	340.91	392.14	990.10	468.64	595.13
1993	413.27	397.18	494.41	1441.36	570.19	713.69
1994	465.76	465.69	560.95	1855.63	740.89	945.44
1995	510.47	514.46	624.06	2262.66	831.30	1159.46
1996	507.92	526.15	675.37	2856.14	927.20	1395.13
1997	412.94	516.04	716.74	3068.23	764.56	1573.09
1998	512.46	557.13	815.93	3461.31	860.79	1759.52
1999	587.79	640.82	931.07	3912.78	982.90	2093.07
2000	658.32	741.09	1040.17	4368.98	1113.64	2406.72
2001	736.00	828.74	1142.11	4752.75	1268.28	2713.62
2002	852.29	953.04	1297.43	5274.29	1454.27	3092.35
2003	994.62	1091.62	1450.09	5947.59	1675.05	3526.23
2004	1142.82	1273.52	1645.92	6697.88	1936.41	4004.26
2005	1314.71	1442.62	1854.79	7501.47	2191.62	4534.98
2006	1516.41	1629.92	2107.57	8486.01	2484.42	5315.46
2007	1752.53	1824.55	2346.45	9626.79	2824.17	6406.42
2008	1939.50	2005.05	2519.62	10554.62	3081.57	6923.92
2009	2111.29	2146.50	2746.58	11503.63	3392.80	6759.63
2010	2383.46	2375.44	3114.09	12580.89	3821.49	8132.24
2011	2571.17	2605.03	3404.36	13546.07	4058.02	8976.74
2012	2695.51	2807.57	3685.34	14400.68	4320.25	9438.41
2013	2857.73	2987.10	3984.30	15407.22	4640.39	10112.68
2014	3101.47	3217.54	4392.39	16404.50	4785.60	10659.21
2015	3379.48	3518.79	4804.86	17268.60	5109.66	11168.12
2016	3611.37	3788.60	5344.96	18725.75	5585.41	12006.82
2017	3837.28	4025.86	5717.74	20115.29	6056.71	12907.02
2018	4109.01	4318.26	5959.87	21627.27	6464.18	13723.17

注：本表按户籍人口计算。

主要统计指标解释

生产总值（GDP） 指一国（或地区）所有常住单位在一定时期内生产活动的最终成果。生产总值有三种表现形态，即价值形态、收入形态和产品形态。从价值形态看，它是所有常住单位在一定时期内生产的全部货物和服务的价值超过同期投入的全部非固定资产货物和服务价值的差额，即所有常住单位的增加值之和；从收入形态看，它是所有常住单位在一定时期内创造并分配给常住单位和非常住单位的初次收入分配之和；从产品形态看，它是所有常住单位在一定时期内最终使用的货物和服务价值与货物和服务净出口价值之和。在实际核算中，生产总值有三种计算方法，即生产法、收入法和支出法。三种方法分别从不同的方面反映生产总值及其构成，即从不同的角度反映国民经济生产活动成果。

1.生产法

生产总值=总产出-中间投入

2.收入法(也称分配法)

生产总值=劳动者报酬+固定资产折旧+生产税净额+营业盈余

3.支出法

生产总值=最终消费支出+资本形成总额+货物和服务净出口

根据国民经济核算范围的整体性与一致性原则，从三个角度测算的生产总值理论上是一致的。即:生产法计算的生产总值=收入法(分配法)计算的生产总值-支出法计算的生产总值。在我国的生产总值核算中，最常用的方法是分配法。

三次产业 是根据社会生产活动历史发展的顺序对产业结构的划分，产品直接取自自然界的部门称为第一产业，对初级产品进行再加工的部门称为第二产业，为生产和消费提供各种服务的部门称为第三产业。它是世界上较为通用的产业结构分类，但各国的划分不尽一致。我国的三次产业划分是:

第一产业：农、林、牧、渔业（不包括农林牧渔服务业）。

第二产业：采矿业（不含开采辅助活动），制造业（不含金属制品、机械和设备修理业），电力、热力、燃气及水生产和供应业、建筑业。

第三产业：即服务业、除第一产业、第二产业以外的其他行业。

当年价格 指报告期的实际价格。

可比价格 指计算各种总量指标所采用的扣除了价格变动因素的价格，可进行不同时期总量指标的对比。按可比价格计算总量指标有两种方法：一种是直接用产品产量乘某一年的不变价格计算；另一种是用价格指数进行缩减。

不变价格 指以同类产品某年的平均价格作为固定价格，用于计算各年的产品价值。按不变价格计算的产品价值消除了价格变动因素，不同时期对比可以反映生产的发展速度。本《年鉴》所列的农业总产值指数是按不变价格计算的。计算有关年份产值增长速度，可用指数直接进行计算。

平均增长速度 在我国计算平均速度有两种方法，一种是“水平法”，又称几何平均法，是以间隔期最后一年的水平同基期水平对比来计算平均每年增长（或下降）速度；另一种是“累计法”，又称代数平均法或方程法，是以间隔期内各年水平的总和同基期对比来计算平均每年增长（或下降）速度。本《年鉴》内所列的平均增长速度，除固定资产投资用“累计法”计算外，其余都是用“水平法”计算的。

2

人口和从业人员

Population and Employment

2-1 主要年份年末总户数和人口数

年份	户籍总户数(万户)	户籍总人口数(万人)	按性别分		按户籍分		按城乡分		常住人口数(万人)
			男性	女性	农业人口	非农业人口	城镇人口	农村人口	
1949	60.43	240.57	123.10	117.47	222.36	18.21			
1952	67.32	251.74	128.75	122.99	229.63	22.11			
1957	72.16	282.99	145.03	137.96	256.58	26.41			
1962	77.94	306.74	156.57	150.17	278.87	27.87			
1965	79.52	339.84	174.44	165.40	315.60	24.24			
1970	87.58	391.75	201.04	190.71	366.17	25.58			
1975	97.41	434.56	223.58	210.98	408.47	26.09			
1978	105.70	452.71	233.41	219.30	426.73	25.98			
1980	109.92	461.61	237.98	223.63	430.09	31.52			
1985	126.03	490.08	253.72	236.36	448.94	41.14			
1990	149.29	515.49	267.27	248.22	468.42	47.07			
1994	157.40	526.31	272.83	253.48	472.42	53.89			
1995	159.04	529.56	274.51	255.05	471.88	57.68			
1996	161.42	532.98	276.21	256.77	471.61	61.37			
1997	164.61	535.98	277.63	258.35	469.72	66.26			
1998	168.15	539.51	279.53	259.98	463.88	75.63			
1999	173.26	542.98	281.13	261.85	461.41	81.57			
2000	175.56	546.62	282.77	263.85	455.83	90.79			
2001	177.49	548.52	283.63	264.89	456.43	92.09			
2002	179.71	550.46	284.42	266.04	456.65	93.81			
2003	182.03	552.61	285.38	267.23	457.26	95.35			
2004	183.89	555.92	286.87	269.05	459.23	96.69			
2005	186.83	559.85	288.71	271.14	461.54	98.31			
2006	189.12	564.66	291.01	273.65	464.86	99.80			
2007	191.99	569.39	293.25	276.15	467.51	101.88			
2008	193.69	574.06	295.38	278.68	470.71	103.35			
2009	193.34	578.47	297.54	280.93	474.08	104.39			
2010	192.68	583.14	299.68	283.46	477.48	105.67			596.9
2011	192.30	586.79	301.35	285.43	480.03	106.76			599.9
2012	191.70	590.95	303.26	287.69	483.07	107.87			600.5
2013	191.52	594.04	304.60	289.44	485.32	108.72			603.8
2014	190.85	597.10	305.88	291.23	482.97	114.13			601.5
2015	191.77	597.49	305.61	291.88			260.35	337.14	604.9
2016	191.57	600.17	306.79	293.38			250.35	349.82	608.0
2017	191.61	603.53	308.28	295.26			256.75	346.78	611.8
2018	191.83	605.40	309.06	296.34			262.67	342.73	613.9

2-2 市区主要年份年末人口数

单位：万人

年份	市区		椒江区		黄岩区		路桥区	
	户籍人口数	常住人口数	户籍人口数	常住人口数	户籍人口数	常住人口数	户籍人口数	常住人口数
1978	117.37		34.86		49.32		33.19	
1980	119.31		35.74		49.99		33.58	
1985	126.97		38.52		53.02		35.43	
1986	128.57		39.06		53.69		35.82	
1987	130.34		39.68		54.38		36.28	
1988	131.99		40.43		54.83		36.73	
1989	132.96		40.90		55.03		37.03	
1990	133.77		41.41		55.17		37.19	
1991	134.47		41.73		55.36		37.38	
1992	136.14		42.08		55.48		38.58	
1993	135.91		42.39		55.73		37.79	
1994	136.73		42.66		55.96		38.11	
1995	137.70		43.03		56.16		38.51	
1996	138.79		43.40		56.54		38.85	
1997	139.67		43.73		56.73		39.21	
1998	140.83		44.22		56.77		39.84	
1999	142.03		44.78		57.03		40.22	
2000	143.17		45.31		57.27		40.59	
2001	143.90		45.93		57.01		40.96	
2002	144.93		46.53		57.09		41.31	
2003	146.05		47.15		57.19		41.71	
2004	147.37		47.79		57.47		42.11	
2005	148.75		48.37		57.86		42.52	
2006	150.20		48.94		58.33		42.93	
2007	151.56		49.51		58.77		43.27	
2008	152.75		49.98		59.14		43.64	
2009	153.77		50.40		59.41		43.96	
2010	154.89	190.3	50.92	65.4	59.67	63.2	44.30	61.7
2011	155.85		51.38		59.89		44.58	
2012	156.90		51.88		60.14		44.87	
2013	157.76		52.33		60.33		45.10	
2014	158.47		52.71		60.51		45.26	
2015	159.29	192.8	52.99	66.3	61.01	64.1	45.30	62.4
2016	160.10	194.4	53.51	67.5	61.10	64.8	45.49	62.1
2017	161.42	196.7	54.28	68.0	61.34	66.0	45.81	62.7
2018	162.50	197.6	54.97	68.5	61.52	66.3	46.01	62.8

2-3 各县市主要年份年末人口数

单位：万人

年份	三门县		天台县		仙居县		温岭市		临海市		玉环市	
	户籍人口数	常住人口数	户籍人口数	常住人口数	户籍人口数	常住人口数	户籍人口数	常住人口数	户籍人口数	常住人口数	户籍人口数	常住人口数
1978	33.17		45.40		38.76		94.18		91.99		31.84	
1980	33.99		46.49		39.07		95.71		94.19		32.86	
1985	36.65		49.47		40.40		101.26		100.01		35.32	
1986	37.15		49.91		40.74		102.46		101.19		35.79	
1987	37.98		50.62		41.16		103.75		102.58		36.35	
1988	38.57		51.37		41.65		105.20		103.56		36.77	
1989	38.84		51.68		41.91		106.58		104.03		37.12	
1990	38.65		51.71		42.05		107.72		104.23		37.36	
1991	38.88		52.12		42.35		108.48		104.54		37.50	
1992	38.98		52.23		42.57		109.01		105.05		37.59	
1993	39.16		52.48		42.93		109.50		105.72		37.73	
1994	39.25		52.78		43.34		110.06		106.27		37.89	
1995	39.35		53.14		43.67		110.79		106.84		38.07	
1996	39.47		53.50		43.98		111.58		107.44		38.23	
1997	39.61		53.88		44.27		112.23		107.95		38.37	
1998	39.79		54.52		44.56		112.83		108.39		38.56	
1999	39.88		55.12		44.88		113.28		109.00		38.79	
2000	40.02		55.44		45.48		113.80		109.83		38.89	
2001	40.06		55.47		45.82		114.09		110.15		39.03	
2002	40.11		55.52		46.12		114.28		110.37		39.13	
2003	40.25		55.52		46.43		114.50		110.58		39.28	
2004	40.57		55.66		46.82		114.82		111.18		39.50	
2005	40.97		55.88		47.39		115.09		111.92		39.84	
2006	41.42		56.26		48.01		115.70		112.86		40.23	
2007	41.86		56.50		48.44		116.56		113.82		40.66	
2008	42.27		56.89		48.80		117.58		114.66		41.10	
2009	42.60		57.50		49.21		118.45		115.47		41.47	
2010	42.92	32.9	58.16	38.3	49.53	34.3	119.29	136.7	116.40	102.9	41.96	61.6
2011	43.23		58.62		49.81		119.93		117.09		42.25	
2012	43.53		59.22		50.29		120.60		117.85		42.55	
2013	43.83		59.54		50.60		121.05		118.45		42.81	
2014	44.06		59.84		50.87		121.80		119.04		43.02	
2015	44.11	33.3	59.37	38.8	50.60	34.7	121.53	138.5	119.57	104.3	43.02	62.6
2016	44.36	34.0	59.85	39.8	51.03	35.2	121.67	137.0	119.99	104.7	43.18	62.9
2017	44.66	35.0	60.20	40.0	51.50	35.4	122.01	136.9	120.36	105.1	43.39	62.7
2018	44.75	35.0	60.25	40.5	51.74	35.7	122.14	136.9	120.49	105.4	43.53	62.8

2-4 主要年份户籍人口自然变动情况

年 份	出 生		死 亡		自 然 增 长	
	人数（人）	出生率（‰）	人数（人）	死亡率（‰）	人数（人）	自然增长率（‰）
1949	61063	25.58	32794	13.74	28269	11.84
1952	70721	28.27	30600	12.23	40121	16.04
1957	105765	38.05	25120	9.04	80645	29.01
1962	103246	34.08	24548	8.10	78698	25.98
1965	135207	40.43	28458	8.51	106749	31.92
1970	119335	30.87	23123	5.98	96212	24.89
1975	96398	22.37	27793	6.45	68605	15.92
1978	77592	17.25	25928	5.76	51664	11.49
1980	61815	13.45	26211	5.70	35604	7.75
1985	70894	14.54	27879	5.72	43015	8.82
1990	58776	11.43	27818	5.41	30958	6.02
1994	66000	12.57	29922	5.70	36078	6.87
1995	67425	12.77	32057	6.07	35368	6.70
1996	68640	12.92	32010	6.03	36630	6.89
1997	63482	11.88	31319	5.86	32163	6.02
1998	68263	12.69	32162	5.98	36101	6.71
1999	68220	12.60	31945	5.90	36275	6.70
2000	72905	13.38	33565	6.16	39340	7.22
2001	61712	11.27	31417	5.74	30295	5.53
2002	64052	11.66	33072	6.02	30980	5.64
2003	66612	12.08	33478	6.07	33134	6.01
2004	75969	13.71	32927	5.94	43042	7.77
2005	74640	13.37	34823	6.24	39817	7.13
2006	73612	13.09	32502	5.78	41110	7.31
2007	67765	11.95	32665	5.76	35100	6.19
2008	65301	11.42	34478	6.03	30823	5.39
2009	66741	11.58	34660	6.01	32081	5.57
2010	72862	12.54	36699	6.32	36163	6.22
2011	65503	11.20	34785	5.95	30718	5.25
2012	75335	12.79	36209	6.15	39126	6.64
2013	63717	10.75	34568	5.83	29149	4.92
2014	65957	11.07	35651	5.98	30306	5.09
2015	71395	11.95	36560	6.12	34835	5.83
2016	62076	10.37	34119	5.70	27957	4.67
2017	76652	12.74	40294	6.70	36358	6.04
2018	64769	10.72	39193	6.48	25576	4.24

2-5 主要年份年末从业人员数

单位：万人

年份	从业人员总数	第一产业	第二产业	第三产业	#城镇集体以上单位在岗职工	国有经济单位	城镇集体经济单位	其他经济单位	#城镇私营和个体从业人员
1952	100.74				3.34	2.55	0.79		2.89
1957	114.39				6.40	4.14	2.26		2.94
1962	122.02				9.30	5.08	4.22		0.70
1965	129.82				9.74	5.41	4.33		0.62
1970	145.58				12.59	7.33	5.26		0.50
1975	157.86				16.75	9.41	7.34		0.26
1978	176.88				22.90	12.06	10.84		0.34
1980	185.19				23.93	13.95	9.98		0.60
1985	268.79				29.94	15.99	13.90	0.05	1.14
1990	307.23				33.49	17.90	15.41	0.18	2.16
1994	330.65				33.64	19.32	13.24	1.08	9.37
1995	341.04	161.18	102.10	77.76	34.18	20.34	12.57	1.27	11.99
1996	341.23	157.20	104.77	79.26	34.32	20.47	12.34	1.51	11.87
1997	340.75	152.99	111.38	76.38	34.70	20.94	12.11	1.65	12.36
1998	341.19	147.52	113.92	79.75	34.42	20.13	10.32	3.97	11.28
1999	340.70	143.48	114.87	82.35	34.19	19.41	9.36	5.42	13.21
2000	340.48	135.52	116.03	88.93	32.56	17.99	7.40	7.17	13.82
2001	343.24	130.21	119.15	93.88	31.74	16.94	5.52	9.28	26.15
2002	347.25	125.90	120.85	100.50	31.77	15.95	4.19	11.63	29.84
2003	358.87	122.31	127.40	109.16	32.87	15.04	3.75	14.08	33.69
2004	364.13	106.21	136.89	121.03	35.31	15.49	3.84	15.98	42.22
2005	368.67	103.83	140.06	124.78	39.13	15.43	3.21	20.48	44.57
2006	370.21	101.43	142.50	126.28	40.22	15.63	2.66	21.93	45.69
2007	373.14	88.60	152.84	131.70	47.53	16.39	3.51	27.63	51.25
2008	375.57	83.76	157.34	134.47	54.92	16.82	2.65	35.45	56.36
2009	378.55	78.12	162.12	138.31	59.71	16.57	2.59	40.55	56.48
2010	367.56	75.25	160.28	132.03	64.81	16.65	2.66	45.50	95.50
2011	380.81	75.59	165.75	139.47	79.93	16.20	2.85	60.89	100.38
2012	389.26	75.47	170.55	143.24	88.98	15.83	3.61	69.55	104.69
2013	397.15	74.84	175.17	147.14	92.63	15.15	3.91	73.57	123.45
2014	402.15	73.59	178.56	150.00	99.33	15.03	4.61	79.69	147.23
2015	403.32	71.72	180.23	151.37	92.39	15.22	4.39	72.78	166.55
2016	404.36	70.47	181.48	152.41	85.45	15.48	4.49	65.48	180.83
2017	406.65	69.35	182.28	155.02	92.05	15.76	5.25	71.04	198.34
2018	407.80	67.84	183.70	156.26	86.39	15.42	5.37	65.60	206.72

注：2010年从业人员总数与第六次人口普查相关数据衔接；2001年开始个体私营从业人员统计口径扩，包括股份合作企业从业人员；2003年以前在岗职工为职工资料。

2-6 分行业全部在岗职工年末人数

(2011-2018年)　　单位：人

行　　业	2011年	2012年	2013年	2014年	2015年	2016年	2017年	2018年
总　　计	**799344**	**889843**	**926335**	**993308**	**923917**	**854534**	**920529**	**863926**
按企业、事业、机关分								
企　业	653958	741633	777569	843481	774429	706839	771106	717784
事　业	107822	105061	104518	101593	102394	100318	98154	94745
机　关	36374	38358	38358	41224	42150	41716	42548	44606
民间非营利组织	890	2106	2371	1483	2797	3873	4353	6513
其　他	300	2685	1272	5527	2147	1788	4368	278
按国民经济行业分								
农、林、牧、渔业	4128	1338	1072	727	507	478	300	255
采矿业	198	201	133	82	80	80	80	87
制造业	307056	324854	358805	350872	297249	301990	315376	299480
电力、热力、燃气及水生产和供应业	9548	8875	7113	7273	7388	9840	10476	11707
建筑业	246132	301028	306009	380104	366995	297996	344589	302698
批发和零售业	22248	22304	22641	23228	22082	22184	22466	20998
交通运输、仓储和邮政业	12270	14559	15220	14939	13440	11387	11065	9676
住宿和餐饮业	7398	6867	7039	6486	6341	5639	6327	4938
信息传输、软件和信息技术服务业	4080	4394	4434	4505	5237	5221	5267	4985
金融业	25844	30026	27336	27472	29089	29927	31672	33754
房地产业	7404	9863	7924	11837	10120	8073	8508	7931
租赁和商务服务业	9894	14255	13983	9379	9229	8721	9487	11966
科学研究、技术服务业	6032	8459	7928	8071	7826	6859	5821	5532
水利、环境和公共设施管理业	5280	6101	7171	7516	5927	4186	4398	4863
居民服务、修理和其他服务业	1387	970	1415	1402	1136	577	527	535
教　育	54601	56272	56416	55767	56187	56007	56591	57763
卫生和社会工作	28360	30331	30716	31667	32539	33169	34445	33762
文化、体育和娱乐业	3722	3699	3490	3672	3407	2906	3014	3091
公共管理、社会保障和社会组织	43762	45447	47490	48309	49138	49294	50120	49905

注：本表统计范围为城镇集体以上各类单位。

2-7 分行业国有经济在岗职工年末人数

(2011-2018年)　　单位：人

行　业	2011年	2012年	2013年	2014年	2015年	2016年	2017年	2018年
总　计	**161951**	**158324**	**151504**	**150383**	**152211**	**154798**	**157579**	**154246**
按企业、事业、机关分								
企　业	24788	22895	13927	12610	11207	15111	16400	17538
事　业	100730	97038	96647	94114	97974	97141	95717	91810
机　关	36374	38358	40605	41224	42150	41716	42548	44606
民间非营利组织	20	20	16	76	101	94	185	292
其　他	39	13	309	2359	779	736	2729	
按国民经济行业分								
农、林、牧、渔业	4048	1262	1017	709	465	438	265	241
制造业	1590	1452	570	236	207	200	192	58
电力、热力、燃气及水生产和供应业	7857	6892	4507	4209	4386	6624	6465	3089
建筑业	457	564	550	554	554	1839	1658	1652
批发和零售业	2854	2783	1554	1737	1350	1258	1856	1765
交通运输、仓储和邮政业	5365	5082	3162	2689	2073	2649	2445	2369
住宿和餐饮业	556	497	187	150	158	103	45	
信息传输、软件和信息技术服务业	1696	1248	736	833	698	660	660	600
金融业	3819	2668	821	361	341	341	342	350
房地产业	738	843	716	923	622	483	402	365
租赁和商务服务业	2783	2322	2231	2301	2546	2633	3182	5679
科学研究、技术服务业	4334	4404	4337	4272	3326	2868	2663	2389
水利、环境和公共设施管理业	3904	4048	4712	4190	4221	2568	2721	3379
居民服务、修理和其他服务业	336	350	385	371	343	326	325	344
教　育	50065	50373	50229	49276	50120	50089	50579	51140
卫生和社会工作	24694	25705	26066	27641	30012	30827	32033	29251
文化、体育和娱乐业	3241	2969	2774	2630	2348	2030	2010	2101
公共管理、社会保障和社会组织	43614	44862	46950	47301	48441	48862	49736	49474

2-8 分行业城镇集体经济在岗职工年末人数

(2011-2018年)

单位：人

行　业	2011年	2012年	2013年	2014年	2015年	2016年	2017年	2018年
总　　计	**28467**	**36051**	**39113**	**46068**	**43877**	**44912**	**52515**	**53656**
按企业、事业、机关分								
企　业	23542	30826	34275	41471	43320	44468	52061	50944
事　业	4862	4784	4669	4350	433	334	345	2553
民间非营利组织	41	23	145	135	100	88	85	159
其　他	22	311	24	112	24	22	24	
按国民经济行业分								
农、林、牧、渔业	10	6	5	5	5	5	5	5
采矿业	85	85						
制造业	1151	522	570	727	425	290	314	313
电力、热力、燃气及水生产和供应业	162	128	143	144	146	133	139	140
建筑业	20522	28435	32255	39217	41587	43459	51099	49674
批发和零售业	43	59	78	131	134	163	39	48
交通运输、仓储和邮政业	30	33	37	7	7	8		
住宿和餐饮业	79	24	24	24	24	24	27	32
金融业	429	444	468	474	477			
房地产业	55	90	40	35	21	66	69	65
租赁和商务服务业	966	1112	633	604	360	265	237	214
科学研究、技术服务业	146	148	173	61	104	79	78	225
水利、环境和公共设施管理业	495	578	626	1142	3			
居民服务、修理和其他服务业	11	6	6	5	5	20	4	3
教　育	1327	1437	1423	1153	314	184	283	535
卫生和社会工作	2854	2856	2608	2314	221	169	178	2285
文化、体育和娱乐业					21	27	24	
公共管理、社会保障和社会组织	102	88	24	25	23	20	19	117

2-9 分行业其他经济在岗职工年末人数

(2011-2018年) 单位：人

行 业	2011年	2012年	2013年	2014年	2015年	2016年	2017年	2018年
总 计	**608926**	**695468**	**735718**	**796857**	**727829**	**654824**	**710435**	**656024**
按企业、事业、机关分								
企 业	605628	687912	729367	789400	719902	647260	702645	649302
事 业	2230	3239	3202	3129	3987	2843	2092	382
民间非营利组织	829	1956	2210	1272	2596	3691	4083	6062
其 他	239	2361	939	3056	1344	1030	1615	278
按国民经济行业分								
农、林、牧、渔业	70	70	50	13	37	35	30	9
采矿业	113	116	133	82	80	80	80	87
制造业	304315	322880	357665	349909	296617	301500	314870	299109
电力、热力、燃气及水生产和供应业	1529	1855	2463	2920	2856	3083	3872	8478
建筑业	225153	272029	273204	340333	324854	252698	291832	251372
批发和零售业	19351	19462	21009	21360	20598	20763	20571	19185
交通运输、仓储和邮政业	6875	9444	12021	12243	11360	8730	8620	7307
住宿和餐饮业	6763	6346	6828	6312	6159	5512	6255	4906
信息传输、软件和信息技术服务业	2384	3146	3698	3672	4539	4561	4607	4385
金融业	21596	26914	26047	26637	28271	29586	31330	33404
房地产业	6611	8930	7168	10879	9477	7524	8037	7501
租赁和商务服务业	6145	10821	11119	6474	6323	5823	6068	6073
科学研究、技术服务业	1552	3907	3418	3738	4396	3912	3080	2918
水利、环境和公共设施管理业	881	1475	1833	2184	1703	1618	1677	1484
居民服务、修理和其他服务业	1040	614	1024	1026	788	231	198	188
教 育	3209	4462	4764	5338	5753	5734	5729	6088
卫生和社会工作	812	1770	2042	1712	2306	2173	2234	2226
文化、体育和娱乐业	481	730	716	1042	1038	849	980	990
公共管理、社会保障和社会组织	46	497	516	983	674	412	365	314

2-10 各经济类型分行业全部在岗职工年末人数

(2018年) 单位：人

行业	在岗职工年末人数	国有经济单位	城镇集体经济单位	其他经济单位
总计	**863926**	**154246**	**53656**	**656024**
按企业、事业、机关分				
企业	717784	17538	50944	649302
事业	94745	91810	2553	382
机关	44606	44606		
民间非营利组织	6513	292	159	6062
其他	278			278
按国民经济行业分				
农、林、牧、渔业	**255**	**241**	**5**	**9**
农业	156	147		9
林业	83	83		
渔业	5		5	
农、林、牧、渔专业及辅助性活动	11	11		
采矿业	**87**			**87**
非金属矿采选业	87			87
制造业	**299480**	**58**	**313**	**299109**
农副食品加工业	2890		16	2874
食品制造业	4047			4047
酒、饮料和精制茶制造业	756			756
纺织业	3555			3555
纺织服装、服饰业	869			869
皮革、毛皮、羽毛及其制品和制鞋业	4098			4098
木材加工及木、竹、藤、棕、草制品业	672			672
家具制造业	12638			12638
造纸和纸制品业	1912		48	1864
印刷业和记录媒介复制业	3493			3493
文教、美工、体育和娱乐用品制造业	6284			6284

注：本表统计范围为城镇集体以上各类单位；国民经济行业分类按2017版。

2-10 续表 1

单位：人

行　　业	在岗职工年末人数	国　　有经济单位	城镇集体经济单位	其　　他经济单位
化学原料和化学制品制造业	7375			7375
医药制造业	25833			25833
橡胶和塑料制品业	64			64
非金属矿物制品业	30456			30456
黑色金属冶炼和压延加工业	2831		40	2791
有色金属冶炼和压延加工业	585			585
金属制品业	3219			3219
通用设备制造业	17009		159	16850
专用设备制造业	47904		50	47854
汽车制造业	21378			21378
铁路、船舶、航空和其他运输设备制造业	42606			42606
电气机械和器材制造业	9613	58		9555
计算机、通讯和其他电子设备制造业	24935			24935
仪器仪表制造业	8560			8560
其他制造业	6763			6763
废弃资源综合利用业	7697			7697
金属制品、机械和设备修理业	1438			1438
电力、热力、燃气及水生产和供应业	**11707**	**3089**	**140**	**8478**
电力、热力生产和供应业	9630	2891	8	6731
燃气生产和供应业	429		115	314
水的生产和供应业	1648	198	17	1433
建筑业	**302698**	**1652**	**49674**	**251372**
房屋建筑业	258428	1310	45701	211417
土木工程建筑业	41384	342	3973	37069
建筑安装业	1022			1022
建筑装饰和其他建筑业	1864			1864

2-10 续表 2

单位：人

行　业	在岗职工年末人数	国　有经济单位	城镇集体经济单位	其　他经济单位
批发和零售业	**20998**	**1765**	**48**	**19185**
批发业	9198	1561	29	7608
零售业	11800	204	19	11577
交通运输、仓储和邮政业	**9676**	**2369**		**7307**
道路运输业	7446	1424		6022
水上运输业	559	56		503
航空运输业	23	23		
多式联运和运输代理业	215	123		92
装卸搬运和运输代理业	737	236		501
邮政业	696	507		189
住宿和餐饮业	**4938**		**32**	**4906**
住宿业	3514			3514
餐饮业	1424		32	1392
信息传输、软件和信息技术服务业	**4985**	**600**		**4385**
电信、广播电视和卫星传输服务业	4719	591		4128
互联网和相关服务	31	9		22
软件和信息技术服务业	235			235
金融业	**33754**	**350**		**33404**
货币金融服务业	29352	338		29014
资本市场服务	33			33
保险业	4350			4350
其他金融业	19	12		7
房地产业	**7931**	**365**	**65**	**7501**
房地产开发经营	4190	5		4185
物业管理	2876	79		2797
房地产中介服务	11			11
房地产租赁经营	719	146	65	508
其他房地产业	135	135		
租赁和商务服务业	**11966**	**5679**	**214**	**6073**
租赁业	16			16
商务服务业	11950	5679	214	6057
科学研究、技术服务业	**5532**	**2389**	**225**	**2918**
研究与试验发展	988	359		629

2-10 续表 3

单位：人

行 业	在岗职工年末人数	国 有经济单位	城镇集体经济单位	其 他经济单位
专业技术服务业	4146	1805	53	2288
科技推广和应用服务业	398	225	172	1
水利、环境和公共设施管理业	**4863**	**3379**		**1484**
水利管理业	599	591		8
生态保护和环境治理业	88			88
公共设施管理业	4174	2786		1388
土地管理业	2	2		
居民服务、修理和其他服务业	**535**	**344**	**3**	**188**
居民服务业	379	302	3	74
机动车、电子产品和日用品修理业	114			114
其他服务业	42	42		
教 育	**57763**	**51140**	**535**	**6088**
初等教育	21700	20691	20	989
中等教育	28197	24057	364	3776
高等教育	2932	2694		238
卫生和社会工作	**33762**	**29251**	**2285**	**2226**
卫 生	33369	28907	2285	2177
社会工作	393	344		49
文化、体育和娱乐业	**3091**	**2101**		**990**
新闻和出版业	724	289		435
广播、电视、电影和影视录音制作业	1107	995		112
文化艺术业	857	725		132
体 育	274	57		217
娱乐业	129	35		94
公共管理、社会保障和社会组织	**49905**	**49474**	**117**	**314**
中国共产党机关	2151	2151		
国家机构	46188	46043	109	36
人民政协、民主党派	309	309		
社会保障	299	299		
群众团体、社会团体和其他成员组织	727	672	8	47
基层群众自治组织及其他组织	231			231

主要统计指标解释

人口数 指一定时点全市行政管辖范围内的有生命的个人的总和。年度统计的年末人口数是指12月31日24时常住户口和未落户口的人口数。

农业人口 指凡在农村从事农、林、牧、副、渔的劳动者，以及乡（不包括乡）以下，不直接从事农业生产的各种人员及其抚养的家属。

非农业人口 指从事农、林、牧、副、渔业以外各种行业的人员。包括国营的农、林、牧、渔、园艺场、拖拉机站、抽水机站等，在编的行政管理人员、文教卫生、财贸、邮电等人员，以及附属的独立核算的工业企业中常年不从事农业生产的国家职工。包括抚养的家属。

出生率 指一年内平均每千人所出生的人数比例，一般以千分率表示。计算公式:

出生率＝全年出生人数/年平均人数×1000‰

出生人数指活产婴儿，即胎儿脱离母体时（不管怀孕月数），有过呼吸或其他生命现象。

死亡率 指一年内平均每千人所死亡的人数比例，一般以千分率表示。计算公式:

死亡率＝全年死亡人数/年平均人数×1000‰

人口自然增长率 指一年内人口自然增长数（出生人数减死亡人数）与平均人数之比例，一般以千分率表示。计算公式:

人口自然增长率＝(年内出生人数－年内死亡人数)/年平均人数×1000‰

或 人口自然增长率＝人口出生率－人口死亡率

人口密度 指在一定时点一定地区的人口数与该地区的面积数之比，即一定时点的单位土地面积上的人口数，通常以每平方公里的居民人数来表示。计算公式:

人口密度＝该地区的人口数/该地区的土地面积数

从业人员 指从事一定社会劳动并取得劳动报酬或经营收入的全部劳动力。包括国有经济单位、城镇集体经济单位、其他各种经济类型单位的全部职工。城镇私营和个体从业人员和其他从业人员，乡村从业人员，从事家庭副业，其收入相当于当地一个从业人员最低收入水平或参加社会劳动累计在三个月以上的乡、村从业人员也包括在内。

在岗职工 指调查时期（点）在本单位工作并由单位支付劳动报酬的职工。包括由单位派出学习、劳务及病伤产假且仍由单位支付劳动报酬的人员。

城镇私营和个体从业人员 城镇私营从业人员指在工商行政管理部门注册登记，其经营地址设在县城关镇（含城关镇）以上的私营企业从业人员，包括私营企业投资者和雇工。城镇个体从业人员指在工商管理部门注册登记，并持有城镇户口或在城镇长期居住，经批准从事个体工商经营的从业人员，包括个体经营者和在个体工商户劳动的家庭帮工和雇工。

经营管理人员 指在企业、事业单位和其他非公有制经济组织经营管理岗位上工作的人员。统计对象为企业、事业单位中中层及以上管理人员（不包括专业技术管理工作的人员，专业技术管理工作的人员作为专业技术人员统计）。

专业技术人员 指在企业、事业单位和其他非公有制经济组织中从事专业技术工作或专业技术管理工作，并符合下列条件之一的人员：1. 受聘初级及以上专业技术职务；2. 取得专业技术职务任职资格或专业技术职务资格；3. 具有大专及以上学历；4. 获得省部级及以上科学技术奖励；5. 持有政府有关部门认定的发明专利。专业技术人员还包括未聘任专业技术职务，但在专业技术岗位上工作的人员。按照公务员管理或参照公务员管理的人员不统计为专业技术人员。

3

农　业

Agriculture

3-1 农村基本情况

(1990-2018年) 单位：个

年份	乡镇政府和街道办事处	#镇政府	村民委员会	通自来水村数	通公路村数	通电话村数	通有线电视村数	通宽带村数
1990	367	81	5627					
1991	361	83	5638					
1992	167	92	5609					
1993	167	94	5601	5601	3298	2432		
1994	167	99	5600	3011	3480	3006		
1995	169	97	5600	3354	3963	3678		
1996	169	99	5603	3496	4112	4128		
1997	169	102	5586	3718	4413	4624		
1998	169	103	5560	3892	4523	5014		
1999	169	103	5570	4064	4684	5163		
2000	167	101	5567	4169	4830	5297		
2001	127	68	5536	4323	4963	5380		
2002	127	68	5150	4021	4654	5022		
2003	131	66	5134	4209	4715	5012	4473	
2004	131	65	5109	4282	4790	5005	4543	
2005	131	65	5037	4356	4794	4987	4571	
2006	131	65	5034	4474	4852	4996	4611	
2007	131	65	5029	4528	4900	4999	4650	
2008	131	65	5028	4567	4920	5007	4706	
2009	133	64	5028	4617	4937	5008	4744	
2010	133	64	5028	4674	4976	5009	4782	
2011	133	64	5026	4747	4977	5007	4807	
2012	133	64	5025	4814	4983	5010	4873	
2013	129	61	4705	4538	4672	4703	4625	
2014	129	61	4704	4600			4656	4630
2015	129	61	4646	4567			4590	4573
2016	129	61	4645	4571			4591	4580
2017	129	61	4645	4592			4609	4603
2018	129	61	3043	3027			3039	3041

注：农村住户数、农村人口按民政部门批准的村委会口径统计。

3-2 农村人口和从业人员情况

(1990-2018年) 单位：万人

年 份	农村常住户数(万户)	农村常住人口数	农村劳动力资源总数	农村从业人员数	男 性	女 性
1990	137.59	469.16	285.13	271.58	151.66	119.92
1991	137.35	470.35	286.28	279.65	154.52	125.13
1992	138.70	471.99	293.60	285.38	156.00	129.38
1993	139.93	473.44	295.67	286.20	156.53	129.67
1994	140.86	475.04	296.83	287.64	156.65	130.99
1995	142.00	475.68	299.48	289.79	157.67	132.12
1996	142.58	475.72	300.92	290.28	157.56	132.72
1997	143.26	477.23	302.04	290.86	157.48	133.38
1998	144.20	473.74	302.27	290.49	156.96	133.53
1999	146.56	474.56	303.35	291.23	157.07	134.16
2000	146.93	471.91	303.87	291.49	157.06	134.43
2001	151.64	481.25	313.49	302.20	162.75	139.45
2002	155.05	491.87	318.48	306.03	164.41	141.62
2003	154.32	487.17	320.43	307.04	163.73	143.31
2004	156.98	488.49	322.53	307.75	163.68	144.07
2005	158.38	493.51	324.78	309.44	165.27	144.17
2006	158.86	497.03	327.52	310.61	165.50	145.11
2007	163.10	499.13	332.65	316.38	168.16	148.22
2008	164.44	498.51	332.57	313.59	166.51	147.08
2009	163.59	498.75	333.05	312.98	165.70	147.28
2010	163.95	504.92	337.59	317.56	168.16	149.40
2011	164.73	510.22	340.38	320.37	168.55	151.82
2012	166.31	522.27	348.49	327.06	171.32	155.74
2013	169.71	543.00	366.05	345.04	180.92	164.12
2014	171.12	548.05	368.14	344.21	181.43	162.78
2015	172.22	550.97	367.54	342.94	181.52	161.42
2016	163.69	516.13	343.66	319.41	168.31	151.10
2017	163.52	518.62	343.45	318.11	167.47	150.64
2018	161.86	515.07	338.93	313.48	164.96	148.52

3-3　主要年份农林牧渔业总产值

单位：万元

年　份	农林牧渔业总产值	农业产值	林业产值	牧业产值	渔业产值	农林牧渔服务业产　值
1949	14081	10479	1180	1215	1207	
1952	19267	14615	1346	1714	1592	
1957	24190	16789	1714	2693	2994	
1962	29111	20888	1672	2758	3793	
1965	37545	26121	1794	5287	4343	
1970	46703	32750	1520	7383	5050	
1975	50669	34762	1127	7395	7385	
1978	67698	51211	1062	8993	6432	
1980	90813	66341	1683	14321	8468	
1985	183311	111219	5506	39892	26694	
1990	336931	173445	9212	72854	81420	
1994	954595	357971	19578	158077	418969	
1995	1280014	433670	17573	173121	655650	
1996	1383990	472623	22424	183638	705305	
1997	1330376	392998	20096	180948	736334	
1998	1444665	460390	19445	154657	810173	
1999	1480847	465720	18585	142816	853726	
2000	1532112	478300	22084	144697	887031	
2001	1589394	524114	24193	150231	890856	
2002	1629779	551293	27798	154162	896526	
2003	1677748	583703	29265	158381	892933	13466
2004	1741193	610132	28694	174358	913443	14566
2005	1847928	658669	28443	182672	961644	16500
2006	1956767	710811	32408	173613	1023038	16897
2007	2161607	778134	36307	233165	1095979	18022
2008	2119570	803703	37606	245845	1008642	23774
2009	2303842	871347	40933	238196	1127846	25520
2010	2760166	1055423	53696	271418	1351987	27642
2011	3289011	1176929	56579	337450	1687831	30222
2012	3491510	1264092	59886	356463	1779332	31737
2013	3729627	1296656	58980	360182	1980197	33612
2014	3793382	1336177	63033	323795	2034581	35796
2015	4047708	1380456	61368	308730	2258581	38573
2016	4314001	1430001	63590	297850	2480372	42188
2017	4532008	1496762	67279	260554	2661741	45672
2018	4769554	1553968	67187	260659	2836819	50921

注：1.2009年农林牧渔业总产值、渔业产值数据有所调整，下同。2.2016年起产值数据已与三农普数据衔接，下同。

3-4 主要年份农林牧渔业总产值构成

单位：%

年 份	农林牧渔业总产值	农业产值	林业产值	牧业产值	渔业产值	农林牧渔服务业产值
1949	100.00	74.42	8.38	8.63	8.57	
1952	100.00	75.86	6.99	8.90	8.26	
1957	100.00	69.40	7.09	11.13	12.38	
1962	100.00	71.75	5.74	9.47	13.03	
1965	100.00	69.57	4.78	14.08	11.57	
1970	100.00	70.12	3.25	15.81	10.81	
1975	100.00	68.61	2.22	14.59	14.57	
1978	100.00	75.65	1.57	13.28	9.50	
1980	100.00	73.05	1.85	15.77	9.32	
1985	100.00	60.67	3.00	21.76	14.56	
1990	100.00	51.48	2.73	21.62	24.17	
1994	100.00	37.50	2.05	16.56	43.89	
1995	100.00	33.88	1.37	13.52	51.22	
1996	100.00	34.15	1.62	13.27	50.96	
1997	100.00	29.54	1.51	13.60	55.35	
1998	100.00	31.87	1.35	10.71	56.08	
1999	100.00	31.45	1.26	9.64	57.65	
2000	100.00	31.22	1.44	9.44	57.90	
2001	100.00	32.98	1.52	9.45	56.05	
2002	100.00	33.83	1.71	9.46	55.01	
2003	100.00	34.79	1.74	9.44	53.22	0.80
2004	100.00	35.04	1.65	10.01	52.46	0.84
2005	100.00	35.64	1.54	9.89	52.04	0.89
2006	100.00	36.33	1.66	8.87	52.28	0.86
2007	100.00	36.00	1.68	10.79	50.70	0.83
2008	100.00	37.92	1.77	11.60	47.59	1.12
2009	100.00	37.82	1.78	10.34	48.95	1.11
2010	100.00	38.24	1.95	9.83	48.98	1.00
2011	100.00	35.78	1.72	10.26	51.32	0.92
2012	100.00	36.20	1.72	10.21	50.96	0.91
2013	100.00	34.77	1.58	9.66	53.09	0.90
2014	100.00	35.22	1.66	8.54	53.64	0.94
2015	100.00	34.10	1.52	7.63	55.80	0.95
2016	100.00	33.15	1.47	6.90	57.50	0.98
2017	100.00	33.03	1.48	5.75	58.73	1.01
2018	100.00	32.58	1.41	5.47	59.48	1.07

3-5 主要年份农林牧渔业总产值指数

(1952年为100)

年 份	农林牧渔业总产值	农业产值	林业产值	牧业产值	渔业产值	农林牧渔服务业产值
1949	75.05	73.63	90.06	72.79	77.84	
1952	100.00	100.00	100.00	100.00	100.00	
1957	128.50	117.57	130.36	160.84	192.42	
1962	119.77	113.29	98.49	127.57	188.83	
1965	156.29	143.34	106.93	247.41	218.75	
1970	181.53	167.82	84.60	322.60	237.50	
1975	167.84	152.21	53.15	273.74	294.24	
1978	213.42	213.62	47.12	313.46	241.29	
1980	242.71	234.60	62.98	420.76	267.78	
1985	339.22	290.97	99.32	743.12	473.70	
1990	361.74	296.81	99.89	758.92	594.84	
1994	605.48	362.83	144.00	957.84	1563.68	
1995	726.87	380.87	114.97	919.57	2184.06	
1996	763.20	411.19	134.53	919.72	2275.29	
1997	737.46	382.03	128.87	857.03	2260.69	
1998	786.06	385.57	128.53	802.28	2534.14	
1999	862.35	432.57	115.55	898.56	2754.61	
2000	861.27	384.58	138.70	925.68	2867.88	
2001	890.85	441.17	149.40	976.94	2823.74	
2002	900.60	432.00	159.56	1023.83	2874.57	
2003	922.21	466.56	166.10	1041.24	2837.20	100.00
2004	923.13	470.76	149.16	1036.08	2837.20	102.24
2005	932.36	465.11	137.38	1142.80	2857.06	113.88
2006	960.33	492.09	147.96	1098.23	2919.92	113.55
2007	984.34	504.88	152.84	1135.57	2984.16	119.67
2008	1007.96	519.52	151.62	1203.70	3025.94	154.77
2009	1027.11	534.59	154.65	1238.61	3047.12	167.48
2010	1074.36	547.42	150.47	1311.69	3239.09	173.68
2011	1108.74	566.03	145.35	1366.78	3342.74	178.72
2012	1138.68	581.31	144.77	1447.42	3412.94	183.37
2013	1146.65	585.38	144.77	1408.34	3460.72	190.70
2014	1170.73	598.26	152.44	1335.11	3571.46	198.14
2015	1212.88	620.99	151.22	1268.35	3739.32	213.00
2016	1266.82	644.04	153.34	1301.59	3932.87	229.06
2017	1303.19	679.91	163.64	1275.55	3975.50	243.29
2018	1316.74	706.87	169.82	1332.23	3902.22	264.59

注：本表按可比价格计算。农林牧渔服务业产值指数以2003年为100。

3-6 农林牧渔业分项产值(一)

(1990-2018年) 单位：万元

年 份	农林牧渔业总产值	农业产值	#粮食作物	#油 料	#甘 蔗
1990	336931	173445	94301	607	764
1991	424828	212210	121014	849	73
1992	479188	220023	117090	1037	1022
1993	610251	255060	128552	435	2033
1994	954595	357971	199308	599	2507
1995	1280014	433670	241657	934	2487
1996	1383990	472623	266108	948	2750
1997	1330376	392998	223484	969	2221
1998	1444665	460390	252813	1240	3479
1999	1480847	465720	243693	1180	5792
2000	1532112	478300	197896	1508	19482
2001	1589394	524114	158515	1761	18644
2002	1629779	551293	126422	1679	22190
2003	1677748	583703	104380	1872	30179
2004	1741193	610132	137506	2051	27122
2005	1847928	658669	135755	2222	23762
2006	1956767	710811	152677	2398	19759
2007	2161607	778134	151196	3401	23558
2008	2119570	803703	189066	6460	22234
2009	2303842	871347	178975	6122	20464
2010	2760166	1055423	195511	7197	23146
2011	3289011	1176929	207199	6939	29468
2012	3491510	1264092	213880	7879	20814
2013	3729627	1296656	221394	7782	20146
2014	3793382	1336177	180217	6419	29526
2015	4047708	1380456	185101	6660	29768
2016	4314001	1430001	146862	6453	22395
2017	4532008	1496762	148659	6721	19313
2018	4769554	1553968	149443	6296	18645

3-7　农林牧渔业分项产值(二)

(1990-2018年)　　单位：万元

年　份	#药 材	#蔬 菜	#花 卉 园 艺	#茶桑果及坚果
1990	262	25100		33495
1991	240	26422		41363
1992	251	26419		52926
1993	435	45873		54243
1994	684	53691		75515
1995	888	64200		93303
1996	861	65280		108664
1997	747	64748		76571
1998	1288	72520		95958
1999	4095	85135		92962
2000	5428	120093		98054
2001	7993	162047	8195	140936
2002	9220	187697	15427	164566
2003	13150	196251	24227	194029
2004	13168	189322	24676	196935
2005	13638	205584	26497	228925
2006	16991	215893	28505	253450
2007	18453	230164	30018	296673
2008	20600	221960	24742	294198
2009	21827	240836	26026	352843
2010	47090	296131	30653	442467
2011	41517	329141	38579	512909
2012	29188	364596	44864	570609
2013	27766	364308	51227	592325
2014	34228	383560	57210	624879
2015	42761	401198	56089	639701
2016	47514	444038	62572	680914
2017	49161	444632	70064	738760
2018	56370	470663	74663	758459

注：2010年开始，坚果产值列入农业统计，不再作为林业统计，下同。

3-8 农林牧渔业分项产值(三)

(1990-2018年)

单位：万元

年份	林业产值	#人造林生长	#林产品	#竹木采运	牧业产值	牲畜	家禽饲养
1990	9212	2992	1135	5085	72854	53604	4620
1991	13875	2434	1423	10018	78837	54084	6419
1992	9990	3016	1649	5325	90663	60560	6942
1993	13857	2937	1535	9385	109180	73495	8658
1994	19578	3008	2597	13973	158077	111139	10516
1995	17573	3922	3706	9945	173121	123796	13019
1996	22424	5377	5878	11169	183638	125791	20325
1997	20096	4937	3773	11386	180948	126306	15402
1998	19445	4480	4348	10617	154657	114090	13695
1999	18585	3970	4411	10204	142816	93259	16788
2000	22084	5242	6355	10487	144697	95779	16259
2001	24193	5452	6914	11827	150231	98318	14632
2002	27798	6915	6453	14430	154162	100757	14533
2003	29265	7229	6995	15041	158381	101567	17483
2004	28694	6247	6194	16253	174358	118427	17574
2005	28443	6683	9050	12710	182672	116313	20787
2006	32408	6524	9680	16204	173613	105097	20207
2007	36307	6280	11636	18391	233165	155562	22852
2008	37606	5480	12004	20122	245845	164734	25549
2009	40933	6599	13076	21258	238196	153691	26804
2010	53696	6152	11645	23105	271418	176878	32541
2011	56579	6791	13865	22962	337450	223327	42780
2012	59886	8599	13504	25387	356463	228687	54872
2013	58980	8145	13932	24364	360182	232874	49875
2014	63033	8288	16018	26542	323795	212430	43208
2015	61368	8536	17336	23529	308730	205663	36152
2016	63590	7957	20018	22777	297850	200171	35581
2017	67279	7261	24760	22974	260554	172312	32797
2018	67187	7526	24629	22808	260659	165837	39602

3-9 农林牧渔业分项产值(四)

(1990-2018年)

单位：万元

年 份			渔业产值			农林牧渔服务业产值
	活的畜产品	其他动物		海水产品	淡水产品	
1990	10148	4482	81420	76940	4480	
1991	12840	5494	119906	114791	5115	
1992	18184	4977	158512	152093	6419	
1993	22303	4724	232154	221276	10878	
1994	28534	7888	418969	403534	15435	
1995	29866	6440	655650	622675	32975	
1996	32811	4711	705305	648900	56405	
1997	23389	15851	736334	697949	38385	
1998	19910	6962	810173	768293	41880	
1999	19096	13673	853726	805164	48562	
2000	18343	14316	887031	841151	45880	
2001	21433	15848	890856	841461	49395	
2002	23018	15854	896526	838559	57967	
2003	23700	15631	892933	832365	60568	13466
2004	23696	14661	913443	858067	55376	14566
2005	24749	20823	961644	914495	47149	16500
2006	25707	22602	1023038	975657	47381	16897
2007	32069	22682	1095979	1051285	44694	18022
2008	33219	22343	1008642	969421	39221	23774
2009	33754	23947	1127846	1085872	41974	25520
2010	39850	22149	1351987	1305542	46445	27642
2011	45949	25394	1687831	1631838	55993	30222
2012	46306	26598	1779332	1715347	63985	31737
2013	49305	27302	1980197	1910409	69788	33612
2014	45410	22747	2034581	1954937	79644	35796
2015	41755	25160	2258581	2182291	76290	38573
2016	37166	24932	2480372	2404359	76013	42188
2017	31039	24406	2661741	2558128	103613	45672
2018	30721	24499	2836819	2734503	102316	50921

3-10 主要农作物播种面积

(1990-2018年)

单位：千公顷

年份	农作物播种面积	粮食作物	油料	#油菜籽	甘蔗	药材类	蔬菜	果用瓜	花卉苗木
1990	436.09	347.14	2.56	2.09	0.53	0.20	19.47		
1991	439.67	351.12	3.32	2.93	0.58	0.23	21.03		
1992	433.49	345.89	4.93	4.54	0.67	0.25	20.49		
1993	412.70	316.19	1.89	1.53	0.80	0.23	27.23		
1994	401.30	304.58	1.64	1.27	0.90	0.16	26.87		
1995	401.00	307.06	2.46	2.09	0.67	0.22	25.94		
1996	404.34	312.20	2.42	2.07	0.70	0.22	29.79		
1997	407.50	315.23	2.30	1.90	0.68	0.22	31.92		
1998	408.21	313.01	2.51	2.09	0.70	0.44	35.29		
1999	407.45	310.53	2.63	2.15	0.80	0.36	38.67		
2000	377.45	270.63	3.35	2.78	3.26	1.01	49.29		
2001	339.72	219.05	3.68	2.91	4.19	1.23	61.08	10.89	0.33
2002	308.55	179.56	3.94	3.22	4.67	1.71	73.62	11.74	0.97
2003	276.82	144.62	4.12	3.29	6.41	3.17	76.49	14.31	2.19
2004	284.02	162.45	4.37	3.45	5.92	3.53	71.95	16.24	2.66
2005	286.01	165.86	4.83	3.89	4.57	2.57	72.22	16.90	2.65
2006	282.87	165.86	4.94	3.94	3.41	2.47	72.33	15.93	2.73
2007	280.16	163.08	5.00	3.97	3.09	2.46	73.63	15.40	2.92
2008	283.69	173.87	9.10	8.05	3.13	2.52	65.08	14.31	2.74
2009	271.54	158.65	11.28	10.25	2.93	2.48	66.77	14.49	2.59
2010	265.43	152.37	11.65	10.58	2.86	2.76	67.08	14.32	2.57
2011	254.59	141.13	10.38	9.28	2.83	2.92	69.64	14.32	2.83
2012	251.37	137.44	11.30	10.18	2.96	3.11	70.29	12.67	3.40
2013	252.86	140.06	10.69	9.56	2.60	3.14	69.76	13.05	3.65
2014	203.60	96.10	8.10	7.17	2.41	3.53	67.82	12.84	3.78
2015	206.81	96.35	8.27	7.19	2.40	4.04	69.70	13.76	3.88
2016	191.51	79.78	6.52	4.94	1.87	4.27	72.47	15.56	4.28
2017	197.10	82.50	6.29	4.70	1.55	4.86	74.60	16.15	4.56
2018	199.18	82.03	6.27	5.16	1.46	5.24	76.46	16.32	4.75

注：1.2008年起马铃薯归入薯类(粮食)统计，不再作蔬菜统计。2.2014年起粮食播种面积采用粮食生产监测抽样推算数据。3.2016年起粮食、油料、甘蔗播种面积已与三农普数据衔接。

3-11 主要农作物总产量

(1990-2018年) 单位：吨

年 份	粮食作物	油 料	#油菜籽	甘 蔗	药材类	蔬 菜	果用瓜
1990	1506974	3585	3003	23294		687561	
1991	1904769	5192	4629	32433		705533	
1992	1727967	6440	6029	31107		632200	
1993	1606793	2372	1873	51967		847477	
1994	1607359	2276	1725	57157		768258	
1995	1648568	3369	2835	46732		734429	
1996	1758021	3373	2849	48554		762027	
1997	1521940	3331	2763	35904		750727	
1998	1643871	3863	3165	53220		820784	
1999	1664773	4022	3224	60055		915949	
2000	1386973	5571	4439	252639		1197250	
2001	1161195	6332	4678	330094		1590930	
2002	925879	6437	5031	361341	6617	1885196	439210
2003	756978	7229	5562	513605	9336	1969596	533784
2004	851126	7820	5966	424731	30502	1831261	597649
2005	824828	8303	6461	312315	20133	1793418	572043
2006	895013	8625	6628	254215	20120	1838069	541441
2007	841768	8994	6956	245934	21577	1883959	533346
2008	934734	15352	13239	251533	20445	1681210	492715
2009	846018	18348	16269	223115	20242	1708827	502677
2010	827542	18115	15935	214234	23704	1722747	506983
2011	789250	17415	15180	215658	26364	1828818	516290
2012	791920	19317	16990	227770	27533	1871956	417181
2013	799124	19184	16909	195241	27126	1824063	434153
2014	602159	15470	13506	181226	28784	1884396	431822
2015	607539	15701	13485	184161	32977	1961609	425827
2016	487564	11893	8674	151420	34719	2045772	501961
2017	498467	11997	8742	129290	37073	2141735	525726
2018	510838	11763	9488	120455	39202	2192193	531865

注：1.2014年起粮食产量采用粮食生产监测抽样推算数据。2.2016年起粮食、油料、甘蔗产量已与三农普数据衔接。

3-12 主要果园面积

(1990-2018年)　　单位：公顷

年 份	果园面积	柑 桔	梨	桃 子	葡 萄	柿 子	枇 杷	杨 梅	其 他
1990	50837	32300	443	3211	309	381	4970	7833	1390
1991	51335	33723	464	2616	332	413	4674	8067	1046
1992	49489	33146	394	2100	325	296	4428	7872	928
1993	50440	34091	392	1702	497	491	4391	7848	1028
1994	50002	33666	350	1907	404	563	4770	6851	1491
1995	53925	36163	413	2071	392	653	4574	8004	1655
1996	55168	36757	376	2193	435	668	4478	8808	1453
1997	49903	35581	421	1113	331	617	3735	6938	1167
1998	49891	34738	497	1203	332	683	3462	7389	1587
1999	49790	34619	571	1224	356	648	3402	7723	1247
2000	49696	33491	741	1331	414	662	3277	8514	1266
2001	49599	32729	1106	1534	435	739	3040	8912	1104
2002	51162	31588	1443	1674	638	816	3400	10243	1360
2003	55381	31256	1851	1649	1003	786	3155	12371	3310
2004	57827	31510	2289	1790	1495	772	3318	14718	1935
2005	58950	31405	2305	1807	1614	791	3351	15892	1785
2006	58888	30664	2338	1839	1710	817	3219	16311	1990
2007	62111	29580	2620	2085	1811	895	3207	19371	2542
2008	61644	28537	2644	2099	2070	906	3220	20006	2162
2009	61092	26192	2567	2212	2631	975	3191	21118	2206
2010	63474	26244	2492	2406	3166	986	3294	22816	2070
2011	63917	26128	2444	2447	3470	1011	3324	23309	1784
2012	64985	25828	2409	2654	3994	1010	3388	24039	1663
2013	65275	25555	2426	2854	4260	998	3424	24277	1481
2014	65801	25013	2306	3226	4475	937	3519	24386	1939
2015	67434	25123	2308	3692	4889	957	3573	24693	2199
2016	67377	24503	2328	3830	5533	915	3517	24508	2243
2017	67719	24651	2311	3998	5538	886	3626	24430	2279
2018	67790	24578	2245	4111	5684	875	3631	24355	2311

注：2001年起果园面积和产量包括果用瓜及草莓。

3-13 主要水果产量

(1990-2018年)

单位：吨

年 份	水果产量	柑桔	梨头	桃子	葡萄	柿子	枇杷	杨梅	其他
1990	262977	217088	2507	9858	901	1944	16723	13070	886
1991	340302	286415	2547	6677	915	2080	25302	15555	811
1992	395740	336354	1919	8172	1508	1874	25676	18985	1252
1993	372777	320378	2237	8337	1781	1986	20197	14952	2909
1994	489773	423938	3327	9072	2573	2786	28253	17129	2695
1995	560100	484772	2781	10424	3549	3242	19135	33154	3043
1996	638498	531798	2802	11269	3311	4045	45285	35873	4115
1997	628851	524360	2881	12135	4258	5806	32103	42165	5143
1998	515846	413770	4324	12896	4607	6526	25422	40860	7441
1999	632272	520035	3894	13338	5077	6138	30640	46254	6896
2000	387418	274920	5268	15535	7247	6532	26615	43677	7624
2001	910550	441419	7226	13898	7919	8435	30690	49186	351777
2002	896860	323397	8610	16839	12035	8172	31332	55336	441139
2003	1081139	386998	13356	15279	18989	4812	28559	73548	539598
2004	1158327	370147	19554	17430	22569	4419	30581	90019	603608
2005	1069970	314849	22442	18920	28270	4433	18013	84509	578534
2006	1106719	365314	25197	21702	32452	4783	23073	85345	548853
2007	1156927	390875	27520	22219	36028	5233	23665	108204	543183
2008	1205779	462443	30476	24646	41897	5443	24567	113467	502840
2009	1165807	372652	27792	27079	55754	5821	24834	136643	515232
2010	1245474	435342	27767	29686	60678	6369	21802	144445	519385
2011	1287820	447372	26722	33038	70426	7439	21979	152763	528081
2012	1215825	443978	28072	35174	87419	7886	21397	162473	429426
2013	1223521	426759	27006	37616	89991	7553	21422	169903	443271
2014	1264754	441096	26833	41734	94425	7651	23639	186544	442832
2015	1312864	476975	27265	50337	105164	7706	23864	181766	439787
2016	1360520	429208	28085	51468	111824	7352	16915	197990	517678
2017	1447804	475007	28370	54263	117406	7007	22189	201643	541919
2018	1472699	489347	28767	56175	112916	6938	23866	205830	548860

3-14 林业生产情况

(1990-2018年)

单位：公顷

年 份	造林面积	#用材林	#经济林	#防护林	零星(四旁)植树(万株)	中幼林抚育实际面积	育苗面积	更新造林面积	主要林产品产量(吨)	
									竹笋干	板栗
1990	9380	8240	155	606	489.6	7015	99	546	967	753
1991	11772	9412	210	306	377.0	8906	110	624	781	399
1992	7847	6533	510	291	424.0	13229	91	293	894	415
1993	6638	3336	2055	267	337.1	10653	73	540	786	291
1994	8173	3951	3535	333	271.0	12863	385	542	803	410
1995	6058	1521	3912	457	256.0	9567	32	784	41221	1184
1996	4090	1461	1888	418	246.9	9340	32	1213	5543	2465
1997	5269	1538	3076	508	287.0	7354	34	1375	812	535
1998	4942	2055	2212	675	321.0	9828	102	1070	940	667
1999	2688	730	1210	748	310.5	6063	53	1296	920	2273
2000	3537	394	1580	1505	164.0	2188	71	1522	1894	1059
2001	3160	275	1213	1669	174.0	6994	92	1541	2615	1160
2002	2664	36	547	1978	181.0	4402	218	411	3740	1200
2003	2867	19	409	2160	146.0	4595	763	513	3980	1320
2004	3207	45	670	2392	141.0	5792	210	375	2908	1301
2005	3804	495	541	2765	117.0	7556	849	234	2566	1338
2006	2213	508	214	1491	129.5	3810	777	655	2788	1361
2007	2002	94	154	1401	103.8	2726	591	1189	2880	1515
2008	1521	17	69	1435	121.7	1940	1700	1113	2717	1639
2009	6352	9		6343	110.0	1395	1556	317	3358	1745
2010	1728		45	1683	115.5	1209	1521	934	3514	1598
2011	3884	125	750	2958	129.0	1837	2969	865	3643	1599
2012	4162	415	575	3172	376.5	9014	2585	1257	3388	2049
2013	4183	731	694	2758	539.0	20664	2944	1026	3577	2135
2014	3466	112	813	2541	211.8	22687	3502	1397	4164	2268
2015	1944	48	357	1539	187.2	23631	3187	796	4156	2286
2016	901		222	544	133.5	11790	3024	686	4491	2334
2017	440		140	300	127.2	9557	2939	513	4291	2240
2018	464	11	40	405	149.6	8247	3210	481	4394	2140

注：1.2002年起育苗面积中包含绿化苗木。2.2007年起造林面积中包含无林地和疏林地新封面积。
3.2011年及以前中幼林抚育实际面积不包括中林抚育实际面积。

3-15 畜牧业生产情况(一)

(1990-2018年)

年 份	生猪年末存栏头数(万头)	#能繁殖的母猪	年内肥猪出栏头数(万头)	生 猪饲养量(万头)	牛年末存栏头数(头)	#良种牛	羊年末存栏只数(万只)
1990	116.83	6.39	100.69	217.52	80518	2851	4.47
1991	113.44	6.89	97.87	211.31	76176	3199	4.28
1992	114.10	8.18	99.78	213.88	69543	3247	4.33
1993	108.86	7.01	93.64	202.50	64827	2580	4.65
1994	105.81	6.53	91.59	197.40	60487	1945	5.20
1995	99.44	6.05	88.10	187.54	58713	1943	5.27
1996	86.70	5.83	80.74	167.44	57384	1617	5.23
1997	92.65	5.82	82.86	175.51	51900	1655	4.90
1998	105.65	6.51	97.72	203.37	48828	1526	5.24
1999	109.52	6.36	106.07	215.59	48487	1705	5.48
2000	112.04	6.51	113.29	225.33	47179	2263	5.92
2001	112.91	7.04	118.83	231.74	44254	4208	6.13
2002	109.25	6.16	121.52	230.77	44018	5038	6.34
2003	104.08	5.36	118.12	222.20	39654	4593	6.29
2004	100.96	5.49	112.27	213.23	39122	4703	6.33
2005	100.10	5.33	117.79	217.89	38723	4592	6.47
2006	58.25	3.64	71.46	129.71	27197	3390	3.72
2007	65.54	4.48	79.06	144.60	27621	4010	4.46
2008	75.61	6.22	85.21	160.82	28447	4306	5.41
2009	78.32	6.55	87.62	165.94	29741	4035	5.67
2010	77.80	6.69	91.51	169.31	31426	4146	5.82
2011	81.53	6.86	94.66	176.19	31613	3881	5.71
2012	80.76	6.86	97.64	178.40	30249	3669	6.23
2013	79.16	6.86	97.83	176.99	29758	3443	6.46
2014	65.36	5.80	92.15	157.51	27138	3021	6.40
2015	65.43	5.59	87.58	153.02	26971	3352	6.77
2016	43.49	4.10	71.60	115.09	15759	2250	5.46
2017	40.46	3.73	69.74	110.20	14540	1505	5.37
2018	37.59	3.25	78.57	116.16	20361	1247	5.59

注：2016年起畜牧业数据已与三农普数据衔接，下同。

3-16 畜牧业生产情况(二)

(1990-2018年)

年份	兔年末存栏只数(万只)	家禽年末存栏只数(万只)	家禽饲养量(万只)	肉类总产量(吨)	#猪肉产量	禽蛋产量(吨)
1990	21.74	608.23	1125.50	92729	86200	22208
1991	20.66	741.55	1358.36	92230	85015	32043
1992	24.67	837.18	1526.10	98750	90327	41988
1993	21.56	909.94	1737.68	94515	83692	46203
1994	29.66	948.54	1871.23	98140	85891	45511
1995	29.45	904.93	1880.60	97280	84041	40336
1996	26.54	1015.34	2217.71	92501	76808	40373
1997	23.75	939.23	2045.68	92721	79257	34961
1998	26.63	842.89	1658.91	104986	91653	30205
1999	28.64	896.07	2127.84	114037	99577	29774
2000	29.41	891.45	2045.63	120868	106562	30356
2001	42.75	888.02	2050.53	123988	108222	33139
2002	38.38	822.28	1997.05	128457	111492	35882
2003	33.49	895.61	2348.17	128890	109031	37479
2004	41.35	883.98	2361.61	125433	104561	36239
2005	51.04	866.60	2468.17	132300	108590	37919
2006	55.78	890.62	2443.33	90367	67723	38307
2007	66.63	905.25	2501.61	98414	75249	41643
2008	59.05	925.82	2529.52	105776	82590	42971
2009	52.48	981.18	2723.69	109039	84080	43758
2010	54.69	1052.69	3154.10	117952	87999	46574
2011	55.50	1107.99	3268.74	124070	91458	48494
2012	53.86	1164.32	4309.06	139118	93673	48771
2013	56.36	985.68	3756.38	134840	94110	48450
2014	58.17	687.28	2949.45	123414	89231	39150
2015	59.54	641.43	2112.32	110344	85991	38529
2016	39.11	577.86	1969.67	94948	71333	34795
2017	38.31	654.41	2170.05	95507	70428	29227
2018	50.19	673.52	2574.07	109906	78393	23838

3-17 渔业生产情况(一)

(1990-2018年)　　单位：吨

年 份	水产品总产量	海水产品产量	#海洋捕捞	#海水养殖	鱼 类	甲壳类	贝 类	藻 类	头足类	其 他
1990	280670	269772	197530	72242	104735	89337	74380	593		727
1991	318813	306838	226674	80164	106947	120560	78652	679		
1992	368344	355654	267232	88422	138469	127016	89300	869		
1993	459446	443460	346112	97348	161630	150439	108127	1090		22174
1994	753547	735327	588107	147220	287361	201912	186947	1142		57965
1995	987950	964316	763355	200961	458969	227436	260650	1694		15567
1996	1034042	1005520	767800	237720	497964	217711	267955	1890		20000
1997	1114878	1089952	869334	220618	544447	252652	290715	1779		359
1998	1309819	1278913	1024760	254153	695577	281718	299110	2342		166
1999	1329413	1294720	988026	306694	618321	301192	370434	3312		1461
2000	1392848	1352453	990625	361828	610270	324945	410620	6030		588
2001	1384249	1340823	961501	379322	588381	321029	416274	8596		6543
2002	1411019	1363574	972447	391127	631214	300063	418487	12898		912
2003	1382628	1334501	927268	407233	632995	256115	355496	16085	64640	9170
2004	1383814	1339435	945247	394188	519902	280777	349350	11750	75791	101865
2005	1350028	1308430	941075	367355	620817	280631	326126	9242	63827	7787
2006	1355067	1317234	952716	364518	610345	307456	321037	10192	62129	6075
2007	1375594	1335572	986118	349454	647173	300884	304129	9271	67727	6388
2008	1387283	1349301	1004437	344864	672002	301122	299050	9310	63106	4699
2009	1340491	1302200	968103	334097	633754	300232	288583	10530	60777	7151
2010	1403826	1360501	1005827	354674	650532	311887	303743	10893	67679	9778
2011	1413087	1368787	1009499	359288	655909	314810	305489	10317	67964	7053
2012	1417871	1373297	1001181	361683	642339	330462	306260	10457	66521	6825
2013	1437533	1392796	1012436	368975	635608	346459	312081	11851	69474	5938
2014	1483914	1435832	1031334	384613	644727	358485	326171	12700	69911	3953
2015	1568978	1519900	1102633	408337	707375	363527	345547	14123	74398	6000
2016	1601270	1550921	1089540	441285	719657	339412	372911	16602	76826	5417
2017	1578724	1508117	991986	499288	655803	315082	421470	19906	71686	7327
2018	1525191	1458049	935934	492572	609841	303186	420160	23100	62738	9481

注：1.2003年起按类别分产品产量口径有所调整，与以前年份不可比。2.2016年起渔业生产情况数据已与三农普数据衔接，下同。

3-18 渔业生产情况(二)

(1990-2018年)

单位：吨

年份	淡水产品产量	淡水捕捞	淡水养殖	鱼类	甲壳类	贝类	其他类	海水养殖面积(公顷)	淡水养殖面积(公顷)
1990	10898	2673	8225	9922	233	265	478	12450	3874
1991	11975	2603	9372	11403	165	290	117	12826	12892
1992	12690	2672	10018	11999	207	382	102	13266	12954
1993	15986	2287	13699	13135	226	575	2050	14792	13718
1994	18220	3099	15121	15697	362	820	1341	18416	13228
1995	23631	4141	19493	21002	542	1279	811	21897	13735
1996	28522	4890	23632	24496	667	1970	1389	24297	13862
1997	24926	4556	20370	20203	1132	1821	1770	26002	14606
1998	30906	5163	25743	25699	1155	2207	1845	27872	14156
1999	34693	6369	28324	28250	1737	2479	2227	32671	14639
2000	40395	5472	34923	31115	2084	3658	3538	38648	14754
2001	43426	6012	37414	33980	2597	3215	3634	38834	15345
2002	47445	6840	40605	37000	3196	3392	3857	40386	14992
2003	48127	5351	42776	38413	3885	2814	3015	39973	15404
2004	44379	4672	39707	34642	3917	2648	3172	38734	13780
2005	41598	5217	36381	32984	3554	2727	2333	36637	13234
2006	37833	5007	32826	30141	3388	2557	1747	35882	12549
2007	40022	5520	34502	30289	5790	2357	1586	34206	12611
2008	37982	4761	33221	29177	4954	2168	1683	31493	12083
2009	38291	4942	33349	28606	5446	2339	1900	29316	11719
2010	43325	4746	38579	28081	6230	3287	5727	28422	12044
2011	44300	4882	39418	29362	6072	3236	5630	27809	11275
2012	44574	4989	39585	32557	5843	2929	3245	27307	11124
2013	44737	4132	40605	31961	6759	2853	3164	27034	11209
2014	48082	3468	44614	34573	6997	1511	5001	26879	11211
2015	49078	3719	45359	38765	6818	2171	1324	28143	11203
2016	50349	3923	46426	41072	6015	2224	1038	30823	10494
2017	70607	17989	52618	57884	7271	3436	2016	27511	11217
2018	67142	15943	51199	55345	7278	3262	1257	24287	7971

3-19 农业机械年末拥有量(一)

(1990-2018年) 单位：千瓦

年 份	农业机械总动力	耕作机械动力	#农用小型拖拉机(台)	#农用小型拖拉机	收获前机械动力	收获后处理机械动力	植保机械动力	排灌机械动力
1990	1202167	228375	24646	213427	122757		3484	107752
1991	1337189	231738	25086	217389	130693		3254	109353
1992	1462999	233744	25370	219894	135211		3257	109047
1993	1501218	235935	25602	222059	145282		3475	111420
1994	1700908	238782	25711	222954	154315		3214	112606
1995	2000643	240799	25720	223395	163317		3079	114804
1996	2098437	238872	25676	222987	173621		3125	111988
1997	2124715	234306	24989	217047	179186		3170	113686
1998	2246400	233623	24625	216445	187684		3380	111414
1999	2411183	231289	24082	209800	204087		3458	118004
2000	2557648	232801	23589	204753	220529		4548	122055
2001	2698458	215079	21888	192247	246146		4859	132394
2002	2734070	199085	20829	178487	251589		4733	133604
2003	2799713	181639	19280	167356	248485		5411	134325
2004	2643820	176498	17856	159085	236057		5229	130534
2005	2886333	178914	18006	159876	247515		8936	174382
2006	3500146	161264	14589	135870	360295		23190	336879
2007	3473685	165438	14446	134202	356135		25281	332076
2008	3394747	164170	14061	129477	348240		27703	317250
2009	3434370	186708	14713	138207	357624		42727	319920
2010	3411345	194475	14244	134849	331534		60111	323386
2011	3521059	203890	14331	136599	320738		78209	326074
2012	3472675	219707	14071	137693	114985	192712	82275	324309
2013	3404227	230723	14196	140931	124911	166163	85362	329179
2014	3452195	231595	13326	132434	129452	128316	83121	315684
2015	3386934	241643	13113	131176	134752	92019	84477	315674
2016	3254258	247423	12613	125462	136186	82263	84820	292777
2017	3002230	236394	10757	105323	136049	74493	86030	279903
2018	2856110	234669	10114	97839	136306	66561	86038	264080

注：2011年及以前收获前机械动力包括收获后机械动力。

3-20 农业机械年末拥有量(二)

(1990-2018年)

单位：千瓦

年份	农副产品加工机械动力	运输机械动力	渔业机械动力	#机动渔船动力	#机动渔船艘数(艘)	#机动渔船吨位(吨位)	其他农业机械动力
1990	114858	157211	455745	455745	8901	225589	11985
1991	115966	168478	562980	562980	10764	300597	14727
1992	116459	234488	612005	607882	9847	324028	18788
1993	117275	266409	601170	598424	9066	320380	20252
1994	116984	327279	728205	725243	10396	393464	19523
1995	115724	389976	951727	948304	12362	509135	21217
1996	116573	423969	1007802	1005606	11456	532786	22487
1997	117573	430258	1023832	1018842	11369	545739	22704
1998	120580	425509	1141492	1134504	10534	574089	22718
1999	122740	510551	1186502	1178865	10397	614507	34552
2000	126686	533569	1282908	1269083	10839	652992	34552
2001	127317	584008	1315854	1299104	10749	681527	72801
2002	126644	593141	1316564	1300746	9945	707028	108710
2003	125009	699191	1290879	1290879	9622	686871	114774
2004	121787	667999	1229010	1229010	8868	648426	76706
2005	124331	723434	1227233	1227233	8716	647240	201588
2006	125697	626014	1351774	1351774	8884	701970	515033
2007	127393	638617	1403511	1403511	9001	718315	425234
2008	129048	594476	1397377	1397377	8467	703378	416483
2009	127761	597716	1377372	1358856	7948	711084	424542
2010	128760	599403	1334626	1301595	6802	687962	439050
2011	129331	593020	1418788	1380774	7073	759257	451009
2012	123487	589231	1479459	1438014	7089	853176	346510
2013	122494	533211	1480898	1438496	6857	905218	331286
2014	119684	506829	1491896	1447375	6648	924370	445618
2015	120309	469224	1494688	1447923	6503	942556	434148
2016	119178	427030	1433123	1384957	6364	911532	431458
2017	116473	279706	1379289	1328438	6061	899285	413893
2018	111604	250394	1299773	1253983	5675	857483	406685

3-21 农田水利建设情况

(1990-2018年)　　单位：千公顷

年 份	耕地灌溉面积	林地灌溉面积	园地灌溉面积	水土流失治理面积	堤 防 总长度 (公里)	已建成 水 库 (座)	总库容 (万立方米)
1990	127.40	0.78	7.94	148.21	631	293	86969
1991	128.63	0.83	8.35	147.31	645	300	87078
1992	127.79	0.69	6.42	144.27	645	305	130079
1993	126.28	0.72	7.28	349.21	638	306	160329
1994	124.54	0.74	7.16	349.21	638	307	160343
1995	123.25	0.74	7.18	348.71	641	311	162176
1996	121.76	0.72	7.12	348.71	642	314	162544
1997	121.69	0.73	7.10	348.71	629	314	162543
1998	121.67	0.73	8.37	348.71	629	314	162637
1999	122.45	0.73	7.91	392.60	629	317	163714
2000	124.03	0.73	7.96	224.88	633	316	163605
2001	125.03	0.75	8.09	293.11	681	322	164098
2002	126.03	3.37	5.48	238.56	707	327	164144
2003	126.26	3.35	13.23	238.88	710	328	177602
2004	127.95	3.44	13.52	249.40	739	328	177587
2005	126.86	3.50	13.21	253.55	758	326	181664
2006	127.14	4.16	13.47	264.48	1189	323	182769
2007	125.88	4.85	13.37	269.08	1266	327	188027
2008	127.67	4.85	13.57	267.81	1343	324	182716
2009	127.67	4.95	13.87	272.61	1390	325	185361
2010	127.35	4.95	13.97	275.29	1412	326	185373
2011	125.48	5.02	13.78	281.79	1425	326	188147
2012	128.54	4.99	14.06	283.18	1487	345	193643
2013	135.36	5.24	11.39	215.51	2342	345	186813
2014	130.30	3.57	10.70	243.38	2382	346	187434
2015	125.96	4.15	10.67	249.79	2347	346	186813
2016	124.74	4.15	10.67	252.07	2355	346	186613
2017	125.05	4.15	10.67	254.07	2376	346	186611
2018	125.13	4.15	10.67	257.91	2386	347	189772

3-22 农村用电量及化肥施用量

(1990-2018年)

单位：吨

年 份	农村用电量(万千瓦时)	农用化肥施用量(折纯量)	农用塑料薄膜使用量	农用柴油使用量	农药使用量
1990	48022	78955	835		4682
1991	61544	87255	1025		5066
1992	73877	88439	1030		4315
1993	94785	91072	1226	103884	4212
1994	110137	89957	1491	134547	4749
1995	131166	106371	3200	230696	5742
1996	142967	107856	3249	252132	5710
1997	154907	109638	3445	328071	6334
1998	167880	110055	3742	337194	6499
1999	198862	109314	3978	331624	6457
2000	227818	105913	4558	351640	6414
2001	237471	96388	5726	499103	6007
2002	299886	90613	6318	498723	5862
2003	346952	87727	6656	501040	5574
2004	372411	88932	7020	517635	5597
2005	468125	89625	7405	532714	5610
2006	506716	88848	7471	544063	5561
2007	572777	87047	7541	547733	5415
2008	633158	88334	7775	521620	5340
2009	706158	91545	7898	541420	5093
2010	807710	90977	8152	593300	4850
2011	920219	89670	8363	605851	4727
2012	957734	90370	8545	611604	4605
2013	1024355	92561	8946	636934	4515
2014	1033239	89528	9210	648731	4336
2015	1031618	88296	9387	668007	4189
2016	1090873	87777	9584	667600	3106
2017	1156622	90159	10162	658892	3053
2018	1200449	88791	10313	636557	2788

主要统计指标解释

农、林、牧、渔业的统计范围是：

1.农业：包括种植业和其他农业。

种植业包括谷物、豆类、油料、棉花、麻类、糖料、烟叶、药材、薯类、蔬菜、瓜类、饲料作物等种植业，茶、桑、果种植业。

其他农业包括野生植物的果实、纤维、油料和野生药物、菌类、柴草等的采集等。

2.林业：包括人工植树造林、森林抚育、迹地更新，村及村以下竹、木材采伐。油桐籽、油茶籽、核桃等林产品的采集。

3.牧业：包括猪、牛、羊等的饲养和放牧业，鸡、鸭、鹅等有家畜养殖业以及兔、蚕、蜂等小动物饲养，野生动物的狩猎、诱捕、猎物饲养，野生动物产品的采集。

4.渔业：包括利用海水进行鱼、虾、贝、藻类等水生动、植物的养殖和对海洋水生动、植物的捕捞；还包括在内陆水域进行鱼、虾、蟹、贝类、珍珠等水生动物的养殖和捕捞。

农林牧渔业总产值 指以货币表现的农林牧渔业全部产品总量。它用价值量形式综合反映一定时期内农林牧渔业生产的总成果和总规模。农林牧渔业总产值的计算方法，一般采用“产品法”进行计算，即凡是有产品产量的，都按产品产量乘以其产品单价求得每一种农产品的产值，然后将四业产品的产值相加求得。

农作物播种面积 指实际播种或移植有农作物的面积。凡是实际种植有农作物的面积，不论种植在耕地上还是非耕地上的，也不论面积大小，均应包括在内。统计播种面积，按种植一次算一次，但移植作物的，按移植后的面积计算。

粮食产量 指全社会的产量，包括国营农场等全民所有制经营、集体统一经营的和农民家庭经营的产量，还包括工矿企业家属办的农场和其他生产单位的产量。粮食在统计上分为谷物、豆类、薯类。从浙江的实际种植结构看，谷物包括稻谷、小麦、玉米和其他谷物，按脱粒后的原粮计算；豆类包括大豆、蚕（豌）豆、杂豆，按去豆荚后的干豆计算；蕃薯按5千克鲜薯折1千克粮食计算。

粮食产量统计方法主要有两种：全面统计和农产量抽样调查。从1988年起，国家统计局统一规定，全国和各省（区、市）的粮食产量一律以农产量抽样调查数为准。从2014年起，浙江省统计局规定，各地市粮食产量以抽样调查数为准。农产量抽样调查主要分两部分：一是抽选网点，二是调查推算。

水果产量 指本年度内收获的全部水果产量。不论出售或自食的都应计算在内。水果产量按鲜果计算，不按加工后的产量计算。2001年起，水果产量包括果用瓜（西瓜、甜瓜、草莓等），但不包括作蔬菜食用的藕、西红柿等，也不包括采集的野生水果。

造林面积 指本年度内在荒山、荒地、沙丘等一切可以造林的土地上，采取人工播种、植苗、飞机播种等方法，新植的成片乔木林和灌木林，经过检查验收，符合“造林技术规程”要求的株数，成活率达85%以上（1986年以前成活率按40%以上计算）的面积。四旁植树在四行以上，连续面积在一亩以上，应统计在造林面积内，但不包括补植面积、重造面积、迹地更新面积、低产林改造面积和零星植树折算面积。

肥猪出栏头数 指年内农村合作经济组织、农民、国营农场、机关、团体、工矿企业、部队等单位以及城镇居民饲养的，供屠宰并已出栏的全部肉猪头数，包括交售给国家、集市上出售和农民自食部分。

肉类总产量 指当年出栏并已屠宰的猪、牛、羊、兔、家禽和其他畜禽的肉产量，按屠宰后除去头蹄下水后带骨肉的重量，即按胴体重计算。

水产品产量 指本年度内捕捞的水产品产量（包括人工养殖和天然生长）。海水生长的藻类计入海水产品产量。淡水生长的各种水生植物，不计算为水产品产量。除海蜇按三矾后，海藻按干品计量外，其余均按捕捞起水时的鲜活实重计量。

农业机械总动力 指主要用于农、林、牧、副、渔业的耕地机械、排灌机械、收获机械、农产品加工机械、运输机械、植保机械、林业机械、渔业机械和其他农业机械等各种动力机械的动力总和。电动机楞率按千瓦计算，内燃机功力按引擎马力折成千瓦计算。

农用化肥施用量 指在本年度内实际用于农业生产的化肥数量。包括氮肥、磷肥、钾肥及复合肥。施用量按标准及折纯量两种方法计算。标准量，是指化肥将实物量按统一规定的折合标准计算。实物量折合标准量的标准是：尿素 1∶2，硝酸铵 1∶1.65，石灰氮、碳酸氢铵、氨水均为 1∶0.67，氨磷钾复合肥 1∶2（也可根据具体情况进行折算），其他化肥按实际含量进行折算。折纯法，即把氮肥、磷肥、钾肥分别按含氮、含五氧化二磷、含氧化钾 100%折算，标准量换算折纯量的比例是：氮肥 1∶0.21，磷肥 1∶0.18，钾肥 1∶0.25。

农村用电量 指本年度内扣除在农村中的全民所有制工业、交通、基建单位的用电量以后的农村生产和生活上的全年用电总度数（全年累计数），包括国家电网的供电量，也包括农村自办电站的供电量。

农村住户数 按“常住地”统计。是指长期（一年以上）居住在除县级以上政府所在地和原来老的工矿企业的镇以外的乡镇和农村街道办事处行政管理区域内的住户，以及居往在城关镇所辖行政村范围内的农村住户。户口不在本地而在本地居住一年及以上的住户也包括在本地农村住户内；有本地户口，但举家外出谋生一年以上的住户，无论是否保留承包耕地都不包括在本地农村住户范围内。

农村人口数 指农村户数中的常住人口数，即经常在家或在家居住六个月以上，而且经济和生活与本户连成一体的人口。外出从业人员在外居住时间虽然在六个月以上，但收入主要带回家中，经济与本户连成一体，仍视为家庭常住人口；在家居住，生活和本户连成一体的国家职工、退休人员也为家庭常住人口。但现役军人、中专及以上（走读生除外）的在校生以及常年在外（不包括探亲、看病等）且已有稳定职业与居住场所的外出人员，不应当作家庭常住人口。

农村劳动力资源 指农村人口中在劳动年龄内（男 16 周岁至 60 周岁、女 16 周岁至 55 周岁），并具有劳动能力的人数和虽在劳动年龄以外，却能经常参加农业生产劳动或家庭副业劳动并顶上一个或半个劳动力的人数。不包因病长期不能参加生产劳动和因残疾而丧失劳动能力的人数。

农村从业人员 指农村人口中 16 岁以上实际参加生产经营活动并取得实物或货币收入的人员，既包括劳动年龄内经常参加劳动的人员，也包括超过劳动年龄但经常参加劳动的人员。但不包括户口在家的在外学生、现役军人和丧失劳动能力的人，也不包括待业人员和家务劳动者。从业人员年龄为 16 岁以上。从业人员按从事主业时间最长（时间相同按收入）分为农业从业人员、工业从业人员、建筑业从业人员、交运仓储及邮政从业人员、信息传输、计算机服务和软件业从业人员、批发与零售业从业人员、住宿和餐饮业从业人员、其他行业从业人员等。

4

工业

Industry

4-1　主要年份工业法人单位数

单位：个

年　份	全部工业法人单位数	#国　有	#集　体	#有限责任公司	#股份有限公司	#外商及港澳台	#私　营
2005	24360	46	424	3451	70	542	13965
2006	26031	48	402	4022	70	596	16868
2007	28330	50	343	4043	99	735	19354
2008	28512	50	211	4762	226	667	19352
2009	30103	55	217	4858	207	735	21797
2010	32800	52	207	4963	199	725	24758
2011	35050	50	204	4840	206	704	27263
2012	36235	48	193	4956	214	676	28401
2013	50216	40	249	1950	98	644	43186
2014	49961	37	227	1860	107	564	43243
2015	49539	32	194	1867	99	502	43425
2016	50879	28	172	2077	121	458	44864
2017	56731	31	168	2176	192	441	50912
2018	47832	13	125	1953	417	275	43208

4-2 规模以上工业单位数

(2012-2018年) 单位：个

项目	2012年	2013年	2014年	2015年	2016年	2017年	2018年
总　计	**3377**	**3733**	**3804**	**3672**	**3618**	**3760**	**3972**
一、按登记注册类型分							
国有企业	21	15	13	13	14	13	4
集体企业	4	4	4	4	4	3	3
股份合作企业	91	102	100	122	132	123	117
联营企业	3	1			1	1	1
有限责任公司	996	1217	1239	1130	1063	1012	953
股份有限公司	54	72	82	78	92	149	201
私营企业	1909	2038	2117	2124	2134	2303	2556
其他企业	2	2	1		3	4	
港、澳、台商投资公司	141	136	118	90	87	77	68
外商投资企业公司	156	146	130	111	88	75	69
二、按隶属关系分							
国有控股企业	42	43	49	51	52	52	57
集体控股企业	35	35	31	30	29	32	37
私人控股企业	3118	3465	3546	3438	3388	3526	3722
港澳台控股企业	79	80	72	50	49	42	43
外商控股企业	81	74	70	60	52	48	46
其他控股企业	22	36	36	43	48	60	67
三、按轻重工业分							
轻工业	1327	1457	1449	1419	1375	1468	1535
重工业	2050	2276	2355	2253	2243	2292	2437
四、按企业规模分							
大型企业	47	48	43	40	45	51	55
中型企业	422	423	404	381	373	395	385
小型企业	2840	3137	3246	3144	3126	3247	3407
微型企业	68	125	111	107	74	67	125

注：规模以上工业统计范围是：年主营业务收入2000万元及以上工业(2015年起不包括台州电业局，2012年-2014年不包括台州电业局直属供电局)，下同。

4-3　分行业规模以上工业单位数

(2012-2018年)　　单位：个

行　业	2012年	2013年	2014年	2015年	2016年	2017年	2018年
总　计	**3377**	**3733**	**3804**	**3672**	**3618**	**3760**	**3972**
有色金属矿采选业	1	1	1	1	1	1	
非金属矿采选业	3	3	4	3	2	3	4
农副食品加工业	77	85	72	69	76	71	74
食品制造业	19	17	20	21	16	16	15
酒、饮料和精制茶制造业	8	9	8	8	10	9	8
纺织业	85	92	85	86	78	89	96
纺织服装、服饰业	19	24	20	21	21	17	16
皮革、毛皮、羽毛及其制品和制鞋业	223	264	248	216	208	164	178
木材加工和木、竹、藤、棕、草制品业	16	14	16	15	17	18	21
家具制造业	80	86	99	97	98	94	89
造纸和纸制品业	63	64	57	55	60	52	59
印刷和记录媒介复制业	23	25	35	42	37	51	50
文教、工美、体育和娱乐用品制造业	114	136	131	141	123	106	119
石油、煤炭及其他燃料加工业	1	2	2	1	1	1	1
化学原料和化学制品制造业	75	72	77	72	68	79	83
医药制造业	82	84	77	76	73	66	65
化学纤维制造业	3	3	3	3	2	2	3
橡胶和塑料制品业	407	467	480	455	460	472	487
非金属矿物制品业	65	70	75	88	93	104	114
黑色金属冶炼和压延加工业	62	64	69	53	47	22	20
有色金属冶炼和压延加工业	62	73	82	85	78	69	77
金属制品业	174	203	208	194	192	251	258
通用设备制造业	528	609	624	594	620	685	737
专用设备制造业	177	192	211	214	206	246	275
汽车制造业	279	314	336	327	330	374	386
铁路、船舶、航空航天和其他运输设备制造业	184	188	177	161	138	139	144
电气机械和器材制造业	307	336	352	339	321	332	361
计算机、通信和其他电子设备制造业	40	39	38	38	35	39	44
仪器仪表制造业	83	87	81	79	69	51	52
其他制造业	29	21	27	30	35	36	36
废弃资源综合利用业	47	46	44	41	48	44	38
金属制品、机械和设备修理业	2	3	2	1	1	2	2
电力、热力生产和供应业	22	22	24	25	33	34	36
燃气生产和供应业	5	6	6	6	6	6	8
水的生产和供应业	12	12	13	15	15	15	16

4-4 规模以上工业增加值

(2012-2018年)

单位：万元

项 目	2012年	2013年	2014年	2015年	2016年	2017年	2018年
总 计	**7101075**	**7823995**	**8213944**	**8297077**	**9064389**	**10011288**	**11131292**
一、按登记注册类型分							
国有企业	381066	347822	336049	332705	327962	283529	98270
集体企业	3418	4268	5445	7469	7261	7136	9275
股份合作企业	88308	90292	98365	122801	137126	129852	112691
联营企业	26342	26641			285	295	306
有限责任公司	1992264	2286204	2451132	2326533	2549371	2455132	2768545
股份有限公司	873971	1074335	1244856	1372423	1655595	2004113	2340796
私营企业	2490808	2639313	2796789	3031102	3283354	3815703	4447114
其他企业	1520	1412	498		3070	2569	
港、澳、台商投资公司	392472	375606	328121	295033	328866	363305	329317
外商投资企业公司	850907	978103	952690	809011	771499	949654	1024980
二、按隶属关系分							
国有控股企业	983333	1095120	1052587	1082285	1012412	966796	1123912
集体控股企业	106159	136190	108768	103148	165653	106255	64404
私人控股企业	5322034	5877869	6338762	6551933	7204465	7941439	8845323
港澳台控股企业	237775	244061	202359	159955	184176	207794	181342
外商控股企业	373654	353026	374470	268589	361687	619838	704176
其他控股企业	78119	117730	136998	131166	135996	169167	212136
三、按轻重工业分							
轻工业	2682982	2913065	3037685	3217947	3410898	3537237	3717249
重工业	4418093	4910930	5176259	5079130	5653491	6474051	7414043
四、按企业规模分							
大型企业	1614130	1740418	1596136	1633213	1936373	2408422	2848093
中型企业	2147278	2275973	2868510	2518542	2751271	2941399	3388226
小型企业	2983331	3330197	3625242	3592913	3950184	4357560	4791444
微型企业	356336	477408	124057	552410	426560	303907	103529

4-5　分行业规模以上工业增加值

(2012-2018年)　　单位：万元

行　业	2012年	2013年	2014年	2015年	2016年	2017年	2018年
总　计	**7101075**	**7823995**	**8213944**	**8297077**	**9064389**	**10011288**	**11131292**
有色金属矿采选业	2922	1712	2175	1573	1878	2671	
非金属矿采选业	3650	4031	5954	2231	2103	3451	8018
农副食品加工业	74848	85232	81305	81654	93727	93830	78589
食品制造业	40575	40894	37830	45907	38015	34651	37041
酒、饮料和精制茶制造业	42945	47006	52659	47110	53792	54015	43950
纺织业	115853	134500	127230	132353	143497	166863	152888
纺织服装、服饰业	15645	18053	14462	15499	14877	14961	12218
皮革、毛皮、羽毛及其制品和制鞋业	249124	275344	273337	238749	252523	233585	186803
木材加工和木、竹、藤、棕、草制品业	15665	13880	16257	17107	20859	22776	26483
家具制造业	131221	150346	158273	147765	265863	251953	227479
造纸和纸制品业	70292	82698	81831	78876	84734	109398	138295
印刷和记录媒介复制业	21149	24344	35479	40601	48185	64674	66848
文教、工美、体育和娱乐用品制造业	123670	140970	142784	166666	156718	153644	192836
石油、煤炭及其他燃料加工业	380	557	445	183	212	357	452
化学原料和化学制品制造业	224067	258207	311813	306357	273004	275372	380682
医药制造业	658776	678886	717623	893819	963469	929984	1061145
化学纤维制造业	8068	7954	7884	5190	2955	1464	1770
橡胶和塑料制品业	672277	768198	777520	810765	892449	915814	964978
非金属矿物制品业	97627	116723	127930	130919	153996	164573	235638
黑色金属冶炼和压延加工业	55088	72018	67707	53163	55580	39164	33973
有色金属冶炼和压延加工业	73016	77589	99989	100554	112453	95872	252803
金属制品业	258406	291519	296696	288526	323601	404735	428911
通用设备制造业	828358	941770	1030016	1016033	1148152	1359147	1517883
专用设备制造业	341885	383289	426419	421315	426461	536803	670166
汽车制造业	611570	690045	733275	748636	1008363	1466955	1723512
铁路、船舶、航空航天和其他运输设备制造业	435556	401434	396138	352488	340403	324413	301441
电气机械和器材制造业	471564	572853	624879	633049	664366	620893	691506
计算机、通信和其他电子设备制造业	83934	80051	90650	83943	142751	209293	246151
仪器仪表制造业	177340	196930	205525	201749	172772	154095	185591
其他制造业	190167	179324	211713	212623	131045	140580	138812
废弃资源综合利用业	232445	211031	201529	156528	202368	288451	120312
金属制品、机械和设备修理业	2215	2579	1045	1443	1316	2279	2734
电力、热力生产和供应业	727122	826133	798128	800104	801768	790367	906270
燃气生产和供应业	4248	6367	7628	12530	14577	16123	22676
水的生产和供应业	39408	41530	49817	51072	55560	68084	72439

4-6 规模以上工业主要产品产量

(2018年)

产品名称		产 量	产品名称		产 量
精制食用植物油	(万吨)	1.19	其中：木质家具	(万件)	392.70
鲜、冷藏肉	(万吨)	5.65	金属家具	(万件)	1932.65
冷冻水产品	(万吨)	18.57	软体家具	(万件)	12.52
糖果	(万吨)	0.10	箱纸板	(万吨)	0.82
罐头	(万吨)	11.63	纸制品	(万吨)	42.36
食品添加剂	(万吨)	0.08	合成橡胶	(万吨)	10.87
饮料酒	(万千升)	34.96	化学农药原药(折有效成分100%)	(万吨)	1.35
其中：啤酒	(万千升)	34.36	其中：杀虫剂原药	(万吨)	1.35
饮料	(万吨)	2.57	涂料	(万吨)	7.88
其中：果汁和蔬菜汁饮料类	(万吨)	2.25	初级形态塑料	(万吨)	17.76
精制茶	(吨)	0.01	化学试剂	(万吨)	0.83
纱	(万吨)	2.50	化学药品原药	(万吨)	7.26
其中：化学纤维纱	(万吨)	2.50	中成药	(万吨)	0.04
布	(万米)	10271.50	橡胶轮胎外胎	(万条)	72.85
印染布	(万米)	12084.00	塑料制品	(万吨)	143.42
绒线(俗称毛线)	(万吨)	0.53	其中：塑料薄膜	(万吨)	3.14
化纤长丝机织物	(万米)	6412.60	泡沫塑料	(万吨)	1.94
非织造布(无纺布)	(万吨)	1.62	塑料人造革、合成革	(万吨)	7.40
服装	(万件)	330.20	日用塑料制品	(万吨)	47.55
其中：梭织服装	(万件)	164.70	水泥	(万吨)	473.14
针织服装	(万件)	165.50	商品混凝土	(万立方米)	1306.41
皮革鞋靴	(万双)	18661.00	预应力混凝土桩	(万米)	396.09
人造板	(万立方米)	9.80	砖	(万块)	12886.10
其中：纤维板	(万立方米)	9.80	钢化玻璃	(万平方米)	69.39
人造板表面装饰板	(万平方米)	203.12	日用玻璃制品	(万吨)	1.11
家具	(万件)	2868.67	玻璃保温容器	(万个)	257.20

4-6 续表

产品名称		产 量	产品名称		产 量
卫生陶瓷制品	(万件)	33.86	铜材	(万吨)	12.81
服装、鞋帽加工机械	(万台)	290.26	铝材	(万吨)	23.33
铝合金	(万吨)	1.02	钢材	(万吨)	46.37
金属切削工具	(万件)	2996.40	白银(银锭)	(千克)	18810.30
发动机	(万千瓦)	22.49	电动自行车	(万辆)	119.75
金属切削机床	(万台)	2.92	民用钢质船舶	(万载重吨)	34.47
其中：数控金属切削机床	(万台)	0.99	电动机	(万千瓦)	1494.93
电焊机	(万台)	331.99	其中：交流电动机	(万千瓦)	1333.20
泵	(万台)	3213.57	变压器	(万千伏安)	1241.01
其中：真空泵	(万台)	93.98	电力电缆	(万千米)	24.75
气体压缩机	(万台)	275.76	绝缘制品	(万吨)	0.45
其中：非制冷设备用压缩机	(万台)	257.76	锂离子电池	(万只)	835.94
阀门	(万吨)	20.72	太阳能电池	(万千瓦)	22.15
齿轮	(万吨)	13.97	家用电冰箱	(万台)	93.59
电动手提式工具	(万台)	427.02	家用冷柜(家用冷冻箱)	(万台)	112.35
金属紧固件	(万吨)	2.33	灯具及照明装置	万套(台、个)	3716.02
铸铁件	(万吨)	19.78	家用电风扇	(万台)	8.21
铸钢件	(万吨)	3.13	太阳能热水器	(万平方米)	12.64
锻件	(万吨)	26.3	电子元件	(万只)	557284.00
减速机	(万台)	79.86	彩色电视机	(万台)	722.00
模具	(万套)	3.89	其中：液晶(ＬＣＤ)电视机	(万台)	721.50
收获机械	(万台)	0.40	眼镜成镜	(万副)	10453.76
其中：谷物收获机械	(万台)	0.40	发电量	(亿千瓦小时)	489.38
汽车	(万辆)	46.55	其中：火力发电量	(亿千瓦小时)	379.70
其中：基本型乘用车(轿车)	(万辆)	38.62	水力发电量	(亿千瓦小时)	36.50
运动型多用途乘用车	(万辆)	7.93	风力发电量	(亿千瓦小时)	4.26
摩托车整车	(万辆)	69	自来水生产量	(万立方米)	50419.40

4-7 规模以上工业主要财务指标(一)

(2018年)

单位：万元

项目	企业单位数(个)	新产品产值	工业销售产值	出口交货值	年末资产总计	从业人员年平均人数(人)
总计	**3972**	**17391569**	**48519664**	**12182007**	**64983063**	**656188**
其中：国有控股企业	57	329718	4396958	154327	12722464	18374
按登记注册类型分						
国有企业	4	2845	451728	13443	405082	1857
集体企业	3		18099		31555	305
股份合作企业	117	112703	601195	88388	488713	9851
联营企业	1		2967		1952	24
有限责任公司	953	3821458	13532600	2438200	21642355	159109
股份有限公司	201	4155389	8248103	3312243	16726609	108786
私营企业	2556	6396421	19988599	5198037	19130455	336490
其他企业						
港、澳、台商投资公司	68	492167	1293129	511298	1385049	16161
外商投资企业公司	69	2410587	4383244	620399	5171295	23605
按轻重工业分						
轻工业	1535	4618241	14293600	5408448	19198289	260573
重工业	2437	12773329	34226064	6773559	45784774	395615
按大中小微型分						
大型企业	55	8159748	12736114	3258157	24891280	109191
中型企业	385	4974959	12736897	3889600	16324165	185199
小型企业	3407	4246402	22474607	4971653	22584022	356016
微型企业	125	10460	572045	62597	1183596	5782
按工业行业分						
非金属矿采选业	**4**		**26158**		**46096**	**234**
土砂石开采	4		26158		46096	234
农副食品加工业	**74**	**51040**	**540178**	**73072**	**411356**	**7302**
饲料加工	5	3132	49806	5634	39320	363
植物油加工	2	18875	31506	1383	44376	281
屠宰及肉类加工	4		146533		32813	554
水产品加工	61	29032	306910	63892	284742	5893
蔬菜、菌类、水果和坚果加工	1		3071	2163	5838	81
其他农副食品加工	1		2354		4267	130

4-7 续表 1

单位：万元

项目	企业单位数(个)	新产品产值	工业销售产值	出口交货值	年末资产总计	从业人员年平均人数(人)
食品制造业	**15**	**23800**	**162343**	**71458**	**189470**	**4454**
罐头食品制造	10		87227	64115	95852	3737
其他食品制造	5	23800	75116	7343	93618	717
酒、饮料和精制茶制造业	**8**	**687**	**113241**		**142679**	**1367**
酒的制造	4		80206		98884	860
饮料制造	3	687	27180		36687	448
精制茶加工	1		5855		7109	59
纺织业	**96**	**197684**	**691014**	**192238**	**746920**	**11220**
棉纺织及印染精加工	14	47789	148373	1879	230738	1477
毛纺织及染整精加工	4	8348	26812	1866	28080	530
化纤织造及印染精加工	25	27003	159919	9145	131926	2141
针织或钩针编织物及其制品制造	4	2607	34440	4325	39848	546
家用纺织制成品制造	10	20363	62133	30996	49601	1565
产业用纺织制成品制造	39	91574	259337	144028	266727	4961
纺织服装、服饰业	**16**	**3902**	**52119**	**8001**	**49962**	**1338**
机织服装制造	8	2496	24647	3326	25519	601
针织或钩针编织服装制造	4		16745		18032	448
服饰制造	4	1407	10727	4675	6410	289
皮革、毛皮、羽毛及其制品和制鞋业	**178**	**268558**	**724994**	**478903**	**548230**	**25863**
皮革鞣制加工						
皮革制品制造	7	9808	27555	20455	28586	1142
制鞋业	171	258750	697439	458447	519643	24721
木材加工和木、竹、藤、棕、草制品业	**21**	**28730**	**106875**	**36219**	**101743**	**2790**
木材加工						
人造板制造	3	5033	29932	7239	45001	444
木制品制造	14	5757	44691	22902	26900	1670
竹、藤、棕、草等制品制造	4	17940	32252	6078	29842	676
家具制造业	**89**	**387059**	**842077**	**549896**	**1321222**	**23698**
木质家具制造	41	48695	174180	83601	228880	6205
竹、藤家具制造	6	7878	28889	13996	26179	908

4-7 续表 2

单位：万元

项 目	企业单位数(个)	新产品产值	工业销售产值	出口交货值	年末资产总计	从业人员年平均人数(人)
金属家具制造	30	292889	516826	375995	960075	14021
塑料家具制造	8	33926	85550	69111	82006	1653
其他家具制造	4	3671	36633	7193	24082	911
造纸和纸制品业	**59**	**114456**	**670624**	**37512**	**470499**	**7107**
造纸	8	77893	270323		135566	1424
纸制品制造	51	36563	400301	37512	334933	5683
印刷和记录媒介复制业	**50**	**57704**	**313460**	**42471**	**332181**	**5960**
印刷	50	57704	313460	42471	332181	5960
文教、工美、体育和娱乐用品制造业	**119**	**126527**	**649522**	**512168**	**530756**	**21051**
文教办公用品制造	1		8873	8075	8336	207
乐器制造	1		2824		3157	80
工艺美术及礼仪用品制造	100	115212	550351	431989	446919	18153
体育用品制造	3	8215	41228	35058	38996	1225
玩具制造	12	1424	37977	30717	27029	1227
游艺器材及娱乐用品制造	2	1675	8269	6328	6319	159
石油、煤炭及其他燃料加工业	**1**		**4385**		**2324**	**25**
精炼石油产品制造	1		4385		2324	25
化学原料和化学制品制造业	**83**	**532670**	**1550268**	**395452**	**2421339**	**11594**
基础化学原料制造	13	170185	283050	102100	883498	2514
农药制造	4	48967	131710	55837	186387	1048
涂料、油墨、颜料及类似产品制造	24	78910	332359	77112	561758	3253
合成材料制造	15	100906	349967	6371	294756	1434
专用化学产品制造	18	107716	365109	112775	390987	2189
炸药、火工及焰火产品制造	1		5066		5745	89
日用化学产品制造	8	25986	83009	41258	98207	1067
医药制造业	**65**	**1626108**	**3007681**	**1348481**	**6821561**	**33853**
化学药品原料药制造	48	1354073	2463748	1239489	5969645	28987
化学药品制剂制造	3	211047	346887	72756	603408	3080
中药饮片加工	2		9136		7620	115
中成药生产	3	55785	75768		129642	719
兽用药品制造	1		15492	14054	21739	163
生物药品制造	8	5203	96650	22182	89507	789
化学纤维制造业	**3**		**14238**		**18057**	**190**

4-7　续表 3

单位：万元

项　　目	企　业 单位数 (个)	新产品 产　值	工业销 售产值	出　口 交货值	年末资 产总计	从业人员 年 平 均 人　　数 (人)
合成纤维制造	3		14238		18057	190
橡胶和塑料制品业	**487**	**945148**	**4114961**	**1012210**	**4602321**	**69031**
橡胶制品业	88	201690	824835	171323	1060215	15295
塑料制品业	399	743459	3290126	840886	3542106	53736
非金属矿物制品业	**114**	**53005**	**1284367**	**46676**	**881779**	**9462**
水泥、石灰和石膏制造	7		194905		82461	493
石膏、水泥制品及类似制品制造	64	8237	877481	1410	592922	5360
砖瓦、石材等建筑材料制造	20	7149	89827		66300	960
玻璃制造	6	4409	22051	2377	27185	535
玻璃制品制造	10	13273	47670	28804	50013	867
玻璃纤维和玻璃纤维增强塑料制品制造	2	8800	20864	6149	30393	372
陶瓷制品制造	5	11137	31570	7936	32506	875
石墨及其他非金属矿物制品制造						
黑色金属冶炼和压延加工业	**20**	**22303**	**357481**	**721**	**261924**	**1824**
钢压延加工	20	22303	357481	721	261924	1824
有色金属冶炼和压延加工业	**77**	**194042**	**1833119**	**115675**	**1104941**	**8888**
常用有色金属冶炼	2		51266		12692	75
贵金属冶炼	1		3256		3640	56
有色金属合金制造	9	206	803170	1479	424303	4145
有色金属压延加工	65	193837	975427	114196	664306	4612
金属制品业	**258**	**501249**	**2008177**	**619795**	**2411678**	**32895**
结构性金属制品制造	7	12162	51304	11523	61702	849
金属工具制造	18	30566	83269	10292	117790	1964
集装箱及金属包装容器制造	10	3959	40999	4208	39466	817
金属丝绳及其制品制造	12	365	81775	97	53054	618
建筑、安全用金属制品制造	64	75824	472853	225809	371518	9143
金属表面处理及热处理加工	40	49032	215290	39492	216150	5134
搪瓷制品制造	2	1639	6199	1424	2134	109
金属制日用品制造	25	242288	544380	299027	1078439	6109
铸造及其他金属制品制造	80	85414	512107	27925	471425	8152
通用设备制造业	**737**	**2165602**	**6052555**	**2626127**	**6663525**	**113448**
锅炉及原动设备制造	7	10194	41068	12392	56351	932
金属加工机械制造	67	276466	562809	163095	516491	11207
物料搬运设备制造	18	55035	147975	39135	174867	2568

4-7 续表 4

单位：万元

项目	企业单位数(个)	新产品产值	工业销售产值	出口交货值	年末资产总计	从业人员年平均人数(人)
泵、阀门、压缩机及类似机械制造	451	1213794	3624106	2008801	3232497	63901
轴承、齿轮和传动部件制造	94	328834	890616	151685	1646516	18901
烘炉、风机、衡器、包装等设备制造	64	235858	600784	220076	810629	12039
文化、办公用机械制造	2	8785	15964	4705	31015	391
通用零部件制造	31	23523	152125	23981	166858	3087
其他通用设备制造业	3	13113	17107	2255	28302	422
专用设备制造业	**275**	**1231298**	**2588608**	**810275**	**2923160**	**49958**
采矿、冶金、建筑专用设备制造	14	65662	189087	34529	178569	2672
化工、木材、非金属加工专用设备制造	104	467040	771554	171666	1089968	15888
食品、饮料、烟草及饲料生产专用设备制造	5	4794	12739		18755	323
印刷、制药、日化及日用品生产专用设备制造	2	2883	10471		11141	263
纺织、服装和皮革加工专用设备制造	43	351694	821443	282565	752248	13584
电子和电工机械专用设备制造	1		2736		626	62
农、林、牧、渔专用机械制造	45	183939	428266	286748	423861	7253
医疗仪器设备及器械制造	39	62078	209461	10680	243753	7314
环保、邮政、社会公共服务及其他专用设备制造	22	93208	142852	24087	204241	2599
汽车制造业	**386**	**5649860**	**8808702**	**878820**	**10673584**	**85731**
汽车整车制造	5	2870285	3215790		3626204	7372
汽车用发动机制造	2		18969	7248	24434	418
汽车零部件及配件制造	379	2779576	5573943	871571	7022946	77941
铁路船舶航空航天和其他运输设备制造业	**144**	**611006**	**1456079**	**310024**	**1745441**	**22983**
铁路运输设备制造	7	92898	123549	209	318730	1387
船舶及相关装置制造	26	72629	219915	40415	444470	2947
航空、航天器及设备制造	3	6733	16294		18328	238
摩托车制造	72	299287	749198	248048	666775	13359
自行车和残疾人座车制造	1		2028	104	4813	74
助动车制造	33	139459	337127	14683	288347	4856
非公路休闲车及零配件制造	2		7969	6566	3978	122
电气机械和器材制造业	**361**	**1252152**	**3733158**	**963138**	**3838609**	**52049**
电机制造	122	550028	1330483	356857	1328350	20556
输配电及控制设备制造	66	286161	595891	136104	632529	8621
电线、电缆、光缆及电工器材制造	59	114215	850524	1835	654248	4326
电池制造	3		23305	141	49115	318

4-7　续表 5

单位：万元

项　目	企　业单位数(个)	新产品产　值	工业销售产值	出　口交货值	年末资产总计	从业人员年平均人　数(人)
家用电力器具制造	23	186891	362953	195646	603582	7452
非电力家用器具制造	6	38549	90564	40615	117993	1936
照明器具制造	78	74829	463605	228358	442484	8495
其他电气机械及器材制造	4	1479	15834	3581	10308	345
计算机、通信和其他电子设备制造业	**44**	**926896**	**1363423**	**679656**	**2809511**	**12984**
计算机制造	1	75712	91300	78713	28739	450
通信设备制造	3	8798	27330	9036	37910	630
广播电视设备制造	1		3891		2296	92
非专业视听设备制造	2	545661	649105	499382	463629	2257
智能消费设备制造	7	86382	109918	2691	112910	1564
电子器件制造	9	168832	237412	75191	1060581	4591
电子元件及电子专用材料制造	18	41512	233314	14643	1082627	3178
其他电子设备制造	3		11154		20820	222
仪器仪表制造业	**52**	**323554**	**640978**	**236549**	**569673**	**12170**
通用仪器仪表制造	47	307935	583216	231208	530216	10723
专用仪器仪表制造	3	14401	36212	5316	24434	889
光学仪器及眼镜制造	1	1218	16650	26	11069	428
其他仪器仪表制造业	1		4901		3954	130
其他制造业	**36**	**91723**	**408128**	**134899**	**511000**	**11773**
日用杂品制造	35	91723	394206	120977	499235	11334
其他未列明制造业	1		13922	13922	11765	439
废弃资源综合利用业	**38**	**4806**	**588811**		**451581**	**3052**
金属废料和碎屑加工处理	34		557061		389968	2624
非金属废料和碎屑加工处理	4	4806	31750		61613	428
金属制品、机械和设备修理业	**2**		**6220**	**1573**	**6822**	**106**
铁路、船舶、航空航天等运输设备修理	2		6220	1573	6822	106
电力、热力生产和供应业	**36**		**3513170**		**10280515**	**9401**
电力生产	22		1723359		9489921	4738
电力供应	9		1739033		730322	4242
热力生产和供应	5		50779		60272	421
燃气生产和供应业	**8**		**101128**		**107094**	**501**
水的生产和供应业	**16**		**191425**		**985512**	**1886**
自来水生产和供应	12		170207		724690	1644
污水处理及其再生利用	4		21218		260822	242

4-8 规模以上工业主要财务指标(二)

(2018年) 单位：万元

项 目	流动资产合计	存 货	非流动资产合计	固定资产原价	固定资产净值	年末负债合计
总 计	**32773941**	**7007136**	**32209082**	**28175905**	**18247028**	**38320762**
其中：国有控股企业	1745239	460391	10977225	11816581	8547870	8613760
按登记注册类型分						
国有企业	70823	20146	334259	912176	294071	127027
集体企业	5333	206	26222	25199	16998	14981
股份合作企业	350666	64110	138046	196578	101203	271648
联营企业	1779	563	173	394	173	250
有限责任公司	9144490	1797033	12497856	12230262	9171669	15320448
股份有限公司	7717897	1637985	9008709	4386694	2544250	6674634
私营企业	11782474	2968706	7347955	7262975	4385801	12161027
其他企业						
港、澳、台商投资公司	838878	246512	546170	449547	249331	659468
外商投资企业公司	2861602	271875	2309692	2712080	1483533	3091279
按轻重工业分						
轻工业	10258508	2504263	8939764	6589920	3710767	9997806
重工业	22515433	4502873	23269318	21585985	14536261	28322956
按大中小微型分						
大型企业	11074676	1866678	13816603	9800879	7667109	15079143
中型企业	7808014	2030993	8516148	8031695	4517449	7961918
小型企业	13329854	3031641	9254133	9882202	5681929	14426611
微型企业	561397	77824	622198	461129	380541	853090
按工业行业分						
非金属矿采选业	**16524**	**6568**	**29572**	**6755**	**4409**	**34585**
土砂石开采	16524	6568	29572	6755	4409	34585
农副食品加工业	**229204**	**72223**	**182152**	**143864**	**93689**	**215174**
饲料加工	18649	5238	20671	11989	9371	26600
植物油加工	12710	6169	31666	12872	9706	9678
屠宰及肉类加工	5636	477	27178	17194	14659	12945
水产品加工	187828	57983	96914	94810	55434	158984
蔬菜、菌类、水果和坚果加工	2801	1983	3037	3204	2216	3423
其他农副食品加工	1580	373	2687	3796	2304	3545

4-8 续表 1

单位：万元

项　　目	流动资产合计	存　货	非流动资产合计	固定资产原价	固定资产净值	年末负债合计
食品制造业	**112659**	**51213**	**76811**	**73775**	**45106**	**108658**
罐头食品制造	67676	40690	28176	35034	16805	72058
其他食品制造	44983	10523	48635	38741	28301	36600
酒、饮料和精制茶制造业	**88431**	**21334**	**54249**	**114566**	**43338**	**57842**
酒的制造	56378	13697	42506	99818	36848	34303
饮料制造	26527	7333	10160	12594	5208	21980
精制茶加工	5526	304	1583	2155	1283	1559
纺织业	**486927**	**111507**	**259992**	**269413**	**153965**	**504990**
棉纺织及印染精加工	139691	21027	91047	59759	43330	194126
毛纺织及染整精加工	16427	4207	11653	20356	8224	23104
化纤织造及印染精加工	96793	24351	35133	49733	27629	80894
针织或钩针编织物及其制品制造	17654	6192	22194	22342	10703	26711
家用纺织制成品制造	35885	7380	13716	14596	8536	37797
产业用纺织制成品制造	180478	48351	86249	102626	55543	142359
纺织服装、服饰业	**33694**	**8721**	**16268**	**24462**	**11461**	**29349**
机织服装制造	18743	4794	6776	6016	3001	16194
针织或钩针编织服装制造	10711	2637	7321	14420	6656	10285
服饰制造	4240	1290	2170	4027	1804	2870
皮革、毛皮、羽毛及其制品和制鞋业	**394419**	**69889**	**153809**	**168779**	**92508**	**401220**
皮革制品制造	15267	4424	13319	16146	10907	18015
制鞋业	379152	65466	140490	152633	81601	383205
木材加工和木、竹、藤、棕、草制品业	**65250**	**14646**	**36493**	**37335**	**22365**	**69325**
人造板制造	32506	2710	12495	9525	4095	30820
木制品制造	14728	4852	12172	13216	8326	21393
竹、藤、棕、草等制品制造	18016	7085	11826	14594	9944	17112
家具制造业	**790601**	**232189**	**530619**	**341159**	**190277**	**812742**
木质家具制造	112397	49366	116483	115028	67960	163249
竹、藤家具制造	19167	7091	7013	5323	2880	22427

4-8 续表 2

单位：万元

项　　目	流动资产合计	存　货	非流动资产合计	固定资产原价	固定资产净值	年末负债合计
金属家具制造	605632	154478	354443	170151	93360	572576
塑料家具制造	34033	11285	47972	44134	22428	35676
其他家具制造	19373	9969	4709	6523	3649	18814
造纸和纸制品业	**301161**	**54588**	**169336**	**198959**	**118571**	**286472**
造纸	72440	10195	63127	86147	56009	67758
纸制品制造	228722	44393	106210	112812	62562	218714
印刷和记录媒介复制业	**177451**	**30567**	**154729**	**163415**	**88148**	**196071**
印刷	177451	30567	154729	163415	88148	196071
文教、工美、体育和娱乐用品制造业	**334774**	**85446**	**195980**	**222124**	**129611**	**362749**
文教办公用品制造	6221	632	2115	3767	1935	6474
乐器制造	1873	628	1284	1931	1077	2798
工艺美术及礼仪用品制造	281689	72504	165229	185503	107513	304686
体育用品制造	26017	6451	12979	12634	7755	26818
玩具制造	14958	3930	12071	15694	9459	18508
游艺器材及娱乐用品制造	4017	1302	2303	2595	1872	3464
石油、煤炭及其他燃料加工业	**1896**	**397**	**428**	**265**	**215**	**968**
精炼石油产品制造	1896	397	428	265	215	968
化学原料和化学制品制造业	**1308958**	**212463**	**1112380**	**526830**	**310460**	**952227**
基础化学原料制造	389617	44338	493881	147378	80161	280634
农药制造	114258	18075	72129	38847	20757	58485
涂料、油墨、颜料及类似产品制造	330439	68949	231319	139119	90061	196760
合成材料制造	184296	37826	110460	61804	36712	240130
专用化学产品制造	214686	32616	176301	110476	66124	144175
炸药、火工及焰火产品制造	1461	329	4285	5158	2762	1862
日用化学产品制造	74203	10330	24004	24050	13884	30181
医药制造业	**2876241**	**833687**	**3945319**	**2280348**	**1272565**	**2718747**
化学药品原料药制造	2439667	745761	3529978	1989240	1113646	2358623
化学药品制剂制造	269165	58173	334242	213344	116897	236081
中药饮片加工	7187	2234	434	658	339	5765
中成药生产	86575	15942	43067	39879	21473	68497
兽用药品制造	16237	596	5502	4236	1869	2887
生物药品制品制造	57411	10982	32096	32991	18341	46895
化学纤维制造业	**9121**	**1166**	**8936**	**7166**	**3562**	**14785**

4-8　续表 3

单位：万元

项　　目	流动资产合计	存　货	非流动资产合计	固定资产原价	固定资产净值	年末负债合计
合成纤维制造	9121	1166	8936	7166	3562	14785
橡胶和塑料制品业	**2677031**	**578246**	**1925283**	**1811537**	**1037621**	**2340206**
橡胶制品业	677332	129224	382882	351797	194086	478359
塑料制品业	1999700	449023	1542401	1459739	843535	1861848
非金属矿物制品业	**608474**	**117900**	**273305**	**348813**	**174743**	**568711**
水泥、石灰和石膏制造	55042	7162	27419	45010	21757	48039
石膏、水泥制品及类似制品制造	414061	82441	178862	225993	109311	394008
砖瓦、石材等建筑材料制造	45712	9120	20588	24470	17207	44989
玻璃制造	16567	5341	10617	15334	6366	21825
玻璃制品制造	38844	7579	11169	15814	6147	16484
玻璃纤维和玻璃纤维增强塑料制品制造	20162	3228	10231	6837	3990	18289
陶瓷制品制造	18087	3030	14419	15355	9966	25078
黑色金属冶炼和压延加工业	**174732**	**62507**	**87192**	**96266**	**61740**	**204097**
钢压延加工	174732	62507	87192	96266	61740	204097
有色金属冶炼和压延加工业	**705967**	**233046**	**398973**	**239038**	**156063**	**668195**
常用有色金属冶炼	10806	6786	1885	1454	1084	10947
贵金属冶炼	3186	1211	455	762	431	2087
有色金属合金制造	269139	140076	155165	102271	77462	240002
有色金属压延加工	422836	84973	241469	134551	77086	415159
金属制品业	**1384165**	**252343**	**1027512**	**669120**	**377551**	**1482755**
结构性金属制品制造	47754	8076	13949	20457	9862	41862
金属工具制造	60774	14940	57016	56975	35014	73500
集装箱及金属包装容器制造	25214	6611	14252	19038	9169	28139
金属丝绳及其制品制造	35860	7262	17193	22085	13272	39653
建筑、安全用金属制品制造	247829	63258	123689	116429	66669	270075
金属表面处理及热处理加工	118406	18771	97744	122567	75459	153901
搪瓷制品制造	1654	363	480	648	478	531
金属制日用品制造	533126	72961	545314	115710	57024	563208
铸造及其他金属制品制造	313549	60102	157876	195211	110605	311885
通用设备制造业	**3929497**	**1107923**	**2734022**	**2495799**	**1459549**	**3722875**
锅炉及原动设备制造	32016	12634	24335	27156	17787	35176
金属加工机械制造	353881	122695	162610	209361	118249	325504
物料搬运设备制造	110167	30094	64700	61682	40859	105441

4-8 续表 4

单位：万元

项目	流动资产合计	存货	非流动资产合计	固定资产原价	固定资产净值	年末负债合计
泵、阀门、压缩机及类似机械制造	2125934	608202	1106560	1129131	647806	1768627
轴承、齿轮和传动部件制造	797738	196546	848777	721159	430700	858543
烘炉、风机、衡器、包装等设备制造	368844	103068	441785	245155	142515	465456
文化、办公用机械制造	22881	6083	8134	12002	3861	18700
通用零部件制造	98291	18769	68566	84191	53568	124371
其他通用设备制造业	19747	9833	8555	5963	4204	21058
专用设备制造业	**1845677**	**539761**	**1077480**	**1133874**	**637940**	**1724444**
采矿、冶金、建筑专用设备制造	134075	40502	44494	44409	26177	100824
化工、木材、非金属加工专用设备制造	681066	178834	408901	494974	263979	709193
食品、饮料、烟草及饲料生产专用设备制造	10619	1890	8136	8056	5641	11791
印刷、制药、日化及日用品生产专用设备制造	7384	934	3757	3450	1523	6838
纺织、服装和皮革加工专用设备制造	496692	178562	255554	231984	130119	390210
电子和电工机械专用设备制造	511	181	115	187	115	533
农、林、牧、渔专用机械制造	266930	79923	156930	155559	98495	240878
医疗仪器设备及器械制造	131454	38311	112298	129716	73000	150551
环保、邮政、社会公共服务及其他专用设备制造	116946	20625	87294	65540	38891	113624
汽车制造业	**7093697**	**653420**	**3579883**	**2436904**	**1592039**	**7671407**
汽车整车制造	2784362	67558	841843	327198	287186	3067654
汽车用发动机制造	15761	3493	8673	4633	3497	14173
汽车零部件及配件制造	4293574	582369	2729367	2105073	1301356	4589580
铁路船舶航空航天和其他运输设备制造业	**1193562**	**334629**	**551878**	**555272**	**295447**	**1071718**
铁路运输设备制造	211608	31343	107122	44838	23517	96499
船舶及相关装置制造	339592	167418	104878	149493	75862	297046
航空、航天器及设备制造	9837	924	8491	9025	5622	13338
摩托车制造	444036	94905	222738	274246	135767	435042
自行车和残疾人座车制造	3544	417	1269	2054	971	4766
助动车制造	181092	38310	107256	75366	53598	222444
非公路休闲车及零配件制造	3854	1312	125	250	111	2583
电气机械和器材制造业	**2609798**	**538976**	**1228808**	**1092911**	**620482**	**2261792**
电机制造	887159	188656	441190	388357	228260	727415
输配电及控制设备制造	415393	89570	217135	227419	134591	361092
电线、电缆、光缆及电工器材制造	499037	101141	155211	125892	70190	393910
电池制造	36836	11228	12278	12556	9262	44546

4-8　续表 5

单位：万元

项　目	流动资产合计	存　货	非流动资产合计	固定资产原价	固定资产净值	年末负债合计
家用电力器具制造	367060	61251	236521	131317	73480	335205
非电力家用器具制造	89043	24940	28950	33131	15590	61846
照明器具制造	307839	60344	134645	169932	87408	330478
其他电气机械及器材制造	7431	1848	2877	4308	1700	7301
计算机、通信和其他电子设备制造业	**1192531**	**211256**	**1616980**	**628910**	**432979**	**909905**
计算机制造	27134	5553	1605	1924	1355	27442
通信设备制造	22636	6677	15274	7617	4855	15214
广播电视设备制造	2022	97	274	277	231	1930
非专业视听设备制造	386242	87327	77387	63497	50690	292904
智能消费设备制造	79273	22010	33637	26242	18986	57383
电子器件制造	370185	38250	690395	252128	172473	359803
电子元件及电子专用材料制造	296690	49599	785937	263636	173542	139599
其他电子设备制造	8350	1744	12470	13589	10847	15630
仪器仪表制造业	**400365**	**109780**	**169308**	**186281**	**96120**	**275164**
通用仪器仪表制造	378313	107028	151903	161994	83743	256737
专用仪器仪表制造	13853	1423	10581	17561	8073	8333
光学仪器制造	6287	1294	4782	5886	3652	6541
其他仪器仪表制造业	1912	34	2041	839	652	3552
其他制造业	**297767**	**67466**	**213232**	**210278**	**114509**	**272131**
日用杂品制造	290917	63260	208317	203254	110671	262066
其他未列明制造业	6851	4206	4914	7024	3838	10065
废弃资源综合利用业	**243092**	**106666**	**208489**	**133796**	**103337**	**346952**
金属废料和碎屑加工处理	213954	101419	176015	100376	81033	305210
非金属废料和碎屑加工处理	29139	5247	32474	33420	22304	41742
金属制品、机械和设备修理业	**3095**	**1035**	**3727**	**7368**	**3704**	**2598**
铁路、船舶、航空航天等运输设备修理	3095	1035	3727	7368	3704	2598
电力、热力生产和供应业	**899892**	**265368**	**9380622**	**10973723**	**8177154**	**7328752**
电力生产	793397	262457	8696524	9633314	7567277	6982532
电力供应	83096	2150	647225	1269826	581982	309764
热力生产和供应	23399	761	36873	70583	27895	36456
燃气生产和供应业	**29122**	**6586**	**77973**	**60991**	**42819**	**51686**
水的生产和供应业	**258167**	**13622**	**727345**	**515811**	**282985**	**651471**
自来水生产和供应	168788	13438	555901	414777	225371	434970
污水处理及其再生利用	89379	185	171444	101034	57614	216501

4-9　规模以上工业主要财务指标(三)

(2018年)　　单位：万元

项　　目	流　动 负　债	非流动 负　债	年　末 所有者 权益合计	实　收 资　本	主营业 务收入	主营业 务成本
总　　计	**29661787**	**8492771**	**26662288**	**11805318**	**48970160**	**40610192**
其中：国有控股企业	2483474	6130286	4108703	2900995	4393068	3691926
按登记注册类型分						
国有企业	85669	41358	278055	242042	450210	424922
集体企业	2971	12010	16574	1637	19868	18232
股份合作企业	250522	20545	217064	57352	589505	513602
联营企业	250		1702	660	2967	2757
有限责任公司	9264228	6015456	6321903	3970721	13548962	11634757
股份有限公司	5441030	1233604	10051974	2812677	8682222	6516792
私营企业	11308804	739125	6969420	3379648	20015178	16766370
其他企业						
港、澳、台商投资企业	634918	13820	725581	410424	1293588	1063354
外商投资企业	2673395	416853	2080016	930157	4367660	3669408
按轻重工业分						
轻工业	9104231	802718	9200478	3624327	14635744	11516249
重工业	20557556	7690053	17461810	8180991	34334416	29093943
按大中小微型分						
大型企业	9338047	5741096	9812137	4001799	13021209	10578629
中型企业	6942822	1019095	8362248	3168857	12742772	10280173
小型企业	12944013	1472915	8157398	4475649	22601506	19212673
微型企业	436904	259666	330506	159013	604673	538717
按工业行业分						
非金属矿采选业	**28104**	**6482**	**11511**	**8500**	**25725**	**16575**
土砂石开采	28104	6482	11511	8500	25725	16575
农副食品加工业	**197433**	**17741**	**196182**	**97315**	**540637**	**483824**
饲料加工	26600		12720	4375	49806	44005
植物油加工	6881	2797	34698	5785	30706	14003
屠宰及肉类加工	11062	1883	19869	14660	146498	142005
水产品加工	146139	12845	125759	68640	308215	279073
蔬菜、菌类、水果和坚果加工	3273	150	2415	2350	3059	2736
其他农副食品加工	3479	66	722	1505	2354	2001

4-9 续表 1

单位：万元

项 目	流动负债	非流动负债	年末所有者权益合计	实收资本	主营业务收入	主营业务成本
食品制造业	**108482**	**176**	**80812**	**28341**	**162160**	**139600**
罐头食品制造	71961	96	23794	9761	87042	76885
其他食品制造	36521	79	57018	18580	75118	62715
酒、饮料和精制茶制造业	**57257**	**585**	**84837**	**40906**	**113071**	**91387**
酒的制造	33718	585	64581	31395	80071	62877
饮料制造	21980		14707	4351	27180	23460
精制茶加工	1559		5550	5160	5820	5050
纺织业	**463374**	**15027**	**241929**	**109568**	**709617**	**606901**
棉纺织及印染精加工	157486	10051	36611	14704	172383	152613
毛纺织及染整精加工	22918	187	4976	5862	26590	22342
化纤织造及印染精加工	80894		51033	27679	160485	145260
针织或钩针编织物及其制品制造	24628	2083	13136	3428	34222	27125
家用纺织制成品制造	37797		11804	5458	58246	43914
产业用纺织制成品制造	139652	2706	124368	52437	257692	215648
纺织服装、服饰业	**29349**		**20613**	**14081**	**53218**	**45755**
机织服装制造	16194		9326	7901	25758	21962
针织或钩针编织服装制造	10285		7747	4824	16730	14666
服饰制造	2870		3540	1356	10729	9126
皮革、毛皮、羽毛及其制品和制鞋业	**395153**	**4916**	**147009**	**73479**	**724302**	**628621**
皮革制品制造	17488	527	10571	8216	27486	24122
制鞋业	377665	4390	136438	65263	696816	604499
木材加工和木、竹、藤、棕、草制品业	**68425**	**900**	**32418**	**14543**	**106027**	**89353**
人造板制造	29920	900	14181	8981	29447	25160
木制品制造	21393		5507	3162	44319	36862
竹、藤、棕、草等制品制造	17112		12730	2400	32261	27331
家具制造业	**801022**	**11720**	**508480**	**318433**	**968468**	**824020**
木质家具制造	158071	5178	65631	42776	172686	138906
竹、藤家具制造	22425	3	3752	1329	28431	24906

4-9 续表 2

单位：万元

项　　目	流动负债	非流动负债	年末所有者权益合计	实收资本	主营业务收入	主营业务成本
金属家具制造	569165	3411	387499	254203	648103	565755
塑料家具制造	35676		46330	14917	83862	62126
其他家具制造	15686	3128	5268	5208	35386	32327
造纸和纸制品业	**271571**	**13263**	**184027**	**70156**	**671450**	**593517**
造纸	65920	1839	67808	17032	270239	234337
纸制品制造	205651	11424	116219	53124	401211	359180
印刷和记录媒介复制业	**188774**	**7297**	**136109**	**65145**	**311695**	**272288**
印刷	188774	7297	136109	65145	311695	272288
文教、工美、体育和娱乐用品制造业	**349072**	**13677**	**168007**	**69273**	**653975**	**522762**
文教办公用品制造	6474		1862	1023	8873	8080
乐器制造	2798		358	218	2824	2521
工艺美术及礼仪用品制造	293688	10998	142233	60521	555154	442474
体育用品制造	24139	2679	12178	2495	40817	30434
玩具制造	18508		8521	4066	38039	32145
游艺器材及娱乐用品制造	3464		2855	950	8268	7108
石油、煤炭及其他燃料加工业	**968**		**1356**	**1000**	**4385**	**3873**
精炼石油产品制造	968		1356	1000	4385	3873
化学原料和化学制品制造业	**837789**	**111272**	**1469112**	**364532**	**1678377**	**1311577**
基础化学原料制造	207664	72970	602864	121521	337927	259747
农药制造	50879	7605	127902	38805	153508	118127
涂料、油墨、颜料及类似产品制造	192357	4404	364998	92482	385643	268359
合成材料制造	226819	13311	54626	33774	342790	309525
专用化学产品制造	128182	12827	246812	62970	370803	292515
炸药、火工及焰火产品制造	1820	42	3883	1000	5011	2823
日用化学产品制造	30068	113	68026	13982	82696	60482
医药制造业	**2175822**	**526562**	**4102814**	**1232268**	**3032475**	**1824552**
化学药品原料药制造	1890993	467630	3611022	1036897	2535789	1575633
化学药品制剂制造	179726	56356	367326	139621	294417	141353
中药饮片加工	5765		1855	1100	9126	8068
中成药生产	67076	1421	61145	38706	75873	20137
兽用药品制造	2887		18852	5370	15681	5654
生物药品制造	29375	1156	42613	10574	101589	73709
化学纤维制造业	**14785**		**3272**	**1898**	**14253**	**13632**

4-9　续表 3

单位：万元

项　目	流　动负　债	非流动负　债	年末所有者权益合计	实　收资　本	主营业务收入	主营业务成本
合成纤维制造	14785		3272	1898	14253	13632
橡胶和塑料制品业	**2239062**	**71864**	**2262112**	**976312**	**4135469**	**3362311**
橡胶制品业	466484	11875	581856	187370	806487	630197
塑料制品业	1772578	59989	1680256	788942	3328983	2732115
非金属矿物制品业	**537599**	**20382**	**313068**	**185889**	**1307082**	**1110226**
水泥、石灰和石膏制造	45318	2720	34423	12864	196487	155689
石膏、水泥制品及类似制品制造	370819	12459	198915	127017	902335	782749
砖瓦、石材等建筑材料制造	43883	1106	21311	19237	89599	77139
玻璃制造	20194	1632	5359	6770	22036	19032
玻璃制品制造	16484		33529	8482	47073	36129
玻璃纤维和玻璃纤维增强塑料制品制造	15823	2466	12104	4073	20899	15905
陶瓷制品制造	25078		7427	7446	28653	23582
石墨及其他非金属矿物制品制造						
黑色金属冶炼和压延加工业	**162133**	**22639**	**57826**	**26869**	**362904**	**336460**
钢压延加工	162133	22639	57826	26869	362904	336460
有色金属冶炼和压延加工业	**612918**	**39494**	**436746**	**245802**	**1852522**	**1750337**
常用有色金属冶炼	10947		1745	678	49960	49293
贵金属冶炼	2087		1554	2000	5031	4533
有色金属合金制造	212599	27403	184301	154080	794116	731665
有色金属压延加工	387286	12090	249147	89045	1003415	964847
金属制品业	**1360741**	**109490**	**928922**	**403309**	**2004801**	**1664126**
结构性金属制品制造	36273	5589	19840	15996	42307	35549
金属工具制造	66719	6781	44290	28675	85225	68706
集装箱及金属包装容器制造	27818	321	11327	5116	40522	34833
金属丝绳及其制品制造	36091	2041	13401	9335	82058	74673
建筑、安全用金属制品制造	259794	601	101443	88298	483538	414109
金属表面处理及热处理加工	145613	8288	62249	32433	217561	185693
搪瓷制品制造	531		1602	1561	6159	5510
金属制日用品制造	487360	75848	515230	126132	533136	396321
铸造及其他金属制品制造	300540	10020	159540	95763	514295	448732
通用设备制造业	**3366998**	**355877**	**2940649**	**1116985**	**6048981**	**4939144**
锅炉及原动设备制造	35176		21175	11295	40558	29512
金属加工机械制造	323010	2493	190987	62580	560744	450447
物料搬运设备制造	99846	5595	69426	37976	152598	117396

4-9 续表 4

单位：万元

项　　目	流动负债	非流动负债	年末所有者权益合计	实收资本	主营业务收入	主营业务成本
泵、阀门、压缩机及类似机械制造	1695731	72895	1463870	589597	3621073	2987182
轴承、齿轮和传动部件制造	657806	200737	787973	216569	891508	707562
烘炉、风机、衡器、包装等设备制造	397253	68203	345173	151392	594305	488906
文化、办公用机械制造	17180	1520	12314	6236	16592	13592
通用零部件制造	119940	4431	42487	29109	154205	129877
其他通用设备制造业	21056	2	7244	12230	17398	14669
专用设备制造业	**1632620**	**84339**	**1198714**	**493891**	**2586503**	**2057812**
采矿、冶金、建筑专用设备制造	95446	2918	77745	21244	184743	140318
化工、木材、非金属加工专用设备制造	664933	39236	380773	159502	767734	596204
食品、饮料、烟草及饲料生产专用设备制造	11791		6964	4106	12738	9300
印刷、制药、日化及日用品生产专用设备制造	6838		4303	1298	10474	8692
纺织、服装和皮革加工专用设备制造	366898	23312	362037	139058	824179	683479
电子和电工机械专用设备制造	533		93	10	2736	2465
农、林、牧、渔专用机械制造	235940	4939	182983	69073	430040	353834
医疗仪器设备及器械制造	139610	10942	93201	43222	214929	159322
环保、邮政、社会公共服务及其他专用设备制造	110631	2992	90617	56378	138930	104198
汽车制造业	**7006673**	**655154**	**3002176**	**1152755**	**8845075**	**7570351**
汽车整车制造	2949281	118373	558550	419166	3200363	3008504
汽车用发动机制造	12461	1713	10261	7000	18835	9925
汽车零部件及配件制造	4044931	535068	2433365	726589	5625878	4551922
铁路船舶航空航天和其他运输设备制造业	**1016416**	**55302**	**673724**	**320723**	**1442556**	**1235884**
铁路运输设备制造	83220	13279	222231	46694	124904	69786
船舶及相关装置制造	272234	24812	147424	110245	212073	199201
航空、航天器及设备制造	9078	4260	4990	2780	16089	11974
摩托车制造	425953	9089	231733	101051	745726	645018
自行车和残疾人座车制造	4766		47	497	2028	1801
助动车制造	218582	3862	65903	58557	333746	301529
非公路休闲车及零配件制造	2583		1395	900	7991	6574
电气机械和器材制造业	**2166539**	**82667**	**1576815**	**831294**	**3848144**	**3311919**
电机制造	691306	35797	600935	207759	1320450	1126178
输配电及控制设备制造	337637	17336	271436	205935	596731	502648
电线、电缆、光缆及电工器材制造	390311	3599	260339	193055	845904	771644
电池制造	38148	243	4569	16078	23360	22529

4-9　续表 5

单位：万元

项　目	流动负债	非流动负债	年末所有者权益合计	实收资本	主营业务收入	主营业务成本
家用电力器具制造	327649	7556	268377	107070	495043	407586
非电力家用器具制造	59276	2570	56147	15009	90025	66533
照明器具制造	314911	15567	112006	84589	460799	401612
其他电气机械及器材制造	7301		3007	1800	15834	13189
计算机、通信和其他电子设备制造业	**750005**	**159900**	**1899606**	**434503**	**1331622**	**1105567**
计算机制造	26042	1400	1297	5000	91300	86888
通信设备制造	15030	184	22696	11841	26939	19095
广播电视设备制造	1930		366	209	3891	3271
非专业视听设备制造	270355	22549	170725	30515	640810	565866
智能消费设备制造	53672	3710	55528	21534	107980	71316
电子器件制造	237840	121963	700777	207467	239079	182517
电子元件及电子专用材料制造	130485	9114	943027	152337	210039	166890
其他电子设备制造	14650	979	5190	5601	11584	9725
仪器仪表制造业	**268616**	**6548**	**294509**	**129584**	**635708**	**486322**
通用仪器仪表制造	250189	6548	273479	124216	577993	438843
专用仪器仪表制造	8333		16100	2388	36212	30016
光学仪器制造	6541		4528	2880	16638	13219
其他仪器仪表制造业	3552		401	100	4865	4244
其他制造业	**266044**	**6087**	**238869**	**102703**	**405487**	**322887**
日用杂品制造	255979	6087	237169	101703	391565	311298
其他未列明制造业	10065		1700	1000	13922	11589
废弃资源综合利用业	**321984**	**24968**	**104629**	**109710**	**589933**	**536329**
金属废料和碎屑加工处理	294651	10559	84758	92942	558031	513480
非金属废料和碎屑加工处理	27333	14409	19871	16768	31902	22849
金属制品、机械和设备修理业	**2598**		**4224**	**5000**	**6142**	**5214**
铁路、船舶、航空航天等运输设备修理	2598		4224	5000	6142	5214
电力、热力生产和供应业	**1674409**	**5654343**	**2951762**	**2577756**	**3502498**	**3106331**
电力生产	1433449	5549083	2507389	2289902	1711461	1381644
电力供应	209825	99939	420557	272257	1738730	1676923
热力生产和供应	31135	5321	23816	15597	52307	47764
燃气生产和供应业	**39033**	**12654**	**55408**	**24830**	**103240**	**84572**
水的生产和供应业	**250022**	**401449**	**334041**	**157966**	**191657**	**156165**
自来水生产和供应	159120	275850	289719	118620	172133	135216
污水处理及其再生利用	90901	125600	44321	39346	19524	20949

4-10 规模以上工业主要财务指标(四)

(2018年)

单位：万元

项目	销售费用	财务费用	#利息支出	主营业务税金及附加	利润总额	利税总额	本年应交增值税
总计	**1546875**	**663530**	**716126**	**367104**	**3429212**	**5367841**	**1563564**
其中：国有控股企业	162376	140264	147618	24724	195251	414663	192438
按登记注册类型分							
国有企业	34	549	617	2525	-5414	10424	13308
集体企业	344	318	329	128	4469	5189	591
股份合作企业	10789	6274	6254	3607	22337	46436	20483
联营企业	1	27	23	7	90	158	61
有限责任公司	317874	251570	249230	133532	707111	1254044	409903
股份有限公司	522722	117664	154496	61241	948599	1304540	294251
私营企业	594993	252686	259648	128145	1048517	1857270	678801
其他企业							
港、澳、台商投资企业	35760	9366	15442	8636	97202	141332	35241
外商投资企业	64358	25077	30088	29282	606300	748447	110926
按轻重工业分							
轻工业	783149	185856	222374	114143	1163709	1833875	555027
重工业	763727	477673	493752	252961	2265503	3533966	1008537
按大中小微型分							
大型企业	494772	153902	165760	139094	1262331	1760768	358596
中型企业	424048	164346	202031	90982	1101908	1650514	455243
小型企业	618162	329685	332463	133812	1013189	1881611	731948
微型企业	9893	15597	15872	3215	51784	74948	17777
按工业行业分							
非金属矿采选业	**1394**	**2038**	**1447**	**1048**	**2718**	**5413**	**1176**
土砂石开采	1394	2038	1447	1048	2718	5413	1176
农副食品加工业	**9874**	**7688**	**7547**	**2064**	**20811**	**29212**	**6338**
饲料加工	622	656	756	174	2399	2820	247
植物油加工	2626	175	329	255	10048	11991	1689
屠宰及肉类加工	1767	462	472	262	884	1239	93
水产品加工	4674	6134	5742	1276	8047	13437	4115
蔬菜、菌类、水果和坚果加工	143	118	105	40	-103	-63	
其他农副食品加工	42	143	143	56	-464	-213	195

4-10　续表 1

单位：万元

项　　目	销售费用	财务费用	#利息支出	主营业务税金及附加	利润总额	利税总额	本年应交增值税
食品制造业	**7375**	**1970**	**2569**	**1120**	**2091**	**8340**	**5129**
罐头食品制造	3169	1169	1702	705	1154	5869	4010
其他食品制造	4207	801	867	415	937	2471	1119
酒、饮料和精制茶制造业	**1613**	**521**	**1267**	**10224**	**5396**	**21738**	**6112**
酒的制造	389	-464	259	9957	4714	19267	4596
饮料制造	1124	873	898	245	456	2010	1303
精制茶加工	99	111	110	21	226	460	213
纺织业	**16775**	**9509**	**12095**	**4434**	**38682**	**69098**	**25982**
棉纺织及印染精加工	2152	5684	5642	457	4812	8702	3433
毛纺织及染整精加工	276	686	626	224	1156	2860	1479
化纤织造及印染精加工	2635	1248	1258	707	10721	16723	5295
针织或钩针编织物及其制品制造	1230	321	524	258	2625	4105	1223
家用纺织制成品制造	2434	989	951	522	6190	9769	3057
产业用纺织制成品制造	8048	581	3093	2267	13178	26939	11495
纺织服装、服饰业	**980**	**780**	**750**	**372**	**1636**	**3961**	**1929**
机织服装制造	506	299	302	197	601	1598	800
针织或钩针编织服装制造	207	301	305	88	743	1535	704
服饰制造	267	181	143	87	292	829	424
皮革、毛皮、羽毛及其制品和制鞋业	**19778**	**7083**	**7971**	**4545**	**24032**	**54252**	**25578**
皮革制品制造	491	556	569	182	221	1331	928
制鞋业	19287	6527	7402	4363	23811	52921	24650
木材加工和木、竹、藤、棕、草制品业	**2958**	**1061**	**1556**	**726**	**3428**	**8056**	**3903**
人造板制造	463	160	462	245	1941	3513	1327
木制品制造	1701	501	567	357	670	2867	1840
竹、藤、棕、草等制品制造	794	400	526	124	816	1677	736
家具制造业	**45365**	**15044**	**17896**	**7172**	**16414**	**60770**	**36886**
木质家具制造	9376	2619	3046	1708	4880	12657	5771
竹、藤家具制造	732	565	530	239	465	2157	1453

4-10 续表 2

单位：万元

项目	销售费用	财务费用	#利息支出	主营业务税金及附加	利润总额	利税总额	本年应交增值税
金属家具制造	28894	10628	12938	4292	2733	33208	26184
塑料家具制造	5803	668	651	734	8050	11058	2274
其他家具制造	561	565	732	199	287	1690	1204
造纸和纸制品业	**13902**	**7716**	**8171**	**5664**	**43329**	**95596**	**46603**
造纸	4440	3347	3100	3654	29494	63409	30261
纸制品制造	9462	4369	5070	2010	13835	32187	16342
印刷和记录媒介复制业	**7767**	**3711**	**3881**	**1835**	**18845**	**29546**	**8866**
印刷	7767	3711	3881	1835	18845	29546	8866
文教、工美、体育和娱乐用品制造业	**30197**	**8212**	**8003**	**5849**	**34361**	**71701**	**31376**
文教办公用品制造	326	-111	14	23	207	496	266
乐器制造		43	43	12	85	192	95
工艺美术及礼仪用品制造	26984	7299	7022	5130	30065	61068	25765
体育用品制造	1458	697	650	375	2591	5837	2872
玩具制造	1324	270	270	241	1021	3321	2053
游艺器材及娱乐用品制造	105	13	4	70	392	787	325
石油、煤炭及其他燃料加工业	**149**	**11**	**12**	**20**	**194**	**289**	**74**
精炼石油产品制造	149	11	12	20	194	289	74
化学原料和化学制品制造业	**47900**	**8382**	**22169**	**10255**	**209831**	**268777**	**48562**
基础化学原料制造	4740	1906	5573	2585	46543	61749	12622
农药制造	3486	-511	597	575	17804	20444	2036
涂料、油墨、颜料及类似产品制造	9517	358	5402	3239	71984	91386	16063
合成材料制造	7907	7627	7389	1305	7032	12775	4437
专用化学产品制造	16441	-630	2717	1941	55833	69244	11470
炸药、火工及焰火产品制造	452	103	103	81	656	1196	458
日用化学产品制造	5359	-472	386	530	9979	11984	1475
医药制造业	**345379**	**50124**	**67511**	**29251**	**471486**	**649299**	**148415**
化学药品原料药制造	250651	40846	56793	23445	400710	525381	101109
化学药品制剂制造	53922	6537	7246	3455	44557	81103	33091
中药饮片加工	31	48	44	9	114	204	81
中成药生产	26410	1524	1746	1278	18405	28713	9031
兽用药品制造	585	-454	199	265	7150	7548	103
生物药品制品制造	13780	1622	1483	800	550	6351	5001
化学纤维制造业	**21**	**413**	**609**	**42**	**482**	**838**	**315**

4-10　续表 3

单位：万元

项　　目	销售费用	财务费用	#利息支出	主营业务税金及附加	利润总额	利税总额	本年应交增值税
合成纤维制造	21	413	609	42	482	838	315
橡胶和塑料制品业	**163503**	**53799**	**54052**	**26754**	**302922**	**474913**	**145125**
橡胶制品业	40213	11524	11005	5787	56726	94564	32020
塑料制品业	123290	42275	43047	20967	246196	380350	113105
非金属矿物制品业	**43120**	**9692**	**10598**	**6790**	**83528**	**136501**	**46065**
水泥、石灰和石膏制造	4388	772	864	1120	30764	39661	7778
石膏、水泥制品及类似制品制造	31193	6993	7212	4213	41466	76586	30837
砖瓦、石材等建筑材料制造	3706	703	693	399	3374	6853	3031
玻璃制造	666	471	482	264	552	1724	908
玻璃制品制造	1429	-228	385	405	6173	8013	1435
玻璃纤维和玻璃纤维增强塑料制品制造	1190	495	508	140	615	1539	784
陶瓷制品制造	548	487	455	249	584	2125	1292
石墨及其他非金属矿物制品制造							
黑色金属冶炼和压延加工业	**2188**	**3324**	**3678**	**892**	**14534**	**20115**	**4250**
钢压延加工	2188	3324	3678	892	14534	20115	4250
有色金属冶炼和压延加工业	**8799**	**21829**	**16215**	**5877**	**51677**	**93626**	**36036**
常用有色金属冶炼	68	193	198	18	121	320	181
贵金属冶炼		139	139	13	60	183	110
有色金属合金制造	2234	13906	4955	3443	36706	51662	11499
有色金属压延加工	6497	7591	10924	2403	14791	41461	24246
金属制品业	**78547**	**29742**	**29168**	**11821**	**184741**	**259436**	**62678**
结构性金属制品制造	1591	516	1066	262	1142	3435	1989
金属工具制造	2210	1698	1605	474	6860	9396	2049
集装箱及金属包装容器制造	855	713	622	333	1027	2821	1460
金属丝绳及其制品制造	797	1621	1574	218	2809	4249	1222
建筑、安全用金属制品制造	16850	6372	6799	2921	13664	30940	14355
金属表面处理及热处理加工	2347	3320	3072	1229	9910	19457	8300
搪瓷制品制造	56	71	60	22	96	270	153
金属制日用品制造	44090	5101	4831	3381	128252	146748	15115
铸造及其他金属制品制造	9753	10332	9538	2981	20982	42120	18036
通用设备制造业	**186158**	**72687**	**85302**	**37762**	**379315**	**608512**	**190449**
锅炉及原动设备制造	1933	348	408	398	4191	6055	1456
金属加工机械制造	17877	6238	7000	3531	36890	57933	17495
物料搬运设备制造	7716	1936	2426	917	9657	13507	2860

4-10 续表 4

单位：万元

项目	销售费用	财务费用	#利息支出	主营业务税金及附加	利润总额	利税总额	本年应交增值税
泵、阀门、压缩机及类似机械制造	107028	33372	38939	21033	216915	353771	115369
轴承、齿轮和传动部件制造	27889	18944	23762	6645	66101	101602	28796
烘炉、风机、衡器、包装等设备制造	18992	7883	8517	3679	42907	63506	16553
文化、办公用机械制造	623	383	740	191	279	1092	622
通用零部件制造	2775	2995	2914	1330	5162	13377	6880
其他通用设备制造业	1326	587	596	39	-2789	-2331	419
专用设备制造业	**107587**	**25821**	**29729**	**16086**	**159289**	**252561**	**76857**
采矿、冶金、建筑专用设备制造	5617	1553	1928	1007	21208	26530	4315
化工、木材、非金属加工专用设备制造	26833	15458	13688	6560	52468	94294	35159
食品、饮料、烟草及饲料生产专用设备制造	450	230	248	145	816	1888	927
印刷、制药、日化及日用品生产专用设备制造	247	131	138	103	630	1617	884
纺织、服装和皮革加工专用设备制造	36928	-557	3930	3748	46344	65684	15574
电子和电工机械专用设备制造				11	110	231	111
农、林、牧、渔专用机械制造	17926	3687	4285	1520	21352	27888	4913
医疗仪器设备及器械制造	14381	3121	3196	1960	5741	18010	10233
环保、邮政、社会公共服务及其他专用设备制造	5206	2199	2317	1033	10621	16417	4740
汽车制造业	**158527**	**89773**	**81656**	**101242**	**714422**	**1043617**	**225932**
汽车整车制造	3178	19298	9925	69797	246792	357133	38689
汽车用发动机制造	675	43	131	28	3327	4053	699
汽车零部件及配件制造	154674	70431	71600	31418	464303	682430	186543
铁路船舶航空航天和其他运输设备制造业	**33702**	**13893**	**16397**	**19724**	**60354**	**123099**	**42976**
铁路运输设备制造	9133	728	851	1083	28328	34927	5516
船舶及相关装置制造	1125	1417	1629	1118	4331	10047	4585
航空、航天器及设备制造	203	364	246	122	1338	2357	897
摩托车制造	14293	9611	10565	16082	22649	64280	25518
自行车和残疾人座车制造	100	179	179	54	-124	-8	62
助动车制造	8584	1591	2927	1233	3339	10598	6026
非公路休闲车及零配件制造	265	3		33	493	898	373
电气机械和器材制造业	**112167**	**40232**	**48117**	**19510**	**157099**	**281532**	**104311**
电机制造	27053	14156	15310	7689	72770	126254	45703
输配电及控制设备制造	20103	8072	8500	3711	23163	44129	17036
电线、电缆、光缆及电工器材制造	10889	11212	11060	2477	21071	42181	18468
电池制造	518	984	987	9	-7108	-6924	175

4-10 续表 5

单位：万元

项 目	销售费用	财务费用	#利息支出	主营业务税金及附加	利润总额	利税总额	本年应交增值税
家用电力器具制造	30250	-356	4558	2232	27403	32565	2930
非电力家用器具制造	10304	-333	1233	585	5584	9630	3460
照明器具制造	12650	6452	6413	2689	13906	32587	15855
其他电气机械及器材制造	400	47	55	119	309	1112	684
计算机、通信和其他电子设备制造业	**36712**	**26292**	**24464**	**5618**	**116045**	**140993**	**19319**
计算机制造	1022	1455	557	28	-915	-887	
通信设备制造	1970	297	305	207	2912	3997	878
广播电视设备制造	288	40	21	19	157	339	163
非专业视听设备制造	11671	15211	7968	766	20506	21445	173
智能消费设备制造	10451	905	691	754	19298	25099	5040
电子器件制造	3996	3879	10964	1428	40518	46414	4468
电子元件及电子专用材料制造	6875	4045	3874	2333	33329	43761	8096
其他电子设备制造	440	459	83	82	241	825	501
仪器仪表制造业	**25697**	**5098**	**5576**	**4442**	**64412**	**94565**	**25568**
通用仪器仪表制造	23290	4483	4990	4163	62237	89464	22920
专用仪器仪表制造	1664	446	417	175	1663	3643	1805
光学仪器制造	559	125	125	88	331	1125	707
其他仪器仪表制造业	185	44	44	16	181	333	136
其他制造业	**11480**	**5535**	**5887**	**3588**	**24144**	**49996**	**22265**
日用杂品制造	10819	5045	5682	3452	23953	48962	21557
其他未列明制造业	661	490	205	136	191	1034	708
废弃资源综合利用业	**14183**	**9625**	**6880**	**3490**	**13450**	**30132**	**13182**
金属废料和碎屑加工处理	14100	8839	6109	3063	7016	21135	11056
非金属废料和碎屑加工处理	83	787	772	427	6434	8996	2126
金属制品、机械和设备修理业	**17**	**165**	**179**	**57**	**-233**	**72**	**247**
铁路、船舶、航空航天等运输设备修理	17	165	179	57	-233	72	247
电力、热力生产和供应业	**2884**	**123619**	**122522**	**17306**	**184323**	**346325**	**143189**
电力生产	224	117075	115986	11349	171415	271235	87036
电力供应	2659	6153	5873	5542	11785	73658	56260
热力生产和供应		392	663	416	1124	1432	-107
燃气生产和供应业	**5852**	**536**	**661**	**317**	**12386**	**13653**	**951**
水的生产和供应业	**4328**	**7607**	**11592**	**1207**	**13070**	**21309**	**6924**
自来水生产和供应	4215	4669	8521	1058	13864	21530	6501
污水处理及其再生利用	113	2938	3071	148	-793	-221	423

4-11 规模以上工业主要经济效益指标(一)

(2018年)

项目	企业亏损面(%)	资产负债率(%)	流动比率	产成品存货周转天数(天)	产品销售率(%)
总计	**8.21**	**58.97**	**1.10**	**22.67**	**97.85**
其中：国有控股企业	19.30	67.71	0.70	8.82	99.40
按轻重工业分					
轻工业	10.10	52.08	1.13	33.74	96.46
重工业	7.02	61.86	1.10	18.32	98.44
按工业行业分					
有色金属矿采选业					
非金属矿采选业	25.00	75.03	0.59	129.53	96.78
农副食品加工业	14.86	52.31	1.16	40.95	98.02
食品制造业	33.33	57.35	1.04	100.17	93.97
酒、饮料和精制茶制造业	25.00	40.54	1.54	27.16	98.31
纺织业	5.21	67.61	1.05	25.37	97.99
纺织服装、服饰业	6.25	58.74	1.15	31.35	95.54
皮革、毛皮、羽毛及其制品和制鞋业	5.06	73.18	1.00	14.03	97.32
木材加工和木、竹、藤、棕、草制品业	14.29	68.14	0.95	32.71	97.77
家具制造业	21.35	61.51	0.99	36.60	95.30
造纸和纸制品业	8.47	60.89	1.11	8.73	97.96
印刷和记录媒介复制业	4.00	59.03	0.94	6.01	98.54
文教、工美、体育和娱乐用品制造业	8.40	68.35	0.96	17.24	98.23
石油、煤炭及其他燃料加工业		41.66	1.96	6.26	111.65
化学原料和化学制品制造业	7.23	39.33	1.56	23.54	99.66
医药制造业	13.85	39.86	1.32	75.59	92.47
化学纤维制造业		81.88	0.62	17.43	97.95
橡胶和塑料制品业	8.21	50.85	1.20	25.77	99.07
非金属矿物制品业	9.65	64.50	1.13	18.10	99.47
黑色金属冶炼和压延加工业	25.00	77.92	1.08	24.18	100.77
有色金属冶炼和压延加工业	11.69	60.47	1.15	13.56	99.24
金属制品业	8.14	61.48	1.02	21.40	97.97
通用设备制造业	4.21	55.87	1.17	25.14	97.08
专用设备制造业	4.36	58.99	1.13	35.77	96.42
汽车制造业	7.51	71.87	1.01	13.30	98.64
铁路船舶航空航天和其他运输设备制造业	10.42	61.40	1.17	23.57	96.87
电气机械和器材制造业	10.80	58.92	1.20	23.46	98.34
计算机、通信和其他电子设备制造业	13.64	32.39	1.59	22.35	98.05
仪器仪表制造业	3.85	48.30	1.49	22.46	96.89
其他制造业	5.56	53.25	1.12	20.78	96.84
废弃资源综合利用业	15.79	76.83	0.75	30.78	98.46
金属制品、机械和设备修理业	100.00	38.08	1.19	52.97	93.33
电力、热力生产和供应业	5.56	71.29	0.54	0.02	99.93
燃气生产和供应业		48.26	0.75	2.25	100.00
水的生产和供应业	37.50	66.10	1.03	0.06	99.52

4-12　规模以上工业主要经济效益指标(二)

(2018年)

项　　目	企　业亏损率(%)	成本费用利润率(%)	百元营业收入实现利税(元)	百元固定资产原值实现利税(元)	出口交货值占工业销售产值(%)
总　　计	**4.26**	**7.28**	**10.71**	**19.05**	**25.11**
其中：国有控股企业	14.34	4.60	9.31	3.51	3.51
按轻重工业分					
轻工业	5.41	8.35	12.33	27.83	37.84
重工业	3.66	6.84	10.03	16.37	19.79
按工业行业分					
非金属矿采选业	22.94	12.17	20.37	80.14	
农副食品加工业	10.53	4.00	5.39	20.31	13.53
食品制造业	63.02	1.29	5.07	11.30	44.02
酒、饮料和精制茶制造业	24.16	5.30	18.72	18.97	
纺织业	1.87	5.67	9.66	25.65	27.82
纺织服装、服饰业	3.48	3.15	7.38	16.19	15.35
皮革、毛皮、羽毛及其制品和制鞋业	4.04	3.42	7.45	32.14	66.06
木材加工和木、竹、藤、棕、草制品业	13.97	3.35	7.60	21.58	33.89
家具制造业	22.50	1.71	6.20	17.81	65.30
造纸和纸制品业	1.21	6.68	14.11	48.05	5.59
印刷和记录媒介复制业	1.88	6.09	9.20	18.08	13.55
文教、工美、体育和娱乐用品制造业	2.67	5.52	10.87	32.28	78.85
石油、煤炭及其他燃料加工业		4.30	6.10	108.86	
化学原料和化学制品制造业	0.28	13.59	15.47	51.02	25.51
医药制造业	3.77	17.16	20.89	28.47	44.83
化学纤维制造业		3.09	5.24	11.69	
橡胶和塑料制品业	2.46	7.68	11.28	26.22	24.60
非金属矿物制品业	4.76	6.84	10.40	39.13	3.63
黑色金属冶炼和压延加工业	16.73	4.13	5.49	20.90	0.20
有色金属冶炼和压延加工业	4.01	2.52	4.47	39.17	6.31
金属制品业	3.61	9.47	12.63	38.77	30.86
通用设备制造业	3.38	6.58	9.91	24.38	43.39
专用设备制造业	6.08	6.45	9.59	22.27	31.30
汽车制造业	3.02	8.39	11.44	42.83	9.98
铁路船舶航空航天和其他运输设备制造业	8.16	4.30	8.36	22.17	21.29
电气机械和器材制造业	8.26	4.20	7.20	25.76	25.80
计算机、通信和其他电子设备制造业	5.75	8.96	10.40	22.42	49.85
仪器仪表制造业	1.16	11.04	14.65	50.76	36.90
其他制造业	1.52	6.18	11.99	23.78	33.05
废弃资源综合利用业	7.81	2.34	5.10	22.52	
金属制品、机械和设备修理业		-3.82	1.16	0.98	25.30
电力、热力生产和供应业	5.15	5.55	9.82	3.16	
燃气生产和供应业		12.87	12.53	22.38	
水的生产和供应业	36.17	6.85	11.00	4.13	

4-13 国有及国有控股工业主要财务指标(一)

(2018年)　　单位：万元

项　　目	企业单位数(个)	新产品产值	工业销售产值	出口交货值	年末资产总计	从业人员年平均人数(人)
总　计	**57**	**329718**	**4396958**	**154327**	**12722464**	**18374**
按轻重工业分						
轻工业	7	271475	516579	134159	1687987	6096
重工业	50	58243	3880380	20168	11034477	12278
按大中小微型分						
大型企业	4	271475	865094	115309	8104160	7800
中型企业	11	12100	2336102	18731	2216828	5362
小型企业	37	46142	1178163	20288	2279290	5090
微型企业	5	1	17599		122187	122
按工业行业分						
非金属矿采选业	**2**		**12140**		**9964**	**116**
土砂石开采	2		12140		9964	116
食品制造业	**1**		**2860**		**10618**	**58**
其他食品制造	1		2860		10618	58
酒、饮料和精制茶制造业	**1**		**2228**		**4393**	**98**
酒的制造	1		2228		4393	98
印刷和记录媒介复制业	**1**		**3362**		**3123**	**104**
印刷	1		3362		3123	104
化学原料和化学制品制造业	**2**	**21739**	**27573**	**6613**	**31664**	**220**
基础化学原料制造	1	21739	22507	6613	25919	131
炸药、火工及焰火产品制造	1		5066		5745	89
医药制造业	**3**	**271475**	**490237**	**134018**	**1628303**	**5605**
化学药品原料药制造	2	192735	284246	93042	1270640	4100
化学药品制剂制造	1	78740	205991	40976	357663	1505
非金属矿物制品业	**2**		**111218**		**40904**	**231**
水泥、石灰和石膏制造	2		111218		40904	231
通用设备制造业	**1**		**7272**	**22**	**24123**	**311**
泵、阀门、压缩机及类似机械制造	1		7272	22	24123	311
专用设备制造业	**1**	**12100**	**21377**		**36242**	**350**
农、林、牧、渔专用机械制造	1	12100	21377		36242	350
铁路船舶航空航天和其他运输设备制造业	**3**	**24403**	**42404**	**13534**	**103224**	**392**
铁路运输设备制造	1	20858	23532	91	43546	187
船舶及相关装置制造	2	3545	18872	13443	59678	205
电气机械和器材制造业	**2**	**1**	**18522**	**141**	**80746**	**305**
电线、电缆、光缆及电工器材制造	1	1	630		39197	74
电池制造	1		17892	141	41549	231
废弃资源综合利用业	**1**		**64538**		**41709**	**229**
金属废料和碎屑加工处理	1		64538		41709	229
电力、热力生产和供应业	**23**		**3393003**		**9742191**	**8519**
电力生产	12		1624037		8978769	4144
电力供应	9		1739033		730322	4242
热力生产和供应	2		29934		33100	133
燃气生产和供应业	**1**		**20327**		**21987**	**62**
水的生产和供应业	**13**		**179898**		**943272**	**1774**
自来水生产和供应	11		167294		723486	1625
污水处理及其再生利用	2		12604		219786	149

4-14　国有及国有控股工业主要财务指标(二)

(2018年)　　　　单位：万元

项　目	流动资产合计	存　货	非流动资产合计	固定资产原价	固定资产净值	年末负债合计
总　计	**1745239**	**460391**	**10977225**	**11816581**	**8547870**	**8613760**
按轻重工业分						
轻工业	523809	129586	1164178	602564	317647	791066
重工业	1221430	330806	9813047	11214018	8230224	7822695
按大中小微型分						
大型企业	784406	313563	7319754	6453137	5566992	5871953
中型企业	334398	69341	1882430	3286558	1781508	1212937
小型企业	599025	71369	1680264	2003761	1154871	1437740
微型企业	27410	6118	94777	73124	44500	91130
按工业行业分						
非金属矿采选业	**6320**	**606**	**3644**	**1779**	**881**	**3508**
土砂石开采	6320	606	3644	1779	881	3508
食品制造业	**6518**	**1356**	**4100**	**3825**	**2296**	**3713**
其他食品制造	6518	1356	4100	3825	2296	3713
酒、饮料和精制茶制造业	**3746**	**1079**	**648**	**1522**	**605**	**1124**
酒的制造	3746	1079	648	1522	605	1124
印刷和记录媒介复制业	**2846**	**553**	**277**	**450**	**264**	**2160**
印刷	2846	553	277	450	264	2160
化学原料和化学制品制造业	**10099**	**4280**	**21565**	**11532**	**5949**	**13297**
基础化学原料制造	8639	3951	17280	6374	3187	11435
炸药、火工及焰火产品制造	1461	329	4285	5158	2762	1862
医药制造业	**479802**	**117927**	**1148502**	**585528**	**305840**	**748419**
化学药品原料药制造	298518	82329	972122	464391	242823	623400
化学药品制剂制造	181284	35598	176379	121137	63017	125019
非金属矿物制品业	**24923**	**2046**	**15981**	**28204**	**14584**	**22201**
水泥、石灰和石膏制造	24923	2046	15981	28204	14584	22201
通用设备制造业	**8515**	**3977**	**15608**	**11807**	**9804**	**15344**
泵、阀门、压缩机及类似机械制造	8515	3977	15608	11807	9804	15344
专用设备制造业	**26422**	**8876**	**9821**	**10356**	**6639**	**28011**
农、林、牧、渔专用机械制造	26422	8876	9821	10356	6639	28011
铁路船舶航空航天和其他运输设备制造业	**74141**	**21084**	**29083**	**28474**	**22287**	**71732**
铁路运输设备制造	41292	12161	2255	1388	684	24360
船舶及相关装置制造	32849	8923	26829	27085	21603	47372
电气机械和器材制造业	**41583**	**14446**	**39163**	**18259**	**14353**	**67756**
电线、电缆、光缆及电工器材制造	10685	5775	28512	7020	5712	32106
电池制造	30898	8671	10651	11239	8642	35650
废弃资源综合利用业	**11655**	**4562**	**30054**	**25940**	**21800**	**39179**
金属废料和碎屑加工处理	11655	4562	30054	25940	21800	39179
电力、热力生产和供应业	**787816**	**264109**	**8954375**	**10610151**	**7883877**	**6965693**
电力生产	691657	261570	8287112	9297420	7283844	6638417
电力供应	83096	2150	647225	1269826	581982	309764
热力生产和供应	13062	389	20038	42904	18051	17512
燃气生产和供应业	**9203**	**1978**	**12785**	**9102**	**7455**	**8688**
水的生产和供应业	**251651**	**13511**	**691621**	**469652**	**251236**	**622935**
自来水生产和供应	168021	13438	555464	413671	225119	433960
污水处理及其再生利用	83630	73	136156	55981	26117	188975

4-15 国有及国有控股工业主要财务指标(三)

(2018年)

单位：万元

项 目	流动负债	非流动负债	年末所有者权益合计	实收资本	主营业务收入	主营业务成本
总 计	**2483474**	**6130286**	**4108703**	**2900995**	**4393068**	**3691926**
按轻重工业分						
轻工业	559463	231603	896921	209419	522531	264635
重工业	1924012	5898683	3211782	2691576	3870537	3427291
按大中小微型分						
大型企业	1064954	4806999	2232207	1538382	868632	535185
中型企业	815304	397632	1003891	772846	2327772	2130176
小型企业	548840	888900	841549	566659	1179736	1018181
微型企业	54376	36755	31056	23109	16927	8384
按工业行业分						
非金属矿采选业	**3508**		**6456**	**2000**	**12243**	**6968**
土砂石开采	3508		6456	2000	12243	6968
食品制造业	**3713**		**6905**	**1000**	**2860**	**2103**
其他食品制造	3713		6905	1000	2860	2103
酒、饮料和精制茶制造业	**1094**	**30**	**3269**	**545**	**2348**	**1459**
酒的制造	1094	30	3269	545	2348	1459
印刷和记录媒介复制业	**2160**		**963**	**500**	**3290**	**2724**
印刷	2160		963	500	3290	2724
化学原料和化学制品制造业	**12094**	**1203**	**18367**	**10148**	**27518**	**21843**
基础化学原料制造	10274	1161	14484	9148	22507	19020
炸药、火工及焰火产品制造	1820	42	3883	1000	5011	2823
医药制造业	**517089**	**231330**	**879885**	**191624**	**496142**	**240864**
化学药品原料药制造	424548	198852	647240	100003	340945	151968
化学药品制剂制造	92540	32478	232645	91621	155197	88897
非金属矿物制品业	**22201**		**18702**	**7600**	**108842**	**79965**
水泥、石灰和石膏制造	22201		18702	7600	108842	79965
通用设备制造业	**7224**	**8120**	**8780**	**3670**	**7279**	**4811**
泵、阀门、压缩机及类似机械制造	7224	8120	8780	3670	7279	4811
专用设备制造业	**28011**		**8231**	**3000**	**20874**	**17142**
农、林、牧、渔专用机械制造	28011		8231	3000	20874	17142
铁路船舶航空航天和其他运输设备制造业	**48220**	**23513**	**31491**	**20465**	**43498**	**37925**
铁路运输设备制造	23880	480	19186	13000	23532	16924
船舶及相关装置制造	24340	23032	12305	7465	19966	21001
电气机械和器材制造业	**65931**	**1825**	**12990**	**22750**	**18096**	**17690**
电线、电缆、光缆及电工器材制造	30524	1582	7091	7000	205	205
电池制造	35407	243	5899	15750	17892	17485
废弃资源综合利用业	**38897**	**282**	**2531**	**8000**	**64538**	**61204**
金属废料和碎屑加工处理	38897	282	2531	8000	64538	61204
电力、热力生产和供应业	**1486703**	**5478989**	**2776498**	**2478416**	**3385514**	**3034652**
电力生产	1260158	5378259	2340352	2194162	1615283	1326781
电力供应	209825	99939	420557	272257	1738730	1676923
热力生产和供应	16720	791	15588	11997	31500	30948
燃气生产和供应业	**8567**	**122**	**13299**	**6448**	**20327**	**16045**
水的生产和供应业	**238063**	**384872**	**320337**	**144830**	**179700**	**146533**
自来水生产和供应	158111	275850	289525	118534	168853	132303
污水处理及其再生利用	79953	109022	30811	26296	10846	14230

4-16　国有及国有控股工业主要财务指标(四)

(2018年)　　　　单位：万元

项　目	销售费用	财务费用	#利息支出	主营业务税金及附加	利润总额	利税总额	本年应交增值税
总　计	**162376**	**140264**	**147618**	**24724**	**195251**	**414663**	**192438**
按轻重工业分							
轻工业	146094	17149	21592	5971	-204	47811	42044
重工业	16282	123116	126026	18752	195454	366851	150394
按大中小微型分							
大型企业	144952	57019	60649	8799	17424	107246	81023
中型企业	4537	46036	46620	9355	104344	185385	70253
小型企业	12374	36521	39867	6522	67079	114361	40602
微型企业	513	689	483	48	6404	7671	560
按工业行业分							
非金属矿采选业	**638**	**-9**		**198**	**3306**	**4733**	**759**
土砂石开采	638	-9		198	3306	4733	759
食品制造业	**286**	**-47**	**3**	**82**	**-18**	**64**	
其他食品制造	286	-47	3	82	-18	64	
酒、饮料和精制茶制造业	**3**	**-18**		**173**	**297**	**694**	**223**
酒的制造	3	-18		173	297	694	223
印刷和记录媒介复制业				**13**	**17**	**124**	**94**
印刷				13	17	124	94
化学原料和化学制品制造业	**1062**	**377**	**557**	**157**	**1967**	**3016**	**892**
基础化学原料制造	611	275	453	76	1310	1820	434
炸药、火工及焰火产品制造	452	103	103	81	656	1196	458
医药制造业	**145345**	**16468**	**20840**	**5698**	**5431**	**52707**	**41579**
化学药品原料药制造	121185	12027	16176	4248	-9159	11909	16820
化学药品制剂制造	24159	4441	4665	1450	14590	40798	24758
非金属矿物制品业	**3125**	**-37**	**1**	**736**	**22950**	**28547**	**4861**
水泥、石灰和石膏制造	3125	-37	1	736	22950	28547	4861
通用设备制造业	**133**	**296**	**270**	**69**	**18**	**664**	**576**
泵、阀门、压缩机及类似机械制造	133	296	270	69	18	664	576
专用设备制造业	**1315**	**159**	**231**	**93**	**155**	**248**	
农、林、牧、渔专用机械制造	1315	159	231	93	155	248	
铁路船舶航空航天和其他运输设备制造业	**1017**	**8**	**54**	**161**	**2810**	**3980**	**1009**
铁路运输设备制造	1013	28	21	120	2251	3236	865
船舶及相关装置制造	4	-20	33	41	559	744	144
电气机械和器材制造业	**516**	**644**	**749**	**5**	**-6387**	**-6070**	**148**
电线、电缆、光缆及电工器材制造	56	-103			-456	-292	
电池制造	460	746	749	5	-5931	-5778	148
废弃资源综合利用业	**89**	**2065**	**1493**	**376**	**27**	**1035**	**632**
金属废料和碎屑加工处理	89	2065	1493	376	27	1035	632
电力、热力生产和供应业	**2838**	**113447**	**112553**	**15843**	**150666**	**303256**	**135241**
电力生产	179	107208	106489	10129	139198	230157	79394
电力供应	2659	6153	5873	5542	11785	73658	56260
热力生产和供应		87	191	172	-317	558	413
燃气生产和供应业	**1736**	**10**	**42**	**68**	**1936**	**2025**	**21**
水的生产和供应业	**4273**	**6902**	**10827**	**1051**	**12076**	**19639**	**6403**
自来水生产和供应	4160	4669	8521	1051	13734	21295	6403
污水处理及其再生利用	113	2233	2306	1	-1658	-1656	

4-17 国有及国有控股工业主要经济效益指标(一)

(2018年)

项目	企业亏损面(%)	资产负债率(%)	流动比率	产成品存货周转天数(天)	产品销售率(%)
总计	**19.30**	**67.71**	**0.70**	**8.82**	**99.40**
按轻重工业分					
轻工业	42.86	46.86	0.94	91.63	94.21
重工业	16.00	70.89	0.63	1.90	100.13
按工业行业分					
非金属矿采选业		**35.21**	**1.80**	**22.68**	**107.29**
土砂石开采		35.21	1.80	22.68	107.29
食品制造业	**100.00**	**34.97**	**1.76**	**123.19**	**119.57**
其他食品制造	100.00	34.97	1.76	123.19	119.57
酒、饮料和精制茶制造业		**25.59**	**3.42**	**266.17**	**70.99**
酒的制造		25.59	3.42	266.17	70.99
印刷和记录媒介复制业		**69.15**	**1.32**		**100.75**
印刷		69.15	1.32		100.75
化学原料和化学制品制造业		**41.99**	**0.84**	**25.20**	**103.22**
基础化学原料制造		44.12	0.84	27.44	103.53
炸药、火工及焰火产品制造		32.42	0.80	10.08	101.87
医药制造业	**33.33**	**45.96**	**0.93**	**86.21**	**95.14**
化学药品原料药制造	50.00	49.06	0.70	81.24	93.04
化学药品制剂制造		34.95	1.96	95.95	98.21
非金属矿物制品业		**54.28**	**1.12**	**2.46**	**100.08**
水泥、石灰和石膏制造		54.28	1.12	2.46	100.08
通用设备制造业		**63.60**	**1.18**	**190.29**	**97.98**
泵、阀门、压缩机及类似机械制造		63.60	1.18	190.29	97.98
专用设备制造业		**77.29**	**0.94**	**72.96**	**111.43**
农、林、牧、渔专用机械制造		77.29	0.94	72.96	111.43
铁路船舶航空航天和其他运输设备制造业		**69.49**	**1.54**	**36.61**	**113.75**
铁路运输设备制造		55.94	1.73	74.26	92.11
船舶及相关装置制造		79.38	1.35	6.28	160.87
电气机械和器材制造业	**100.00**	**83.91**	**0.63**	**269.24**	**65.85**
电线、电缆、光缆及电工器材制造	100.00	81.91	0.35	6923.76	16.06
电池制造	100.00	85.80	0.87	166.59	73.92
废弃资源综合利用业		**93.93**	**0.30**	**0.36**	**100.00**
金属废料和碎屑加工处理		93.93	0.30	0.36	100.00
电力、热力生产和供应业	**8.70**	**71.50**	**0.53**	**0.02**	**100.00**
电力生产	8.33	73.93	0.55	0.05	100.00
电力供应		42.41	0.40		100.00
热力生产和供应	50.00	52.91	0.78		100.00
燃气生产和供应业		**39.52**	**1.07**	**0.27**	**100.00**
水的生产和供应业	**38.46**	**66.04**	**1.06**	**0.01**	**99.69**
自来水生产和供应	36.36	59.98	1.06	0.01	99.67
污水处理及其再生利用	50.00	85.98	1.05		100.00

4-18　国有及国有控股工业主要经济效益指标(二)

(2018年)

项　　目	企　业亏损率(%)	成本费用利润率(%)	百元营业收入实现利税(元)	百元固定资产原值实现利税(元)	出口交货值占工业销售产值(%)
总　　计	**14.34**	**4.60**	**9.31**	**3.51**	**3.51**
按轻重工业分					
轻工业	101.27	-0.04	8.63	7.93	25.97
重工业	7.76	5.30	9.41	3.27	0.52
按工业行业分					
非金属矿采选业		**38.89**	**37.90**	**266.07**	
土砂石开采		38.89	37.90	266.07	
食品制造业		**-0.61**	**2.24**	**1.67**	
其他食品制造		-0.61	2.24	1.67	
酒、饮料和精制茶制造业		**15.65**	**29.57**	**45.60**	
酒的制造		15.65	29.57	45.60	
印刷和记录媒介复制业		**0.51**	**3.69**	**27.59**	
印刷		0.51	3.69	27.59	
化学原料和化学制品制造业		**7.63**	**10.85**	**26.15**	**23.98**
基础化学原料制造		6.10	8.01	28.55	29.38
炸药、火工及焰火产品制造		15.18	23.59	23.18	
医药制造业	**65.49**	**1.04**	**10.01**	**9.00**	**27.34**
化学药品原料药制造	896.41	-2.39	3.21	2.56	32.73
化学药品制剂制造		10.35	26.21	33.68	19.89
非金属矿物制品业		**26.65**	**26.00**	**101.22**	
水泥、石灰和石膏制造		26.65	26.00	101.22	
通用设备制造业		**0.24**	**8.58**	**5.62**	**0.30**
泵、阀门、压缩机及类似机械制造		0.24	8.58	5.62	0.30
专用设备制造业		**0.74**	**1.16**	**2.40**	
农、林、牧、渔专用机械制造		0.74	1.16	2.40	
铁路船舶航空航天和其他运输设备制造业		**6.24**	**9.10**	**13.98**	**31.92**
铁路运输设备制造		10.60	13.73	233.07	0.39
船舶及相关装置制造		2.35	3.69	2.75	71.23
电气机械和器材制造业		**-29.14**	**-31.75**	**-33.24**	**0.76**
电线、电缆、光缆及电工器材制造		-92.28	-102.46	-4.15	
电池制造		-27.68	30.68	51.41	0.79
废弃资源综合利用业		**0.04**	**1.60**	**3.99**	
金属废料和碎屑加工处理		0.04	1.60	3.99	
电力、热力生产和供应业	**6.23**	**4.66**	**8.89**	**2.86**	
电力生产	4.64	9.43	14.08	2.48	
电力供应		0.68	4.23	5.80	
热力生产和供应	110.84	-0.99	-1.75	-1.30	
燃气生产和供应业		**10.57**	**9.96**	**22.25**	
水的生产和供应业	**33.07**	**6.74**	**10.81**	**4.18**	
自来水生产和供应	23.30	8.50	12.48	5.15	
污水处理及其再生利用	1324.74	-9.44	-15.08	-2.96	

4-19 大中型工业主要财务指标(一)

(2018年) 单位：万元

项目	企业单位数(个)	新产品产值	工业销售产值	出口交货值	年末资产总计	从业人员年平均人数(人)
总计	**440**	**13134707**	**25473011**	**7147757**	**41215446**	**294390**
按轻重工业分						
轻工业	181	3565829	7132261	3204405	12486587	121466
重工业	259	9568878	18340751	3943352	28728859	172924
按大中型分						
大型企业	55	8159748	12736114	3258157	24891280	109191
中型企业	385	4974959	12736897	3889600	16324165	185199
按工业行业分						
农副食品加工业	**3**	**13523**	**69382**	**42984**	**65029**	**1579**
水产品加工	3	13523	69382	42984	65029	1579
食品制造业	**9**	**17798**	**90707**	**56750**	**143310**	**3766**
罐头食品制造	7		66028	49407	82558	3198
其他食品制造	2	17798	24679	7343	60752	568
酒、饮料和精制茶制造业	**2**		**75700**		**87335**	**714**
酒的制造	2		75700		87335	714
纺织业	**6**	**145485**	**195962**	**111593**	**201698**	**3676**
棉纺织及印染精加工	1	36015	37137		46813	483
化纤织造及印染精加工	1	23542	28305		27770	344
家用纺织制成品制造	1	19896	29977	15821	22408	733
产业用纺织制成品制造	3	66032	100544	95772	104708	2116
皮革、毛皮、羽毛及其制品和制鞋业	**15**	**74353**	**172489**	**144170**	**138174**	**7720**
皮革制品制造	1	6779	6558	6558	11571	399
制鞋业	14	67574	165931	137613	126602	7321
木材加工和木、竹、藤、棕、草制品业	**1**		**10859**	**6078**	**13141**	**302**
竹、藤、棕、草等制品制造	1		10859	6078	13141	302
家具制造业	**18**	**353088**	**521053**	**365600**	**1001891**	**14678**
木质家具制造	4	24768	47714	23078	55276	1681
竹、藤家具制造	1	7252	9293	1296	11405	332
金属家具制造	10	291777	398774	309435	872926	11297
塑料家具制造	2	25650	44102	31790	50602	933
其他家具制造	1	3641	21170		11682	435
造纸和纸制品业	**3**	**82700**	**228805**	**30165**	**150200**	**2006**
造纸	1	69326	191936		92321	729
纸制品制造	2	13374	36869	30165	57879	1277
印刷和记录媒介复制业	**3**	**35609**	**61964**	**15200**	**85704**	**1225**
印刷	3	35609	61964	15200	85704	1225

4-19　续表 1

单位：万元

项　　目	企　业单位数（个）	新产品产　值	工业销售产值	出　口交货值	年末资产总计	从业人员年平均人　数（人）
文教、工美、体育和娱乐用品制造业	**18**	**69860**	**233847**	**216016**	**192816**	**8075**
工艺美术及礼仪用品制造	17	62106	200445	183196	160049	7055
体育用品制造	1	7754	33401	32819	32767	1020
化学原料和化学制品制造业	**7**	**194635**	**545620**	**265111**	**1329117**	**3990**
基础化学原料制造	1	54469	100425	72799	704322	1013
农药制造	1	34709	89201	38578	102501	692
涂料、油墨、颜料及类似产品制造	2	12146	160241	59417	277763	1164
合成材料制造	1	22861	70295	1025	52619	284
专用化学产品制造	1	60079	85046	64655	142927	422
日用化学产品制造	1	10372	40410	28638	48985	415
医药制造业	**33**	**1588917**	**2615158**	**1187479**	**6253482**	**29507**
化学药品原料药制造	29	1322085	2204045	1114723	5539895	25919
化学药品制剂制造	3	211047	346887	72756	603408	3080
中成药生产	1	55785	64226		110180	508
橡胶和塑料制品业	**39**	**550034**	**1612660**	**432379**	**2161954**	**24855**
橡胶制品业	8	105579	372751	74207	547004	6685
塑料制品业	31	444455	1239909	358172	1614951	18170
非金属矿物制品业	**2**	**946**	**57603**		**25465**	**606**
石膏、水泥制品及类似制品制造	2	946	57603		25465	606
黑色金属冶炼和压延加工业	**1**		**112075**		**71635**	**371**
钢压延加工	1		112075		71635	371
有色金属冶炼和压延加工业	**4**	**176999**	**867470**	**106110**	**531151**	**4632**
有色金属合金制造	2		641086		330915	3509
有色金属压延加工	2	176999	226384	106110	200236	1123
金属制品业	**14**	**268623**	**711783**	**372274**	**1224752**	**9364**
金属工具制造	1	2403	15266	8805	18028	308
建筑、安全用金属制品制造	7	13309	195298	108529	144203	3713
金属表面处理及热处理加工	2	2664	17438		19225	673
金属制日用品制造	3	236011	462158	250727	1016394	4088
铸造及其他金属制品制造	1	14236	21624	4213	26902	582
通用设备制造业	**76**	**1261700**	**2568743**	**1298603**	**3490160**	**45483**
金属加工机械制造	12	179414	309258	118266	288917	6511
物料搬运设备制造	2	24915	69052	28509	77447	868
泵、阀门、压缩机及类似机械制造	37	696138	1376749	914618	1438653	22128
轴承、齿轮和传动部件制造	15	188696	500218	89671	1201948	9865
烘炉、风机、衡器、包装等设备制造	9	172536	304288	147538	460503	5803
通用零部件制造	1		9179		22693	308
专用设备制造业	**34**	**777140**	**1288484**	**462215**	**1395675**	**22900**
采矿、冶金、建筑专用设备制造	2	36060	116191	26690	106415	1350
化工、木材、非金属加工专用设备制造	13	250354	294921	50926	464338	5829
纺织、服装和皮革加工专用设备制造	6	302556	589245	232655	517868	8657
农、林、牧、渔专用机械制造	6	100698	166490	134049	146710	2993
医疗仪器设备及器械制造	6	53986	87585	4597	120961	3351
环保、邮政、社会公共服务及其他专用设备制造	1	33487	34052	13299	39383	720

4-19 续表 2

单位：万元

项 目	企业单位数(个)	新产品产值	工业销售产值	出口交货值	年末资产总计	从业人员年平均人数(人)
汽车制造业	**67**	**5178280**	**6966906**	**572121**	**8343031**	**47635**
汽车整车制造	3	2870285	3205034		3231792	7272
汽车零部件及配件制造	64	2307995	3761872	572121	5111239	40363
铁路、船舶、航空航天和其他运输设备制造业	**17**	**462297**	**725770**	**193809**	**799214**	**10659**
铁路运输设备制造	2	62996	75935	118	227848	840
船舶及相关装置制造	4	47604	85681	26734	146220	1529
摩托车制造	8	226665	392078	166958	292165	6171
助动车制造	3	125033	172076		132982	2119
电气机械和器材制造业	**27**	**818633**	**1336255**	**513190**	**1598091**	**19642**
电机制造	11	406752	653840	201450	692337	8762
输配电及控制设备制造	6	198417	306767	111699	251378	3098
电线、电缆、光缆及电工器材制造	1		10687		8269	320
家用电力器具制造	5	166141	265786	157002	504653	5217
非电力家用器具制造	2	17681	40894	26750	68699	1142
照明器具制造	2	29642	58281	16290	72755	1103
计算机、通信和其他电子设备制造业	**10**	**786925**	**1101954**	**580115**	**2547962**	**9001**
通信设备制造	1	8311	21580	5809	25356	416
非专业视听设备制造	1	545661	641897	499382	456613	2178
智能消费设备制造	3	64711	82885	866	71157	1016
电子器件制造	2	147418	185469	71964	996528	3785
电子元件及电子专用材料制造	3	20825	170124	2094	998308	1606
仪器仪表制造业	**11**	**191699**	**326857**	**93011**	**309181**	**6077**
通用仪器仪表制造	9	178768	282999	92963	279128	5001
专用仪器仪表制造	1	11713	27208	23	18983	648
光学仪器制造	1	1218	16650	26	11069	428
其他制造业	**10**	**85465**	**292596**	**82784**	**422962**	**9031**
日用杂品制造	9	85465	278674	68862	411197	8592
其他未列明制造业	1		13922	13922	11765	439
电力、热力生产和供应业	**10**		**2682311**		**8632319**	**6896**
电力生产	4		1417638		8146213	3624
电力供应	6		1264673		486106	3272

4-20　大中型工业主要财务指标(二)

(2018年)　　单位：万元

项　目	流动资产合计	存　货	非流动资产合计	固定资产原价	固定资产净值	年末负债合计
总　计	**18882691**	**3897671**	**22332751**	**17832574**	**12184558**	**23041061**
按轻重工业分						
轻工业	6084827	1544188	6401758	3914561	2192290	5640453
重工业	12797864	2353483	15930993	13918013	9992267	17400608
按大中型分						
大型企业	11074676	1866678	13816603	9800879	7667109	15079143
中型企业	7808014	2030993	8516148	8031695	4517449	7961918
按工业行业分						
农副食品加工业	**40914**	**21645**	**24115**	**25652**	**14394**	**40325**
水产品加工	40914	21645	24115	25652	14394	40325
食品制造业	**79951**	**41131**	**63360**	**57647**	**35602**	**90177**
罐头食品制造	57669	35385	24889	28107	13757	67786
其他食品制造	22281	5746	38471	29541	21846	22391
酒、饮料和精制茶制造业	**50730**	**11887**	**36605**	**93686**	**32409**	**27824**
酒的制造	50730	11887	36605	93686	32409	27824
纺织业	**127885**	**42032**	**73813**	**73057**	**46815**	**127355**
棉纺织及印染精加工	26252	10697	20562	12262	11593	45740
化纤织造及印染精加工	14815	6274	12955	15222	11557	17522
家用纺织制成品制造	16172	2553	6236	7865	4660	14592
产业用纺织制成品制造	70646	22508	34061	37709	19006	49502
皮革、毛皮、羽毛及其制品和制鞋业	**95956**	**19847**	**42218**	**43799**	**23412**	**95501**
皮革制品制造	3022	1048	8550	7053	6894	7404
制鞋业	92934	18799	33668	36746	16518	88097
木材加工和木、竹、藤、棕、草制品业	**8858**	**4617**	**4283**	**5801**	**3333**	**3349**
竹、藤、棕、草等制品制造	8858	4617	4283	5801	3333	3349
家具制造业	**617618**	**172759**	**384273**	**195354**	**105546**	**575133**
木质家具制造	33680	16260	21596	21037	13211	38403
竹、藤家具制造	9024	4458	2381	3387	1949	10174
金属家具制造	542442	138018	330484	145414	77985	502214
塑料家具制造	23765	6694	26836	21866	10083	14886
其他家具制造	8706	7329	2976	3651	2318	9456
造纸和纸制品业	**65387**	**10544**	**84813**	**86579**	**56799**	**57410**
造　纸	42614	6030	49707	68969	46105	35021
纸制品制造	22773	4514	35106	17611	10694	22389
印刷和记录媒介复制业	**33456**	**6411**	**52248**	**28331**	**11413**	**38147**
印　刷	33456	6411	52248	28331	11413	38147

4-20 续表 1

单位：万元

项　目	流动资产合计	存　货	非流动资产合计	固定资产原价	固定资产净值	年末负债合计
文教、工美、体育和娱乐用品制造业	**119264**	**33358**	**73552**	**80598**	**46659**	**123579**
工艺美术及礼仪用品制造	95678	27949	64371	72941	42079	100511
体育用品制造	23586	5408	9181	7657	4581	23069
化学原料和化学制品制造业	**646338**	**84625**	**682779**	**215753**	**137140**	**380340**
基础化学原料制造	301032	17915	403290	61228	31109	207024
农药制造	71250	9071	31251	18932	8745	29856
涂料、油墨、颜料及类似产品制造	156791	34387	120972	66286	45024	41880
合成材料制造	27955	8194	24664	18309	14377	42402
专用化学产品制造	52384	10407	90542	37098	28321	45654
日用化学产品制造	36926	4650	12059	13901	9565	13524
医药制造业	**2546844**	**737322**	**3706638**	**2060353**	**1155616**	**2445265**
化学药品原料药制造	2208853	673625	3331042	1811589	1018530	2166222
化学药品制剂制造	269165	58173	334242	213344	116897	236081
中成药生产	68825	5524	41354	35421	20188	42962
橡胶和塑料制品业	**1254197**	**266079**	**907757**	**700638**	**411622**	**820757**
橡胶制品业	350395	73441	196609	154774	86443	199158
塑料制品业	903802	192638	711148	545864	325180	621599
非金属矿物制品业	**15987**	**3749**	**9478**	**7227**	**5608**	**15938**
石膏、水泥制品及类似制品制造	15987	3749	9478	7227	5608	15938
黑色金属冶炼和压延加工业	**57010**	**22653**	**14625**	**21894**	**12703**	**53022**
钢压延加工	57010	22653	14625	21894	12703	53022
有色金属冶炼和压延加工业	**334378**	**140576**	**196773**	**133963**	**85400**	**314837**
有色金属合金制造	217681	120465	113234	69454	53298	167095
有色金属压延加工	116698	20111	83538	64509	32102	147742
金属制品业	**611556**	**94409**	**613195**	**175425**	**89421**	**690688**
金属工具制造	3797	1159	14231	6561	3585	8909
建筑、安全用金属制品制造	91428	25137	52775	48420	29825	127575
金属表面处理及热处理加工	6016	968	13209	13561	7419	14757
金属制日用品制造	490945	63074	525449	89485	42030	522172
铸造及其他金属制品制造	19370	4071	7532	17398	6561	17275
通用设备制造业	**1905117**	**555290**	**1585042**	**1244619**	**736689**	**1655253**
金属加工机械制造	201399	85006	87518	126222	69874	176149
物料搬运设备制造	56730	17569	20718	19868	14285	53197
泵、阀门、压缩机及类似机械制造	887620	242634	551032	481351	285976	626731
轴承、齿轮和传动部件制造	547771	147190	654176	481193	287789	546500
烘炉、风机、衡器、包装等设备制造	195270	58560	265232	128322	74462	228365
通用零部件制造	16327	4331	6365	7663	4303	24311
专用设备制造业	**877916**	**301859**	**517759**	**532561**	**310318**	**749482**
采矿、冶金、建筑专用设备制造	77765	19630	28649	28050	16413	54818
化工、木材、非金属加工专用设备制造	294439	94397	169899	205274	114522	288955
纺织、服装和皮革加工专用设备制造	325868	133100	191999	154098	89103	233679
农、林、牧、渔专用机械制造	95147	22291	51563	59108	37227	81239
医疗仪器设备及器械制造	59951	25692	61010	73257	43092	77020
环保、邮政、社会公共服务及其他专用设备制造	24745	6747	14639	12774	9963	13771

4-20 续表 2

单位：万元

项目	流动资产合计	存货	固定资产合计	固定资产原价	固定资产净值	年末负债合计
汽车制造业	**5756561**	**454339**	**2586469**	**1415665**	**956061**	**6157964**
汽车整车制造	2646281	63586	585511	129323	119485	2782666
汽车零部件及配件制造	3110280	390754	2000958	1286342	836576	3375298
铁路、船舶、航空航天和其他运输设备制造业	**515179**	**121990**	**284035**	**269910**	**129397**	**382017**
铁路运输设备制造	135799	13403	92048	34394	19099	51980
船舶及相关装置制造	109826	55039	36395	66405	23902	68670
摩托车制造	192682	41998	99483	134186	62386	163970
助动车制造	76872	11550	56110	34925	24011	97397
电气机械和器材制造业	**1026944**	**216795**	**571147**	**454790**	**247054**	**828234**
电机制造	454241	103097	238096	181617	104150	302060
输配电及控制设备制造	168261	40000	83117	96426	53491	163959
电线、电缆、光缆及电工器材制造	7536	2149	732	1697	732	7218
家用电力器具制造	302085	48588	202568	96335	55578	282204
非电力家用器具制造	46503	8368	22196	27801	12235	26796
照明器具制造	48318	14594	24437	50913	20868	45998
计算机、通信和其他电子设备制造业	**1027449**	**172236**	**1520513**	**512499**	**360416**	**735624**
通信设备制造	17262	4799	8094	5928	4250	9459
非专业视听设备制造	380795	86433	75819	61065	49166	286679
智能消费设备制造	51015	12559	20142	14900	11072	28294
电子器件制造	335531	29816	660997	213854	147035	325710
电子元件及电子专用材料制造	242847	38629	755461	216752	148893	85483
仪器仪表制造业	**218945**	**58005**	**90236**	**81504**	**46353**	**136465**
通用仪器仪表制造	202953	56324	76175	62959	35693	123405
专用仪器仪表制造	9705	386	9279	12658	7008	6519
光学仪器制造	6287	1294	4782	5886	3652	6541
其他制造业	**244190**	**51392**	**178772**	**183265**	**98161**	**203259**
日用杂品制造	237339	47185	173858	176240	94324	193195
其他未列明制造业	6851	4206	4914	7024	3838	10065
电力、热力生产和供应业	**604065**	**252124**	**8028254**	**9132004**	**7026216**	**6293117**
电力生产	549655	250730	7596558	8288809	6635350	6095057
电力供应	54410	1395	431696	843195	390867	198059

4-21 大中型工业主要财务指标(三)

(2018年) 单位：万元

项目	流动负债	非流动负债	年末所有者权益合计	实收资本	主营业务收入	主营业务成本
总计	**16280870**	**6760191**	**18174385**	**7170656**	**25763981**	**20858802**
按轻重工业分						
轻工业	4958791	681662	6846133	2331302	7440399	5390281
重工业	11322079	6078529	11328251	4839354	18323582	15468521
按大中型分						
大型企业	9338047	5741096	9812137	4001799	13021209	10578629
中型企业	6942822	1019095	8362248	3168857	12742772	10280173
按工业行业分						
农副食品加工业	**39776**	**549**	**24704**	**16939**	**69124**	**64524**
水产品加工	39776	549	24704	16939	69124	64524
食品制造业	**90084**	**92**	**53133**	**22442**	**90525**	**74272**
罐头食品制造	67773	13	14772	6362	65843	58244
其他食品制造	22312	79	38361	16080	24682	16029
酒、饮料和精制茶制造业	**27269**	**555**	**59511**	**29670**	**75700**	**59911**
酒的制造	27269	555	59511	29670	75700	59911
纺织业	**125848**	**1507**	**74343**	**24190**	**189736**	**151700**
棉纺织及印染精加工	45740		1074	550	36015	30958
化纤织造及印染精加工	17522		10248	9373	28315	25709
家用纺织制成品制造	14592		7816	2500	25995	16381
产业用纺织制成品制造	47995	1507	55206	11768	99410	78652
皮革、毛皮、羽毛及其制品和制鞋业	**93404**	**2097**	**42673**	**23986**	**172257**	**147088**
皮革制品制造	6987	417	4168	5000	6558	5910
制鞋业	86417	1680	38505	18986	165699	141178
木材加工和木、竹、藤、棕、草制品业	**3349**		**9792**	**1000**	**10868**	**8762**
竹、藤、棕、草等制品制造	3349		9792	1000	10868	8762
家具制造业	**569419**	**5714**	**426758**	**260449**	**651518**	**555605**
木质家具制造	37522	881	16873	8000	47932	35036
竹、藤家具制造	10174		1231	508	9186	8169
金属家具制造	500509	1705	370712	241673	531520	465606
塑料家具制造	14886		35716	7268	42957	28490
其他家具制造	6328	3128	2226	3000	19923	18304
造纸和纸制品业	**46852**	**10558**	**92791**	**24329**	**229019**	**189834**
造纸	33424	1597	57300	12600	191883	160048
纸制品制造	13428	8961	35491	11729	37137	29786
印刷和记录媒介复制业	**38147**		**47558**	**17930**	**61262**	**52914**
印刷	38147		47558	17930	61262	52914

4-21 续表 1

单位：万元

项　目	流动负债	非流动负债	年末所有者权益合计	实收资本	主营业务收入	主营业务成本
文教、工美、体育和娱乐用品制造业	**113724**	**9856**	**69237**	**21474**	**232400**	**172636**
工艺美术及礼仪用品制造	93334	7176	59538	20062	199702	148635
体育用品制造	20389	2679	9698	1412	32698	24002
化学原料和化学制品制造业	**308232**	**72108**	**948777**	**189368**	**612306**	**455146**
基础化学原料制造	142725	64299	497298	92590	151754	121115
农药制造	29120	736	72645	12000	88925	64602
涂料、油墨、颜料及类似产品制造	41263	617	235883	41400	176138	109544
合成材料制造	42402		10217	8100	70295	62371
专用化学产品制造	39311	6343	97272	25307	85046	66648
日用化学产品制造	13411	113	35461	9971	40148	30866
医药制造业	**1932377**	**512888**	**3808217**	**1109203**	**2634111**	**1552493**
化学药品原料药制造	1710698	455524	3373673	933582	2275468	1398582
化学药品制剂制造	179726	56356	367326	139621	294417	141353
中成药生产	41954	1008	67218	36000	64226	12558
橡胶和塑料制品业	**783400**	**37357**	**1341197**	**417299**	**1649481**	**1257651**
橡胶制品业	193784	5374	347846	55077	359371	268455
塑料制品业	589616	31982	993352	362222	1290110	989196
非金属矿物制品业	**15938**		**9526**	**6639**	**58861**	**52564**
石膏、水泥制品及类似制品制造	15938		9526	6639	58861	52564
黑色金属冶炼和压延加工业	**40022**	**13000**	**18613**	**5398**	**119720**	**105576**
钢压延加工	40022	13000	18613	5398	119720	105576
有色金属冶炼和压延加工业	**287878**	**26959**	**216314**	**164327**	**861159**	**798888**
有色金属合金制造	143744	23351	163820	133727	633114	580718
有色金属压延加工	144134	3608	52494	30600	228045	218170
金属制品业	**615112**	**75576**	**534064**	**170346**	**700959**	**538793**
金属工具制造	8909		9119	7501	14907	13045
建筑、安全用金属制品制造	127575		16629	39708	196836	169582
金属表面处理及热处理加工	14703	54	4468	300	17342	14450
金属制日用品制造	446751	75420	494222	117657	450570	324239
铸造及其他金属制品制造	17173	101	9627	5180	21304	17477
通用设备制造业	**1362905**	**292348**	**1834907**	**583949**	**2562180**	**2017467**
金属加工机械制造	174314	1836	112767	32177	307762	247151
物料搬运设备制造	50530	2667	24251	12833	74470	55180
泵、阀门、压缩机及类似机械制造	577914	48817	811922	295171	1372055	1076787
轴承、齿轮和传动部件制造	354414	192086	655448	150364	500102	388572
烘炉、风机、衡器、包装等设备制造	181423	46942	232138	90104	299036	242787
通用零部件制造	24311		-1618	3300	8757	6989
专用设备制造业	**707546**	**41936**	**646192**	**207798**	**1293173**	**1009099**
采矿、冶金、建筑专用设备制造	52604	2215	51596	10500	115269	82868
化工、木材、非金属加工专用设备制造	271443	17511	175384	44598	295366	221042
纺织、服装和皮革加工专用设备制造	220988	12691	284188	101973	590637	484759
农、林、牧、渔专用机械制造	81239		65471	20697	167454	138618
医疗仪器设备及器械制造	67761	9260	43940	18630	90014	59678
环保、邮政、社会公共服务及其他专用设备制造	13512	260	25612	11400	34433	22134

4-21 续表 2

单位：万元

项目	流动负债	非流动负债	年末所有者权益合计	实收资本	主营业务收入	主营业务成本
汽车制造业	**5690272**	**467692**	**2185067**	**813473**	**6960237**	**6026637**
汽车整车制造	2775243	7423	449126	369866	3171584	2977895
汽车零部件及配件制造	2915029	460269	1735941	443607	3788653	3048742
铁路、船舶、航空航天和其他运输设备制造业	**362732**	**19285**	**417198**	**135400**	**705626**	**594851**
铁路运输设备制造	42239	9741	175868	28289	76291	38868
船舶及相关装置制造	68670		77551	48000	71410	65206
摩托车制造	155688	8282	128195	39731	389684	336357
助动车制造	96135	1262	35585	19380	168240	154419
电气机械和器材制造业	**780502**	**47732**	**769857**	**295102**	**1462360**	**1225898**
电机制造	280366	21694	390277	87895	646792	542683
输配电及控制设备制造	152762	11197	87420	91172	309215	267233
电线、电缆、光缆及电工器材制造	7218		1051	500	10687	9253
家用电力器具制造	274648	7556	222449	83744	397850	327221
非电力家用器具制造	24896	1900	41903	10590	40906	31586
照明器具制造	40612	5386	26757	21201	56909	47921
计算机、通信和其他电子设备制造业	**585913**	**149711**	**1812337**	**365952**	**1070762**	**882071**
通信设备制造	9275	184	15898	5000	21172	14003
非专业视听设备制造	264130	22549	169934	30015	633602	559469
智能消费设备制造	26240	2054	42863	14800	82447	52656
电子器件制造	203768	121942	670818	182862	186620	140145
电子元件及电子专用材料制造	82500	2983	912825	133275	146921	115799
仪器仪表制造业	**133942**	**2523**	**172716**	**60974**	**327217**	**237502**
通用仪器仪表制造	120882	2523	155723	56806	283372	201689
专用仪器仪表制造	6519		12465	1288	27208	22594
光学仪器制造	6541		4528	2880	16638	13219
其他制造业	**198293**	**4966**	**219703**	**90086**	**291314**	**224376**
日用杂品制造	188228	4966	218003	89086	277392	212787
其他未列明制造业	10065		1700	1000	13922	11589
电力、热力生产和供应业	**1327935**	**4965181**	**2339202**	**2112933**	**2672109**	**2402544**
电力生产	1189203	4905854	2051155	1947598	1407738	1178566
电力供应	138732	59327	288046	165335	1264371	1223978

4-22　大中型工业主要财务指标(四)

(2018年)　　单位：万元

项　目	销售费用	财务费用	#利息支出	主营业务税金及附加	利润总额	利税总额	本年应交增值税
总　计	**918820**	**318248**	**367791**	**230077**	**2364238**	**3411282**	**813839**
按轻重工业分							
轻工业	549216	87204	119124	68355	883745	1271816	319621
重工业	369604	231044	248667	161721	1480494	2139466	494218
按大中型分							
大型企业	494772	153902	165760	139094	1262331	1760768	358596
中型企业	424048	164346	202031	90982	1101908	1650514	455243
按工业行业分							
农副食品加工业	**812**	**1124**	**1234**	**396**	**1236**	**3119**	**1487**
水产品加工	812	1124	1234	396	1236	3119	1487
食品制造业	**5670**	**1554**	**1968**	**830**	**418**	**5435**	**4187**
罐头食品制造	2463	1265	1662	552	400	4020	3068
其他食品制造	3208	289	306	278	18	1416	1119
酒、饮料和精制茶制造业	**87**	**-685**	**20**	**9589**	**4366**	**18098**	**4143**
酒的制造	87	-685	20	9589	4366	18098	4143
纺织业	**5841**	**-99**	**1925**	**1763**	**16415**	**26821**	**8643**
棉纺织及印染精加工	895	1211	1156	59	716	775	
化纤织造及印染精加工	413	501	129	82	260	1006	665
家用纺织制成品制造	999	409	372	285	5456	7124	1384
产业用纺织制成品制造	3534	-2220	267	1338	9983	17915	6594
皮革、毛皮、羽毛及其制品和制鞋业	**6587**	**1940**	**2516**	**1131**	**4842**	**11458**	**5484**
皮革制品制造	144	121	138	37	-334	-297	
制鞋业	6443	1819	2378	1095	5176	11755	5484
木材加工和木、竹、藤、棕、草制品业	**257**	**35**	**146**	**45**	**455**	**501**	**1**
竹、藤、棕、草等制品制造	257	35	146	45	455	501	1
家具制造业	**31672**	**10304**	**12851**	**4514**	**10118**	**39549**	**24917**
木质家具制造	3572	566	703	377	2985	4132	769
竹、藤家具制造	103	270	265	88	82	582	412
金属家具制造	24737	8499	10943	3521	296	25880	22064
塑料家具制造	3176	511	481	396	6714	8109	999
其他家具制造	85	458	458	133	41	847	673
造纸和纸制品业	**4240**	**2446**	**2275**	**2924**	**30304**	**59423**	**26196**
造　纸	3279	1870	1709	2630	27636	52426	22160
纸制品制造	960	576	565	294	2668	6997	4035
印刷和记录媒介复制业	**2749**	**646**	**680**	**395**	**10583**	**12827**	**1850**
印　刷	2749	646	680	395	10583	12827	1850

4-22 续表 1

单位：万元

项目	销售费用	财务费用	#利息支出	主营业务税金及附加	利润总额	利税总额	本年应交增值税
文教、工美、体育和娱乐用品制造业	**11187**	**3822**	**2961**	**2123**	**19811**	**36345**	**14410**
工艺美术及礼仪用品制造	9974	3219	2425	1829	17612	31192	11751
体育用品制造	1213	603	536	294	2200	5153	2659
化学原料和化学制品制造业	**14456**	**-1898**	**7770**	**4251**	**109733**	**133438**	**19357**
基础化学原料制造	486	198	3633	1386	18736	27211	7089
农药制造	1998	-567	348	411	14638	16862	1812
涂料、油墨、颜料及类似产品制造	2347	-3259	466	1142	50965	58939	6735
合成材料制造	2567	2255	1977	467	1792	3320	1060
专用化学产品制造	4785	-447	1172	636	19754	22996	2605
日用化学产品制造	2274	-78	174	209	3847	4111	55
医药制造业	**324854**	**45353**	**61466**	**25719**	**417243**	**577518**	**134518**
化学药品原料药制造	246576	37473	52648	21112	354371	468703	93181
化学药品制剂制造	53922	6537	7246	3455	44557	81103	33091
中成药生产	24356	1343	1573	1152	18315	27712	8245
橡胶和塑料制品业	**72869**	**13417**	**15808**	**11014**	**217337**	**292922**	**64569**
橡胶制品业	20556	3461	3921	2659	37531	55419	15228
塑料制品业	52313	9956	11888	8356	179806	237502	49341
非金属矿物制品业	**3099**	**314**	**321**	**356**	**-315**	**2161**	**2119**
石膏、水泥制品及类似制品制造	3099	314	321	356	-315	2161	2119
黑色金属冶炼和压延加工业	**576**	**1077**	**1083**	**317**	**11416**	**13235**	**1502**
钢压延加工	576	1077	1083	317	11416	13235	1502
有色金属冶炼和压延加工业	**4571**	**15017**	**9846**	**3317**	**33706**	**60497**	**23475**
有色金属合金制造	1068	12148	3541	2613	33324	44872	8935
有色金属压延加工	3503	2870	6305	704	382	15625	14539
金属制品业	**49608**	**7733**	**8080**	**4216**	**130892**	**153586**	**18478**
金属工具制造	326	61	56	209	788	1474	478
建筑、安全用金属制品制造	6509	2825	3399	891	2904	8034	4238
金属表面处理及热处理加工	137	-3		179	1191	2461	1091
金属制日用品制造	41991	4104	3993	2820	125336	139888	11732
铸造及其他金属制品制造	645	746	632	118	673	1730	939
通用设备制造业	**91197**	**25205**	**38641**	**16123**	**230453**	**320650**	**73445**
金属加工机械制造	10664	3768	4276	1975	19305	30531	9250
物料搬运设备制造	4066	954	1417	443	6694	7581	445
泵、阀门、压缩机及类似机械制造	49107	4969	11702	8168	133701	184101	41933
轴承、齿轮和传动部件制造	16216	10992	15991	3733	47748	64534	13052
烘炉、风机、衡器、包装等设备制造	11138	3672	4404	1741	23594	33826	8163
通用零部件制造	6	852	851	64	-589	77	603
专用设备制造业	**62975**	**6809**	**11019**	**7128**	**100734**	**137380**	**29361**
采矿、冶金、建筑专用设备制造	3604	924	1271	667	16758	19598	2173
化工、木材、非金属加工专用设备制造	10023	5731	5444	2582	26297	40781	11901
纺织、服装和皮革加工专用设备制造	30496	-2080	1810	2295	36651	46807	7860
农、林、牧、渔专用机械制造	7148	646	560	279	8123	10858	2355
医疗仪器设备及器械制造	10281	1588	1689	998	6073	11723	4595
环保、邮政、社会公共服务及其他专用设备制造	1425		244	306	6832	7614	477

4-22 续表 2

单位：万元

项 目	销售费用	财务费用	#利息支出	主营业务税金及附加	利润总额	利税总额	本年应交增值税
汽车制造业	**93391**	**60677**	**53780**	**88671**	**593888**	**831329**	**148063**
汽车整车制造	521	18911	9518	69795	218127	326754	38125
汽车零部件及配件制造	92870	41767	44262	18876	375762	504575	109938
铁路、船舶、航空航天和其他运输设备制造业	**15750**	**3009**	**4512**	**15409**	**38886**	**72347**	**18047**
铁路运输设备制造	6875	300	410	731	19297	23116	3088
船舶及相关装置制造	651	597	682	533	2769	4645	1339
摩托车制造	5046	3153	3235	13658	13326	38251	11268
助动车制造	3178	-1041	185	487	3495	6334	2352
电气机械和器材制造业	**58097**	**7927**	**15478**	**7862**	**87024**	**131131**	**36246**
电机制造	15102	4394	5659	3991	50399	80184	25794
输配电及控制设备制造	11926	3216	3751	1640	11484	19172	6048
电线、电缆、光缆及电工器材制造	227	338	338	35	178	515	302
家用电力器具制造	25931	-946	3904	1530	22217	23159	-588
非电力家用器具制造	3350	-414	715	416	2049	4925	2460
照明器具制造	1561	1340	1111	250	697	3176	2229
计算机、通信和其他电子设备制造业	**29963**	**21823**	**21694**	**4451**	**109414**	**125991**	**12118**
通信设备制造	1661	53	61	176	4085	4965	705
非专业视听设备制造	11600	15121	7968	757	20385	21153	11
智能消费设备制造	7570	282	357	512	16046	20642	4076
电子器件制造	3441	3320	10269	1056	38980	42097	2062
电子元件及电子专用材料制造	5691	3048	3039	1951	29919	37133	5264
仪器仪表制造业	**17411**	**705**	**1615**	**2342**	**48183**	**65078**	**14502**
通用仪器仪表制造	15388	257	1180	2126	46496	61189	12515
专用仪器仪表制造	1464	323	311	128	1355	2764	1281
光学仪器制造	559	125	125	88	331	1125	707
其他制造业	**8208**	**3859**	**4175**	**2896**	**20935**	**41432**	**17601**
日用杂品制造	7547	3369	3970	2760	20744	40397	16893
其他未列明制造业	661	490	205	136	191	1034	708
电力、热力生产和供应业	**2696**	**86132**	**85928**	**12294**	**116163**	**239012**	**109121**
电力生产	37	82796	82827	8613	108191	189335	71118
电力供应	2659	3337	3101	3681	7973	49676	38003

4-23 大中型工业主要经济效益指标(一)

(2018年)

项目	企业亏损面(%)	资产负债率(%)	流动比率	产成品存货周转天数(天)	产品销售率(%)
总计	**7.27**	**55.90**	**1.16**	**25.62**	**97.82**
按轻重工业分					
轻工业	9.94	45.17	1.23	46.63	95.57
重工业	5.41	60.57	1.13	18.38	98.73
按大中型分					
大型企业	7.27	60.58	1.19	24.55	97.81
中型企业	7.27	48.77	1.12	26.70	97.83
按工业行业分					
农副食品加工业	33.33	62.01	1.03	98.74	95.51
食品制造业	33.33	62.92	0.89	154.05	90.67
酒、饮料和精制茶制造业	50.00	31.86	1.86	7.13	97.50
纺织业		63.14	1.02	28.89	100.15
皮革、毛皮、羽毛及其制品和制鞋业	20.00	69.12	1.03	16.45	97.88
木材加工和木、竹、藤、棕、草制品业		25.48	2.65	100.99	96.72
家具制造业	11.11	57.40	1.08	43.22	94.05
造纸和纸制品业		38.22	1.40	7.12	95.28
印刷和记录媒介复制业		44.51	0.88	6.10	98.07
文教、工美、体育和娱乐用品制造业		64.09	1.05	24.39	97.38
化学原料和化学制品制造业		28.62	2.10	27.05	100.66
医药制造业	6.06	39.10	1.32	79.18	91.88
橡胶和塑料制品业	5.13	37.96	1.60	30.47	102.04
非金属矿物制品业	50.00	62.59	1.00	7.86	94.77
黑色金属冶炼和压延加工业		74.02	1.42	21.83	99.35
有色金属冶炼和压延加工业		59.27	1.16	16.16	98.93
金属制品业	7.14	56.39	0.99	31.61	98.52
通用设备制造业	2.63	47.43	1.40	34.96	97.50
专用设备制造业		53.70	1.24	49.82	96.29
汽车制造业	11.94	73.81	1.01	11.74	99.13
铁路、船舶、航空航天和其他运输设备制造业		47.80	1.42	25.28	95.49
电气机械和器材制造业	7.41	51.83	1.32	30.02	98.03
计算机、通信和其他电子设备制造业	10.00	28.87	1.75	22.55	97.93
仪器仪表制造业		44.14	1.63	21.79	98.29
其他制造业	20.00	48.06	1.23	21.86	96.37
电力、热力生产和供应业	10.00	72.90	0.45		100.00

4-24 大中型工业主要经济效益指标(二)

(2018年)

项　　目	企　业 亏损率 (%)	成本费用 利 润 率 (%)	百元营业收 入实现利税 (元)	百元固定 资产原值 实现利税 (元)	出口交货 值占工业 销售产值 (%)
总　　计	**1.97**	**9.60**	**12.82**	**19.13**	**28.06**
按轻重工业分					
轻工业	2.72	12.69	16.72	32.49	44.93
重工业	1.51	8.38	11.26	15.37	21.50
按大中型分					
大型企业	1.55	10.23	13.18	17.97	25.58
中型企业	2.44	8.97	12.46	20.55	30.54
按工业行业分					
农副食品加工业	29.20	1.79	4.43	12.16	61.95
食品制造业	89.33	0.45	5.85	9.43	62.56
酒、饮料和精制茶制造业	26.47	6.76	23.06	19.32	
纺织业		9.37	13.93	36.71	56.95
皮革、毛皮、羽毛及其制品和制鞋业	9.93	2.88	6.62	26.16	83.58
木材加工和木、竹、藤、棕、草制品业		4.31	4.61	8.64	55.98
家具制造业	24.63	1.57	6.01	20.24	70.17
造纸和纸制品业		14.52	25.75	68.63	13.18
印刷和记录媒介复制业		16.21	19.00	45.28	24.53
文教、工美、体育和娱乐用品制造业		9.27	15.55	45.09	92.37
化学原料和化学制品制造业		19.62	20.40	61.85	48.59
医药制造业	2.61	17.40	21.38	28.03	45.41
橡胶和塑料制品业	0.21	14.26	17.25	41.81	26.81
非金属矿物制品业	152.15	-0.53	3.66	29.90	
黑色金属冶炼和压延加工业		10.43	11.05	60.45	
有色金属冶炼和压延加工业		3.20	5.57	45.16	12.23
金属制品业	2.35	19.70	21.58	87.55	52.30
通用设备制造业	0.35	9.57	12.23	25.76	50.55
专用设备制造业		8.27	10.50	25.80	35.87
汽车制造业	1.93	8.89	11.55	58.72	8.21
铁路船舶航空航天和其他运输设备制造业		5.78	10.01	26.80	26.70
电气机械和器材制造业	0.65	6.14	8.70	28.83	38.41
计算机、通信和其他电子设备制造业	1.94	10.59	11.55	24.58	52.64
仪器仪表制造业		16.90	19.76	79.85	28.46
其他制造业	1.74	7.48	13.69	22.61	28.29
电力、热力生产和供应业	5.50	4.55	8.88	2.62	

4-25 规模以上非国有工业主要财务指标(一)

(2018年)

单位：万元

项　　目	企　业 单位数 (个)	新产品 产　值	工业销 售产值	出　口 交货值	年末资 产总计	从业人员 年平均 人　数 (人)
总　　计	**3915**	**17061852**	**44122706**	**12027680**	**52260599**	**637814**
按轻重工业分						
轻工业	1528	4346766	13777021	5274289	17510302	254477
重工业	2387	12715085	30345685	6753391	34750297	383337
按大中小微型分						
大型企业	51	7888273	11871020	3142848	16787121	101391
中型企业	374	4962859	10400795	3870869	14107338	179837
小型企业	3370	4200260	21296444	4951366	20304732	350926
微型企业	120	10459	554446	62597	1061409	5660
按工业行业分						
非金属矿采选业	**2**		**14018**		**36133**	**118**
土砂石开采	2		14018		36133	118
农副食品加工业	**74**	**51040**	**540178**	**73072**	**411356**	**7302**
饲料加工	5	3132	49806	5634	39320	363
植物油加工	2	18875	31506	1383	44376	281
屠宰及肉类加工	4		146533		32813	554
水产品加工	61	29032	306910	63892	284742	5893
蔬菜、菌类、水果和坚果加工	1		3071	2163	5838	81
其他农副食品加工	1		2354		4267	130
食品制造业	**14**	**23800**	**159483**	**71458**	**178852**	**4396**
焙烤食品制造						
罐头食品制造	10		87227	64115	95852	3737
其他食品制造	4	23800	72256	7343	83000	659
酒、饮料和精制茶制造业	**7**	**687**	**111013**		**138286**	**1269**
酒的制造	3		77978		94490	762
饮料制造	3	687	27180		36687	448
精制茶加工	1		5855		7109	59

4-25　续表 1

单位：万元

项　　目	企　业单位数（个）	新产品产　值	工业销售产值	出　口交货值	年末资产总计	从业人员年平均人　数（人）
纺织业	**96**	**197684**	**691014**	**192238**	**746920**	**11220**
棉纺织及印染精加工	14	47789	148373	1879	230738	1477
毛纺织及染整精加工	4	8348	26812	1866	28080	530
化纤织造及印染精加工	25	27003	159919	9145	131926	2141
针织或钩针编织物及其制品制造	4	2607	34440	4325	39848	546
家用纺织制成品制造	10	20363	62133	30996	49601	1565
产业用纺织制成品制造	39	91574	259337	144028	266727	4961
纺织服装、服饰业	**16**	**3902**	**52119**	**8001**	**49962**	**1338**
机织服装制造	8	2496	24647	3326	25519	601
针织或钩针编织服装制造	4		16745		18032	448
服饰制造	4	1407	10727	4675	6410	289
皮革、毛皮、羽毛及其制品和制鞋业	**178**	**268558**	**724994**	**478903**	**548230**	**25863**
皮革制品制造	7	9808	27555	20455	28586	1142
制鞋业	171	258750	697439	458447	519643	24721
木材加工和木、竹、藤、棕、草制品业	**21**	**28730**	**106875**	**36219**	**101743**	**2790**
人造板制造	3	5033	29932	7239	45001	444
木制品制造	14	5757	44691	22902	26900	1670
竹、藤、棕、草等制品制造	4	17940	32252	6078	29842	676
家具制造业	**89**	**387059**	**842077**	**549896**	**1321222**	**23698**
木质家具制造	41	48695	174180	83601	228880	6205
竹、藤家具制造	6	7878	28889	13996	26179	908
金属家具制造	30	292889	516826	375995	960075	14021
塑料家具制造	8	33926	85550	69111	82006	1653
其他家具制造	4	3671	36633	7193	24082	911
造纸和纸制品业	**59**	**114456**	**670624**	**37512**	**470499**	**7107**
造纸	8	77893	270323		135566	1424
纸制品制造	51	36563	400301	37512	334933	5683
印刷和记录媒介复制业	**49**	**57704**	**310098**	**42471**	**329058**	**5856**

4-25 续表 2

单位：万元

项　　目	企　业单位数(个)	新产品产　值	工业销售产值	出　口交货值	年末资产总计	从业人员年平均人　数(人)
印　刷	49	57704	310098	42471	329058	5856
文教、工美、体育和娱乐用品制造业	**119**	**126527**	**649522**	**512168**	**530756**	**21051**
文教办公用品制造	1		8873	8075	8336	207
乐器制造	1		2824		3157	80
工艺美术及礼仪用品制造	100	115212	550351	431989	446919	18153
体育用品制造	3	8215	41228	35058	38996	1225
玩具制造	12	1424	37977	30717	27029	1227
游艺器材及娱乐用品制造	2	1675	8269	6328	6319	159
石油、煤炭及其他燃料加工业	**1**		**4385**		**2324**	**25**
精炼石油产品制造	1		4385		2324	25
化学原料和化学制品制造业	**81**	**510931**	**1522695**	**388839**	**2389675**	**11374**
基础化学原料制造	12	148447	260543	95487	857580	2383
农药制造	4	48967	131710	55837	186387	1048
涂料油墨颜料及类似产品制造	24	78910	332359	77112	561758	3253
合成材料制造	15	100906	349967	6371	294756	1434
专用化学产品制造	18	107716	365109	112775	390987	2189
日用化学产品制造	8	25986	83009	41258	98207	1067
医药制造业	**62**	**1354634**	**2517444**	**1214463**	**5193257**	**28248**
化学药品原料药制造	46	1161338	2179502	1146447	4699005	24887
化学药品制剂制造	2	132307	140896	31780	245744	1575
中药饮片加工	2		9136		7620	115
中成药生产	3	55785	75768		129642	719
兽用药品制造	1		15492	14054	21739	163
生物药品制品制造	8	5203	96650	22182	89507	789
化学纤维制造业	**3**		**14238**		**18057**	**190**
合成纤维制造	3		14238		18057	190
橡胶和塑料制品业	**487**	**945148**	**4114961**	**1012210**	**4602321**	**69031**
橡胶制品业	88	201690	824835	171323	1060215	15295
塑料制品业	399	743459	3290126	840886	3542106	53736
非金属矿物制品业	**112**	**53005**	**1173148**	**46676**	**840875**	**9231**
水泥、石灰和石膏制造	5		83687		41557	262

4-25 续表 3

单位：万元

项 目	企业单位数（个）	新产品产值	工业销售产值	出口交货值	年末资产总计	从业人员年平均人数（人）
石膏、水泥制品及类似制品制造	64	8237	877481	1410	592922	5360
砖瓦、石材等建筑材料制造	20	7149	89827		66300	960
玻璃制造	6	4409	22051	2377	27185	535
玻璃制品制造	10	13273	47670	28804	50013	867
玻璃纤维和玻璃纤维增强塑料制品制造	2	8800	20864	6149	30393	372
陶瓷制品制造	5	11137	31570	7936	32506	875
黑色金属冶炼和压延加工业	**20**	**22303**	**357481**	**721**	**261924**	**1824**
钢压延加工	20	22303	357481	721	261924	1824
有色金属冶炼和压延加工业	**77**	**194042**	**1833119**	**115675**	**1104941**	**8888**
常用有色金属冶炼	2		51266		12692	75
贵金属冶炼	1		3256		3640	56
有色金属合金制造	9	206	803170	1479	424303	4145
有色金属压延加工	65	193837	975427	114196	664306	4612
金属制品业	**258**	**501249**	**2008177**	**619795**	**2411678**	**32895**
结构性金属制品制造	7	12162	51304	11523	61702	849
金属工具制造	18	30566	83269	10292	117790	1964
集装箱及金属包装容器制造	10	3959	40999	4208	39466	817
金属丝绳及其制品制造	12	365	81775	97	53054	618
建筑、安全用金属制品制造	64	75824	472853	225809	371518	9143
金属表面处理及热处理加工	40	49032	215290	39492	216150	5134
搪瓷制品制造	2	1639	6199	1424	2134	109
金属制日用品制造	25	242288	544380	299027	1078439	6109
铸造及其他金属制品制造	80	85414	512107	27925	471425	8152
通用设备制造业	**736**	**2165602**	**6045283**	**2626105**	**6639402**	**113137**
锅炉及原动设备制造	7	10194	41068	12392	56351	932
金属加工机械制造	67	276466	562809	163095	516491	11207
物料搬运设备制造	18	55035	147975	39135	174867	2568
泵、阀门、压缩机及类似机械制造	450	1213794	3616835	2008780	3208374	63590
轴承、齿轮和传动部件制造	94	328834	890616	151685	1646516	18901
烘炉、风机、包装等设备制造	64	235858	600784	220076	810629	12039

4-25 续表 4

单位：万元

项　　目	企业单位数（个）	新产品产值	工业销售产值	出口交货值	年末资产总计	从业人员年平均人数（人）
文化、办公用机械制造	2	8785	15964	4705	31015	391
通用零部件制造	31	23523	152125	23981	166858	3087
其他通用设备制造业	3	13113	17107	2255	28302	422
专用设备制造业	**274**	**1219198**	**2567231**	**810275**	**2886918**	**49608**
采矿、冶金、建筑专用设备制造	14	65662	189087	34529	178569	2672
化工、木材、非金属加工专用设备制造	104	467040	771554	171666	1089968	15888
食品、饮料、烟草及饲料生产专用设备制造	5	4794	12739		18755	323
印刷、制药、日化及日用品生产专用设备制造	2	2883	10471		11141	263
纺织、服装和皮革加工专用设备制造	43	351694	821443	282565	752248	13584
电子和电工机械专用设备制造	1		2736		626	62
农、林、牧、渔专用机械制造	44	171839	406890	286748	387619	6903
医疗仪器设备及器械制造	39	62078	209461	10680	243753	7314
环保、邮政、社会公共服务及其他专用设备制造	22	93208	142852	24087	204241	2599
汽车制造业	**386**	**5649860**	**8808702**	**878820**	**10673584**	**85731**
汽车整车制造	5	2870285	3215790		3626204	7372
汽车用发动机制造	2		18969	7248	24434	418
汽车零部件及配件制造	379	2779576	5573943	871571	7022946	77941
铁路、船舶、航空航天和其他运输设备制造业	**141**	**586603**	**1413675**	**296491**	**1642218**	**22591**
铁路运输设备制造	6	72040	100017	118	275184	1200
船舶及相关装置制造	24	69084	201043	26973	384792	2742
航空、航天器及设备制造	3	6733	16294		18328	238
摩托车制造	72	299287	749198	248048	666775	13359
自行车和残疾人座车制造	1		2028	104	4813	74
助动车制造	33	139459	337127	14683	288347	4856
非公路休闲车及零配件制造	2		7969	6566	3978	122
电气机械和器材制造业	**359**	**1252150**	**3714636**	**962997**	**3757862**	**51744**
电机制造	122	550028	1330483	356857	1328350	20556
输配电及控制设备制造	66	286161	595891	136104	632529	8621
电线、电缆、光缆及电工器材制造	58	114214	849893	1835	615051	4252
电池制造	2		5414		7566	87
家用电力器具制造	23	186891	362953	195646	603582	7452

4-25　续表 5

单位：万元

项　目	企业单位数(个)	新产品产值	工业销售产值	出口交货值	年末资产总计	从业人员年平均人数(人)
非电力家用器具制造	6	38549	90564	40615	117993	1936
照明器具制造	78	74829	463605	228358	442484	8495
其他电气机械及器材制造	4	1479	15834	3581	10308	345
计算机、通信和其他电子设备制造业	**44**	**926896**	**1363423**	**679656**	**2809511**	**12984**
计算机制造	1	75712	91300	78713	28739	450
通信设备制造	3	8798	27330	9036	37910	630
广播电视设备制造	1		3891		2296	92
非专业视听设备制造	2	545661	649105	499382	463629	2257
智能消费设备制造	7	86382	109918	2691	112910	1564
电子器件制造	9	168832	237412	75191	1060581	4591
电子元件及电子专用材料制造	18	41512	233314	14643	1082627	3178
其他电子设备制造	3		11154		20820	222
仪器仪表制造业	**52**	**323554**	**640978**	**236549**	**569673**	**12170**
通用仪器仪表制造	47	307935	583216	231208	530216	10723
专用仪器仪表制造	3	14401	36212	5316	24434	889
光学仪器制造	1	1218	16650	26	11069	428
其他仪器仪表制造业	1		4901		3954	130
其他制造业	**36**	**91723**	**408128**	**134899**	**511000**	**11773**
日用杂品制造	35	91723	394206	120977	499235	11334
其他未列明制造业	1		13922	13922	11765	439
废弃资源综合利用业	**37**	**4806**	**524273**		**409872**	**2823**
金属废料和碎屑加工处理	33		492524		348259	2395
非金属废料和碎屑加工处理	4	4806	31750		61613	428
金属制品、机械和设备修理业	**2**		**6220**	**1573**	**6822**	**106**
铁路、船舶、航空航天等运输设备修理	2		6220	1573	6822	106
电力、热力生产和供应业	**13**		**120167**		**538324**	**882**
电力生产	10		99321		511152	594
热力生产和供应	3		20846		27172	288
燃气生产和供应业	**7**		**80801**		**85107**	**439**
水的生产和供应业	**3**		**11526**		**42240**	**112**
自来水生产和供应	1		2913		1204	19
污水处理及其再生利用	2		8613		41036	93

4-26　规模以上非国有工业主要财务指标(二)

(2018年)　　单位：万元

项　　目	流动资产合计	存　货	非流动资产合计	固定资产原价	固定资产净值	年末负债合计
总　计	**31028703**	**6546744**	**21231857**	**16359323**	**9699157**	**29707001**
按轻重工业分						
轻工业	9734700	2374677	7775586	5987356	3393120	9206740
重工业	21294003	4172067	13456271	10371968	6306037	20500262
按大中小微型分						
大型企业	10290271	1553114	6496849	3347741	2100117	9207190
中型企业	7473617	1961652	6633718	4745137	2735941	6748981
小型企业	12730828	2960272	7573868	7878441	4527058	12988871
微型企业	533987	71706	527421	388005	336041	761960
按工业行业分						
非金属矿采选业	**10205**	**5963**	**25928**	**4976**	**3527**	**31077**
土砂石开采	10205	5963	25928	4976	3527	31077
农副食品加工业	**229204**	**72223**	**182152**	**143864**	**93689**	**215174**
饲料加工	18649	5238	20671	11989	9371	26600
植物油加工	12710	6169	31666	12872	9706	9678
屠宰及肉类加工	5636	477	27178	17194	14659	12945
水产品加工	187828	57983	96914	94810	55434	158984
蔬菜、菌类、水果和坚果加工	2801	1983	3037	3204	2216	3423
其他农副食品加工	1580	373	2687	3796	2304	3545
食品制造业	**106141**	**49857**	**72711**	**69950**	**42810**	**104945**
罐头食品制造	67676	40690	28176	35034	16805	72058
其他食品制造	38465	9167	44535	34916	26005	32887
酒、饮料和精制茶制造业	**84685**	**20256**	**53601**	**113044**	**42732**	**56718**
酒的制造	52633	12618	41858	98295	36242	33179
饮料制造	26527	7333	10160	12594	5208	21980
精制茶加工	5526	304	1583	2155	1283	1559

4-26　续表 1

单位：万元

项　　目	流动资产合计	存　货	非流动资产合计	固定资产原价	固定资产净值	年末负债合计
纺织业	**486927**	**111507**	**259992**	**269413**	**153965**	**504990**
棉纺织及印染精加工	139691	21027	91047	59759	43330	194126
毛纺织及染整精加工	16427	4207	11653	20356	8224	23104
化纤织造及印染精加工	96793	24351	35133	49733	27629	80894
针织或钩针编织物及其制品制造	17654	6192	22194	22342	10703	26711
家用纺织制成品制造	35885	7380	13716	14596	8536	37797
产业用纺织制成品制造	180478	48351	86249	102626	55543	142359
纺织服装、服饰业	**33694**	**8721**	**16268**	**24462**	**11461**	**29349**
机织服装制造	18743	4794	6776	6016	3001	16194
针织或钩针编织服装制造	10711	2637	7321	14420	6656	10285
服饰制造	4240	1290	2170	4027	1804	2870
皮革、毛皮、羽毛及其制品和制鞋业	**394419**	**69889**	**153809**	**168779**	**92508**	**401220**
皮革鞣制加工						
皮革制品制造	15267	4424	13319	16146	10907	18015
制鞋业	379152	65466	140490	152633	81601	383205
木材加工和木、竹、藤、棕、草制品业	**65250**	**14646**	**36493**	**37335**	**22365**	**69325**
木材加工						
人造板制造	32506	2710	12495	9525	4095	30820
木制品制造	14728	4852	12172	13216	8326	21393
竹、藤、棕、草等制品制造	18016	7085	11826	14594	9944	17112
家具制造业	**790601**	**232189**	**530619**	**341159**	**190277**	**812742**
木质家具制造	112397	49366	116483	115028	67960	163249
竹、藤家具制造	19167	7091	7013	5323	2880	22427
金属家具制造	605632	154478	354443	170151	93360	572576
塑料家具制造	34033	11285	47972	44134	22428	35676
其他家具制造	19373	9969	4709	6523	3649	18814
造纸和纸制品业	**301161**	**54588**	**169336**	**198959**	**118571**	**286472**
造纸	72440	10195	63127	86147	56009	67758
纸制品制造	228722	44393	106210	112812	62562	218714
印刷和记录媒介复制业	**174606**	**30014**	**154452**	**162966**	**87885**	**193911**

4-26 续表 2

单位：万元

项目	流动资产合计	存货	固定资产合计	固定资产原价	固定资产净值	年末负债合计
印刷	174606	30014	154452	162966	87885	193911
文教、工美、体育和娱乐用品制造业	**334774**	**85446**	**195980**	**222124**	**129611**	**362749**
文教办公用品制造	6221	632	2115	3767	1935	6474
乐器制造	1873	628	1284	1931	1077	2798
工艺美术及礼仪用品制造	281689	72504	165229	185503	107513	304686
体育用品制造	26017	6451	12979	12634	7755	26818
玩具制造	14958	3930	12071	15694	9459	18508
游艺器材及娱乐用品制造	4017	1302	2303	2595	1872	3464
石油、煤炭及其他燃料加工业	**1896**	**397**	**428**	**265**	**215**	**968**
精炼石油产品制造	1896	397	428	265	215	968
化学原料和化学制品制造业	**1298859**	**208183**	**1090815**	**515299**	**304511**	**938930**
基础化学原料制造	380978	40387	476601	141004	76974	269199
农药制造	114258	18075	72129	38847	20757	58485
涂料油墨颜料及类似产品制造	330439	68949	231319	139119	90061	196760
合成材料制造	184296	37826	110460	61804	36712	240130
专用化学产品制造	214686	32616	176301	110476	66124	144175
日用化学产品制造	74203	10330	24004	24050	13884	30181
医药制造业	**2396439**	**715760**	**2796818**	**1694820**	**966725**	**1970329**
化学药品原料药制造	2141149	663432	2557856	1524849	870822	1735223
化学药品制剂制造	87881	22575	157863	92207	53881	111062
中药饮片加工	7187	2234	434	658	339	5765
中成药生产	86575	15942	43067	39879	21473	68497
兽用药品制造	16237	596	5502	4236	1869	2887
生物药品制品制造	57411	10982	32096	32991	18341	46895
化学纤维制造业	**9121**	**1166**	**8936**	**7166**	**3562**	**14785**
合成纤维制造	9121	1166	8936	7166	3562	14785
橡胶和塑料制品业	**2677031**	**578246**	**1925283**	**1811537**	**1037621**	**2340206**
橡胶制品业	677332	129224	382882	351797	194086	478359
塑料制品业	1999700	449023	1542401	1459739	843535	1861848
非金属矿物制品业	**583550**	**115854**	**257324**	**320608**	**160159**	**546510**
水泥、石灰和石膏制造	30119	5116	11439	16806	7173	25837

4-26　续表 3

单位：万元

项　　目	流动资产合计	存　货	非流动资产合计	固定资产原价	固定资产净值	年末负债合计
石膏、水泥制品及类似制品制造	414061	82441	178862	225993	109311	394008
砖瓦、石材等建筑材料制造	45712	9120	20588	24470	17207	44989
玻璃制造	16567	5341	10617	15334	6366	21825
玻璃制品制造	38844	7579	11169	15814	6147	16484
玻璃纤维和玻璃纤维增强塑料制品制造	20162	3228	10231	6837	3990	18289
陶瓷制品制造	18087	3030	14419	15355	9966	25078
黑色金属冶炼和压延加工业	**174732**	**62507**	**87192**	**96266**	**61740**	**204097**
钢压延加工	174732	62507	87192	96266	61740	204097
有色金属冶炼和压延加工业	**705967**	**233046**	**398973**	**239038**	**156063**	**668195**
常用有色金属冶炼	10806	6786	1885	1454	1084	10947
贵金属冶炼	3186	1211	455	762	431	2087
有色金属合金制造	269139	140076	155165	102271	77462	240002
有色金属压延加工	422836	84973	241469	134551	77086	415159
金属制品业	**1384165**	**252343**	**1027512**	**669120**	**377551**	**1482755**
结构性金属制品制造	47754	8076	13949	20457	9862	41862
金属工具制造	60774	14940	57016	56975	35014	73500
集装箱及金属包装容器制造	25214	6611	14252	19038	9169	28139
金属丝绳及其制品制造	35860	7262	17193	22085	13272	39653
建筑、安全用金属制品制造	247829	63258	123689	116429	66669	270075
金属表面处理及热处理加工	118406	18771	97744	122567	75459	153901
搪瓷制品制造	1654	363	480	648	478	531
金属制日用品制造	533126	72961	545314	115710	57024	563208
铸造及其他金属制品制造	313549	60102	157876	195211	110605	311885
通用设备制造业	**3920982**	**1103946**	**2718414**	**2483992**	**1449745**	**3707531**
锅炉及原动设备制造	32016	12634	24335	27156	17787	35176
金属加工机械制造	353881	122695	162610	209361	118249	325504
物料搬运设备制造	110167	30094	64700	61682	40859	105441
泵、阀门、压缩机及类似机械制造	2117419	604225	1090952	1117324	638002	1753283
轴承、齿轮和传动部件制造	797738	196546	848777	721159	430700	858543
烘炉、风机、包装等设备制造	368844	103068	441785	245155	142515	465456

4-26 续表 4

单位：万元

项　　目	流动资产合计	存　货	非流动资产合计	固定资产原价	固定资产净值	年末负债合计
文化、办公用机械制造	22881	6083	8134	12002	3861	18700
通用零部件制造	98291	18769	68566	84191	53568	124371
其他通用设备制造业	19747	9833	8555	5963	4204	21058
专用设备制造业	**1819255**	**530885**	**1067659**	**1123518**	**631301**	**1696433**
采矿、冶金、建筑专用设备制造	134075	40502	44494	44409	26177	100824
化工、木材、非金属加工专用设备制造	681066	178834	408901	494974	263979	709193
食品、饮料、烟草及饲料生产专用设备制造	10619	1890	8136	8056	5641	11791
印刷、制药、日化及日用品生产专用设备制造	7384	934	3757	3450	1523	6838
纺织、服装和皮革加工专用设备制造	496692	178562	255554	231984	130119	390210
电子和电工机械专用设备制造	511	181	115	187	115	533
农、林、牧、渔专用机械制造	240509	71047	147110	145203	91856	212868
医疗仪器设备及器械制造	131454	38311	112298	129716	73000	150551
环保、邮政、社会公共服务及其他专用设备制造	116946	20625	87294	65540	38891	113624
汽车制造业	**7093697**	**653420**	**3579883**	**2436904**	**1592039**	**7671407**
汽车整车制造	2784362	67558	841843	327198	287186	3067654
汽车用发动机制造	15761	3493	8673	4633	3497	14173
汽车零部件及配件制造	4293574	582369	2729367	2105073	1301356	4589580
铁路、船舶、航空航天和其他运输设备制造业	**1119421**	**313545**	**522795**	**526798**	**273161**	**999985**
铁路运输设备制造	170316	19182	104868	43450	22833	72139
船舶及相关装置制造	306743	158495	78049	122408	54259	249674
航空、航天器及设备制造	9837	924	8491	9025	5622	13338
摩托车制造	444036	94905	222738	274246	135767	435042
自行车和残疾人座车制造	3544	417	1269	2054	971	4766
助动车制造	181092	38310	107256	75366	53598	222444
非公路休闲车及零配件制造	3854	1312	125	250	111	2583
电气机械和器材制造业	**2568215**	**524530**	**1189644**	**1074652**	**606128**	**2194036**
电机制造	887159	188656	441190	388357	228260	727415
输配电及控制设备制造	415393	89570	217135	227419	134591	361092
电线、电缆、光缆及电工器材制造	488352	95366	126699	118871	64479	361804
电池制造	5939	2557	1627	1317	621	8896
家用电力器具制造	367060	61251	236521	131317	73480	335205

4-26 续表 5

单位：万元

项 目	流动资产合计	存 货	非流动资产合计	固定资产原价	固定资产净值	年末负债合计
非电力家用器具制造	89043	24940	28950	33131	15590	61846
照明器具制造	307839	60344	134645	169932	87408	330478
其他电气机械及器材制造	7431	1848	2877	4308	1700	7301
计算机、通信和其他电子设备制造业	**1192531**	**211256**	**1616980**	**628910**	**432979**	**909905**
计算机制造	27134	5553	1605	1924	1355	27442
通信设备制造	22636	6677	15274	7617	4855	15214
广播电视设备制造	2022	97	274	277	231	1930
非专业视听设备制造	386242	87327	77387	63497	50690	292904
智能消费设备制造	79273	22010	33637	26242	18986	57383
电子器件制造	370185	38250	690395	252128	172473	359803
电子元件及电子专用材料制造	296690	49599	785937	263636	173542	139599
其他电子设备制造	8350	1744	12470	13589	10847	15630
仪器仪表制造业	**400365**	**109780**	**169308**	**186281**	**96120**	**275164**
通用仪器仪表制造	378313	107028	151903	161994	83743	256737
专用仪器仪表制造	13853	1423	10581	17561	8073	8333
光学仪器制造	6287	1294	4782	5886	3652	6541
其他仪器仪表制造业	1912	34	2041	839	652	3552
其他制造业	**297767**	**67466**	**213232**	**210278**	**114509**	**272131**
日用杂品制造	290917	63260	208317	203254	110671	262066
其他未列明制造业	6851	4206	4914	7024	3838	10065
废弃资源综合利用业	**231437**	**102104**	**178435**	**107856**	**81538**	**307774**
金属废料和碎屑加工处理	202298	96857	145961	74436	59234	266032
非金属废料和碎屑加工处理	29139	5247	32474	33420	22304	41742
金属制品、机械和设备修理业	**3095**	**1035**	**3727**	**7368**	**3704**	**2598**
铁路、船舶、航空航天等运输设备修理	3095	1035	3727	7368	3704	2598
电力、热力生产和供应业	**112077**	**1259**	**426247**	**363572**	**293277**	**363059**
电力生产	101740	887	409412	335893	283433	344115
热力生产和供应	10337	372	16835	27678	9844	18945
燃气生产和供应业	**19919**	**4607**	**65188**	**51889**	**35364**	**42998**
水的生产和供应业	**6516**	**111**	**35724**	**46159**	**31748**	**28536**
自来水生产和供应	767		437	1106	252	1010
污水处理及其再生利用	5749	111	35287	45052	31496	27526

4-27 规模以上非国有工业主要财务指标(三)

(2018年)

单位：万元

项目	流动负债	非流动负债	年末所有者权益合计	实收资本	主营业务收入	主营业务成本
总计	**27178312**	**2362486**	**22553585**	**8904322**	**44577093**	**36918266**
按轻重工业分						
轻工业	8544768	571115	8303557	3414907	14113213	11251614
重工业	18633544	1791371	14250028	5489415	30463880	25666652
按大中小微型分						
大型企业	8273093	934097	7579930	2463417	12152577	10043444
中型企业	6127518	621463	7358357	2396011	10415000	8149997
小型企业	12395174	584014	7315849	3908990	21421770	18194492
微型企业	382528	222912	299449	135904	587746	530333
按工业行业分						
非金属矿采选业	**24596**	**6482**	**5056**	**6500**	**13482**	**9608**
土砂石开采	24596	6482	5056	6500	13482	9608
农副食品加工业	**197433**	**17741**	**196182**	**97315**	**540637**	**483824**
饲料加工	26600		12720	4375	49806	44005
植物油加工	6881	2797	34698	5785	30706	14003
屠宰及肉类加工	11062	1883	19869	14660	146498	142005
水产品加工	146139	12845	125759	68640	308215	279073
蔬菜、菌类、水果和坚果加工	3273	150	2415	2350	3059	2736
其他农副食品加工	3479	66	722	1505	2354	2001
食品制造业	**104769**	**176**	**73907**	**27341**	**159300**	**137497**
罐头食品制造	71961	96	23794	9761	87042	76885
其他食品制造	32808	79	50113	17580	72258	60612
酒、饮料和精制茶制造业	**56163**	**555**	**81568**	**40361**	**110723**	**89928**
酒的制造	32624	555	61312	30850	77723	61418
饮料制造	21980		14707	4351	27180	23460
精制茶加工	1559		5550	5160	5820	5050

4-27 续表 1

单位：万元

项　　目	流动负债	非流动负债	年末所有者权益合计	实收资本	主营业务收入	主营业务成本
纺织业	**463374**	**15027**	**241929**	**109568**	**709617**	**606901**
棉纺织及印染精加工	157486	10051	36611	14704	172383	152613
毛纺织及染整精加工	22918	187	4976	5862	26590	22342
化纤织造及印染精加工	80894		51033	27679	160485	145260
针织或钩针编织物及其制品制造	24628	2083	13136	3428	34222	27125
家用纺织制成品制造	37797		11804	5458	58246	43914
产业用纺织制成品制造	139652	2706	124368	52437	257692	215648
纺织服装、服饰业	**29349**		**20613**	**14081**	**53218**	**45755**
机织服装制造	16194		9326	7901	25758	21962
针织或钩针编织服装制造	10285		7747	4824	16730	14666
服饰制造	2870		3540	1356	10729	9126
皮革、毛皮、羽毛及其制品和制鞋业	**395153**	**4916**	**147009**	**73479**	**724302**	**628621**
皮革制品制造	17488	527	10571	8216	27486	24122
制鞋业	377665	4390	136438	65263	696816	604499
木材加工和木、竹、藤、棕、草制品业	**68425**	**900**	**32418**	**14543**	**106027**	**89353**
人造板制造	29920	900	14181	8981	29447	25160
木制品制造	21393		5507	3162	44319	36862
竹、藤、棕、草等制品制造	17112		12730	2400	32261	27331
家具制造业	**801022**	**11720**	**508480**	**318433**	**968468**	**824020**
木质家具制造	158071	5178	65631	42776	172686	138906
竹、藤家具制造	22425	3	3752	1329	28431	24906
金属家具制造	569165	3411	387499	254203	648103	565755
塑料家具制造	35676		46330	14917	83862	62126
其他家具制造	15686	3128	5268	5208	35386	32327
造纸和纸制品业	**271571**	**13263**	**184027**	**70156**	**671450**	**593517**
造纸	65920	1839	67808	17032	270239	234337
纸制品制造	205651	11424	116219	53124	401211	359180
印刷和记录媒介复制业	**186615**	**7297**	**135146**	**64645**	**308405**	**269563**

4-27 续表 2

单位：万元

项目	流动负债	非流动负债	年末所有者权益合计	实收资本	主营业务收入	主营业务成本
印刷	186615	7297	135146	64645	308405	269563
文教、工美、体育和娱乐用品制造业	**349072**	**13677**	**168007**	**69273**	**653975**	**522762**
文教办公用品制造	6474		1862	1023	8873	8080
乐器制造	2798		358	218	2824	2521
工艺美术及礼仪用品制造	293688	10998	142233	60521	555154	442474
体育用品制造	24139	2679	12178	2495	40817	30434
玩具制造	18508		8521	4066	38039	32145
游艺器材及娱乐用品制造	3464		2855	950	8268	7108
石油、煤炭及其他燃料加工业	**968**		**1356**	**1000**	**4385**	**3873**
精炼石油产品制造	968		1356	1000	4385	3873
化学原料和化学制品制造业	**825695**	**110069**	**1450745**	**354384**	**1650859**	**1289734**
基础化学原料制造	197390	71809	588380	112373	315420	240727
农药制造	50879	7605	127902	38805	153508	118127
涂料油墨颜料及类似产品制造	192357	4404	364998	92482	385643	268359
合成材料制造	226819	13311	54626	33774	342790	309525
专用化学产品制造	128182	12827	246812	62970	370803	292515
日用化学产品制造	30068	113	68026	13982	82696	60482
医药制造业	**1658734**	**295232**	**3222929**	**1040644**	**2536333**	**1583688**
化学药品原料药制造	1466445	268778	2963782	936893	2194845	1423665
化学药品制剂制造	87185	23877	134682	48000	139219	52456
中药饮片加工	5765		1855	1100	9126	8068
中成药生产	67076	1421	61145	38706	75873	20137
兽用药品制造	2887		18852	5370	15681	5654
生物药品制造	29375	1156	42613	10574	101589	73709
化学纤维制造业	**14785**		**3272**	**1898**	**14253**	**13632**
合成纤维制造	14785		3272	1898	14253	13632
橡胶和塑料制品业	**2239062**	**71864**	**2262112**	**976312**	**4135469**	**3362311**
橡胶制品业	466484	11875	581856	187370	806487	630197
塑料制品业	1772578	59989	1680256	788942	3328983	2732115
非金属矿物制品业	**515397**	**20382**	**294365**	**178289**	**1198240**	**1030260**
水泥、石灰和石膏制造	23117	2720	15720	5264	87645	75723

4-27　续表 3

单位：万元

项　　目	流　动负　债	非流动负　债	年　末所有者权益合计	实　收资　本	主营业务收入	主营业务成本
石膏、水泥制品及类似制品制造	370819	12459	198915	127017	902335	782749
砖瓦、石材等建筑材料制造	43883	1106	21311	19237	89599	77139
玻璃制造	20194	1632	5359	6770	22036	19032
玻璃制品制造	16484		33529	8482	47073	36129
玻璃纤维和玻璃纤维增强塑料制品制造	15823	2466	12104	4073	20899	15905
陶瓷制品制造	25078		7427	7446	28653	23582
黑色金属冶炼和压延加工业	**162133**	**22639**	**57826**	**26869**	**362904**	**336460**
钢压延加工	162133	22639	57826	26869	362904	336460
有色金属冶炼和压延加工业	**612918**	**39494**	**436746**	**245802**	**1852522**	**1750337**
常用有色金属冶炼	10947		1745	678	49960	49293
贵金属冶炼	2087		1554	2000	5031	4533
有色金属合金制造	212599	27403	184301	154080	794116	731665
有色金属压延加工	387286	12090	249147	89045	1003415	964847
金属制品业	**1360741**	**109490**	**928922**	**403309**	**2004801**	**1664126**
结构性金属制品制造	36273	5589	19840	15996	42307	35549
金属工具制造	66719	6781	44290	28675	85225	68706
集装箱及金属包装容器制造	27818	321	11327	5116	40522	34833
金属丝绳及其制品制造	36091	2041	13401	9335	82058	74673
建筑、安全用金属制品制造	259794	601	101443	88298	483538	414109
金属表面处理及热处理加工	145613	8288	62249	32433	217561	185693
搪瓷制品制造	531		1602	1561	6159	5510
金属制日用品制造	487360	75848	515230	126132	533136	396321
铸造及其他金属制品制造	300540	10020	159540	95763	514295	448732
通用设备制造业	**3359774**	**347757**	**2931870**	**1113315**	**6041702**	**4934333**
锅炉及原动设备制造	35176		21175	11295	40558	29512
金属加工机械制造	323010	2493	190987	62580	560744	450447
物料搬运设备制造	99846	5595	69426	37976	152598	117396
泵、阀门、压缩机及类似机械制造	1688507	64776	1455091	585927	3613794	2982372
轴承、齿轮和传动部件制造	657806	200737	787973	216569	891508	707562
烘炉、风机、包装等设备制造	397253	68203	345173	151392	594305	488906

4-27 续表 4

单位：万元

项目	流动负债	非流动负债	年末所有者权益合计	实收资本	主营业务收入	主营业务成本
文化、办公用机械制造	17180	1520	12314	6236	16592	13592
通用零部件制造	119940	4431	42487	29109	154205	129877
其他通用设备制造业	21056	2	7244	12230	17398	14669
专用设备制造业	**1604609**	**84339**	**1190483**	**490891**	**2565629**	**2040670**
采矿、冶金、建筑专用设备制造	95446	2918	77745	21244	184743	140318
化工、木材、非金属加工专用设备制造	664933	39236	380773	159502	767734	596204
食品、饮料、烟草及饲料生产专用设备制造	11791		6964	4106	12738	9300
印刷、制药、日化及日用品生产专用设备制造	6838		4303	1298	10474	8692
纺织、服装和皮革加工专用设备制造	366898	23312	362037	139058	824179	683479
电子和电工机械专用设备制造	533		93	10	2736	2465
农、林、牧、渔专用机械制造	207929	4939	174751	66073	409166	336693
医疗仪器设备及器械制造	139610	10942	93201	43222	214929	159322
环保、邮政、社会公共服务及其他专用设备制造	110631	2992	90617	56378	138930	104198
汽车制造业	**7006673**	**655154**	**3002176**	**1152755**	**8845075**	**7570351**
汽车整车制造	2949281	118373	558550	419166	3200363	3008504
汽车用发动机制造	12461	1713	10261	7000	18835	9925
汽车零部件及配件制造	4044931	535068	2433365	726589	5625878	4551922
铁路、船舶、航空航天和其他运输设备制造业	**968196**	**31789**	**642233**	**300259**	**1399058**	**1197959**
铁路运输设备制造	59340	12799	203045	33694	101372	52863
船舶及相关装置制造	247894	1780	135119	102780	192106	178200
航空、航天器及设备制造	9078	4260	4990	2780	16089	11974
摩托车制造	425953	9089	231733	101051	745726	645018
自行车和残疾人座车制造	4766		47	497	2028	1801
助动车制造	218582	3862	65903	58557	333746	301529
非公路休闲车及零配件制造	2583		1395	900	7991	6574
电气机械和器材制造业	**2100608**	**80842**	**1563825**	**808544**	**3830048**	**3294229**
电机制造	691306	35797	600935	207759	1320450	1126178
输配电及控制设备制造	337637	17336	271436	205935	596731	502648
电线、电缆、光缆及电工器材制造	359787	2017	253247	186055	845699	771439
电池制造	2741		-1330	328	5468	5044
家用电力器具制造	327649	7556	268377	107070	495043	407586

4-27 续表 5

单位：万元

项 目	流动负债	非流动负债	年末所有者权益合计	实收资本	主营业务收入	主营业务成本
非电力家用器具制造	59276	2570	56147	15009	90025	66533
照明器具制造	314911	15567	112006	84589	460799	401612
其他电气机械及器材制造	7301		3007	1800	15834	13189
计算机、通信和其他电子设备制造业	**750005**	**159900**	**1899606**	**434503**	**1331622**	**1105567**
计算机制造	26042	1400	1297	5000	91300	86888
通信设备制造	15030	184	22696	11841	26939	19095
广播电视设备制造	1930		366	209	3891	3271
非专业视听设备制造	270355	22549	170725	30515	640810	565866
智能消费设备制造	53672	3710	55528	21534	107980	71316
电子器件制造	237840	121963	700777	207467	239079	182517
电子元件及电子专用材料制造	130485	9114	943027	152337	210039	166890
其他电子设备制造	14650	979	5190	5601	11584	9725
仪器仪表制造业	**268616**	**6548**	**294509**	**129584**	**635708**	**486322**
通用仪器仪表制造	250189	6548	273479	124216	577993	438843
专用仪器仪表制造	8333		16100	2388	36212	30016
光学仪器制造	6541		4528	2880	16638	13219
其他仪器仪表制造业	3552		401	100	4865	4244
其他制造业	**266044**	**6087**	**238869**	**102703**	**405487**	**322887**
日用杂品制造	255979	6087	237169	101703	391565	311298
其他未列明制造业	10065		1700	1000	13922	11589
废弃资源综合利用业	**283087**	**24686**	**102098**	**101710**	**525395**	**475125**
金属废料和碎屑加工处理	255755	10277	82227	84942	493493	452276
非金属废料和碎屑加工处理	27333	14409	19871	16768	31902	22849
金属制品、机械和设备修理业	**2598**		**4224**	**5000**	**6142**	**5214**
铁路、船舶、航空航天等运输设备修理	2598		4224	5000	6142	5214
电力、热力生产和供应业	**187706**	**175353**	**175265**	**99340**	**116984**	**71679**
电力生产	173291	170823	167037	95740	96178	54863
热力生产和供应	14415	4530	8228	3600	20807	16816
燃气生产和供应业	**30466**	**12532**	**42109**	**18383**	**82913**	**68528**
水的生产和供应业	**11958**	**16578**	**13704**	**13137**	**11958**	**9632**
自来水生产和供应	1010		194	87	3280	2913
污水处理及其再生利用	10948	16578	13510	13050	8678	6719

4-28 规模以上非国有工业主要财务指标(四)

(2018年)　　单位：万元

项目	销售费用	财务费用	#利息支出	主营业务税金及附加	利润总额	利税总额	本年应交增值税
总计	**1384499**	**523265**	**568507**	**342380**	**3233961**	**4953178**	**1371126**
按轻重工业分							
轻工业	637055	168708	200782	108171	1163912	1786064	512984
重工业	747445	354558	367726	234209	2070049	3167114	858142
按大中小微型分							
大型企业	349820	96884	105111	130295	1244907	1653522	277573
中型企业	419511	118309	155411	81628	997564	1465130	384990
小型企业	605788	293164	292596	127291	946110	1767251	691346
微型企业	9380	14908	15389	3167	45380	67276	17217
按工业行业分							
非金属矿采选业	**755**	**2047**	**1447**	**850**	**-587**	**680**	**417**
土砂石开采	755	2047	1447	850	-587	680	417
农副食品加工业	**9874**	**7688**	**7547**	**2064**	**20811**	**29212**	**6338**
饲料加工	622	656	756	174	2399	2820	247
植物油加工	2626	175	329	255	10048	11991	1689
屠宰及肉类加工	1767	462	472	262	884	1239	93
水产品加工	4674	6134	5742	1276	8047	13437	4115
蔬菜、菌类、水果和坚果加工	143	118	105	40	-103	-63	
其他农副食品加工	42	143	143	56	-464	-213	195
食品制造业	**7089**	**2017**	**2566**	**1038**	**2109**	**8276**	**5129**
罐头食品制造	3169	1169	1702	705	1154	5869	4010
其他食品制造	3921	848	864	333	955	2407	1119
酒、饮料和精制茶制造业	**1610**	**539**	**1267**	**10051**	**5098**	**21044**	**5888**
酒的制造	386	-445	259	9784	4417	18573	4372
饮料制造	1124	873	898	245	456	2010	1303
精制茶加工	99	111	110	21	226	460	213

4-28 续表 1

单位：万元

项　　目	销售费用	财务费用	#利息支出	主营业务税金及附加	利润总额	利税总额	本年应交增值税
纺织业	**16775**	**9509**	**12095**	**4434**	**38682**	**69098**	**25982**
棉纺织及印染精加工	2152	5684	5642	457	4812	8702	3433
毛纺织及染整精加工	276	686	626	224	1156	2860	1479
化纤织造及印染精加工	2635	1248	1258	707	10721	16723	5295
针织或钩针编织物及其制品制造	1230	321	524	258	2625	4105	1223
家用纺织制成品制造	2434	989	951	522	6190	9769	3057
产业用纺织制成品制造	8048	581	3093	2267	13178	26939	11495
纺织服装、服饰业	**980**	**780**	**750**	**372**	**1636**	**3961**	**1929**
机织服装制造	506	299	302	197	601	1598	800
针织或钩针编织服装制造	207	301	305	88	743	1535	704
服饰制造	267	181	143	87	292	829	424
皮革、毛皮、羽毛及其制品和制鞋业	**19778**	**7083**	**7971**	**4545**	**24032**	**54252**	**25578**
皮革制品制造	491	556	569	182	221	1331	928
制鞋业	19287	6527	7402	4363	23811	52921	24650
木材加工和木、竹、藤、棕、草制品业	**2958**	**1061**	**1556**	**726**	**3428**	**8056**	**3903**
人造板制造	463	160	462	245	1941	3513	1327
木制品制造	1701	501	567	357	670	2867	1840
竹、藤、棕、草等制品制造	794	400	526	124	816	1677	736
家具制造业	**45365**	**15044**	**17896**	**7172**	**16414**	**60770**	**36886**
木质家具制造	9376	2619	3046	1708	4880	12657	5771
竹、藤家具制造	732	565	530	239	465	2157	1453
金属家具制造	28894	10628	12938	4292	2733	33208	26184
塑料家具制造	5803	668	651	734	8050	11058	2274
其他家具制造	561	565	732	199	287	1690	1204
造纸和纸制品业	**13902**	**7716**	**8171**	**5664**	**43329**	**95596**	**46603**
造纸	4440	3347	3100	3654	29494	63409	30261
纸制品制造	9462	4369	5070	2010	13835	32187	16342
印刷和记录媒介复制业	**7767**	**3711**	**3881**	**1822**	**18828**	**29422**	**8772**

4-28 续表 2

单位：万元

项目	销售费用	财务费用	#利息支出	主营业务税金及附加	利润总额	利税总额	本年应交增值税
印刷	7767	3711	3881	1822	18828	29422	8772
文教、工美、体育和娱乐用品制造业	**30197**	**8212**	**8003**	**5849**	**34361**	**71701**	**31376**
文教办公用品制造	326	-111	14	23	207	496	266
乐器制造		43	43	12	85	192	95
工艺美术及礼仪用品制造	26984	7299	7022	5130	30065	61068	25765
体育用品制造	1458	697	650	375	2591	5837	2872
玩具制造	1324	270	270	241	1021	3321	2053
游艺器材及娱乐用品制造	105	13	4	70	392	787	325
石油、煤炭及其他燃料加工业	**149**	**11**	**12**	**20**	**194**	**289**	**74**
精炼石油产品制造	149	11	12	20	194	289	74
化学原料和化学制品制造业	**46838**	**8004**	**21612**	**10098**	**207864**	**265762**	**47670**
基础化学原料制造	4129	1631	5120	2508	45233	59929	12188
农药制造	3486	-511	597	575	17804	20444	2036
涂料油墨颜料及类似产品制造	9517	358	5402	3239	71984	91386	16063
合成材料制造	7907	7627	7389	1305	7032	12775	4437
专用化学产品制造	16441	-630	2717	1941	55833	69244	11470
日用化学产品制造	5359	-472	386	530	9979	11984	1475
医药制造业	**200035**	**33656**	**46670**	**23553**	**466055**	**596592**	**106837**
化学药品原料药制造	129466	28819	40618	19197	409869	513471	84289
化学药品制剂制造	29763	2097	2581	2005	29967	40305	8333
中药饮片加工	31	48	44	9	114	204	81
中成药生产	26410	1524	1746	1278	18405	28713	9031
兽用药品制造	585	-454	199	265	7150	7548	103
生物药品制品制造	13780	1622	1483	800	550	6351	5001
化学纤维制造业	**21**	**413**	**609**	**42**	**482**	**838**	**315**
合成纤维制造	21	413	609	42	482	838	315
橡胶和塑料制品业	**163503**	**53799**	**54052**	**26754**	**302922**	**474913**	**145125**
橡胶制品业	40213	11524	11005	5787	56726	94564	32020
塑料制品业	123290	42275	43047	20967	246196	380350	113105
非金属矿物制品业	**39995**	**9729**	**10598**	**6054**	**60578**	**107954**	**41204**
水泥、石灰和石膏制造	1263	809	863	384	7814	11114	2916

4-28　续表 3

单位：万元

项　　目	销售费用	财务费用	#利息支出	主营业务税金及附加	利润总额	利税总额	本年应交增值税
石膏、水泥制品及类似制品制造	31193	6993	7212	4213	41466	76586	30837
砖瓦、石材等建筑材料制造	3706	703	693	399	3374	6853	3031
玻璃制造	666	471	482	264	552	1724	908
玻璃制品制造	1429	-228	385	405	6173	8013	1435
玻璃纤维和玻璃纤维增强塑料制品制造	1190	495	508	140	615	1539	784
陶瓷制品制造	548	487	455	249	584	2125	1292
石墨及其他非金属矿物制品制造							
黑色金属冶炼和压延加工业	**2188**	**3324**	**3678**	**892**	**14534**	**20115**	**4250**
钢压延加工	2188	3324	3678	892	14534	20115	4250
有色金属冶炼和压延加工业	**8799**	**21829**	**16215**	**5877**	**51677**	**93626**	**36036**
常用有色金属冶炼	68	193	198	18	121	320	181
贵金属冶炼		139	139	13	60	183	110
有色金属合金制造	2234	13906	4955	3443	36706	51662	11499
有色金属压延加工	6497	7591	10924	2403	14791	41461	24246
金属制品业	**78547**	**29742**	**29168**	**11821**	**184741**	**259436**	**62678**
结构性金属制品制造	1591	516	1066	262	1142	3435	1989
金属工具制造	2210	1698	1605	474	6860	9396	2049
集装箱及金属包装容器制造	855	713	622	333	1027	2821	1460
金属丝绳及其制品制造	797	1621	1574	218	2809	4249	1222
建筑、安全用金属制品制造	16850	6372	6799	2921	13664	30940	14355
金属表面处理及热处理加工	2347	3320	3072	1229	9910	19457	8300
搪瓷制品制造	56	71	60	22	96	270	153
金属制日用品制造	44090	5101	4831	3381	128252	146748	15115
铸造及其他金属制品制造	9753	10332	9538	2981	20982	42120	18036
通用设备制造业	**186025**	**72391**	**85032**	**37693**	**379296**	**607848**	**189873**
锅炉及原动设备制造	1933	348	408	398	4191	6055	1456
金属加工机械制造	17877	6238	7000	3531	36890	57933	17495
物料搬运设备制造	7716	1936	2426	917	9657	13507	2860
泵、阀门、压缩机及类似机械制造	106894	33077	38669	20964	216897	353107	114792
轴承、齿轮和传动部件制造	27889	18944	23762	6645	66101	101602	28796
烘炉、风机、包装等设备制造	18992	7883	8517	3679	42907	63506	16553

4-28 续表 4

单位：万元

项目	销售费用	财务费用	#利息支出	主营业务税金及附加	利润总额	利税总额	本年应交增值税
文化、办公用机械制造	623	383	740	191	279	1092	622
通用零部件制造	2775	2995	2914	1330	5162	13377	6880
其他通用设备制造业	1326	587	596	39	-2789	-2331	419
专用设备制造业	**106272**	**25662**	**29498**	**15993**	**159134**	**252313**	**76857**
采矿、冶金、建筑专用设备制造	5617	1553	1928	1007	21208	26530	4315
化工、木材、非金属加工专用设备制造	26833	15458	13688	6560	52468	94294	35159
食品、饮料、烟草及饲料生产专用设备制造	450	230	248	145	816	1888	927
印刷、制药、日化及日用品生产专用设备制造	247	131	138	103	630	1617	884
纺织、服装和皮革加工专用设备制造	36928	-557	3930	3748	46344	65684	15574
电子和电工机械专用设备制造				11	110	231	111
农、林、牧、渔专用机械制造	16611	3528	4054	1426	21197	27640	4913
医疗仪器设备及器械制造	14381	3121	3196	1960	5741	18010	10233
环保、邮政、社会公共服务及其他专用设备制造	5206	2199	2317	1033	10621	16417	4740
汽车制造业	**158527**	**89773**	**81656**	**101242**	**714422**	**1043617**	**225932**
汽车整车制造	3178	19298	9925	69797	246792	357133	38689
汽车用发动机制造	675	43	131	28	3327	4053	699
汽车零部件及配件制造	154674	70431	71600	31418	464303	682430	186543
铁路、船舶、航空航天和其他运输设备制造业	**32685**	**13885**	**16343**	**19563**	**57544**	**119119**	**41968**
铁路运输设备制造	8120	700	829	963	26077	31691	4651
船舶及相关装置制造	1121	1437	1596	1077	3772	9304	4441
航空、航天器及设备制造	203	364	246	122	1338	2357	897
摩托车制造	14293	9611	10565	16082	22649	64280	25518
自行车和残疾人座车制造	100	179	179	54	-124	-8	62
助动车制造	8584	1591	2927	1233	3339	10598	6026
非公路休闲车及零配件制造	265	3		33	493	898	373
电气机械和器材制造业	**111651**	**39588**	**47369**	**19505**	**163485**	**287602**	**104164**
电机制造	27053	14156	15310	7689	72770	126254	45703
输配电及控制设备制造	20103	8072	8500	3711	23163	44129	17036
电线、电缆、光缆及电工器材制造	10833	11314	11060	2477	21527	42472	18468
电池制造	58	238	239	4	-1177	-1146	28
家用电力器具制造	30250	-356	4558	2232	27403	32565	2930

4-28 续表 5

单位：万元

项 目	销售费用	财务费用	#利息支出	主营业务税金及附加	利润总额	利税总额	本年应交增值税
非电力家用器具制造	10304	-333	1233	585	5584	9630	3460
照明器具制造	12650	6452	6413	2689	13906	32587	15855
其他电气机械及器材制造	400	47	55	119	309	1112	684
计算机、通信和其他电子设备制造业	**36712**	**26292**	**24464**	**5618**	**116045**	**140993**	**19319**
计算机制造	1022	1455	557	28	-915	-887	
通信设备制造	1970	297	305	207	2912	3997	878
广播电视设备制造	288	40	21	19	157	339	163
非专业视听设备制造	11671	15211	7968	766	20506	21445	173
智能消费设备制造	10451	905	691	754	19298	25099	5040
电子器件制造	3996	3879	10964	1428	40518	46414	4468
电子元件及电子专用材料制造	6875	4045	3874	2333	33329	43761	8096
其他电子设备制造	440	459	83	82	241	825	501
仪器仪表制造业	**25697**	**5098**	**5576**	**4442**	**64412**	**94565**	**25568**
通用仪器仪表制造	23290	4483	4990	4163	62237	89464	22920
专用仪器仪表制造	1664	446	417	175	1663	3643	1805
光学仪器制造	559	125	125	88	331	1125	707
其他仪器仪表制造业	185	44	44	16	181	333	136
其他制造业	**11480**	**5535**	**5887**	**3588**	**24144**	**49996**	**22265**
日用杂品制造	10819	5045	5682	3452	23953	48962	21557
其他未列明制造业	661	490	205	136	191	1034	708
废弃资源综合利用业	**14094**	**7560**	**5388**	**3114**	**13423**	**29097**	**12550**
金属废料和碎屑加工处理	14011	6774	4616	2688	6990	20101	10423
非金属废料和碎屑加工处理	83	787	772	427	6434	8996	2126
金属制品、机械和设备修理业	**17**	**165**	**179**	**57**	**-233**	**72**	**247**
铁路、船舶、航空航天等运输设备修理	17	165	179	57	-233	72	247
电力、热力生产和供应业	**46**	**10172**	**9970**	**1463**	**33657**	**43068**	**7948**
电力生产	46	9867	9497	1220	32216	41078	7642
热力生产和供应		305	472	243	1441	1990	306
燃气生产和供应业	**4116**	**526**	**619**	**248**	**10450**	**11628**	**930**
水的生产和供应业	**54**	**705**	**765**	**155**	**995**	**1670**	**520**
自来水生产和供应	54			8	130	235	97
污水处理及其再生利用		705	765	147	865	1435	423

4-29 规模以上非国有工业主要经济效益指标(一)

(2018年)

项目	企业亏损面(%)	资产负债率(%)	流动比率	产成品存货周转天数(天)	产品销售率(%)
总计	**8.05**	**56.84**	**1.14**	**24.03**	**97.70**
按轻重工业分					
轻工业	9.95	52.58	1.14	32.28	96.54
重工业	6.83	58.99	1.14	20.46	98.23
按工业行业分					
非金属矿采选业	50.00	86.01	0.41	202.16	89.21
农副食品加工业	14.86	52.31	1.16	40.95	98.02
食品制造业	28.57	58.68	1.01	99.82	93.61
酒、饮料和精制茶制造业	28.57	41.01	1.51	23.29	99.07
纺织业	5.21	67.61	1.05	25.37	97.99
纺织服装、服饰业	6.25	58.74	1.15	31.35	95.54
皮革、毛皮、羽毛及其制品和制鞋业	5.06	73.18	1.00	14.03	97.32
木材加工和木、竹、藤、棕、草制品业	14.29	68.14	0.95	32.71	97.77
家具制造业	21.35	61.51	0.99	36.60	95.30
造纸和纸制品业	8.47	60.89	1.11	8.73	97.96
印刷和记录媒介复制业	4.08	58.93	0.94	6.07	98.52
文教、工美、体育和娱乐用品制造业	8.40	68.35	0.96	17.24	98.23
石油、煤炭及其他燃料加工业		41.66	1.96	6.26	111.65
化学原料和化学制品制造业	7.41	39.29	1.57	23.51	99.60
医药制造业	12.90	37.94	1.44	73.87	91.96
化学纤维制造业		81.88	0.62	17.43	97.95
橡胶和塑料制品业	8.21	50.85	1.20	25.77	99.07
非金属矿物制品业	9.82	64.99	1.13	19.32	99.42
黑色金属冶炼和压延加工业	25.00	77.92	1.08	24.18	100.77
有色金属冶炼和压延加工业	11.69	60.47	1.15	13.56	99.24
金属制品业	8.14	61.48	1.02	21.40	97.97
通用设备制造业	4.21	55.84	1.17	24.98	97.08
专用设备制造业	4.38	58.76	1.13	35.46	96.32
汽车制造业	7.51	71.87	1.01	13.30	98.64
铁路、船舶、航空航天和其他运输设备制造业	10.64	60.89	1.16	23.17	96.44
电气机械和器材制造业	10.31	58.39	1.22	22.10	98.58
计算机、通信和其他电子设备制造业	13.64	32.39	1.59	22.35	98.05
仪器仪表制造业	3.85	48.30	1.49	22.46	96.89
其他制造业	5.56	53.25	1.12	20.78	96.84
废弃资源综合利用业	16.22	75.09	0.82	34.70	98.28
金属制品、机械和设备修理业	100.00	38.08	1.19	52.97	93.33
电力、热力生产和供应业		67.44	0.60		98.09
燃气生产和供应业		50.52	0.65	2.71	100.00
水的生产和供应业	33.33	67.56	0.54	0.87	96.91

4-30 规模以上非国有工业主要经济效益指标(二)

(2018年)

项 目	企 业亏损率(%)	成本费用利 润 率(%)	百元营业收入实现利税(元)	百元固定资产原值实现利税(元)	出口交货值占工业销售产值(%)
总 计	**3.58**	**7.55**	**10.85**	**30.28**	**27.26**
按轻重工业分					
轻工业	4.14	8.69	12.47	29.83	38.28
重工业	3.26	7.03	10.11	30.54	22.25
按工业行业分					
非金属矿采选业	364.79	-4.25	4.83	13.66	
农副食品加工业	10.53	4.00	5.39	20.31	13.53
食品制造业	62.70	1.32	5.12	11.83	44.81
酒、饮料和精制茶制造业	25.22	5.10	18.49	18.62	
纺织业	1.87	5.67	9.66	25.65	27.82
纺织服装、服饰业	3.48	3.15	7.38	16.19	15.35
皮革、毛皮、羽毛及其制品和制鞋业	4.04	3.42	7.45	32.14	66.06
木材加工和木、竹、藤、棕、草制品业	13.97	3.35	7.60	21.58	33.89
家具制造业	22.50	1.71	6.20	17.81	65.30
造纸和纸制品业	1.21	6.68	14.11	48.05	5.59
印刷和记录媒介复制业	1.88	6.15	9.26	18.05	13.70
文教、工美、体育和娱乐用品制造业	2.67	5.52	10.87	32.28	78.85
石油、煤炭及其他燃料加工业		4.30	6.10	108.86	
化学原料和化学制品制造业	0.28	13.69	15.55	51.57	25.54
医药制造业	1.72	20.96	23.11	35.20	48.24
化学纤维制造业		3.09	5.24	11.69	
橡胶和塑料制品业	2.46	7.68	11.28	26.22	24.60
非金属矿物制品业	6.45	5.33	8.98	33.67	3.98
黑色金属冶炼和压延加工业	16.73	4.13	5.49	20.90	0.20
有色金属冶炼和压延加工业	4.01	2.52	4.47	39.17	6.31
金属制品业	3.61	9.47	12.63	38.77	30.86
通用设备制造业	3.38	6.59	9.92	24.47	43.44
专用设备制造业	6.08	6.50	9.66	22.46	31.56
汽车制造业	3.02	8.39	11.44	42.83	9.98
铁路、船舶、航空航天和其他运输设备制造业	8.52	4.23	8.34	22.61	20.97
电气机械和器材制造业	4.53	4.39	7.39	26.76	25.92
计算机、通信和其他电子设备制造业	5.75	8.96	10.40	22.42	49.85
仪器仪表制造业	1.16	11.04	14.65	50.76	36.90
其他制造业	1.52	6.18	11.99	23.78	33.05
废弃资源综合利用业	7.82	2.62	5.53	26.98	
金属制品、机械和设备修理业		-3.82	1.16	0.98	25.30
电力、热力生产和供应业		38.03	36.21	11.85	
燃气生产和供应业		13.41	13.11	22.41	
水的生产和供应业	59.13	8.50	13.91	3.62	

主要统计指标解释

工业 我国的工业，包括：

1.自然资源的开采，如采矿、晒盐、森林采伐等(但不包括禽兽捕猎和水产捕捞)。

2.对农副产品的加工、再加工，如：粮油加工、食品加工、轧花、缫丝、纺织、制革等。

3.对采掘品的加工、再加工，如：冶金加工、石油加工、化学加工、机械加工、木材加工等，以及电力、煤气及水的生产和供应等。

4.对生产资料的修理、翻新，如：机械设备的修理、交通运输工具(除汽车、摩托车、自行车外)的修理等。

轻工业 指提供生活消费品和制作手工工具的工业。按其所使用的原料不同，可分为：

1.以农产品为原料的轻工业，指直接或间接以农产品为基本原料的轻工业。主要包括食品饮料制造、烟草加工、纺织、缝纫、毛皮制作、造纸以及印刷等工业。

2.以非农产品为原料的轻工业，指以工业品为原料的轻工业。主要包括文教用品、工艺美术用品制造、化学药品制造、合成纤维制造、日用金属制品、工具制造、医疗器械制造、文化和办公用机械制造等工业。

重工业 指提供生产资料的工业，是为国民经济各部门提供物质技术基础的工业。按其生产的产品用途，可以分为：

1.采掘(伐)工业，指对自然资源的开采、非金属矿开采和木材采伐等工业。

2.原料工业，指提供国民经济各部门使用的原料、动力和燃料的工业。包括金属冶炼及加工、炼焦及焦炭、化学、化工原料、水泥、人造板、电力、石油加工等。

3.制造工业，指对原材料进行加工制造的工业。包括装备国民经济各部门和机械设备制造工业、金属结构、水泥制品等工业，以及为农业提供的生产资料和化肥、农药等工业。

根据上述划分原则，修理业中修理作业对象是重工业的划分为重工业，否则划为轻工业。

轻重工业增加值的划分按“工厂法”计算，即一个工业企业在正常情况下生产的主要产品的性质属于轻工业，则该企业的全部总产值作为轻工业增加值；一个工业企业生产的主要产品的性质属于重工业，则该企业的全部总产值作为重工业增加值。

工业增加值 指以货币形式表现的，工业企业在报告期内生产活动的最终成果，是企业生产过程中新增加值的价值。工业增加值是国内生产总值（GDP）的组成部分，也是计算工业发展速度所依据的总量指标。工业增加值有两种计算方法，一是“生产法”，二是“收入法”。

统计上大中小微型企业划分 是根据工业和信息化部、国家统计局、国家发展改革委、财政部《关于印发中小企业划型标准规定的通知》要求，国家统计局结合统计工作的实际情况，制定了《统计上大中小微型企业划分办法》。办法对工业（制造业，电力、热力、燃气及水生产和供应业）等 15 个行业门类以及社会工作行业大类的各种组织形式的法人企业或单位，依据从业人员、营业收入、资产总额等指标或替代指标，将企业划分为大型、中型、小型、微型等四种类型。个体工商户参照本办法进行划分。

企业划分由政府综合统计部门根据统计年报每年确定一次，定报统计原则上不进行调整。

工业划分大型、中型、小型、微型等四种类型标准是：大型：从业人员大于（等于）1000 人且营业收入大于（等于）4 亿元，中型：从业人员大于（等于）300 人小于 1000 人且营业收入大于（等于）2000 万元小于 4 亿元，小型：从业人员大于（等于）20 人小于 300 人且营业收入大于（等于）300 万元小于 2000 万元，微型：从业人员小于 20 人或营业收入小于 300 万元。

其他行业划型标准详见国家统计局《关于印发统计上大中小微型企业划分办法（2017）的通知》（国统字〔2017〕213 号）。

5

固定资产投资和建筑业

Investment in Fixed Assets and Construction

5-1 主要年份固定资产投资

单位：万元

年份	固定资产投资总额	#建筑安装工程	#设备工器具购置	#工业性投资	房屋建筑施工面积(万平方米)	#住宅面积	房屋建筑竣工面积(万平方米)	#住宅面积
1978	11445	3051	1030		22.7	1.3	13.3	0.8
1980	29443	4783	704		56.6	1.7	27.5	0.8
1985	88708	51926	22425		198.0	87.4	118.2	52.2
1986	86792	43514	12975		181.9	78.8	98.5	42.8
1987	126606	57294	36028		198.1	91.7	100.8	46.7
1988	156973	95999	40873		208.0	88.7	136.6	58.2
1989	144696	104312	23348		179.1	116.6	131.4	85.5
1990	144816	123999	17944		584.8	494.0	529.5	469.8
1991	181125	146663	29637		610.2	506.3	550.2	489.1
1992	254339	189328	56233		666.1	539.7	635.5	505.2
1993	493979	353498	112489		908.7	600.5	727.5	578.9
1994	777823	516232	203632		1084.0	781.5	812.9	648.7
1995	1243560	860881	228039		1470.6	1043.5	1155.2	890.1
1996	1210136	843453	290689		1340.1	836.5	1053.7	739.0
1997	1085782	740058	230332		1125.8	744.6	853.1	645.8
1998	1251596	842666	266145		1005.7	572.2	698.5	469.5
1999	1513842	1014241	337732		1222.9	750.6	883.8	597.9
2000	1797340	1125880	403737		1391.6	814.7	977.5	622.3
2001	2221123	1298037	540078		1600.7	922.4	1001.5	644.9
2002	2743742	1717415	510791		1669.2	977.8	845.6	530.9
2003	3710971	1993837	775450	1865200	2210.6	1061.7	1025.0	576.7
2004	4610152	2644982	1224614	2480708	3050.4	1189.1	1475.8	541.3
2005	4506515	2211104	1105801	2433001	2733.6	1028.0	926.7	310.3
2006	5405680	2735059	1116659	3185471	3011.4	1070.2	810.3	157.4
2007	6243547	2943924	1746791	4047263	3205.5	1100.8	788.9	235.5
2008	6547565	3413340	1597396	3880391	3299.4	1084.8	941.5	218.9
2009	7297767	3780515	1787850	3985862	3388.3	1301.5	842.9	177.1
2010	8380672	4376587	1730419	4217694	4179.4	1608.7	992.6	230.7
2011	10078106	5783429	1772687	4225747	4717.8	1954.4	1035.3	305.7
2012	12425575	7333646	2129036	4984720	5769.2	2071.7	1110.9	277.7
2013	15078661	9378073	2274369	6001972	6127.4	2024.2	1233.0	277.4
2014	17659343	10305686	3062026	7200129	6548.1	2111.9	1194.9	260.1
2015	19960258	13045702	3875915	8164860	7066.8	2250.7	1372.0	341.3
2016	22726317	14616917	4132867	8760168	6086.7	2153.1	1192.0	366.8
2017	25182649	15919981	4470314	9126543	5583.8	2158.9	1513.3	350.7
2018年比上年增长%	8.1	-8.7	-10.1	5.2	0.4	13.6	-49.2	-21.0

注：2004年及以前固定资产统计范围为全社会统计口径，2005年起为计划总投资500万元及以上项目(单位)投资和全部房地产业投资，下同。

5-2 市区固定资产投资

(1990-2018年)

单位：万元

年 份	市 区	椒江区	黄岩区	路桥区
1990	51503	23367	28136	
1991	66045	35114	30931	
1992	106363	40820	65543	
1993	202901	68165	88154	46582
1994	320921	132714	115381	72826
1995	474858	212421	146488	115949
1996	559698	283683	128820	147195
1997	479387	224520	146205	108662
1998	484542	203703	132167	148672
1999	595443	298051	128881	168511
2000	672946	338550	153720	180676
2001	921925	472034	228505	221386
2002	1226586	537090	314181	375315
2003	1539595	665439	367659	506497
2004	1987261	948041	440483	598737
2005	1901390	869907	354538	676945
2006	2076254	919935	400488	755811
2007	2237360	899738	488586	849036
2008	2356171	883901	537886	934384
2009	2554443	984229	585823	984391
2010	2650487	1286012	603655	760820
2011	3269198	1629559	721256	918383
2012	4239132	2093110	895807	1250215
2013	5323748	2652320	1101417	1570011
2014	6015251	2794765	1318026	1902460
2015	6257563	2892333	1561861	1803369
2016	7718594	3786302	1807988	2124304
2017	9004529	4539199	2048801	2416529
2018年比上年增长%	18.2	27.6	10.8	2.9

5-3 各县市固定资产投资

(1990-2018年)　　单位：万元

年 份	三门县	天台县	仙居县	温岭市	临海市	玉环市
1990	6747	18140	5580	29059	22939	10848
1991	8151	12572	8366	47672	22850	15469
1992	9592	19388	12883	43493	38080	24540
1993	19622	34323	23808	113969	59223	40133
1994	26849	36364	37129	190387	94955	71218
1995	28267	64300	56590	297225	179751	142569
1996	29688	50431	40486	255426	148454	125953
1997	29174	38254	31167	258867	151227	97706
1998	34915	55370	38284	283185	226814	128486
1999	43721	81417	54801	302301	266319	169840
2000	53252	129449	74635	362265	303319	201474
2001	71390	130236	91784	405741	366335	233712
2002	101498	160046	113108	504223	340292	297989
2003	156993	234006	159980	749591	398817	471989
2004	213481	299254	183847	813098	591389	521822
2005	231719	304093	161384	629751	634255	643923
2006	339785	328869	214638	864211	741380	840543
2007	567262	259677	250977	1074708	880811	972752
2008	736483	322894	242251	1304522	1061898	523346
2009	1062719	349736	265777	1434085	1216285	414722
2010	1283718	365333	384916	1680988	1414364	600866
2011	1304908	615595	677742	1935988	1555046	719629
2012	1326271	888285	964641	2359129	1733894	914223
2013	1386594	1090714	1183587	2861789	2112229	1120000
2014	1658844	1307380	1415868	3396117	2514391	1351492
2015	2001133	1712668	1826470	3661243	2865694	1635487
2016	1493936	1957186	2103938	4287971	3215259	1949433
2017	1656986	2031610	2169791	4722658	3413671	2183404
2018年比上年增长%	-12.9	6.2	-27.6	14.5	10.1	-12.4

5-4 分注册类型和分行业固定资产投资

(2012-2018年)　　单位：万元

指　　标	2012年	2013年	2014年	2015年	2016年	2017年	2018年比上年增长%
总　　计	**12425575**	**15078661**	**17659343**	**19960258**	**22726317**	**25182649**	**8.1**
按注册登记类型分							
内　　资	12155902	14775755	17232825	19544420	22030213	24749090	8.0
国　有	3282212	3554370	4294543	5390998	4382901	4351798	-30.8
集　体	390973	553540	748509	1276118	579631	639070	-47.0
股份合作	71488	74796	67554	53388	131260	64475	-46.1
联　营	5900	9330	45740	43513	20587	27007	-68.4
国有联营				2100	3447		
集体联营	1100						
国有与集体联营		7330	43560	41413	15090	22450	-83.8
其他联营	4800	2000	2180		2050	4557	298.5
有限责任公司	4486288	5144054	6754426	6750663	7331549	8515794	-3.7
国有独资公司	136320	248898	189299	458728	2053649	3190148	-18.6
其他有限责任公司	4349968	4895156	6565127	6291935	5277900	5325646	5.1
股份有限公司	442109	713216	843215	624592	751255	653556	82.1
私　营	3186089	4505373	4089934	4884322	7918045	9726446	43.0
其　他	290843	221076	388904	520826	914985	770944	-43.2
港澳台商投资	134378	159152	174662	159038	153962	123228	26.0
外商投资	104979	125773	241017	241575	526810	310331	10.8
个体经营	30316	17981	10839	15225	15332		
按控股情况分							
国有及国有控股投资	3653755	4026401	4780458	6261480	8261557	9811317	-18.3
非国有控股投资	8771820	11052260	12878885	13698778	14464760	15371332	29.9
其中：民间投资	8649593	10888027	12667930	13514920	14153556	15118664	30.1
按三次产业分							
第一产业	101617	113256	120610	116967	199576	193179	-52.8
第二产业	5034625	6108333	7318795	8217272	8779275	9153641	5.2
第三产业	7289333	8857072	10219938	11626019	13747466	15835829	9.6

5-4 续表 1

单位：万元

指　　标	2012年	2013年	2014年	2015年	2016年	2017年	2018年比上年增长%
按国民经济行业分组							
一、农林牧渔业	101617	113256	120610	116967	199576	208815	-56.1
二、采矿业	9225	5278	6560	19033	11249	2591	5301.5
三、制造业	4058844	5093966	5819749	6129478	7199849	7344306	22.7
农副食品加工业	43512	44228	112060	126219	117873	136704	-61.7
食品制造业	25417	16384	10142	10560	34428	29579	48.3
酒、饮料和精制茶制造业	40782	22076	8764	20764	11168	14185	-3.4
烟草制品业				7740	4456	5000	89.1
纺　织　业	76623	93567	85457	66170	141817	138639	-40.3
纺织服装、服饰业	37987	20034	22176	27248	27094	25431	-12.1
皮革、毛皮、羽毛及其制品和制鞋业	61452	91629	98488	137020	146115	189178	0.4
木材加工和木、竹、藤、棕、草制品业	26933	8712	29064	41344	33201	23575	28.9
家具制造业	46099	79229	73636	95645	123798	136083	-31.9
造纸和纸制品业	66304	84133	84526	109348	86860	120477	-23.2
印刷和记录媒介复制业	22334	29632	27080	29100	64435	47605	-32.0
文教、工美、体育和娱乐用品制造业	110438	128374	188625	362789	308494	303273	-35.6
石油加工、炼焦及核燃料加工业	2600	8133		1225		12063	8.0
化学原料及化学制品制造业	127083	142715	202036	237966	339318	265589	71.8
医药制造业	285560	351156	481553	659588	646301	390782	31.7
化学纤维制造业	9442	3827	20814	102797	105044	76412	-22.2
橡胶和塑料制品业	485399	633421	795070	740458	941455	1059933	-5.9
非金属矿物制品业	110869	126750	120390	187448	227883	224155	139.2
黑色金属冶炼及压延加工业	36725	26867	47010	32690	65943	42501	41.8
有色金属冶炼及压延加工业	27713	50215	65475	74324	65675	62380	-72.3
金属制品业	222399	238850	235011	277277	239220	376440	26.8
通用设备制造业	474456	717413	781595	756223	1028282	1105090	25.2
专用设备制造业	271837	428075	442102	443280	511675	508041	45.4
汽车制造业	440525	610297	705328	697018	890994	1055480	34.9
铁路、船舶、航空航天和其他运输设备制造业	246118	293472	248948	177159	247802	199295	52.0
电气机械和器材制造业	373905	437087	461407	413501	525389	456968	48.7
计算机、通信和其他电子设备制造业	122756	129667	119787	108996	115891	163980	-11.1
仪器仪表制造业	91885	104188	139164	95147	75989	103217	168.8
其他制造业	56200	50144	26917	48727	50123	36415	-10.1
废弃资源综合利用业	112024	120181	187124	41707	22436	33048	27.2
金属制品、机械和设备修理业	3467	3510			690	2788	

5-4 续表 2

单位：万元

指　　标	2012年	2013年	2014年	2015年	2016年	2017年	2018年比上年增长%
四、电力、热力、燃气及水生产和供应业	916651	902728	1373820	2016349	1549070	1779646	-34.2
其中：电力、热力的生产和供应	787046	761058	1115829	1590473	1066840	1039946	-25.4
水的生产和供应业	119797	120612	232640	398776	463001	730633	-55.6
五、建筑业	49905	105090	118666	52412	19107	29886	15.2
六、批发和零售业	225333	261767	273790	256706	272585	214884	76.6
其中：批发业	88095	125540	106509	76956	86985	109089	24.9
七、交通运输、仓储和邮政业	902889	931626	1155969	2025229	3120467	3947640	-19.2
其中：铁路运输业	2330	2228			181049	571455	13.7
道路运输业	737873	697221	877501	1771026	2670281	3140246	-28.2
水上运输业	122966	146754	196049	208285	201986	188695	41.2
装卸搬运和仓储业	17188	43603	52958	24288	53878	41884	-13.8
八、住宿和餐饮业	226305	219400	220748	204598	178972	173645	-9.4
住宿业	149495	186640	204960	189866	159212	159464	-9.4
餐饮业	76810	32760	15788	14732	19760	14181	-9.5
九、信息传输、软件业和信息技术服务业	2929	3545	43916	66075	144660	36736	39.0
十、金融业	47862	52924	60865	46323	79954	81017	-51.1
十一、房地产业	3959078	4939341	5357630	5023073	5021719	5883666	36.8
十二、租赁和商务服务业	176910	220005	344977	529099	663631	665026	-26.5
十三、科学研究、技术服务业	26722	21878	21716	54694	296989	189906	-10.8
其中：专业技术服务业	9088	5824	8941	5689	215521	49486	83.0
科技推广和应用服务业	8394	13067	12775	49005	9516	91782	-42.3
十四、水利、环境和公共设施管理业	894554	1205735	1479803	1576743	2203940	3461634	-0.2
水利管理业	164395	266268	237864	351768	354139	287283	-27.8
生态保护和环境治理业	21161	85433	153734	171472	299391	459341	8.4
公共设施管理业	708998	854034	1088205	1053503	1550410	2715010	6.6
十五、居民服务、修理业和其他服务业	36174	30260	19511	8958	16456	33211	2.7
十六、教　育	85324	87586	154405	193877	226709	366201	29.4
十七、卫生和社会工作	102760	72168	125316	110595	263602	230860	-18.5
其中：卫　生	95005	61962	96933	92493	241711	192205	-19.3

5-4 续表 3

单位：万元

指 标	2012年	2013年	2014年	2015年	2016年	2017年	2018年比上年增长%
十八、文化、体育和娱乐业	61801	117454	116248	149654	204561	177496	-54.3
广播、电视、电影和影视录音制作业	4496	10487	14893	25511	16153	14869	-85.9
文化艺术业	30478	63169	77383	82277	129017	103627	-50.8
体 育	15336	25299	14190	9312	5312	11809	-36.8
娱乐业	11491	18499	9782	32554	54079	47191	-68.1
十九、公共管理、社会保障和社会组织	540692	694654	845044	1380395	1053221	355483	-26.3
在总计中：基础设施和公共服务投资	**2946627**	**3296647**	**4402075**	**6063683**	**7568555**	**9895034**	**-15.9**
水利、环境和公共设施管理	894554	1204645	1479803	1576743	2203940	3461634	-0.2
电力、燃气及水生产供应业	916651	902728	1373820	2016349	1549070	1779646	-34.2
交通运输、仓储和邮政业	902889	938281	1155969	2025229	3120467	3947640	-19.5
电信和其他信息传输服务业	1894	2490	34679	41892	76176	17403	92.4
教育设施	85324	87586	154405	193877	226709	366201	29.4
广播、电视、电影和音像业	4496	10487	14893	25511	16153	14869	-85.9
文化艺术业	30478	63169	77383	82277	129017	103627	-50.8
体育设施	15336	25299	14190	9312	5312	11809	-36.8
卫生设施	95005	61962	96933	92493	241711	192205	-19.3
在总计中：工业投资	**4984720**	**6001972**	**7200129**	**8164860**	**8760168**	**9126543**	**5.2**
本年资金来源合计	**16740249**	**21005391**	**23852957**	**24266141**	**26707608**	**30210240**	**12.6**
上年末结余资金	2667291	2557938	2862653	2567422	2485312	2805415	49.6
本年资金来源	14072958	18447453	20990304	21698719	24222296	27404825	7.4
国家预算内资金	441336	513371	422356	688626	736114	1176290	-30.3
国内贷款	1704205	2358125	2245268	1835704	2145127	3294659	8.9
债 券	142714	21999	20504	14191	43557	10142	1891.5
利用外资	93	14413	9466	7145	7825	37244	106.1
其中：外商直接投资		13200	7401	7145	7825		
自筹资金	8712365	11840031	14591185	14819834	16159478	16897800	4.5
其中：企、事业单位自筹	3539288	4233158	4157032	3522837	4321570		
其他资金来源	3072245	3699514	3701525	4333219	5130195	5988690	15.1

5-5 房地产开发投资(一)

(1990-2018年)

单位：万元

年份	房地产开发投资额	按构成分				按用途分			
		建筑工程	安装工程	设备工器具购置	其他费用	住宅	办公楼	商业用房	其他
1990	8194	6710	275	24	1185	7150	281	305	458
1991	10189	8430	353	20	1386	8448	350	345	1046
1992	15553	13883	303	116	1251	14202	51	301	999
1993	28711	23716	217	25	4753	26894	76	565	1176
1994	82515	62926	552	166	18871	75499	988	1419	4609
1995	159558	122500	2916	380	33762	127092	11651	15511	5304
1996	121127	92518	6324	70	22215	85634	15481	14727	5285
1997	104333	73766	3447	1826	25294	71713	7920	19661	5039
1998	117780	84340	2701	127	30612	85617	7906	20758	3499
1999	132302	89549	5510	789	36454	110507	4733	11342	5720
2000	240974	130421	3331	1437	105785	168037	9747	28495	34695
2001	320213	177790	2215	10	140198	202389	22195	35997	59632
2002	467686	266652	3239	830	196965	341552	21108	63200	41826
2003	564954	352618	8735	3161	200440	424154	25944	84714	30142
2004	872958	481399	15770	6744	369045	663979	28550	107465	72964
2005	1161255	623378	8219	10858	518800	861037	25225	142498	132495
2006	1014720	683178	7936	6502	317104	747737	29087	115110	122786
2007	957290	587516	38787	11473	319514	704099	38954	101569	112668
2008	1262494	720615	33797	13709	494373	916313	35852	127714	182615
2009	1522741	853863	43029	17847	608002	1141388	21398	186986	172969
2010	1960774	1006068	89339	7196	858171	1426309	33732	232572	268161
2011	3191643	1515055	101869	14941	1559778	2413168	80266	327401	370808
2012	3573761	1802660	174419	27746	1568936	2645443	65919	415194	447205
2013	4535381	2552868	286010	33465	1663038	3188965	141114	455742	749560
2014	4960473	2656655	245475	25821	2032522	3328394	138189	633626	860264
2015	4386861	2535144	275097	51466	1525154	2727785	166293	783328	709455
2016	4242066	2328849	541306	17474	1354437	2632860	171461	663170	774575
2017	4610267	2556976	318843	40360	1694088	2988486	174731	492727	954323
2018	6595529	2604531	124769	35401	3830828	4513258	140154	507170	1434947

5-6 房地产开发投资(二)

(1990-2018年) 单位：万元

年份	本年资金来源情况 合计	国家预算内	国内贷款	利用外资	自筹资金	其他资金	新增固定资产	竣工房屋价值
1990							7272	7889
1991	11082	30	2190		2449	6413	6470	10209
1992	22943		7028		3111	12804	11310	8857
1993	36563	325	4860		9843	21535	13609	16227
1994	93134		15127	1972	22574	53461	36228	36012
1995	161024		28593	2474	30885	99072	101864	106643
1996	144789	990	33293	3000	29933	77573	108977	89927
1997	139262	1290	36866	2288	30133	68685	102019	82388
1998	154570	4340	38504	3248	23264	85214	80912	73028
1999	206298	940	50835	1942	41025	111556	129283	76465
2000	382577	267	120185	954	74591	186580	141600	120678
2001	473031		132419	602	102743	237267	156477	144599
2002	725117		200653		117922	406542	185457	160782
2003	1023823		295050		155163	573610	303535	262133
2004	1295343		254892	26959	226655	786837	250858	233921
2005	1538953		331226	22386	386168	799173	569856	504322
2006	1578898		308258	100	307844	962696	343951	258215
2007	1777193		278898	2729	406546	1089020	533574	475246
2008	1824484		258255		548569	1017660	666306	604153
2009	2838076		376276	5770	584235	1871795	364144	334377
2010	3503328		516728		945118	2041482	860992	512974
2011	4483613		341327	300	1902184	2239802	1051826	805925
2012	4819965		595161		1551372	2673432	886531	516976
2013	6709128		1227633		2267615	3213880	1598647	1226297
2014	8588750		852236		2351256	2797763	1380069	1086854
2015	7905130		664705		1642792	3507188	2286251	1325805
2016	8748870		568046		1850552	4600405	2665596	2162909
2017	8411765		993709		2276285	5141771	2651162	1787357
2018	11431794		1315281		3812459	6304054	2541946	2083932

5-7 房地产开发投资(三)

(1990-2018年)　　单位：万平方米

年份	施工面积	#住宅	竣工面积	#住宅	商品房销售面积	#住宅	商品房待售面积	商品房销售额(万元)	#住宅
1990	39.25	35.79	21.87	20.17					
1991	76.68	69.85	29.22	27.99	14.90	14.69		5522	4231
1992	56.18	52.03	22.30	19.67	22.71	22.35		9241	6948
1993	89.17	72.06	32.41	29.34	21.27	20.87		11656	8763
1994	187.18	169.96	56.10	53.55	47.10	46.45		36848	36051
1995	289.59	246.60	135.80	126.42	53.38	50.05	15.60	81544	66163
1996	227.15	168.47	105.24	90.12	65.97	59.88	25.04	79251	65456
1997	201.87	141.53	92.32	73.75	72.37	63.58	31.40	103124	76673
1998	192.65	147.61	82.95	63.60	53.25	48.78	23.71	73521	63292
1999	244.51	206.26	94.93	77.89	68.74	62.11	21.43	106200	85235
2000	312.24	256.48	129.03	108.54	110.05	87.29	16.33	182013	126406
2001	405.47	305.35	124.14	97.35	137.98	116.54	10.55	237291	173452
2002	600.13	464.99	135.26	110.13	119.12	100.46	3.76	231988	176534
2003	721.41	559.51	201.32	164.32	168.49	144.06	4.44	446640	349028
2004	920.36	712.30	199.17	162.31	175.67	148.92	3.53	455713	346156
2005	1159.08	879.84	304.14	226.41	184.29	159.91	28.31	769814	638832
2006	1238.32	951.84	188.92	142.09	259.72	231.23	24.19	1227395	1042565
2007	1286.12	952.59	231.88	189.86	281.33	241.65	36.77	1435164	1201307
2008	1364.52	979.98	296.18	218.10	227.91	197.37	35.06	1226328	1046742
2009	1454.63	1071.97	171.42	130.15	422.36	378.90	34.84	2715370	2461015
2010	1801.61	1292.62	190.60	138.74	462.89	390.57	38.84	3304746	2830011
2011	2323.08	1685.01	301.55	226.45	327.00	278.58	47.99	2852331	2542727
2012	2438.97	1752.54	209.60	142.01	319.72	275.96	46.30	3053129	2765035
2013	2712.55	1897.03	333.78	246.95	351.75	301.16	79.62	3398341	2995371
2014	3026.32	2006.11	329.06	224.75	344.55	272.53	124.52	3070081	2636502
2015	3299.43	2114.83	359.18	250.92	442.03	352.07	181.27	3969866	3424699
2016	3345.56	2111.07	561.36	356.57	662.06	531.31	299.22	6057732	5289852
2017	3323.14	2052.07	448.78	289.13	829.39	622.76	231.92	7521414	6393626
2018	3791.87	2360.67	396.94	246.70	933.43	612.43	140.84	9539001	7767312

5-8 房地产开发企业财务状况(一)

(2018年) 单位：万元

指　　标	流动资产合　　计	#存 货	固定资产原　　价	#本 年折 旧	资　产合　计	负　债合　计
总　　计	**25027884**	**15788347**	**903600**	**42580**	**27871834**	**23945364**
一、按登记注册类型分						
内资企业	24617841	15578086	810821	37791	27362339	23680294
国有企业	59928	6229			78539	77402
国有独资公司	1263484	623487	112314	7449	1542957	1140763
其他有限责任公司	9199009	6162759	319664	15559	10492992	8793101
股份有限公司	23203	13952	375	27	25456	36951
私营有限责任公司	13993147	8714038	368219	14135	15134334	13561066
私营股份有限公司	79070	57622	10249	620	88062	71012
港澳台商投资企业	172042	78088	84037	4498	256091	110341
港澳台商合资经营企业	172042	78088	84037	4498	256091	110341
港澳台商独资经营企业						
外商投资企业	238002	132173	8742	291	253404	154728
中外合资经营企业	235759	131403	6766	291	249497	146177
外资企业	2243	770	1976		3907	8551
二、按控股情况分						
国有控股	2311656	1183531	144434	8908	3259921	2517675
集体控股	42058	5266	14361	670	54005	3799
私人控股	21102321	13590667	705466	31210	22887306	20140042
港澳台商控股	35991	15835	12095	521	54765	33853
外商控股	333733	218815	8910	315	346815	229033
其　他	1202125	774234	18335	957	1269023	1020962
在总计中：非国有	22674170	14599551	744805	33003	24557909	21423890
其中：民间投资	22304446	14364901	723800	32167	24156329	21161004

5-9 房地产开发企业财务状况(二)

(2018年)

单位：万元

指　　标	所有者权益合计	#实收资本	营业收入	营业成本	营业税金及附加	管理费用
总　　计	**3926471**	**2754684**	**4967239**	**4225114**	**264109**	**209054**
一、按登记注册类型分						
内资企业	3682045	2611482	4813946	4126902	244145	205387
国有企业	1137	1119	50	5		143
国有独资公司	402194	148472	50638	40699	2231	5668
其他有限责任公司	1699890	989396	2555918	2075102	134596	78748
股份有限公司	-11495	6518	33639	36934	843	412
私营有限责任公司	1573268	1450906	2168561	1970896	106240	119445
私营股份有限公司	17051	15070	5140	3266	235	972
港澳台商投资企业	145750	128788	144195	105225	7437	2151
港澳台商合资经营企业	145750	128788	144195	105225	7437	2151
港澳台商独资经营企业						
外商投资企业	98676	14415	9098	-7012	12528	1516
中外合资经营企业	103320	11700	9076	-7012	12509	1459
外资企业	-4645	2715	22		18	57
二、按控股情况分						
国有控股	742246	233401	337800	276525	22686	13407
集体控股	50206	13300	3130	1729	260	217
私人控股	2747265	2353617	4014310	3458822	214304	184211
港澳台商控股	20912	18788	14189	12305	584	1612
外商控股	117782	19215	140402	112827	4540	1599
其　他	248061	116365	457408	362907	21736	8009
在总计中：非国有	3134019	2507984	4626309	3946861	241164	195430
其中：民间投资	2995326	2469981	4471718	3821729	236040	192220

5-10 房地产开发企业财务状况(三)

(2018年) 单位：万元

指标	财务费用	#利息支出	销售费用	营业利润	利润总额	应交所得税	应付职工薪酬
总计	**72485**	**67117**	**177080**	**227739**	**240052**	**110527**	**126358**
一、按登记注册类型分							
内资企业	69681	63300	174156	201969	214231	103578	123129
国有企业	-35			-63	-64	11	85
国有独资公司	3171	2309	416	-637	-377	1552	2187
其他有限责任公司	30556	26091	48726	245897	217204	60800	45074
股份有限公司	402	403	136	-5086	-5470		255
私营有限责任公司	35588	34499	124458	-38389	3362	41184	74999
私营股份有限公司	-1	0	421	248	-424	31	529
港澳台商投资企业	3718	3817	2412	23301	23371	4340	2276
港澳台商合资经营企业	3718	3817	2412	23301	23371	4340	2276
港澳台商独资经营企业							
外商投资企业	-914		512	2469	2450	2610	952
中外合资经营企业	-914		507	2527	2508	2610	920
外资企业			5	-58	-58		32
二、按控股情况分							
国有控股	5314	4262	3525	17564	14390	6125	8257
集体控股	-973		237	3660	3666	445	141
私人控股	59536	48141	167061	130393	151395	82640	109918
港澳台商控股	1611	1635	195	-2070	-2050		794
外商控股	-336		1025	20748	20293	4241	1267
其他	7332	13080	5036	57444	52358	17076	5981
在总计中：非国有	68144	62855	173317	206515	221996	103958	117960
其中：民间投资	66868	61221	172097	187837	203753	99717	115898

5-11 建筑业企业生产情况(一)

(2018年)　　单位：万元

指 标	企业数(个)	建筑业总产值	#建筑工程	#安装工程	#在外省市完成	竣工产值
总 计	**500**	**26753973**	**25013860**	**890259**	**14022706**	**15698993**
其中：国有控股企业	17	149868	120348	23641	38697	67715
一、按登记注册类型分						
内 资	498	26711246	24990579	882901	14017552	15671793
国有企业	5	92322	87824		38697	33152
集体企业	5	1378813	1348688	30000	1088608	1381145
股份合作企业	2	51577	51577		4236	29595
有限责任公司	106	4683575	4272391	364528	2316868	2358549
国有独资公司	6	20056	5400	13274		6479
其他有限责任公司	100	4663519	4266991	351254	2316868	2352069
股份有限公司	8	4586675	4354423	44394	1871837	2410323
私营企业	372	15918283	14875676	443978	8697306	9459029
私营有限责任公司	366	14994716	14399727	443978	8498760	9287891
私营股份有限公司	6	923568	475950		198547	171138
港、澳、台商投资企业	2	42727	23281	7358	5154	27200
港、澳、台商独资经营企业	1	342	342		168	215
港、澳、台商投资股份有限公司	1	42385	22939	7358	4985	26985
二、按建筑业行业分						
房屋建筑业	192	20148244	19091679	472232	11771095	12680101
土木工程建筑业	219	5687600	5339344	96510	1966609	2548520
建筑安装业	33	332784	62151	263006	65371	183047
建筑装饰和其他建筑业	56	585345	520686	58511	219631	287325

注：本表统计范围为有工作量的总承包和专业承包的建筑业企业，下同。

5-12 建筑业企业生产情况(二)

(2018年) 单位：万平方米

指　　标	房屋建筑施工面积	#本年新开工面积	房屋建筑竣工面积	#厂房和仓库	#住宅
总　　计	**18998.70**	**7610.37**	**6708.01**	**1222.96**	**3769.19**
其中：国有控股企业	56.64	43.96	25.80		
一、按登记注册类型分					
内　资	18950.85	7590.23	6689.76	1222.96	3769.19
国有企业	56.64	43.96	25.80		
集体企业	1056.10	534.10	614.41	4.25	577.49
股份合作企业	14.03	12.44	14.67	3.56	
有限责任公司	3151.83	1262.48	950.16	213.70	332.99
国有独资公司					
其他有限责任公司	3151.83	1262.48	950.16	213.70	332.99
股份有限公司	2392.84	838.56	938.02	199.79	568.33
私营企业	12279.41	4898.68	4146.71	801.66	2290.38
私营有限责任公司	12180.87	4804.72	4049.88	801.66	2230.52
私营股份有限公司	98.54	93.97	96.83		59.87
港、澳、台商投资企业	47.85	20.14	18.25		
港、澳、台商独资经营企业					
港、澳、台商投资股份有限公司	47.85	20.14	18.25		
二、按建筑业行业分					
房屋建筑业	18458.19	7368.88	6477.11	1149.56	3683.41
土木工程建筑业	483.76	210.19	215.73	63.85	85.39
建筑安装业	37.42	20.53	9.95	9.55	0.38
建筑装饰和其他建筑业	19.33	10.77	5.22		

主要统计指标解释

固定资产投资额 指以货币表示的工作量指标，包括实际完成的建筑安装工程价值，设备、工具、器具的购置费，以及实际发生的其他费用。没用到工程实体的建筑材料、工程预付款和没有进行安装的需要安装的设备等，都不能计算投资完成额。

建筑工程(建筑工作量) 指各种房屋、建筑物的建造工程，又称建筑工作量。包括：①各种房屋如厂房、仓库、办公室、住宅、商店、学校、医院、俱乐部、食堂、招待所等工程；房屋的土建工程；列入房屋工程预算内的暖气、卫生、通风、照明、煤气等设备的价值及装设油饰工程；列入建筑工程预算内的各种管道(如蒸汽、压缩空气、石油、给排水等管道)、电力、电讯电缆、导线的敷设工程。②设备基础、支柱、操作平台、梯子、烟囱、凉水塔、水池、灰塔等建筑工程；炼焦炉、裂解炉、蒸汽炉等各种窑炉的砌筑工程及金属结构工程。③为施工而进行的建筑场地的布置、工程地质勘探，原有建筑物和障碍物的拆除，平整土地、施工临时用水、电、汽、道路工程，以及完工后建筑场地的清理、环境绿化美化工作等。④矿井的开凿，井巷掘进延伸，露天矿的剥离，石油、天然气钻井工程和铁路、公路、港口、桥梁等工程。⑤水利工程，如水库、堤坝、灌溉以及河道整治等工程。⑥防空、地下建筑等特殊工程及其他建筑工程。

安装工程(安装工作量) 指各种设备、装置的安装工程，又称安装工作量。包括：①生产、动力、起重、运输、传动和医疗、实验等各种需要安装设备的装配和安装，与设备相连的工作台、梯子、栏杆等装设工程，附属于被安装设备的管线敷设工程，被安装设备的绝缘、防腐、保温、油漆等工作。②为测定安装工程质量，对单个设备、系统设备进行单机试运、系统联动无负荷试运工作(投料试运工作不包括在内)。在安装工程中，不包括被安装设备本身价值。

设备、工具、器具购置 是指建设单位或企、事业单位购置或自制的，达到固定资产标准的设备、工具、器具的价值。新建单位及扩建单位的新建车间，按照设计或计划要求购置或自制的全部设备、工具、器具，不论是否达到固定资产标准均计入“设备、工具、器具购置”中。①设备：指各种生产设备、传导设备、动力设备、运输设备等。②工具、器具：是指具有独立用途的各种生产用具、工作工具和仪器。

其他费用 是指在固定资产建造和购置过程中发生的，除建筑安装工程和设备、工器具购置费以外的各种应分摊计入固定资产的费用。

民间投资 从投资主体为标准划分，政府或代表政府的国有企、事业单位投资建造和购置固定资产，均为政府投资，非国有、合资企业投资建造和购置固定资产则为民间投资。从2002年年报开始，国家投资统计制度中新增加了“国有及国有控股”指标，根据现有的统计资料，一般认为投资总额中扣除国有及国有控股投资部分即为非国有投资。因此，在做民间投资分析时，可以从非国有经济投资中再扣除外商及港澳台商投资部分即为民间投资，但要注意在扣除时，不要再次扣除国有控股部分的外商及港澳台商投资，否则会引起重复扣除。

基础设施投资 目前关于基础设施的界定，国际、国内尚没有统一的标准。我们通常在进行基础设施投资分析时，采用的基础设施投资范围包括：水利、环境和公共设施管理业；电力、燃气及水的生产供应业；交通运输、仓储和邮政业；电信和其他信息传输服务业；教育设施；广播、电视、电影和音像业；文化艺术业；体育设施；卫生设施。

房地产开发投资 是指报告期内完成的全部用于房屋建设工程、土地开发工程投资额以及公益性建筑和土地购置费等投资额。包括各种经济类型的房地产开发公司、商品房建设公司及其他房地产开发单位统一开发的包括统代建、拆迁还建的住宅、厂房、仓库、饭店、宾馆、度假村、写字楼、办公楼等房屋建筑物和配套的服务设施、土地开发工程，如道路、给水、排水、供电、供热、通讯、平整场地等基础设施工程的投资。不包括单纯的土地交易活动。

新增固定资产 指通过投资活动所形成的新的固定资产价值。包括已经建成投入生产或交付使用的工程价值和达到固定资产标准的设备、工具、器具的价值及有关应摊入的费用。

房屋建筑施工面积 指报告期内房屋建筑按照设计要求已全部完工，达到住人和使用条件，经验收鉴定合格或达到竣工验收标准，可正式移交使用的各栋房屋建筑面积的总和。

房屋建筑面积的统计范围是从房屋外墙线算起的各层平面面积的总和，包括房屋结构（如柱、墙）占用的面积和地下室面积。多层建筑按各自然层面积总和计算，包括房屋内的楼隔层，突出墙面的眺望间、门斗、有柱雨罩的面积，不包括突出墙面结构的构件、艺术装饰等所占的面积，如台阶等。凹阳台、挑阳台按其水平投影面积一半计算建筑面积。

房屋建筑竣工面积 指在报告期内，按照设计所规定的工程内容全部完成，达到了设计规定的交工条件，经有关部门检查验收鉴定合格的房屋建筑面积。

商品房销售面积 指报告期内出售商品房屋的合同总面积（即双方签署的正式买卖合同中所确定的建筑面积）。由现房销售面积和期房销售面积两部分组成。

待售面积 指报告期末已竣工的可供销售或出租的商品房屋建筑面积中，尚未销售或出租的商品房屋建筑面积，包括以前年度竣工和本期竣工的房屋面积，但不包括报告期已竣工的拆迁还建、统建代建、公共配套建筑、房地产公司自用及周转房等不可销售或出租的房屋面积。按照商品房待售时间的长短可以划分为待售一年以下、待售一到到三年（含一年）和待售三年以上（含三年）。

商品房销售额 指报告期内出售商品房屋的合同总价款（即双方签署的正式买卖合同中所确定的合同总价）。该指标与商品房销售面积同口径，由现房销售额和期房销售额两部分组成。

建筑业统计单位 指从事房屋、构筑物建造和设备安装活动的法人企业。建筑业法人企业应同时具备的条件是：①依法成立，有自己的名称、组织机构和场所，能够承担民事责任；②独立拥有和使用资产，承担负债，有权与其他单位签订合同；③独立核算盈亏，能够编制资产负债表。建筑业企业同时也是建筑业统计报表的基本填报单位。建筑业包括施工总承包、专业承包和劳务分包。建筑业法人单位和产业活动单位按注册所地原则进行统计。

建筑业总产值 建筑业总产值是以货币表现的建筑业企业在一定时期内生产的建筑业产品和服务的总和。建筑业总产值包括建筑工程产值、安装工程产值和其他产值三部分内容。建筑业总产值包括：

1.建筑工程产值：指列入建筑工程预算内的各种工程价值。

2.设备安装工程产值：指设备安装工程价值。

3.其他产值：建筑业总产值中除建筑工程、安装工程以外的产值。包括房屋构筑物修理产值、非标准设备制造产值、总包企业向分包企业收取的管理费以及不能明确划分的施工活动所完成的产值。

房屋构筑物修理产值：指房屋和构筑物的修理所完成的产值，但不包括被修理房屋、构筑物本身价值和生产设备的修理价值。

非标准设备制造产值：指加工制造没有定型的非标准生产设备的加工费和原材料价值(如化工厂、炼油厂用的各种罐、槽，矿井生产统一使用的各种漏斗、三角槽、阀门等)以及附属加工厂为本企业承建工程制作的非标准设备的价值。

竣工产值 一般是以单位工程为对象，当该工程按照设计所规定的工程内容全部完成，达到了设计规定的交工条件，经有关部门检查验收鉴定合格的单位工程价值，即为竣工产值。竣工产值包括范围是：对跨年度施工的单位工程，其竣工产值应当包括该工程从开始到竣工的全部自行完成价值；对有些大型单位工程，如大型厂房、高级宾馆、各种管道、公路、铁路等，能够分跨、分层、分段施工并按合同规定，能够分开交付使用的，可以分开计算竣工产值。

6

交通运输邮电通信和电力

Transportation, Posts, Telecommunications and Electricity Consumption

6-1 主要年份客运量和货运量

年份	客运量(万人)					货运量(万吨)			港口货物吞吐量(万吨)
	合计	铁路	公路	水运	民用航空	合计	#公路	#水运	
1952	86		39	47		39		39	
1957	280		211	69		217	111	106	
1962	515		330	185		143	40	103	
1965	659		539	120		202	79	123	
1970	797		605	192		265	106	159	
1975	1155		708	447		301	117	184	
1978	1920		1502	418		382	136	246	
1980	2693		2166	527		431	122	309	
1985	6018		5610	408		1143	697	446	
1990	7934		7652	280	2	2113	1281	832	
1994	9127		8924	196	7	4022	3005	1017	
1995	9338		9123	207	8	4396	3168	1228	
1996	9736		9520	204	12	4121	3023	1098	
1997	9981		9800	170	11	4084	3018	1066	
1998	10051		9894	147	10	4074	2942	1132	
1999	9986		9831	145	10	4587	3260	1327	1134
2000	10049		9899	138	12	4688	3347	1341	1271
2001	10187		10110	62	15	5452	3587	1865	1398
2002	11294		11234	53	7	5971	3868	2103	1613
2003	11921		11851	63	7	7380	4650	2730	2150
2004	10646		10553	83	10	8655	5168	3487	2722
2005	10892		10807	73	12	8629	4330	4299	2819
2006	12143		12021	108	14	10318	4816	5502	3027
2007	14320		14162	140	18	12006	5707	6299	3507
2008	28470		28291	158	21	16143	10025	6118	3898
2009	29201	40	28941	193	27	15830	10021	5809	4294
2010	30137	272	29623	210	32	18155	10500	7655	4706
2011	30577	350	29973	223	31	19685	11220	8462	5099
2012	30874	426	30210	217	21	21245	11744	9493	5358
2013	15204	547	14423	203	31	19464	9040	10424	5628
2014	13869	695	12931	209	33	20222	9628	10565	6049
2015	12851	836	11177	208	30	21215	9990	11200	6237
2016	11086	948	9895	209	34	22902	11658	11213	6771
2017	9795	1306	8236	209	44	27899	14377	13482	7057
2018	8596	1373	6992	174	58	29183	15393	13758	7167

注：从2008年开始公路运输统计口径作了调整；2013年全国开展了交通运输业经济统计专项调查，公路运输相关指标统计口径作了调整，公路客运量、货运量、客运周转量、货运周转量不包括公交车和出租车的数据，下同。

6-2 主要年份客运周转量和货运周转量

年份	客运周转量（万人公里）				货运周转量（万吨公里）			
	合计	铁路	公路	水运	合计	铁路	公路	水运
1952	2429		1404	1025	2866		55	2811
1957	8904		7308	1596	8162		651	7511
1962	14722		10337	4385	12075		485	11590
1965	14280		12188	2092	17778		1253	16525
1970	18505		15439	3066	23941		1700	22241
1975	23800		18625	5175	25409		1859	23550
1978	43841		32032	11809	52630		3401	49229
1980	62337		46205	16132	58734		3879	54855
1985	164001		150726	13275	190588		44649	145939
1990	248166		236650	11516	277473		68381	209092
1994	339888		330580	9308	592027		201379	390648
1995	376539		367190	9349	662074		260199	401875
1996	435206		428349	6857	800486		366380	434106
1997	490569		485100	5469	799378		368430	430948
1998	562752		558186	4566	903920		376450	527470
1999	599956		595898	4058	1136367		355856	780511
2000	609219		605222	3997	1265144		367388	897756
2001	573927		570954	2973	1547704		370050	1177654
2002	530396		527998	2398	2107028		372897	1734131
2003	552254		550315	1939	2861369		378638	2482731
2004	486854		485418	1436	3607218		343161	3264057
2005	497676		496490	1186	4391979		321865	4070114
2006	568713		567631	1082	5738826		391389	5347437
2007	697739		696613	1126	6778528		454670	6323858
2008	856179		855012	1167	7642498		1274580	6367918
2009	897620	10498	885604	1518	8045858		1314321	6731537
2010	977082	68930	905849	2303	11106446		1419832	9686614
2011	1038253	119485	916120	2647	12382359	640	1566498	10815222
2012	1062380	134317	925562	2501	13252138	1680	1688270	11562188
2013	747599	187251	558711	1637	14196836	5650	1486510	12704676
2014	773225	235190	536282	1753	14663554	6027	1577113	13080414
2015	781350	267193	512420	1737	15710683	5313	1661631	14043739
2016	728398	299520	426965	1913	16231545	6468	1810187	14414890
2017	752840	394690	356230	1920	18143241	8400	2197246	15938597
2018	715627	414993	298782	1852	18307816	6669	2330935	15970212

6-3 公路基本情况

(2018年) 单位：公里

指标	通车总里程	国道公路	省道公路	县道公路	乡道公路	专用公路	村道公路
合计	**13014**	**660**	**681**	**2616**	**2102**	**56**	**6898**
按技术等级分							
高速公路	447	273	175				
一级	792	310	212	256	4	6	4
二级	1222	77	288	660	131	2	64
三级	588		6	321	173	1	87
四级	6601			1379	1794	48	3379
准四级	3365						3365
等外							
按路面类型分							
有铺装	12632	660	681	2560	2075	50	6605
水泥混凝土	10028	11	108	1458	1924	36	6490
沥青混凝土	2605	649	573	1102	151	14	114
简易铺装	90			56	22		12
未铺装	292				5	5	281
桥梁							
座	6138						
米	430585						
隧道							
道	353						
延米	256160						

6-4 按管理性质分公路里程

(1986-2018年)

单位：公里

年 份	通 车 总里程	国 道	省 道	县 道	乡 道	专用公路	村 道
1986	2160	155	616	792	502	95	
1987	2104	155	615	815	511	7	
1988	2197	155	618	862	554	7	
1989	2230	151	608	973	494	7	
1990	2256	150	588	995	516	7	
1991	2302	149	588	1005	560		
1992	2315	149	590	1015	561		
1993	2381	148	595	1045	593		
1994	2438	148	599	1060	632		
1995	2470	158	599	1064	649		
1996	2521	158	598	1087	678		
1997	2589	169	596	1118	707		
1998	3618	176	602	1154	1686		
1999	3650	176	592	1198	1685		
2000	3766	234	592	1230	1710		
2001	3994	232	591	1481	1575	115	
2002	4018	232	591	1503	1576	117	
2003	4060	232	591	1534	1586	117	
2004	4125	232	585	1613	1576	119	
2005	4128	232	585	1617	1576	119	
2006	9087	232	649	1655	1604	98	4849
2007	10200	232	652	1691	1606	98	5921
2008	10593	274	653	2352	2045	65	5204
2009	10988	274	696	2386	2042	66	5523
2010	11267	273	695	2391	2042	66	5800
2011	11528	273	720	2403	2042	66	6024
2012	11688	273	729	2422	2070	66	6129
2013	11910	273	728	2491	2080	66	6272
2014	12283	267	730	2701	2022	64	6500
2015	12480	268	734	2750	2029	64	6636
2016	12578	463	677	2615	2042	64	6717
2017	12780	484	677	2682	2061	60	6817
2018	13014	660	681	2616	2102	56	6898

注：从2006年开始通车公路里程及相关指标包括村道，下同。

6-5 运输线路长度

(1986-2018年)

单位：公里

年份	铁路营业里程	公路通车里程	等级公路合计	#高速公路	#一级	#二级	#三级	#四级	内河航道里程	民用航空航线(条)
1986		2160	1206			32	26	1148	1091	
1987		2104	1239			32	36	1171	1096	2
1988		2197	1347			33	43	1271	1074	2
1989		2230	1386			31	43	1312	1074	2
1990		2256	1384			93	110	1181	1074	4
1991		2302	1446			93	110	1243	986	4
1992		2315	1493			120	132	1241	986	3
1993		2381	1611			210	153	1248	986	5
1994		2438	1693			256	182	1255	986	8
1995		2470	1791			272	188	1331	986	7
1996		2521	1854		22	299	299	1234	986	10
1997		2589	1927		21	329	331	1246	986	10
1998		3618	3029		60	364	477	2128	986	7
1999		3650	3065		60	373	488	2144	986	7
2000		3766	3180	90	60	374	486	2170	986	12
2001		3994	3530	128	124	975	511	1792	986	8
2002		4018	3561	128	140	965	512	1816	986	4
2003		4060	3611	128	141	981	515	1846	993	4
2004		4125	3686	128	177	1030	516	1835	993	4
2005		4128	3688	128	182	1031	512	1835	993	4
2006		9087	8522	188	209	1115	536	3999	993	4
2007		10200	9691	188	236	1169	544	4203	993	5
2008		10593	10175	230	237	1203	565	5053	993	9
2009	94	10988	10671	274	255	1223	568	5301	993	9
2010	94	11267	11005	274	299	1196	556	5507	993	9
2011	94	11528	11287	298	307	1196	565	5577	984	9
2012	94	11688	11453	298	325	1209	565	5731	1007	8
2013	94	11910	11681	298	410	1194	563	5898	1007	11
2014	94	12283	12055	298	555	1233	563	6090	1007	12
2015	94	12480	12297	298	608	1241	566	6246	1007	9
2016	94	12578	12517	298	652	1218	565	6363	1007	15
2017	94	12780	12752	298	757	1230	573	6455	1007	14
2018	94	13014	13014	447	792	1222	588	6601	1007	15

6-6 公路运输工具拥有量

(1999-2018年)　　单位：辆

年份	汽车	#营业性汽车	载客汽车	载货汽车	其他汽车	摩托车	挂车
1999	35538		12328	22805	405	170224	76
2000	52390		18485	33386	519	267219	99
2001	70357		26569	43135	653	323187	135
2002	98863	20750	41259	56757	847	391797	172
2003	136432	23522	63937	71352	1143	477445	204
2004	170650	27400	83831	83536	3283	528609	466
2005	211745	24453	114664	93795	3286	576227	324
2006	260615	25996	157742	99091	3782	622064	667
2007	315913	24959	206790	105016	4107	656827	924
2008	368029	24502	254013	109517	4499	646246	1223
2009	457161	25046	330605	123306	3250	664074	1893
2010	565917	27284	423241	139133	3543	677287	2720
2011	678938	32750	520767	154518	3653	632821	3302
2012	793273	33789	623700	165915	3658	586604	3603
2013	922061	33153	738660	179521	3880	575657	4100
2014	1039522	31792	862643	173361	3518	592177	4243
2015	1160758	27530	996106	161221	3431	561369	4429
2016	1327839	33154	1153475	171146	3218	274361	4816
2017	1482967	37742	1294940	184644	3383	171019	5112
2018	1629324	36536	1424418	201201	3705	143060	5494

6-7 水路运输工具拥有量

(1996-2018年)

年 份	机动船拥有量(艘)			净载重量(吨位)	载客量(客位)
	合 计	货 船	客 船		
1996	3996	3868	128	239092	12397
1997	3596	3434	123	230381	6471
1998	3327	3279	48	267942	3060
1999	2849	2808	40	345076	2812
2000	2354	2338	16	399659	1671
2001	2389	2375	14	512720	1531
2002	2481	2466	15	652575	1545
2003	2281	2263	18	780320	2224
2004	2127	2113	14	960802	1737
2005	2078	2064	14	1365200	1784
2006	2109	2095	14	1703568	1742
2007	2057	2042	15	1606295	1651
2008	1866	1854	12	1429165	1572
2009	1201	1189	12	2267030	1610
2010	938	926	12	2494626	1227
2011	829	817	12	2739021	1377
2012	772	759	13	3160552	1457
2013	619	606	13	3597236	1457
2014	595	581	14	3932078	1617
2015	564	550	14	3811131	1617
2016	532	517	14	3663501	1870
2017	514	503	11	4115623	1570
2018	501	489	12	4963248	2048

6-8 按货物形态和包装分港口货物吞吐量

(2018年)　　单位：吨

指　　标	合　计	#外 贸	出　港	#外 贸	进　港	#外 贸
港口货物吞吐量	**71672317**	**6183425**	**11003544**	**297220**	**60668773**	**5886205**
1. 液体散货	1972697		367243		1605454	
其中：成品油						
液化气、天然气及制品	1937633		354234		1583399	
2. 干散货	53517682	4357656	3790671	517	49727011	4357139
其中：煤炭及制品	18889098	4357139			18889098	4357139
散水泥	3341079				3341079	
散　粮						
3. 件杂货	2603849	1106335	385239		2218610	1106335
其中：木　材	600				600	
粮　食	19938		5050		14888	
化　肥	19914				19914	
水　泥	942898		312096		630802	
4. 集装箱(TEU)	244132	89730	113094	45057	131038	44673
重　量(吨)	2668989	719434	1011451	296703	1657538	422731
其中：货　重	2144764	538773	769816	205748	1374948	333025
5. 滚装船汽车吞吐量(辆)	545455		272447		273008	
滚装船汽车吞吐量(标辆)	545455		272447		273008	
重　量(吨)	10909100		5448940		5460160	

6-9 按货类分港口货物吞吐量

(2018年) 单位：吨

指 标	合 计	#外 贸	出 港	#外 贸	进 港	#外 贸
港口货物吞吐量	**71672317**	**6183425**	**11003544**	**297220**	**60668773**	**5886205**
1. 煤炭及制品	18925098	4357139			18925098	4357139
2. 石油、天然气及制品	1930999		354234		1576765	
成品油	1930999		354234		1576765	
3. 钢铁	4463532	517	351929	517	4111603	
其中：钢 材	3730039		1100		3728939	
生 铁	860				860	
4. 矿建材料	24687739		3451635		21236104	
其中：砂	19421603		367170		19054433	
5. 水 泥	3340705		312096		3028609	
6. 木 材	600				600	
7. 非金属矿石	3398655				3398655	
8. 化肥及农药	19914				19914	
9. 盐						
10. 粮 食	19938		5050		14888	
11. 机械、设备、电器	1086328	1086328			1086328	1086328
12. 化工原料及制品	136916		15709		121207	
13. 轻工、医药产品	3715		2000		1715	
14. 农、林、牧、渔业产品	20007	20007			20007	20007
15. 其 他	13638171	719434	6510891	296703	7127280	422731
其中：集装箱重量	2668989	719434	1011451	296703	1657538	422731
滚装船汽车吞吐量	545455		272447		273008	

6-10 主要年份邮电业务量

年份	邮电业务总量(万元)	邮电业务收入(万元)	函件(万件)	订销报刊累计份数(万份)	固定电话用户数(万户)	移动电话用户数(万户)	互联网宽带接入用户数(户)	移动互联网用户数(户)
1949	20		64	18				
1952	47		150	364				
1957	133		493	707				
1962	278		608	700				
1965	299		585	1623				
1970	354		610	2694				
1975	458		686	3133				
1978	611		775	3635	0.67			
1980	792		1106	4707	0.76			
1985	1514		1987	7332	1.28			
1990	5376		1989	7401	2.86			
1994	30034		2428	8937	12.76	0.61		
1995	51505		2376	10740	20.29	1.99		
1996	76928		2489	11750	26.99	4.27	2	
1997	105213		2172	10172	36.13	9.24	447	
1998	164086		2205	10201	53.29	16.19	3957	
1999	226838		2360	10889	77.10	41.20	7663	
2000	362332		2630	11339	100.81	78.35	62305	
2001	331815		3581	11826	117.09	127.33	182318	
2002	400261		3484	11766	143.66	157.78	278892	
2003	590142	354574	3446	12800	169.13	225.02	390310	
2004	836830	390559	2705	12187	198.32	283.06	393280	
2005	889277	426046	2227	12276	207.69	360.83	282427	
2006	1063520	475040	1583	12693	214.30	432.97	373162	
2007	1318754	561391	1444	12614	215.53	517.74	461203	
2008	1463341	646065	1373	13065	211.86	554.13	558170	
2009	1536168	625391	1592	13254	189.95	591.34	683016	
2010	1467071	663022	1516	12724	178.72	719.60	863564	
2011		691300	1774	12933	170.99	791.45	1126632	3567678
2012		763311	1803	14419	165.07	782.99	1265399	4685981
2013		770435	1935	16407	152.04	744.77	1512076	5028731
2014		755726	1597	15922	140.55	758.62	1676744	5427455
2015		726790	1286	16324	120.44	739.78	1785103	6056687
2016		764482	776	11108	106.81	770.84	2084579	6063636
2017		746635	605	13809	92.26	826.46	2262561	6888502
2018		795915	762	10589	107.70	958.00	2450698	6886762

注：2001年起邮电业务总量为2000年不变价，下同；2004年及以前互联网宽带接入用户数为国际互联网用户数。

6-11　邮电企业主要指标

(1978-2018年)

年　份	邮电局(所)数(个)	邮路及农村投递线路长度(公里)	电话交换机装机总容量(万门)	固定电话主线普及率(户/百人)	移动电话普及率(户/百人)	快递服务企业业务量(万件)	快递服务企业业务收入(亿元)
1978	294		1.25	0.15			
1980	302	14529	1.49	0.16			
1985	339	15451	3.38	0.26			
1986	348	16224	3.82	0.28			
1987	350	16072	4.17	0.33			
1988	349	15788	4.70	0.40			
1989	348	16306	5.39	0.46			
1990	345	15835	6.10	0.55			
1991	342	16063	6.61	0.66			
1992	336	15616	8.12	0.88			
1993	321	16052	14.22	1.39	0.01		
1994	294	16112	26.39	2.42	0.12		
1995	293	16263	42.42	3.83	0.38		
1996	280	16552	54.18	5.06	0.80		
1997	284	16476	68.41	6.74	1.72		
1998	368	16485	80.18	9.88	3.00		
1999	433	16264	82.32	14.20	7.59		
2000	408	16211	159.30	18.44	14.33		
2001	365	16433	172.50	21.35	23.21		
2002	343	16715	206.26	26.10	28.66		
2003	232	15779	232.43	30.61	40.72		
2004	327	18645	263.38	35.67	50.92		
2005	417	20038	300.67	37.10	64.45		
2006	437	20989	300.74	37.95	76.68		
2007	475	21587	300.10	37.85	90.93		
2008	456	24444	282.73	36.91	96.53		
2009	468	24372	262.56	32.84	102.22		
2010	465	24315	261.60	30.65	123.40		
2011	447	24937	258.44	29.14	134.88	3666	5.55
2012	457	24690	240.18	27.90	132.50	6489	8.21
2013	442	26232	204.94	25.59	125.37	10255	12.07
2014	456	18564	172.00	23.54	127.05	18553	17.44
2015	425	16653	171.59	20.16	123.81	29479	24.29
2016	385	17178		17.80	128.44	49250	34.20
2017	392	17166		15.28	136.94	53945	33.19
2018	304	18099		17.79	158.24	70312	39.96

注：2003年起邮电局、所总数不包括代办点。

6-12 全社会用电量(一)

(1986-2018年)

单位：万千瓦时

年 份	全社会用电量(包括厂用电量及线损)	农林牧渔水利业	工业用电	轻工业	重工业	建筑业
1986	68185	6771	47606	23295	24311	346
1987	81333	6388	55928	26218	29710	473
1988	97744	7037	65001	31807	33194	664
1989	101163	5700	65199	32284	32915	675
1990	114048	5679	69416	35376	34040	776
1991	138918	6359	85071	44299	40772	863
1992	160412	6734	101102	56365	44737	1296
1993	194360	6768	123414	68936	54478	1678
1994	224103	7876	140052	80616	59436	2103
1995	253892	8161	155598	87155	68443	3038
1996	270237	8048	165274	90346	74928	3477
1997	290184	7393	178064	97804	80260	4960
1998	318937	7261	195749	109284	86465	5732
1999	377370	7130	241075	136822	104253	5995
2000	460236	8795	309357	174070	135287	6397
2001	525430	9104	358175	198073	160102	7167
2002	647020	9444	452978	247101	205878	8157
2003	779903	9986	552753	296718	256034	9746
2004	848560	8488	618333	336047	282286	11720
2005	1048465	10346	744117	306493	437625	15354
2006	1240624	11841	870314	379305	491009	22439
2007	1438263	11939	1031548	391116	640432	22180
2008	1566240	12296	1111781	391240	720540	21438
2009	1718830	13185	1214514	418490	796023	24205
2010	1962057	12937	1391383	479452	911931	30082
2011	2219849	12924	1570324	530430	1039895	33710
2012	2273310	13487	1566705	539937	1026768	35761
2013	2479714	15862	1692994	574739	1118255	46231
2014	2544168	15726	1731691	584676	1147015	50460
2015	2527487	15634	1677933	595433	1082500	51046
2016	2821453	17422	1834332	646082	1188249	68452
2017	3105087	18991	2053891	701875	1352016	73967
2018	3295674	18244	2146201			88135

6-13 全社会用电量(二)

(1986-2018年) 单位：万千瓦时

年 份	交通运输仓储邮政业	商 业住宿和餐饮业	其 他事 业	城乡居民生活用电	乡 村	城 市
1986	236	839	2264	10123	6955	3168
1987	275	1104	2798	14368	9519	4849
1988	336	1357	3557	19793	13133	6660
1989	357	1418	3961	23854	15623	8231
1990	419	1675	4309	31774	20812	10962
1991	570	2050	5212	38794	24925	13869
1992	621	2015	5897	42746	27256	15490
1993	792	2448	7123	52137	33011	19126
1994	1008	2961	8410	61693	38905	22788
1995	1283	3476	9447	72889	45249	27640
1996	1747	4883	10965	75844	46172	29672
1997	1919	5422	12457	79969	47386	32583
1998	2260	6753	14770	86414	49907	36507
1999	2562	8689	18014	93905	53254	40650
2000	3328	10993	21000	100365	55896	44470
2001	4283	16426	23287	106988	60513	46475
2002	5135	20333	25686	125287	71591	53696
2003	6605	24063	32205	144544	81424	63120
2004	6517	28488	33012	142002	75818	66184
2005	6895	32660	59243	179849	101689	78160
2006	8522	40554	69979	216975	127247	89728
2007	9660	45522	79839	237575	141979	95596
2008	9492	49541	87478	274214	158919	115295
2009	10352	59848	94167	302559	177569	124990
2010	16645	68668	102487	339856	204750	135106
2011	19681	81565	114534	387110	235962	151148
2012	18570	91379	126222	421186	253065	168122
2013	20425	100071	138626	465505	280428	185077
2014	23988	109302	147256	465746	281880	183865
2015	25243	114348	135725	481992	293354	188639
2016	27552	129661	160121	555139	336178	218961
2017	31387	144585	176535	575693	351380	224313
2018	34374	152957	192374	622837	380372	242465

6-14 分产业和行业全社会用电量

(2018年)

类　别	用户数(个)	用户用电装接容量(千瓦)	本年用电量(万千瓦时)
总　计	**2828635**	**33471199**	**3295674**
#按产业分			
第一产业	9915	183318	10609
第二产业	149484	11682810	2230869
第三产业	157179	6026797	431359
按用途分			
一、农、林、牧、渔业	**19125**	**311643**	**18244**
农　业	8006	133827	6481
林　业	169	3046	174
畜牧业	1022	17340	1363
渔　业	718	29105	2591
农、林、牧、渔服务业	9210	128325	7635
其中：排　灌	7474	92084	4355
二、工　业	**141452**	**10350400**	**2146201**
采矿业	656	87399	7140
制造业	132844	9264606	1957598
农副食品加工业	6800	244182	29494
食品制造业	1377	58894	8868
酒、饮料及精制茶制造业	1461	37995	4249
烟草制品业	11	1561	91
纺织业	6111	205216	45228
纺织服装、服饰业	3491	96668	14772
皮革、毛皮、羽毛及其制品和制鞋业	5260	318486	50609
木材加工和木、竹、藤、棕、草制品业	6367	103355	12620
家具制造业	1042	84862	12690
造纸和纸制品业	2002	121201	39953
印刷和记录媒介复制业	1365	69514	12464
文教、工美、体育和娱乐用品制造业	8885	311518	48064
石油、煤炭及其他燃料加工业	143	3709	400
化学原料和化学制品制造业	664	160759	42875
医药制造业	404	411601	130265
化学纤维制造业	72	10012	2509

6-14 续表

类　　别	用户数(个)	用户用电装接容(千瓦)	本年用电量(万千瓦时)
橡胶和塑料制品业	21381	1827557	404656
非金属矿物制品业	2909	263809	52915
黑色金属冶炼和压延加工业	1	6	1
有色金属冶炼和压延加工业	1141	188611	30821
金属制品业	14476	1140709	257905
通用设备制造业	32618	1777536	373997
专用设备制造业	4329	432845	97832
汽车制造业	725	237449	53030
铁路、船舶、航空航天和其他运输设备制造业	1605	394674	73785
电气机械和器材制造业	2436	387048	81760
计算机、通信和其他电子设备制造业	339	104273	32005
仪器仪表制造业	316	25504	5017
其他制造业	3699	147081	23041
废弃资源综合利用业	895	74331	12215
金属制品、机械和设备修理业	519	23640	3467
电力、热力、燃气及水生产和供应业	7952	998395	181463
电力、热力生产和供应业	3352	785469	148841
燃气生产和供应业	113	13368	1795
水的生产和供应业	4487	199558	30827
三、建筑业	**8551**	**1356050**	**88135**
四、交通运输、仓储和邮政业	**2235**	**399588**	**34374**
五、信息传输、软件和信息技术服务业	**13789**	**221413**	**31715**
六、批发和零售业	**48562**	**1432281**	**109379**
七、住宿和餐饮业	**7285**	**438832**	**13578**
八、金融业	**1681**	**126941**	**11712**
九、房地产业	**5865**	**870069**	**25073**
十、租赁和商务服务业	**3731**	**229740**	**11828**
十一、公共服务及管理组织	**64302**	**2155968**	**152597**
十二、城乡居民生活用电	**2512057**	**15578274**	**622837**
城镇居民	774700	5549989	242465
乡村居民	1737357	10028285	380372

主要统计指标解释

货(客)运量 指运输业实际运送的货物(旅客)数量。货运按吨计算，客运按人计算。货物不论运输距离长短，货物类别，均按实际重量统计；旅客不论行程远近或票价多少，均按一人一次作为客运量统计。半价票、小孩票也按一人统计。货(客)运量是反映运输业为国民经济和人民生产服务的数量指标，也是制定和检查运输生产计划，研究运输发展规模和速度的重要指标。

货物(旅客)周转量 指运输业实际运送的货物(旅客)数量与相应运输距离乘积之总和，通常以吨公里和人公里为计算单位。计算货物周转量通常按发出站与到达站之间的最短距离，也就是计费距离计算。它是反映运输业生产总成果的重要指标，也是编制和检查运输生产计划、计算运输效率、劳动生产率以及核算运输单位成本的主要基础资料。

铁路营业里程 又称营业长度，指办理客货运输业务的铁路正线总长度。凡是全线或部分建成双线及以上的线路，以第一线的实际长度计算；复线、站线、段管线、岔线和特殊用途线以及不计算运费的联络线都不计算营业里程。铁路营业里程是反映铁路运输业基础设施发展水平的重要指标，也是计算客货周转量、运输密度和机车车辆运用效率等指标的基础资料。

公路里程 也称“公路通车里程”，是指实际达到公路工程技术标准等级的公路长度。它包括大中城市的郊区公路以及通过小城镇街道的公路里程，也包括桥梁、渡口的长度，但不包括城市的街道以及厂矿、林区和农业生产用道的里程。两条或多条公路共同走向的同一条路段，只计算一次，不得重复计算里程长度。公路里程是反映公路建设发展规模的重要指标，也是计算运输网密度等指标的基础资料。

内河航道里程 也称“内河通航里程”，是反映内河水运网规模、水平和发展情况的主要指标。指在一定时期内，能通航运输船舶及排筏的天然河流、湖泊水库、运河及通航渠道的长度。包括全年季节性通航累计三个月以上的航道，但不包括仅供零散流放竹、木排的河道。

港口货物吞吐量 指由水运进出港口港区范围、并经过装卸的货物数量。吞吐量可以分进口、出口，又可以分为国内贸易和对外贸易。货物吞吐量的货种分类及其主要流向流量，反映了港口在国内外物资交换和对外贸易运输中的地位和作用。

载货汽车拥有量 是指以辆为单位计算的，在报告期末，全社会拥有的载货汽车总辆数。按公路监理部门和公安部门的机动车管理单位所掌握的领有车辆牌照资料加以整理计算。

订销报刊累计份数 是以万份为计算单位，报告期订阅和零售国内外报刊各出版期的总份数。在计算时，订阅的报刊按出版期计算，零售的按实销份数计算。凡正常性或临时加发的零售份数，报告期出版的或报告期前出版的份数都统计在内，但不包括变价出售的报刊。订销报刊累计份数应按进口交换量计算。

全社会用电量 是指国民经济各行业及城乡居民消费的电量。它包括电力企业售电量与自备电厂自发自用电量及其售给附近用户电量之和。它是考察电力消费去向、作为电力分配依据的重要指标。

7

原材料和能源

Crude Material and Energy

7-1 全社会单位生产总值能耗

(2005-2018年)

年　　份	能源消费总量(万吨标准煤)	单位GDP能　耗(吨标准煤/万元)	单位GDP能　耗降低率(%)	能源消费弹性系数(%)	电力消费总量(亿千瓦时)	单位GDP电　耗(千瓦时/万元)	单位GDP电　耗降低率(%)	电力消费弹性系数(%)
2005	790.75	0.632			104.85	837		1.70
2006	880.45	0.615	2.65	0.78	124.07	866	-3.46	1.27
2007	967.47	0.590	4.05	0.68	143.83	877	-1.27	1.10
2008	1005.25	0.560	5.18	0.41	156.62	872	0.60	0.92
2009	1029.39	0.531	5.12	0.28	171.88	886	-1.65	1.15
2010	1105.30	0.505	4.85	0.57	196.21	897	-0.88	1.08
2011	1107.85	0.421	2.79	0.63	221.98	847	-4.73	1.46
2012	1116.54	0.395	6.14	0.12	227.33	810	4.70	0.32
2013	1182.96	0.388	1.80	0.76	247.97	814	-1.05	1.14
2014	1214.08	0.371	4.50	0.35	254.42	777	4.57	0.35
2015	1239.30	0.345	4.10	0.33	252.75	703	6.72	-0.10
2016	1359.46	0.351	-1.80	1.25	282.15	728	-3.69	1.49
2017	1453.36	0.347	1.10	0.85	310.51	741	-1.76	1.23
2018	1504.44	0.335	3.50	0.48	329.57	734	1.33	0.84

注：2016-2018年GDP按2015年不变价格计算。2016年-2018年能源消费总量随GDP而调整。

7-2 规模以上工业企业能源购进、消费与库存情况

(2018年)

能源名称		购进量	消费合计	工　业 生产消费	非 工 业 生产消费	年末库存量
能源合计	**(吨标准煤)**		**14341214**	**14178830**	**162384**	
原煤	(吨)	15640574	15719125	15611631	107494	707003
煤制品	(吨)	3734	3769	3769		95
焦炭	(吨)	4123	4117	4117		100
天然气(气态)	(万立方米)	15944	15872	15823	48	76
液化天然气(液态)	(吨)	50539	50323	50152	171	362
汽油	(吨)	23338	23325	10602	12722	153
煤油	(吨)	2070	2069	2048	21	36
柴油	(吨)	50703	50759	43775	6984	2939
燃料油	(吨)	2919	2896	2896		46
液化石油气	(吨)	1844	1841	1830	11	10
润滑油	(吨)	3458	3497	3489	8	112
石蜡	(吨)	495	479	479		47
溶剂油	(吨)	719	714	714		23
石油焦	(吨)	4	4	4		
石油沥青	(吨)	3625	3625	3625		
其他石油制品	(吨)	5344	4943	4943		508
热力	(百万千焦)	12500718	14062208	13922992	139216	
电力	(万千瓦时)	1305023	1520249	1477619	42630	
城市垃圾用于燃料	(吨)	425841	1562278	1562278		9299
生物燃料	(吨标准煤)	22515	21528	21449	79	1296
其他燃料	(吨标准煤)	2944	2942	2942		43

7-3 规模以上工业按行业分主要能源消费量(一)

(2018年)

单位：吨

行业名称	原煤	煤制品	焦炭	天然气(万立方米)	液化天然气	汽油	煤油
合　　计	**15719125**	**3769**	**4117**	**15872**	**50323**	**23325**	**2069**
有色金属矿采选业							
非金属矿采选业						12	
农副食品加工业	12257			132	81	159	
食品制造业	2066			156	261	96	
酒、饮料和精制茶制造业	11			121		43	
纺织业	22783			555	2207	364	
纺织服装、服饰业	6			2	33	57	
皮革、毛皮、羽毛及其制品和制鞋业	327			51	2	469	5
木材加工和木、竹、藤、棕、草制品业	21			45	137	89	
家具制造业	840			189		229	
造纸和纸制品业	147318	1468		1069	548	191	1
印刷和记录媒介复制业	3034			33	1259	280	
文教、工美、体育和娱乐用品制造业	20			37	33	747	
石油加工、炼焦和核燃料加工业						39	
化学原料和化学制品制造业	34560			590	960	646	
医药制造业	38220			840		834	
化学纤维制造业							
橡胶和塑料制品业	40512	1572		1772	1914	2663	49
非金属矿物制品业	15572			213		317	
黑色金属冶炼和压延加工业	17461			174	349	44	
有色金属冶炼和压延加工业	15466			416	1963	99	38
金属制品业	4697		1814	2153	17309	1057	209
通用设备制造业	103		167	1055	2686	2911	1187
专用设备制造业	39	728	2136	496	165	2298	15
汽车制造业	452			4110	7088	4427	313
铁路、船舶、航空航天和其他运输设备制造业	23			716	1772	1379	32
电气机械和器材制造业	191			226	643	1948	199
计算机、通信和其他电子设备制造业				41	1024	252	
仪器仪表制造业				17	340	282	22
其他制造业	557			14		72	
废弃资源综合利用业				650		97	
金属制品、机械和设备修理业						19	
电力、热力生产和供应业	15362589				9547	1000	
燃气生产和供应业						77	
水的生产和供应业						129	

7-4 规模以上工业按行业分主要能源消费量(二)

(2018年)

单位：吨

行业名称	柴油	燃料油	液 化石油气	其他石油制品	热力(百万千焦)	电力(万千瓦时)
合 计	**50759**	**2896**	**1841**	**4943**	**14062208**	**1520249**
有色金属矿采选业						112
非金属矿采选业	305					594
农副食品加工业	911		1		114093	13575
食品制造业	106				264809	3252
酒、饮料和精制茶制造业	72				213648	2764
纺织业	417				136693	26762
纺织服装、服饰业	62			15		507
皮革、毛皮、羽毛及其制品和制鞋业	119	69	15	10		16603
木材加工和木、竹、藤、棕、草制品业	82					4295
家具制造业	428		3	2		12912
造纸和纸制品业	693	334			2048522	39886
印刷和记录媒介复制业	648	499			55394	5554
文教、工美、体育和娱乐用品制造业	332	2				7094
石油加工、炼焦和核燃料加工业	27					12
化学原料和化学制品制造业	889		81		1114842	40892
医药制造业	3554		2		5977300	121663
化学纤维制造业						867
橡胶和塑料制品业	2398	203	278	281	3634313	169622
非金属矿物制品业	21273	179	9		170593	31652
黑色金属冶炼和压延加工业	285	208				9937
有色金属冶炼和压延加工业	353	750			2821	31905
金属制品业	1775	95	324	1583	36010	112056
通用设备制造业	4315	489	863	1095		127079
专用设备制造业	1507	6		1142		53882
汽车制造业	1874	28	18	184	5198	122851
铁路、船舶、航空航天和其他运输设备制造业	1083		7	389	71310	24029
电气机械和器材制造业	2132	34	169	217		51406
计算机、通信和其他电子设备制造业	182					35764
仪器仪表制造业	220		70	25		7970
其他制造业	116				133726	8678
废弃资源综合利用业	2081				80526	8799
金属制品、机械和设备修理业	158					528
电力、热力生产和供应业	2289				2409	410185
燃气生产和供应业	59					112
水的生产和供应业	13					16452

7-5 规模以上工业按行业分能源消费情况

(2018年) 单位：吨标准煤

行业名称	单位数(个)	综合能耗		万元产值综合能耗		节能量
		绝对额	比上年增长(%)	绝对额	比上年降低(%)	
合　计	**3801**	**8962418**	**1.70**	**0.179**	**11.24**	**1137074**
有色金属矿采选业	1	138	-81.33	0.123	65.04	256
非金属矿采选业	3	1184	28.18	0.062	59.18	1716
农副食品加工业	71	32375	11.35	0.061	7.68	2695
食品制造业	17	17024	14.57	0.097	20.15	20.15
酒、饮料和精制茶制造业	9	12345	6.68	0.107	-11.17	-1240
纺织业	93	67042	7.92	0.092	5.05	3564
纺织服装、服饰业	17	854	7.94	0.016	2.42	21
皮革、毛皮、羽毛及其制品和制鞋业	165	21976	-2.28	0.032		
木材加工和木、竹、藤、棕、草制品业	19	6180	13.62	0.057	-1.78	-108
家具制造业	95	19604	-3.48	0.022	-11.00	-1941
造纸和纸制品业	53	174278	23.46	0.265	-1.53	-2626
印刷和记录媒介复制业	51	15977	2.05	0.051	6.30	1074
文教、工美、体育和娱乐用品制造业	108	10357	3.43	0.018	5.32	583
石油加工、炼焦和核燃料加工业	1	110	26.07	0.028	-0.36	
化学原料和化学制品制造业	78	123057	4.50	0.082	8.84	11927
医药制造业	66	389151	9.73	0.120	6.49	27007
化学纤维制造业	2	1066	23.62	0.088	22.13	303
橡胶和塑料制品业	480	399193	-0.38	0.097	7.33	31576
非金属矿物制品业	106	95554	17.10	0.080	19.17	22665
黑色金属冶炼和压延加工业	22	28235	7.94	0.074	-9.85	-2532
有色金属冶炼和压延加工业	70	61756	1.49	0.055	-11.52	-6374
金属制品业	254	209368	8.62	0.101	4.16	9086
通用设备制造业	690	189726	3.31	0.031	6.31	12776
专用设备制造业	248	82241	14.67	0.032	2.45	2069
汽车制造业	376	221343	16.85	0.025	14.63	37879
铁路、船舶、航空航天和其他运输设备制造业	141	48197	22.88	0.032	-6.95	-3137
电气机械和器材制造业	334	71677	4.20	0.020	8.29	6485
计算机、通信和其他电子设备制造业	39	46085	19.09	0.034	-1.80	-814
仪器仪表制造业	51	10986	-2.91	0.017	13.92	1781
其他制造业	36	16083	-2.01	0.038	2.30	379
废弃资源综合利用业	44	24516	29.11	0.019	-27.33	-5268
金属制品、机械和设备修理业	2	838	-9.68	0.126	15.81	157
电力、热力生产和供应业	38	6543574	-0.62	1.305	7.14	503307
燃气生产和供应业	6	229	16.89	0.003	26.47	81
水的生产和供应业	15	20097	11.76	0.106	-3.71	-719

7-6 规模以上工业主要能源消费(一)

(1999-2018年)　　单位：吨

年 份	原 煤	煤制品	焦 炭	汽 油	煤 油
1999	4106147	82	8316	9148	2926
2000	4665482	180	11642	11126	3946
2001	4787214	116	20011	13388	5731
2002	4747322	238	17291	17346	7123
2003	5414989	316	25424	20048	7188
2004	5868900	1238	33611	27533	17612
2005	5873411	149	36615	32360	11661
2006	5726068	637	42483	41334	12363
2007	9963353	1829	45799	48012	11149
2008	13518900	1169	40008	43092	9252
2009	13409540	909	26507	40899	7139
2010	13922044		26360	42102	7051
2011	15110170	19840	17550	24602	4367
2012	12884375	12429	12847	20775	2618
2013	13294169	15434	12020	20646	1701
2014	11451570	10025	8671	19664	1472
2015	10766567	11949	7351	21413	1923
2016	13855653	13049	7029	21869	1552
2017	15643953	6564	5036	22164	1539
2018	15719125	3769	4117	23325	2069

7-7 规模以上工业主要能源消费量(二)

(1999-2018年) 单位：吨

年 份	柴 油	燃料油	液化石油气	热 力(百万千焦)	电 力(万千瓦时)
1999	32822	280	588	659930	184951
2000	29953	1132	968	1766294	236146
2001	34289	2140	1811	2171882	270509
2002	43914	3128	3536	2881165	298967
2003	78053	4898	4683	3470891	447453
2004	169985	9364	11036	3894369	460304
2005	135280	35860	6351	4909302	585211
2006	141321	20129	8837	5053894	681262
2007	169879	20395	9347	5904636	821157
2008	147176	19341	8358	6024796	925013
2009	108967	16628	7303	5950744	963462
2010	124310	14216	7450	6226344	1101773
2011	80976	10104	6622	5802316	1004928
2012	52553	6329	5321	5894498	1006422
2013	48547	5277	4464	5542756	1088458
2014	46202	4813	4599	5735865	1114778
2015	46174	4597	4156	6684579	1116193
2016	44994	4241	2669	8176855	1264510
2017	47409	3454	2058	12210588	1415123
2018	50759	2896	1841	14062208	1520249

7-8 规模以上工业取水量

(2007-2018年) 单位：万立方米

年 份	取 水 总 量						外供水
		地表水	地下水	自来水	海水	其他水	
2007	149758	9823	703	10760	128437	33	
2008	173590	20283	492	7276	145484	17	
2009	58765	45791	92	482	10392	2099	
2010	61986	45371	523	11740	1774	2578	45782
2011	60522	44807	450	11256	1642	2367	45975
2012	69715	52894	358	11824	1737	2902	53942
2013	75950	58370	348	12715	1738	2780	60255
2014	74950	60111	311	12867	1610	52	62468
2015	78807	64301	292	12781	1372	12	66614
2016	82693	66455	268	14730	1154	13	70452
2017	91454	74161	228	15719	1282	63	78566
2018	93343	75596	192	16077	1397	81	80011

7-9 规模以上工业按行业分取水量

(2018年) 单位：万立方米

行业名称	取水总量						外供水
		地表水	地下水	自来水	海水	其他水	
合　　计	**93342.72**	**75595.96**	**191.89**	**16076.99**	**1396.85**	**81.04**	**80010.83**
有色金属矿采选业	0.95		0.95				
非金属矿采选业	3.89	3.70		0.19			
农副食品加工业	250.37	59.16	0.02	190.45		0.74	
食品制造业	269.83	2.00	16.67	251.16			
酒、饮料和精制茶制造业	124.79		0.10	124.58		0.11	
纺织业	298.96	34.48	8.79	255.59		0.10	
纺织服装、服饰业	11.04	0.19	0.03	10.82			
皮革、毛皮、羽毛及其制品和制鞋业	142.57	9.21	1.04	132.31			
木材加工和木、竹、藤、棕、草制品业	22.22	0.16	0.17	21.89			
家具制造业	154.72	13.74	6.70	134.28			
造纸和纸制品业	377.81	264.26	19.22	90.32		4.00	1.98
印刷和记录媒介复制业	37.17	2.13	0.03	33.10		1.91	
文教、工美、体育和娱乐用品制造业	75.00	1.88	8.22	64.81		0.09	
石油加工、炼焦和核燃料加工业	0.05			0.05			
化学原料和化学制品制造业	430.31	74.02	0.03	327.39		28.87	
医药制造业	1372.74	118.68	1.87	1238.87		13.33	
化学纤维制造业	1.01	0.66		0.35			
橡胶和塑料制品业	907.81	144.62	47.71	714.42		1.06	
非金属矿物制品业	336.02	132.82	4.50	197.49		1.21	
黑色金属冶炼和压延加工业	42.83	4.17		38.66			
有色金属冶炼和压延加工业	72.24	1.32	1.54	69.38			
金属制品业	440.82	73.13	4.14	363.52		0.03	
通用设备制造业	515.53	11.45	10.71	491.46		1.92	
专用设备制造业	280.37	11.11	1.83	267.01		0.42	
汽车制造业	592.32	3.80	7.49	580.73		0.30	
铁路、船舶、航空航天和其他运输设备制造业	156.75	2.32	4.97	149.18		0.28	
电气机械和器材制造业	338.90	4.42	6.61	327.58		0.29	
计算机、通信和其他电子设备制造业	275.09	1.16	0.07	273.81		0.05	
仪器仪表制造业	37.48	0.09	0.76	36.48		0.14	
其他制造业	165.27	9.95	37.46	117.86			
废弃资源综合利用业	86.43	3.84		82.60			
金属制品、机械和设备修理业	10.72			10.72			
电力、热力生产和供应业	3006.99	891.89	0.27	691.79	1396.85	26.19	64.60
燃气生产和供应业	1.93			1.93			
水的生产和供应业	82501.79	73715.58		8786.20			79944.25

主要统计指标解释

能源购进量 指能源使用单位在报告期内外购的、用于本企业消费的各种一次能源和二次能源。购进量的统计原则是：谁购进，谁统计。

能源消费量 是指能源使用单位在报告期内实际消费的一次能源或二次能源的数量。包括终端消费和中间消费。能源消费数量分别用实物量和价值量表示。能源消费量统计的原则是：

(1)谁消费、谁统计；

(2)何时投入使用，何时计算消费量；

(3)消费量只能计算一次。

工业企业的能源消费量包括工业企业在生产过程中作为燃料、动力、原料、辅助材料使用的能源以及工艺用能、非生产用能。作为能源加工转换企业，还要包括能源加工转换的投入量。具体包括：

(1)用于本企业产品生产、工业性作业和其他生产性活动的能源；

(2)用于技术更新改造措施、新技术研究和新产品试制以及科学试验等方面的能源；

(3)用于经营维修、建筑及设备大修理、机电设备和交通运输工具等方面的能源；

(4)用于劳动保护的能源；

(5)其他非生产消费的能源。

综合能源消费量 是指报告期内工业企业在工业生产活动中实际消费的各种能源的总和。菖

万元工业总产值综合能耗 是指综合能源消费量与工业总产值之比，它反应单位工业总产值所耗的能源量。

标准煤 各种能源折算成以煤当量为统一标准的计量单位。

能源消费弹性系数 是反映能源消费增长速度与国民经济增长速度之间比例关系的指标。计算公式：

能源消费弹性系数＝能源消费量年平均增长速度/国民经济年平均增长速度

电力消费弹性系数 是反映电力消费增长速度与国民经济增长速度之间比例关系的指标。计算公式：

电力消费弹性系数＝电力消费量年平均增长速度/国民经济年平均增长速度

国民经济年平均增长速度，可根据不同的目的或需要，用国民生产总值，国内生产总值等指标来计算，本资料是采用生产总值指标计算的。

取水总量 指工业企业从各种水源提取的，并用于工业生产活动的水量总和。包括地表水、地下水、自来水、由管道供应的未经达标处理的水、经城市污水处理厂处理后回用的中水、海水，以及企业从市场购得的其他水或水的产品(如纯净水、矿泉水、蒸汽、热水、地热水等)。

8

批发零售贸易业和住宿餐饮业

Wholesale and Retail Sale Trade and Accommodation and Restaurants

8-1　主要年份社会消费品零售总额

单位：万元

年　份	社会消费品零售总额	批发和零售业	住宿和餐饮业	其　他
1949	3257	3178	61	18
1952	5196	5066	100	30
1957	13064	12636	353	75
1962	18197	17188	892	117
1965	19656	19011	536	109
1970	24796	23298	721	777
1975	31157	29890	860	407
1978	49157	47252	1204	701
1980	76294	72577	1731	1986
1985	169672	155903	4911	8858
1990	371549	338638	13646	19265
1994	1004440	896540	70359	37541
1995	1431932	1303393	105055	23484
1996	1679697	1504939	112149	62609
1997	1765479	1562593	128040	74846
1998	1818458	1605022	128517	84919
1999	2009855	1750219	153424	106212
2000	2180811	1928811	174445	77555
2001	2458302	2153581	221176	83545
2002	2839044	2437704	310493	90847
2003	3264367	2757343	396443	110581
2004	3788700	3203478	479122	106100
2005	4412511	3702714	590178	119619
2006	5146870	4331501	689924	125445
2007	6016532	5076909	809356	130268
2008	7184344	6365848	798191	20305
2009	8178784	7293463	857701	27620
2010	9604506	8582807	1021699	
2011	11323711	10078162	1245549	
2012	13043014	11586735	1456279	
2013	14492679	12902552	1590127	
2014	16463225	14678283	1784942	
2015	18266783	16317522	1949261	
2016	20131405	17947114	2184291	
2017	22357307	19865776	2491531	
2018	23668763	20946650	2722112	

注：从2010年开始社会消费品零售总额统计范围不包括非批发零售和住宿餐饮业单位，2013年开始统计范围不包括市外法人在台州市的产业活动单位，下同。按照统计新口径，2013年全市社会消费品零售总额增幅为12.8%。

8-2 市区主要年份社会消费品零售总额

单位：万元

年 份	市 区	椒江区	黄岩区	路桥区
1949	1076	374	702	
1952	1805	624	1181	
1957	4309	1522	2787	
1962	7016	2633	4383	
1965	7252	2810	4442	
1970	8202	2920	5282	
1975	9250	3453	5797	
1978	17280	6439	10841	
1980	25401	7748	17653	
1985	70360	27755	42605	
1990	142578	59519	83059	
1994	386377	146619	104408	135350
1995	553034	223732	111089	218213
1996	663850	245383	150304	268164
1997	703877	224198	176307	303372
1998	726139	225090	188648	312400
1999	808145	239840	223925	344379
2000	887364	266039	237137	384188
2001	1028501	319272	275079	434150
2002	1200228	375093	313040	512094
2003	1381562	431911	350605	599046
2004	1592391	497000	399900	695491
2005	1869294	588109	468078	813107
2006	2193664	681730	553696	958238
2007	2573539	796143	642574	1134822
2008	3071525	946678	756962	1367884
2009	3466197	1103547	901447	1461203
2010	4104622	1290855	1062868	1750899
2011	4818346	1508310	1245585	2064452
2012	5474591	1743853	1408423	2322315
2013	5862532	1911661	1536699	2414172
2014	6644874	2159419	1755503	2729952
2015	7386063	2354822	1963675	3067566
2016	8116470	2521293	2137802	3457375
2017	8899664	2762419	2382990	3754256
2018	9350964	2893965	2534656	3922343

8-3 各县市主要年份社会消费品零售总额

单位：万元

年份	三门县	天台县	仙居县	温岭市	临海市	玉环市
1949	226	376	116	569	737	157
1952	252	524	181	1146	894	394
1957	615	1132	635	2786	2378	1209
1962	767	1308	940	3455	3279	1432
1965	948	1478	1038	3876	3540	1524
1970	1338	2001	1776	5249	4435	1795
1975	2097	2979	2055	6673	5758	2345
1978	3525	3731	2679	10583	6851	4508
1980	5359	5790	4401	15173	12193	7977
1985	10331	10571	8348	31718	21887	16456
1990	20298	33129	15637	74716	56942	28249
1994	40805	66980	37969	251317	141685	79306
1995	59402	83421	57532	371144	183057	124342
1996	59020	101511	68760	477408	189263	119885
1997	60178	105683	69266	517735	181061	127677
1998	57449	111444	74776	551521	163911	133218
1999	66516	118778	79902	587884	203676	144955
2000	75880	125285	86181	604442	230696	170963
2001	84497	141571	97410	642717	269731	193876
2002	101627	163583	114621	711693	317185	230107
2003	125379	186643	133469	796888	368667	271759
2004	151200	216200	156400	922800	432200	317509
2005	172396	243753	182602	1073924	501395	369147
2006	200757	281620	212075	1249273	583674	425807
2007	235352	327617	246518	1457003	682491	494012
2008	281905	393193	293847	1736376	814122	593376
2009	325938	435291	346606	2025050	938029	641673
2010	375712	496479	409210	2355278	1106588	756617
2011	449656	584424	478806	2802448	1285862	904169
2012	527306	682002	555664	3266826	1475823	1060805
2013	617992	745795	612587	3779022	1626290	1248461
2014	705021	850878	698901	4305372	1838683	1419498
2015	796498	980053	804952	4738870	2018966	1541381
2016	868747	1065088	880458	5267628	2232939	1700075
2017	962132	1195167	983170	5933498	2506214	1877462
2018	1022569	1273192	1033731	6333364	2657857	1997086

8-4　限额以上批发和零售业企业销售情况

(2018年)　　单位：万元

名　　称	法人企业(个)	年　末从业人数(人)	销售额	年末零售营业面积(平方米)
总　　计	**1203**	**47279**	**22428197**	**1729604**
一、批发业	**666**	**20388**	**15911313**	**306336**
其中：大中型	164	14404	8410287	233131
按登记注册类型分				
内资企业	660	20307	15822951	305836
国有企业	4	1501	1262859	100
股份合作企业	6	87	51300	2081
有限责任公司	160	6922	3544421	86276
股份有限公司	11	629	202630	12605
私营企业	479	11168	10761741	204774
外商投资企业	6	81	88362	500
按批发行业分				
农、林、牧、渔产品批发	4	61	18039	600
食品、饮料及烟草制品批发	29	2456	1397735	10273
纺织、服装及家庭用品批发	101	4478	1334731	50677
文化、体育用品及器材批发	32	721	449705	3985
医药及医疗器材批发	28	3833	1258303	8325
矿产品、建材及化工产品批发	319	5518	5858241	198509
机械设备、五金产品及电子产品批发	129	2953	5165505	32957
贸易经纪与代理	11	219	338903	310
其他批发业	13	149	90151	700

8-4 续表

单位：万元

名　称	法人企业(个)	年　末从业人数(人)	销售额	年末零售营业面积(平方米)
二、零售业	**537**	**26891**	**6516883**	**1423268**
其中：大中型	153	20250	5106917	1016824
按登记注册类型分				
内资企业	527	24857	6134148	1262796
国有企业	2	189	9135	4350
集体企业	1	19	2681	300
股份合作企业	7	132	21557	10500
有限责任公司	133	9365	2693278	506565
股份有限公司	6	604	410566	66722
私营企业	377	14539	2994927	674309
其他企业	1	9	2005	50
港、澳、台商投资企业	7	1790	256874	129493
外商投资企业	3	244	125861	30979
按零售行业分				
综合零售	42	5486	436618	448254
食品、饮料及烟草制品专门零售	21	652	56998	12343
纺织、服装及日用品专门零售	5	401	32352	10850
文化、体育用品及器材专门零售	11	698	65817	41349
医药及医疗器材专门零售	20	3636	229899	59220
汽车、摩托车、燃料及零配件专门零售业	268	11740	4937760	653479
家用电器及电子产品专门零售	41	1952	226912	66255
五金、家具及室内装饰材料专门零售	9	104	22316	6763
货摊、无店铺及其他零售业	120	2222	508211	124755
按经营方式分				
独立门店	439	18659	5490399	1110774
连锁总店	11	5196	311121	165061
连锁直营店	8	683	350857	77757
其　他	79	2353	364506	69676
按零售业态分				
有店铺零售	412	23971	5814674	1315452
便利店	6	270	35763	4810
超市	30	918	69667	57323
大型超市	12	4120	284332	289381
百货店	6	354	66005	86620
专业店	158	6813	1449551	324265
专卖店	176	10722	3800256	490294
家居建材商店	1	6	585	2000
购物中心	6	305	44197	43400
厂家直销中心	13	375	57793	16009
无店铺零售	125	2920	702209	107816

8-5 限额以上住宿和餐饮业企业基本情况

(2018年)

单位：万元

名　称	法人企业(个)	年末从业人数(人)	营业额	客房间数(间)	床位数(个)	餐位数(位)	年末餐饮营业面积(平方米)
总　计	**224**	**15807**	**338618**	**15829**	**24724**	**116039**	**495181**
一、住宿业	**90**	**8457**	**178993**	**13762**	**21239**	**41438**	**279547**
其中：大中型	27	6229	139163	7291	11213	27983	180130
按登记注册类型分							
内资企业	85	7258	150280	12147	18711	36160	252347
国有企业							
股份合作企业							
有限责任公司	20	2489	61440	3506	5283	12988	86769
私营企业	65	4769	88841	8641	13428	23172	165578
港、澳、台商投资企业	4	931	23003	1243	1953	3778	18200
外商投资企业	1	268	5710	372	575	1500	9000
按住宿行业分							
旅游饭店	63	7636	163048	11015	17163	38051	245212
一般旅馆	24	768	14975	2674	3962	3213	33115
民宿服务	3	53	970	73	114	174	1220
按星级分							
五　星	2	650	16426	635	928	2572	21800
四　星	14	2810	65872	3201	4924	10857	91788
三　星	17	1207	21524	1911	3090	7914	56523
二　星	1	28	492	162	264	76	230
一　星	1	5	451	68	98		2560
其　他	55	3757	74228	7785	11935	20019	106646
二、餐饮业	**134**	**7350**	**159624**	**2067**	**3485**	**74601**	**215634**
其中：大中型	13	2305	61164	685	1116	16549	49582
按登记注册类型分							
内资企业	132	6925	148905	1679	2928	72346	204234
集体企业	1	32	530			415	900
有限责任公司	10	873	23061	243	393	5112	18150
股份有限公司	1	94	1406	94	188	1800	3000
私营企业	120	5926	123909	1342	2347	65019	182184
港、澳、台商投资企业	2	425	10720	388	557	2255	11400
按餐饮行业分							
正餐服务	130	7237	158236	2067	3485	74231	213933
快餐服务	2	22	623			190	500
其他餐饮业	2	91	765			180	1201
按经营方式分							
独立门店	129	7103	154251	2067	3485	72631	209583
连锁门店	1	61	462			150	251
其　他	4	186	4912			1820	5800

8-6　限额以上批发和零售业企业财务状况(一)

(2018年)　　单位：万元

名　称	企业数(个)	流动资产合　计	#存 货	固定资产原　价	累　计折　旧	#本年折旧
总　计	**1203**	**6447624**	**1316763**	**1061075**	**401312**	**65748**
一、批发业	**666**	**4781075**	**744699**	**471213**	**194105**	**25701**
其中：大中型	164	2748151	423100	347613	146361	17324
按登记注册类型分						
内资企业	660	4752456	743012	469038	193042	25564
国有企业	4	502398	52867	77357	39061	2242
股份合作企业	6	32412	4386	1984	1315	85
有限责任公司	160	1462683	271611	117203	50217	7015
股份有限公司	11	138672	32834	61547	24885	3165
私营企业	479	2616291	381314	210948	77564	13057
港、澳、台商投资企业						
外商投资企业	6	28619	1687	2175	1063	137
按批发行业分						
农、林、牧产品批发	4	11121	6950	2173	247	54
食品、饮料及烟草制品批发	29	566175	87473	94516	46113	3326
纺织、服装及家庭用品批发	101	453470	66161	35295	13114	1534
文化、体育用品及器材批发	32	384360	106662	11527	5934	667
医药及医疗器材批发	28	506172	73132	30208	13472	1875
矿产品、建材及化工产品批发	319	1723280	302931	204538	76201	12602
机械设备、五金产品及电子产品批发	129	967954	99411	78592	36386	4832
贸易经纪与代理	11	137973	120	699	431	208
其他批发业	13	30569	1860	13666	2207	603

8-6 续表

单位：万元

名　　称	企业数（个）	流动资产合　　计	#存 货	固定资产原　　价	累　计折　旧	#本年折旧
二、零售业	**537**	**1666549**	**572064**	**589862**	**207207**	**40048**
其中：大中型	153	1253408	433569	482014	164129	30323
按登记注册类型分						
内资企业	527	1540825	548596	408507	166528	28961
国有企业	2	2132	30	3646	1348	20
集体企业	1	272	198	297	226	25
股份合作企业	7	6549	1944	1265	733	142
有限责任公司	133	511986	169724	200288	82330	13038
股份有限公司	6	51624	14204	22373	11555	641
私营企业	377	967566	362496	180385	70264	15086
其他企业	1	696		254	72	9
港、澳、台商投资企业	7	120386	14773	106258	31465	4388
外商投资企业	3	5337	8695	75097	9215	6699
按零售行业分						
综合零售	42	182614	31402	171484	46602	11492
食品、饮料及烟草制品专门零售	21	20321	5484	9803	3186	714
纺织、服装及日用品专门零售	5	31422	19652	17769	3848	3295
文化、体育用品及器材专门零售	11	66524	18912	36298	10719	1088
医药及医疗器材专门零售	20	98584	29204	4082	2795	248
汽车、摩托车、燃料及零配件专门零售	268	1063964	399429	278463	118165	19279
家用电器及电子产品专门零售	41	84000	40934	13562	5554	972
五金、家具及室内装饰材料专门零售	9	8638	1662	922	492	121
货摊、无店铺及其他零售业	120	110484	25386	57480	15847	2839
按经营方式分						
独立门店	439	1398955	491437	502540	165942	36295
连锁总店	11	124388	42829	12958	8832	1119
连锁直营店	8	44682	9572	20741	10542	288
其他	79	98524	28227	53623	21892	2345
按零售业态分						
有店铺零售	412	1521616	518628	567583	195619	37877
便利店	6	4512	653	3348	945	265
超　市	30	24429	9455	6680	2131	848
大型超市	12	147262	22883	87592	33345	4160
百货店	6	8411	1776	72025	8919	6625
专业店	158	389651	115301	155131	54774	7090
专卖店	176	881919	338554	213306	87900	14851
家居建材商店	1	993	146	0	0	
购物中心	6	40808	24584	24516	5338	3402
厂家直销中心	13	21482	4222	4783	2211	620
无店铺零售	125	144933	53436	22279	11589	2171

8-7 限额以上批发和零售业企业财务状况(二)

(2018年) 单位：万元

名称	资产合计	负债合计	所有者权益	#实收资本	#国家资本	主营业务收入
总计	**8543385**	**6370981**	**2172404**	**1513028**	**128086**	**19568177**
一、批发业	**6087473**	**4484565**	**1602907**	**774556**	**13941**	**13921120**
其中：大中型	3850888	2625649	1225239	517032	11498	7366932
按登记注册类型分						
内资企业	6056958	4464803	1592155	766845	13941	13841680
国有企业	536216	137578	398638	6829	939	1093724
股份合作企业	33220	25100	8120	2339		45135
有限责任公司	1617708	1307353	310355	144355	13002	3173351
股份有限公司	367726	190625	177101	59035		179407
私营企业	3502087	2804147	697940	554287		9350064
港、澳、台商投资企业						
外商投资企业	30515	19763	10752	7711		79440
按批发行业分						
农、林、牧产品批发	15093	12162	2931	762	50	17460
食品、饮料及烟草制品批发	622658	211123	411535	21664	2367	1214838
纺织、服装及家庭用品批发	501618	391769	109849	259715	255	1261858
文化、体育用品及器材批发	393327	358202	35126	20514		411483
医药及医疗器材批发	533494	384495	148999	38606	4400	1070182
矿产品、建材及化工产品批发	2398959	1819243	579716	303708	3869	5089393
机械设备、五金产品及电子产品批发	1438339	1156384	281955	112982		4442625
贸易经纪与代理	140949	132907	8043	9028	3000	338826
其他批发业	43035	18281	24754	7576		74456

8-7 续表

单位：万元

名 称	资产合计	负债合计	所有者权益	#实收资本	#国家资本	主营业务收入
二、零售业	**2455912**	**1886416**	**569497**	**738472**	**114145**	**5647057**
其中：大中型	1907774	1513041	394732	361830	110387	4406364
按登记注册类型分						
内资企业	2123708	1704720	418989	640612	114145	5291120
国有企业	5217	4080	1137			9135
集体企业	343	156	188	24		2311
股份合作企业	8557	7504	1053	985		18575
有限责任公司	774807	520771	254036	221269	111245	2282029
股份有限公司	145918	111794	34124	10201	2743	344123
私营企业	1187989	1060021	127968	407649	158	2632943
其他企业	878	395	483	483		2005
港、澳、台商投资企业	240682	165196	75486	60491		227873
外商投资企业	91522	16500	75022	37369		128064
按零售行业分						
综合零售	362199	265447	96752	99212		381782
食品、饮料及烟草制品专门零售	32009	15163	16846	5649	50	53948
纺织、服装及日用品专门零售	48998	20904	28094	33659		31069
文化、体育用品及器材专门零售	119190	81169	38020	20570	3500	60591
医药及医疗器材专门零售	126028	99020	27009	8873	875	182794
汽车、摩托车、燃料及零配件专门零售	1470801	1206504	264297	304773	109720	4264203
家用电器及电子产品专门零售	99545	79482	20063	20153		196888
五金、家具及室内装饰材料专门零售	9109	7811	1299	852		19017
货摊、无店铺及其他零售业	188034	110917	77117	244730		456766
按经营方式分						
独立门店	1997766	1536092	461674	667375	109902	4769956
连锁总店	164738	146580	18158	12833		255191
连锁直营店	135448	89715	45732	19270	3743	296143
其他	157961	114029	43932	38994	500	325767
按零售业态分						
有店铺零售	2287589	1750079	537510	702316	113820	5025588
便利店	7755	2140	5615	850	25	30861
超 市	39648	25344	14304	14756		56394
大型超市	246170	207344	38826	44773		248219
百货店	79294	25928	53366	49098		63929
专业店	639702	469456	170246	94848	6575	1262427
专卖店	1180419	962574	217845	263081	105720	3261901
家居建材商店	993	823	170	52		584
购物中心	65731	34181	31550	30521	1500	42746
厂家直销中心	25520	19912	5608	204225		52344
无店铺零售	168323	136337	31987	36156	325	621469

8-8 限额以上批发和零售业企业财务状况(三)

(2018年) 单位：万元

名称	主营业务成本	主营业务税金	其他业务利润	销售费用	管理费用
总计	**17932528**	**167420**	**39554**	**745884**	**379688**
一、批发业	**12781943**	**155370**	**9810**	**438395**	**231906**
其中：大中型	6439521	150624	8618	339909	180560
按登记注册类型分					
内资企业	12716273	155171	9810	437018	230672
国有企业	770457	139928	577	16053	28558
股份合作企业	42842	67		1134	616
有限责任公司	2840777	6453	4745	240719	42899
股份有限公司	164789	862	53	5076	10849
私营企业	8897408	7861	4436	174036	147750
港、澳、台商投资企业					
外商投资企业	65669	198		1378	1235
按批发行业分					
农、林、牧产品批发	17911	6	-702	429	443
食品、饮料及烟草制品批发	879950	140137	236	22335	34467
纺织、服装及家庭用品批发	1161549	1602	920	49269	20668
文化、体育用品及器材批发	387145	224		10054	5788
医药及医疗器材批发	823659	4636	5315	191746	20310
矿产品、建材及化工产品批发	4884148	5218	3174	98956	54426
机械设备、五金产品及电子产品批发	4228687	3288	824	56882	90972
贸易经纪与代理	326772	74		7711	2414
其他批发业	72122	185	44	1015	2418

8-8 续表

单位：万元

名　　称	主营业务成　本	主营业务税　金	其他业务利　润	销　售费　用	管　理费　用
二、零售业	**5150586**	**12051**	**29744**	**307488**	**147782**
其中：大中型	4080349	9313	27172	213804	104467
按登记注册类型分					
内资企业	4839264	9731	22185	288064	129871
国有企业	8472	2	402	546	832
集体企业	1970	3		294	31
股份合作企业	16192	47		1083	598
有限责任公司	2078491	4427	7086	117734	48163
股份有限公司	321421	336	1388	28557	2071
私营企业	2411693	4915	13310	139834	77496
其他企业	1026			16	681
港、澳、台商投资企业	203320	926	7559	13769	13272
外商投资企业	108002	1394		5656	4638
按零售行业分					
综合零售	327050	2570	10471	48163	23160
食品、饮料及烟草制品专门零售	46269	42	409	3034	3196
纺织、服装及日用品专门零售	24653	348	952	3255	2823
文化、体育用品及器材专门零售	47414	557	754	6365	5556
医药及医疗器材专门零售	140201	716	918	28458	6105
汽车、摩托车、燃料及零配件专门零售	4024044	6566	12233	129450	79968
家用电器及电子产品专门零售	178160	350	3455	11694	8604
五金、家具及室内装饰材料专门零售	17189	40	10	566	863
货摊、无店铺及其他零售业	345605	862	544	76504	17508
按经营方式分					
独立门店	4394484	9871	23453	211695	117875
连锁总店	202353	921	3733	46606	9700
连锁直营店	280482	340	1349	17969	2344
其他	273267	919	1209	31218	17864
按零售业态分					
有店铺零售	4633076	11275	28274	232069	127165
便利店	24471	125		2474	1675
超　市	49539	71	106	6668	2756
大型超市	213603	1028	9632	35764	15082
百货店	52427	1127	740	3165	5135
专业店	1136385	2682	8003	64451	34434
专卖店	3069846	5652	8842	113197	62693
家居建材商店	452	1		11	30
购物中心	36946	439	952	3184	2566
厂家直销中心	43628	145		3027	2538
无店铺零售	517510	776	1470	75420	20616

8-9 限额以上批发和零售业企业财务状况(四)

(2018年) 单位：万元

名　称	财务费用	#利息支出	营业利润	利润总额	应付职工薪酬	应交增值税
总　计	**82930**	**76921**	**393300**	**416447**	**327534**	**208461**
一、批发业	**48080**	**51838**	**346653**	**362564**	**161835**	**155382**
其中：大中型	22708	34612	306073	321495	125375	122030
按登记注册类型分						
内资企业	48093	51785	335884	351799	161285	153722
国有企业	-10408	17	153258	153217	23223	50078
股份合作企业	194	73	347	337	586	442
有限责任公司	8253	11212	27626	39746	59454	51809
股份有限公司	-147	1019	5181	5210	7347	2663
私营企业	50202	39465	149472	153289	70675	48728
其他企业						
港、澳、台商投资企业						
外商投资企业	-13	53	10770	10765	550	1660
按批发行业分						
农、林、牧产品批发	269	279	-1476	203	579	15
食品、饮料及烟草制品批发	-7504	2549	148745	154626	28678	51336
纺织、服装及家庭用品批发	1258	581	1300	1761	4910	368
文化、体育用品及器材批发	1258	581	1300	1761	4910	368
医药及医疗器材批发	3034	4042	27114	28098	34181	43284
矿产品、建材及化工产品批发	45590	38876	77527	74524	37706	35154
机械设备、五金产品及电子产品批发	-1137	3027	69473	71785	22718	13344
贸易经纪与代理	1558	301	-1044	535	2302	867
其他批发业	-28	95	-1301	-563	1151	240

8-9 续表

单位：万元

名　　称	财　务费　用	#利息支出	营　业利　润	利　润总　额	应付职工薪　　酬	应　交增值税
二、零售业	**34850**	**25084**	**46646**	**53884**	**165698**	**53079**
其中：大中型	26004	20605	22671	25723	129652	35549
按登记注册类型分						
内资企业	33739	22466	36257	43489	151361	47906
国有企业	102	104	-417	1	1106	27
集体企业			13	13	65	34
股份合作企业	299	298	361	361	715	350
有限责任公司	6589	4346	47678	49767	63783	19950
股份有限公司	2575	2594	-8263	-8163	6532	2183
私营企业	24173	15124	-3398	1227	79117	25363
其他企业			283	283	43	
港、澳、台商投资企业	2044	2618	292	256	11025	2879
外商投资企业	-932		10098	10139	3313	2294
按零售行业分						
综合零售	1397	2400	-1452	-1455	27422	5749
食品、饮料及烟草制品专门零售	214	228	1584	2202	3715	365
纺织、服装及日用品专门零售	810	725	131	207	1935	529
文化、体育用品及器材专门零售	-535	90	3092	3202	6803	178
医药及医疗器材专门零售	347	279	9554	10050	18622	6441
汽车、摩托车、燃料及零配件专门零售	27108	18193	18977	20699	85454	32822
家用电器及电子产品专门零售	1546	1122	482	1877	7868	2580
五金、家具及室内装饰材料专门零售	14		273	273	639	288
货摊、无店铺及其他零售业	3948	2047	14005	16829	13241	4129
按经营方式分						
独立门店	31583	22056	43571	49264	119633	40095
连锁总店	1439	691	6295	6701	25682	7883
连锁直营店	874	1394	-6040	-6069	7269	2185
其他	953	943	2821	3987	13115	2916
按零售业态分						
有店铺零售	31093	24228	42226	47845	150184	48917
便利店	56	12	2822	2829	1805	1030
超　市	173	58	-1427	-1062	3922	514
大型超市	1803	2374	-2616	-2717	19974	3461
百货店	-694	21	1477	1545	2834	1275
专业店	11484	9656	26205	27444	43919	14829
专卖店	17229	11287	12188	14019	73141	26447
家居建材商店	0		9	9	24	7
购物中心	487	348	925	1021	2085	440
厂家直销中心	554	473	2632	4737	2206	860
无店铺零售	3757	855	4420	6039	15514	4162

8-10 限额以上住宿和餐饮业企业财务状况(一)

(2018年) 单位：万元

名　　称	企业数(个)	流动资产合计	#存货	固定资产原价	累计折旧	#本年折旧
总　　计	**224**	**327103**	**8851**	**585162**	**232893**	**27902**
一、住宿业	**90**	**283580**	**4862**	**469318**	**207549**	**21816**
其中：大中型	27	217840	3965	395316	167859	17566
按登记注册类型分						
内资企业	85	242074	3708	316753	133632	16209
国有企业						
股份合作企业						
有限责任公司	20	168232	1652	211698	74240	10285
私营企业	65	73842	2056	105056	59392	5925
港、澳、台商投资企业	4	30704	1030	129446	58768	5058
外商投资企业	1	10802	125	23119	15150	549
按住宿行业分						
旅游饭店	63	275264	4643	455278	200222	20683
一般旅馆	24	8117	172	13140	7223	1030
二、餐饮业	**134**	**43523**	**3989**	**115844**	**25344**	**6087**
其中：大中型	13	19640	1835	79223	10871	2979
按登记注册类型分						
内资企业	132	40794	3674	48648	19360	4087
集体企业	1	37	1	165	145	2
有限责任公司	10	11231	1093	12021	3879	666
股份有限公司	1	661	34	5374	3242	600
私营企业	120	28865	2546	31087	12094	2819
港、澳、台商投资企业	2	2729	315	67196	5984	2000
按餐饮行业分						
正餐服务	130	43412	3966	115634	25310	6066
快餐服务	2	58	12	161	19	17
其他餐饮业	2	53	11	50	15	4

8-11 限额以上住宿和餐饮业企业财务状况(二)

(2018年)

单位：万元

名称	资产合计	负债合计	所有者权益	#实收资本	#国家资本	主营业务收入
总计	**995829**	**858222**	**137608**	**234415**	**225**	**318016**
一、住宿业	**817289**	**730808**	**86482**	**159590**	**225**	**167791**
其中：大中型	691944	611350	80594	128946	195	131644
按登记注册类型分						
内资企业	687049	623689	63360	105642	225	140671
国有企业						
股份合作企业						
有限责任公司	507164	439530	67634	63340	225	57419
私营企业	179885	184159	-4274	42302		83252
港、澳、台商投资企业	105092	78349	26743	36830		21893
外商投资企业	25149	28770	-3621	17118		5228
按住宿行业分						
旅游饭店	797678	713439	84239	153912	225	152567
一般旅馆	18561	17341	1220	4619		14287
二、餐饮业	**178540**	**127414**	**51126**	**74825**		**150226**
其中：大中型	116894	80419	36475	46334		57571
按登记注册类型分						
内资企业	105344	78081	27263	43592		140312
集体企业	79	217	-138	37		514
有限责任公司	27926	24291	3635	8601		20992
股份有限公司	2794	5494	-2700	1000		1406
私营企业	74545	48080	26466	33954		117401
港、澳、台商投资企业	73196	49333	23862	31233		9913
按餐饮行业分						
正餐服务	178217	127325	50892	74743		148869
快餐服务	233	65	168	60		605
其他餐饮业	91	25	66	22		751

8-12 限额以上住宿和餐饮业企业财务状况(三)

(2018年) 单位：万元

名称	主营业务成本	主营业务税金	其他业务利润	销售费用	管理费用
总计	**149620**	**2718**	**4984**	**96326**	**70687**
一、住宿业	**61220**	**1796**	**3510**	**58368**	**51585**
其中：大中型	45060	1418	3411	47856	41315
按登记注册类型分					
内资企业	51091	1626	3279	49350	43739
国有企业					
股份合作企业					
有限责任公司	21386	593	-333	19931	21098
私营企业	29706	1033	3612	29419	22640
港、澳、台商投资企业	6567	156	70	8453	7091
外商投资企业	3562	14	161	564	755
按住宿行业分					
旅游饭店	54959	1397	3491	55337	46276
一般旅馆	5722	396	19	2710	5193
二、餐饮业	**88400**	**922**	**1475**	**37958**	**19102**
其中：大中型	29860	240	1036	18536	8335
按登记注册类型分					
内资企业	85081	882	1425	33401	16129
集体企业	323	2		185	56
有限责任公司	11987	152	1036	6225	3002
股份有限公司	724			1020	188
私营企业	72048	729	389	25971	12883
港、澳、台商投资企业	3320	40	50	4558	2973
按餐饮行业分					
正餐服务	87489	904	1475	37715	19033
快餐服务	456	1		95	13
其他餐饮业	456	18		148	56

8-13 限额以上住宿和餐饮业企业财务状况(四)

(2018年) 单位：万元

名称	财务费用	#利息支出	营业利润	利润总额	应付职工薪酬	应交增值税
总计	**13804**	**12051**	**-10263**	**-9634**	**75296**	**7238**
一、住宿业	**11672**	**10857**	**-12305**	**-11814**	**44645**	**3563**
其中：大中型	10465	9792	-11073	-10520	34426	2917
按登记注册类型分						
内资企业	7930	6730	-11517	-11220	37568	2461
国有企业						
股份合作企业						
有限责任公司	2820	2716	-7882	-7820	14927	738
私营企业	5111	4015	-3635	-3400	22641	1722
港、澳、台商投资企业	1665	2047	797	993	5573	778
外商投资企业	2078	2080	-1584	-1587	1505	324
按住宿行业分						
旅游饭店	11557	10782	-12192	-11726	40940	3105
一般旅馆	114	75	-68	-57	3429	429
二、餐饮业	**2132**	**1194**	**2042**	**2179**	**30650**	**3675**
其中：大中型	1111	843	609	708	11319	1137
按登记注册类型分						
内资企业	1731	796	3285	3450	28374	3634
集体企业	3	3	-54	-9	165	15
有限责任公司	534	496	126	196	3998	665
股份有限公司	68		-607	-668	284	55
私营企业	1126	298	3820	3930	23927	2898
港、澳、台商投资企业	401	398	-1243	-1271	2277	42
按餐饮行业分						
正餐服务	2131	1194	1974	2111	30139	3643
快餐服务			41	41	89	18
其他餐饮业	1		27	27	423	14

8-14 各类商品市场基本情况

(1990-2018年)

年份	市场数(个)	#消费品市场	#生产资料市场	市场成交额(亿元)
1990	837			28.70
1991	822			32.80
1992	810			46.80
1993	851			71.70
1994	854			181.60
1995	859	740	119	352.10
1996	858	729	129	420.40
1997	843	687	156	396.50
1998	841	684	157	396.20
1999	811	687	124	439.80
2000	585	477	108	474.90
2001	569	464	105	541.50
2002	585	481	104	542.90
2003	538	440	98	577.40
2004	544	443	99	634.96
2005	530	435	95	671.76
2006	523	430	93	727.50
2007	538	444	94	798.79
2008	537	446	91	844.48
2009	571	478	93	905.77
2010	488	404	83	1019.87
2011	497	410	86	1136.65
2012	509	426	82	1295.21
2013	528	443	84	1435.20
2014	533	446	86	1512.84
2015	537	449	84	1615.00
2016	526	451	70	1307.62
2017	496	424	68	1392.20
2018	470	399	66	1414.27

主要统计指标解释

社会消费品零售总额 指批发和零售业、餐饮业、新闻出版业、邮政业和其他服务业等，售予城乡居民用于生活消费的商品和社会集团用于公共消费的商品之总量。社会消费品零售总额包括:

一、批发和零售业企业(单位):

1. 售予城乡居民的各种生活消费品;

2. 售予入境旅游的外国人、华侨、港澳台同胞的各类商品;

3. 售予行政事业单位、社会团体、军队和武警等机构的商品，以及以零售方式售予各类企业的商品。具体包括: 用于非生产和社会交往的办公用品，如通讯设备、计算器具和设备、电讯网络设备、文印设备、音像视听器材和设备、纸张、本册、文具及装订文印材料、家具、日用电器、针纺织品、清洁卫生用品、文体用品、奖品、纪念品、礼品等; 供内部人员乘坐的交通工具和燃料; 用于办公设施修缮的各类配件、材料、工具等; 用于取暖和防暑降温的设备、燃料、材料及食品等; 专用于教学的用品和设备; 非营利医疗机构的中、西药品、中药材和医疗设备器材; 非专用的劳动保护用品; 不对外营业的内部食堂用的餐具、炊具、设备、清洁卫生工具和食品、燃料等; 军队、武警用于其人员生活的衣着品和个人用品; 其他各类非生产性设备和用品。

二、餐饮业出售的主食、菜肴、烟酒饮料和其他商品。

三、新闻出版业、邮政业售予城乡居民、企事业单位、军队和武警等机构的书报杂志、音像制品、邮品等。

四、其他服务业出售的食品、烟酒饮料、服装鞋帽、日常生活用品、医药保健用品、艺术品、工艺美术品、玩具、殡葬用品以及其他消费品。

销售额 指对本企业以外的单位和个人出售（包括对国（境）外直接出口）的商品（包括售给本单位消费用的商品）。本指标由对生产经营单位批发额、对批发零售贸易业批发额、出口额和对居民和社会集团商品零售额项目组成。这个指标反映批发零售贸易企业在国内市场上销售商品以及出口商品的总量。

批发 指除零售以外的一切商品销售活动，包括对生产经营单位批发、对批发零售贸易业批发和出口。

连锁企业（或称连锁店、连锁公司） 指在核心企业或总店的领导下，由分散的、经营同类商品或服务的企业或活动单位，采取共同方针，实行集中采购和分散销售的有机结合，通过规范化经营，实现规模效益的经济联合组织形式。一般连锁店应由若干个分店组成。其经营特征:（1）经营同类商品;（2）使用统一商号;（3）统一采购配送，采购与销售相分离（部分商品可根据物流合理和保质保鲜原则，由供应商直接送货到门店，其余均由总部统一配送）。连锁门店包括下列两种形式:

1.直营连锁: 指正规连锁。连锁门店均由总部独资或控股开设，在总部的直接领导下统一经营。

2.加盟连锁: 指特许连锁。各连锁门店（被特许人）通过合同形式，取得使用总部（特许人）商标、商号、经营技术和销售总部开发的商品的特许权，各加盟连锁门店为独立法人，在总部指导下统一经营。

限额以上批发企业 指年主营业务收入在2000万元及以上的批发企业。

限额以上零售企业 指年主营业务收入在 500万元及以上的零售企业。

限额以上住宿企业 指年主营业务收入在 200万元及以上的住宿企业。

限额以上餐饮企业 指年主营业务收入在 200万元及以上的餐饮企业。

营业额 指住宿和餐饮业法人企业、产业活动单位在经营活动中因提供服务或销售商品等取得的收入，包括: 客房收入、餐费收入、商品销售收入和其他收入。

客房数 指住宿和餐饮业连锁门店提供住宿服

务的房间数，该指标按年内正常情况下实有数统计。

床位数 指住宿和餐饮业连锁门店供应旅客使用的床位数，不包括临时加床和内部工作人员使用的床位。该指标按年内正常情况下实有数统计。

餐位数 指住宿和餐饮业连锁门店为顾客提供就餐服务时，正常可同时容纳就餐人员的餐位数量，不包括临时加的餐位。该指标按年内正常情况下实有数统计。

年末餐饮营业面积 指住宿和餐饮业连锁门店对外提供就餐服务的门店建筑面积和从事食品加工、烹饪、调制的厨房面积，不包括办公用房和仓库等面积。该指标按年末实有面积统计。

市场成交额 指经乡镇及以上政府主管部门批准，有固定交易场所，进行经常性常年交易、并设有专职管理人员的现货商品交易市场所有摊位商品交易额之和。

9

对外经济贸易和旅游

Foreign Economy and Trade, Tourism

9-1 外贸进出口额

(1990-2018年) 单位：万美元、万元

年份	进出口总额	出口额				进口额
			外贸企业	三资企业	生产企业	
1990	1028	1020				8
1991	3823	3793	3280	513		30
1992	6127	6127	4767	1360		
1993	14732	14177	7564	5673	940	555
1994	24496	20314	10925	5999	3390	4182
1995	32591	27778	15344	5880	6554	4813
1996	40111	32857	14618	8367	9872	7254
1997	46636	35757	14778	10764	10215	10879
1998	47337	37969	13785	11963	12221	9368
1999	65932	49001	13157	18728	17116	16931
2000	114436	86877	26168	27824	32885	27559
2001	154277	117860	34356	38611	44893	36417
2002	219125	180240	50000	54234	76006	38885
2003	328806	265072	61566	74823	128683	63734
2004	478862	379895	81865	103464	194566	98967
2005	635301	519553	102866	145028	271659	115748
2006	843174	703475	129048	203560	370867	139699
2007	1109292	936472	165165	241736	529571	172820
2008	1381114	1176443	177425	267234	731785	204671
2009	1203152	1006683	163521	194230	648932	196469
2010	1700137	1396259	222856	250367	923037	303878
2011	2050352	1703492	260251	270695	1172546	346860
2012	2062194	1723882	249216	253316	1221350	338312
2013	2187783	1872069	317703	246506	1307860	315714
2014	2207924	1935131	288280	235657	1411194	272793
2015	2116577	1882887	284189	207592	1391106	233690
2016	13108112	11693755	1631197	1113314	8949244	1414358
2017	15778907	13794733	2404792	1291261	10098681	1984173
2018	17429914	15375961	2688878	1318638	11368444	2053953

注：从2016年起以人民币为计价单位。

9-2　市区外贸进出口总额

(1994-2018年)　　单位：万美元、万元

年　份	市　区	椒江区	黄岩区	路桥区
1994	19237	5360		
1995	23880	6829		1389
1996	21197	7160		2211
1997	28247	8504	8959	1919
1998	26032	7360	9392	3454
1999	36609	11392	12544	2847
2000	64900	16936	15792	8606
2001	89475	21210	18985	16170
2002	119773	41150	26796	25477
2003	167141	58566	33435	38298
2004	240127	77922	47954	62426
2005	320224	88099	74365	91445
2006	401949	128764	83257	130490
2007	512334	168648	100432	172434
2008	635350	144851	142103	238820
2009	561927	147928	119877	184505
2010	787554	211139	154229	281062
2011	948350	253431	190352	346583
2012	934491	257432	196573	329031
2013	982645	269903	215912	338781
2014	968173	270706	212143	339216
2015	888127	233047	211009	290578
2016	5418626	1536534	1333919	1720441
2017	6792785	1843348	1598299	2456366
2018	7224305	2145879	1678573	2446041

注：从2016年起以人民币为计价单位。

9-3 各县市外贸进出口总额

(1994-2018年)　　单位：万美元、万元

年份	三门县	天台县	仙居县	温岭市	临海市	玉环市
1994	31		403	913	3912	
1995	116		1060	2977	4558	
1996	359		2427	7449	6671	2008
1997	427		3226	6987	5519	2230
1998	598		3296	6525	7067	3819
1999	823		4834	8200	10011	5455
2000	1448		6150	16253	16041	9644
2001	1580	2562	7842	22526	17982	12310
2002	2862	4699	9951	40565	21964	19311
2003	5135	7076	12184	63076	40317	33877
2004	8052	13229	16750	77594	62404	60706
2005	13192	18511	16757	102914	69254	94449
2006	20199	25445	19253	139575	86520	150233
2007	29127	34374	25314	187436	112232	208475
2008	37313	45133	30274	223813	141852	267379
2009	34266	35759	32126	191761	141260	206053
2010	51152	47767	40570	281324	195826	295945
2011	66586	60884	51073	339599	237234	346627
2012	68715	60653	57428	355682	247900	337325
2013	69423	60839	63476	398550	256559	356291
2014	72811	67378	70371	399584	264282	365326
2015	68811	70721	73386	382427	281752	351352
2016	445216	426859	416647	2471219	1828402	2101144
2017	507424	471978	486539	2975188	2150280	2394713
2018	560652	520472	662666	3284535	2442049	2735233

注：从2016年起以人民币为计价单位。

9-4 市区外贸出口总额

(1994-2018年)　　单位：万美元、万元

年 份	市 区	椒江区	黄岩区	路桥区
1994	10780	4639		
1995	12593	5601		1389
1996	8121	5677		2211
1997	2665	6700	7488	1919
1998	3134	6088	8571	3454
1999	3628	8632	10293	2587
2000	13435	14615	13248	5217
2001	61197	18513	16416	9252
2002	91223	36993	23252	16293
2003	121000	50749	29328	25376
2004	162515	60690	40484	37933
2005	222720	61460	65979	55671
2006	284051	84084	74182	79852
2007	368009	116834	90500	110186
2008	469614	109870	132570	159853
2009	398931	106705	109293	108726
2010	543002	155048	139145	148179
2011	662545	195259	174854	180442
2012	656580	197145	183631	171062
2013	731468	213054	204125	193553
2014	746168	214012	200604	214138
2015	701205	198975	199668	181320
2016	4384280	1361530	1262048	1034521
2017	5272098	1656456	1515032	1318043
2018	5734430	1962039	1576970	1308385

注：从2016年起以人民币为计价单位。

9-5 各县市外贸出口总额

(1994-2018年) 单位：万美元、万元

年 份	三门县	天台县	仙居县	温岭市	临海市	玉环市
1994	28		403	913	3551	
1995	106	137	1060	2977	3915	
1996	359	130	2390	7393	4583	1993
1997	384	200	3191	6832	4149	2229
1998	502	314	3258	5353	4286	3009
1999	731	400	4723	7675	5759	4573
2000	1224	788	6071	14817	9148	8314
2001	1376	2385	7735	21145	13287	10735
2002	2631	4437	9888	35838	18591	17632
2003	4772	6688	12004	57299	31391	31918
2004	7306	12226	16556	74860	48942	57490
2005	12203	17053	16491	100123	62382	88581
2006	18471	23967	18886	134695	79037	144368
2007	27360	33192	25032	181513	104096	197270
2008	34341	42944	29974	212539	131933	255098
2009	31920	34220	31818	181556	132468	195770
2010	48487	44082	40188	266525	180117	273858
2011	64328	56338	49693	327396	218467	324727
2012	65995	56321	56041	341184	228690	319070
2013	66258	57375	60558	383859	235805	336746
2014	68749	64903	67674	384576	248724	354340
2015	66242	65965	71052	372092	265425	340906
2016	428165	402868	405060	2310408	1715768	2047205
2017	484848	439651	479256	2777010	2026812	2315057
2018	536012	483685	654997	3041244	2285997	2639595

注：从2016年起以人民币为计价单位。

9-6 外贸主要商品出口情况

(2015-2018年) 单位：万元

	2015年	2016年	2017年	2018年
机电产品	**6411285**	**6472309**	**7705054**	**8738719**
高新技术产品	**729879**	**759029**	**837666**	**964652**
主要商品(类别)				
家用电器	539042	569476	702182	796056
其中：压缩机	199303	196420	161240	116358
空　调	12270	11186	19029	76364
冷藏箱	113279	115952	135300	145269
汽摩及部件	672327	700718	804586	910635
1. 汽车及部件	520974	527952	601482	671453
汽车整车	14416	3764	577	43
汽车零部件	506559	524188	600906	671411
2. 摩托车及部件	151353	172766	203104	239181
服装机械	174657	199275	252156	301428
塑料模具	752544	780222	895288	1001353
医化产品	1328772	1338443	1518315	1747395
纺织服装	493472	473456	578352	627403
帐　篷	156271	157519	178519	190053
鞋　类	952297	915900	1016745	1071504
灯　具	325565	307592	351501	389515
农产品	448560	428492	367587	582012
阀门、龙头	1132548	1109979	1257179	1375112
家　具	1099628	1047690	1179322	1247424
太阳伞	137660	139750	158982	173578
工艺品	166655	165221	126018	143363
太阳能板	88756	103637	57012	67133
喷雾器	294980	327757	372542	413639
船　舶	37099	36654	33194	59956
液体泵	558401	592735	649644	700307
铝制品	336637	310312	431110	436745
铜制品	200313	189582	219765	249566

9-7 外贸主要商品进口情况

(2015-2018年) 单位：万元

	2015年	2016年	2017年	2018年
机电产品	**207870**	**138360**	**193341**	**253726**
高新技术产品	**30853**	**37717**	**34150**	**39295**
主要商品(类别)				
钢铁废碎料	480076	432764	565531	347425
铜废碎料	353919	360963	644955	753712
铝废碎料	3096	4600	7631	44759
未锻轧的铜锌合金(黄铜)	11187	10228	17265	20456
化工原料	106597	110631	110696	132183
纺织原料	18347	19037	22016	21088
塑料制品	143155	139280	166845	217670
橡胶制品	19335	20392	23388	18938
皮　革	4076	2789	2336	1983
农产品	24277	43361	27635	52612
光学、医疗仪器	20397	25201	42873	56802
矿产品	1771	83660	82931	99805
液晶装置	12912	17839	26224	34396
金属加工中心	5763	9560	10103	16410
玻璃制品	21287	9184	14124	11503
木制品	12235	32244	48259	33386
发动机	4759	4777	2917	3675
压缩机	2456	1708	515	2359

9-8 主要国家(地区)外贸进出口总额

(2015-2018年)

单位：万元

	2015年	2016年	2017年	2018年
香　港	110595	64856	61118	185245
台　湾	139303	139841	164684	197720
印　度	489730	520579	620860	721544
以色列	67107	67560	85872	96302
日　本	831237	830749	1100807	1164401
沙特阿拉伯	163636	127411	159453	163132
韩　国	325585	329263	432027	478668
土耳其	174659	155500	184951	174866
阿联酋	314607	256048	286636	252298
印度尼西亚	167346	191450	218034	254276
菲律宾	88456	92648	123428	135612
新加坡	137912	52027	68890	91968
泰　国	208022	231712	232898	271358
越　南	149055	178430	220192	255612
埃　及	140904	117533	94633	119942
尼日利亚	124009	121486	169872	186632
波　兰	174484	178613	240867	293210
罗马尼亚	35637	43984	54535	64142
比利时	136981	128128	145687	175766
丹　麦	50555	44664	54150	57340
英　国	501442	488920	567635	601714
德　国	650537	672252	813066	854780
法　国	327953	323732	385142	401112
意大利	361075	367875	434314	467424
荷　兰	347018	363309	390357	394293
希　腊	46205	49989	57369	61735
西班牙	267159	267167	315042	340353
瑞　典	64468	66427	78089	93692
阿根廷	88410	88945	122892	114782
巴　西	200427	165494	238845	285480
智　利	127296	122000	153574	155790
墨西哥	337338	329481	368932	433691
委内瑞拉	19353	12379	7210	6457
加拿大	323786	338462	363182	396948
美　国	2403835	2384700	2981908	3343045
澳大利亚	270699	276735	324844	344391

9-9　主要国家(地区)外贸出口总额

(2015-2018年)　　单位：万元

	2015年	2016年	2017年	2018年
香　港	101553	58160	53792	78674
台　湾	96598	98403	106603	123439
印　度	469760	494218	595242	685110
以色列	65869	66405	83300	93735
日　本	275226	303372	350122	372269
沙特阿拉伯	148424	113032	116478	109000
韩　国	221152	223311	311579	347690
土耳其	172188	149183	177613	169906
阿联酋	306433	244626	266193	230811
印度尼西亚	164931	187865	212268	244433
菲律宾	87651	89827	116792	131576
新加坡	84825	29265	43977	69621
泰　国	189845	209345	208658	232691
越　南	134276	164863	195432	233175
埃　及	140615	116154	91201	113479
尼日利亚	121789	115882	153553	174433
波　兰	172130	176350	238228	290771
罗马尼亚	34840	42287	47337	56833
比利时	120688	112441	124111	156283
丹　麦	48935	43724	50786	55908
英　国	463732	453020	509785	550401
德　国	595329	599658	725773	780970
法　国	313142	309807	364662	386894
意大利	338049	344853	395018	427749
荷　兰	306439	320610	319508	360115
希　腊	44258	48616	53661	60812
西班牙	254118	253007	289573	324529
瑞　典	61035	63156	74181	89986
阿根廷	88337	88560	122287	113572
巴　西	196725	158165	231856	274475
智　利	110407	108394	136435	144869
墨西哥	333698	324131	365845	430185
委内瑞拉	19353	11927	6487	5735
加拿大	309080	325575	346861	384241
美　国	2175018	2231926	2780747	3188134
澳大利亚	256318	262797	301565	321144

9-10 主要国家(地区)外贸进口总额

(2015-2018年)　　单位：万元

	2015年	2016年	2017年	2018年
香　港	9042	6696	7326	106571
台　湾	42705	41438	58081	74281
印　度	19970	26361	25618	36434
以色列	1238	1155	2572	2567
日　本	556011	527377	750685	792132
沙特阿拉伯	15212	14379	42975	54132
韩　国	104433	105952	120448	130979
土耳其	2471	6317	7338	4960
阿联酋	8174	11422	20443	21487
印度尼西亚	2415	3585	5766	9843
菲律宾	805	2821	6636	4036
新加坡	53087	22762	24913	22346
泰　国	18177	22367	24240	38667
越　南	14779	13567	24760	22437
埃　及	289	1379	3432	6463
尼日利亚	2220	5604	16319	12199
波　兰	2354	2263	2639	2439
罗马尼亚	797	1697	7198	7309
比利时	16293	15687	21576	19483
丹　麦	1620	940	3364	1432
英　国	37710	35900	57850	51312
德　国	55208	72594	87293	73811
法　国	14811	13925	20480	14218
意大利	23026	23022	39296	39675
荷　兰	40579	42699	70849	34178
希　腊	1947	1373	3708	923
西班牙	13041	14160	25469	15823
瑞　典	3433	3271	3908	3705
阿根廷	73	385	605	1209
巴　西	3702	7329	6989	11005
智　利	16889	13606	17139	10922
墨西哥	3640	5350	3087	3506
委内瑞拉		452	723	721
加拿大	14706	12887	16321	12707
美　国	228817	152774	201161	154911
澳大利亚	14381	13938	23279	23248

9-11 对外经济合作和境外投资企业情况

(1988-2018年)　　单位：万美元

年份	对外经济合作		境外投资企业				
	项目数(个)	营业额	当年投资境外企业(家)	中方投资额	境外企业直接出口	年末实有投资境外企业(家)	期末在外人数(人)
1988	304	28					
1989	671	91					
1990	428	99					
1991	240	85					
1992	119	53	2	58		2	767
1993	135	55	1	10	28	3	935
1994	92	42	1	5	57	4	655
1995	79	40	1	9	229	5	598
1996	76	36	6	79	409	11	609
1997	34	23	4	22	347	15	659
1998	40	34	6	51	528	19	690
1999	43	128	8	176	2405	22	416
2000	11	101	11	135	8838	27	243
2001	4	28	18	610	11724	31	344
2002	1	6262	25	548	15959	73	228
2003		6464	29	950	23053	97	252
2004		1320	39	1182	31578	136	428
2005		1800	48	1892	38680	184	444
2006		2600	55	5254	45869	245	808
2007	10	3784	38	5001	54489	277	466
2008	2	4002	39	6852		315	130
2009	1	5085	26	5119		342	146
2010	3	31175	29	7341		371	1912
2011	14	7403	38	6436		408	87
2012	16	3636	38	8216		446	65
2013	16	9521	33	6310		478	185
2014	16	7182	35	8668		513	
2015	15	8115	34	13693		547	216
2016	15	13010	47	17150		594	35
2017	15	12060	31	50070		625	95
2018	15	11590	35	206321		660	107

9-12 利用外资情况

(1985-2018年) 单位：万美元

年份	项目数(企业数)(个)	总投资	合同外资	实际利用外资
1985	1	55	16	
1986	2	67	26	
1987	2	33	29	
1988	5	206	87	9
1989	12	1451	304	15
1990	9	314	109	21
1991	16	1035	405	43
1992	95	5211	2201	548
1993	266	24561	8461	2596
1994	155	17371	5438	2589
1995	123	17241	7763	3700
1996	70	12318	5335	3510
1997	51	9129	3037	3697
1998	91	25491	9994	3849
1999	93	16842	9949	4347
2000	120	22040	10715	5083
2001	107	23773	13329	5568
2002	173	60977	27919	11800
2003	200	94406	40204	21588
2004	123	61354	27507	21684
2005	117	63180	39893	25107
2006	139	160026	79829	31138
2007	95	135601	81681	31150
2008	38	43468	27300	23890
2009	25	28613	14334	18806
2010	28	16765	11842	13206
2011	20	11786	6320	14301
2012	25	53829	78482	47520
2013	29	53757	26982	40001
2014	40	54108	34586	27705
2015	17	34709	18289	11635
2016	36	159240	103894	33683
2017	48	159492	77847	44332
2018	44	82060	50532	28893

注：实际利用外资从2004年开始使用商务部统计口径，合同外资从2006年开始使用商务部统计口径。

9-13 分国别和地区利用外资

(2017-2018年)

单位：万美元

	2017年			2018年		
	利用外资企业数(家)	合同外资	实际利用外资	利用外资企业数(家)	合同外资	实际利用外资
总计	**48**	**77847**	**44332**	**44**	**50532**	**28893**
亚洲	**30**	**57641**	**27804**	**30**	**39401**	**18241**
文莱		-56			369	
香港	17	53615	25420	14	23539	16654
日本		443	443	2	1139	1100
澳门			17			
马来西亚				1	13000	
巴基斯坦				1	16	
沙特阿拉伯		34	47			
新加坡		47	232	2	179	168
韩国	3	1742	1617	1	273	277
印度	1		8			
印度尼西亚					14	14
阿联酋						20
乌兹别克斯坦				1	47	
台湾省	7	816	20	8	825	8
非洲	**3**	**4062**	**4304**	**1**	**188**	
埃及	2	22				
加纳				1	100	
塞舌尔		304			88	
南非						
欧洲	**6**	**5163**	**5065**	**4**	**1967**	**3192**
英国	1	2500	1800			
德国	1	443	553	2	1017	927
法国	1	2246	2707			1381
意大利		-51	5			
卢森堡				1	940	884
西班牙				1	10	
瑞典	1	14				
南美洲	**2**	**1044**	**1042**	**2**	**3368**	**2095**
阿根廷				1		
巴拿马				1	1000	
英属维尔京群岛		1042	1042		2368	2095
北美洲	**5**	**589**	**214**	**7**	**4181**	**3472**
加拿大	1	560		1	9	556
美国	4	29	214	6	4172	2916
大洋洲	**1**	**151**	**171**		**-54**	**145**
萨摩亚	1	151	171		-54	145
其他	**2**	**9197**	**5732**		**1481**	**1748**
创业投资公司投资	1	2541			-210	1500
投资性公司投资	1	6656	5732		1691	248

9-14 分行业利用外资

(2017-2018年) 单位：万美元

	2017年			2018年		
	利用外资企业数(家)	合同外资	实际利用外资	利用外资企业数(家)	合同外资	实际利用外资
总　计	**48**	**77847**	**44332**	**44**	**50532**	**28893**
农、林、牧、渔业	**2**	**81**	**20**	**1**	**158**	**8**
农　业	2	81	20	1	158	8
制造业	**19**	**21825**	**27079**	**24**	**19420**	**16429**
纺织业			67			30
皮革、毛皮、羽毛(绒)及其制品业				1	480	480
家具制造业				1	126	
造纸和纸制品业				1	14	
文教、工美、体育和娱乐用品制造业					17	267
化学原料及化学制品制造业		400	456	1	2866	1866
医药制造业		244	478		2006	2256
橡胶和塑料制品业	3	1176	1194	2	2159	1970
非金属矿物制品业	1	151		3	2761	758
金属制品业	1	4090	3982	3	1944	2162
通用设备制造业	1	3132	2432	3	2332	2267
专用设备制造业	5	6250	5322	2	487	167
交通运输设备制造业	3	3260	2287	3	3052	3916
电气机械及器材制造业	2	75	3941	2	189	108
通信设备、计算机及其他电子设备制造业	2	1700	920		-200	
仪器仪表及文化、办公用机械制造业	1	1247	1032	1	188	182
工艺品及其他制造业		101	406		-1	-1
废弃资源和废旧材料回收加工业			4562	1	1000	1
电力、燃气及水的生产和供应业	**2**	**1219**		**1**	**9730**	**503**
电力、热力的生产和供应业	1	1200				
燃气生产和供应业				1	9730	482
水的生产和供应业	1	19				21
建筑业				**1**	**2039**	**1442**
房屋建筑业				1	2039	1442
交通运输、仓储和邮政业		**914**	**914**		**98**	**98**
装卸搬运和仓储业		914	914		98	98
信息传输、计算机服务和软件业	**1**	**2000**	**800**	**1**	**25**	
批发和零售业	**13**	**6348**	**7536**	**9**	**1554**	**7051**
批发业	12	6313	7478	7	1439	7051
零售业	1	35	58	2	115	
住宿和餐饮业				**1**	**5**	
餐饮业				1	5	
房地产业	**1**	**713**	**3534**			**1045**
租赁和商务服务业	**4**	**195**	**17**	**4**	**16688**	**1537**
商务服务业	4	195	17	4	16688	1537
科学研究、技术服务和地质勘查业	**4**	**40547**	**1456**	**2**	**815**	**780**
教育	**1**	**5**				
文化、体育和娱乐业	**1**	**4000**	**2976**			

9-15 旅游设施基本情况

(2000-2018年)

年 份	旅行社数(家)	星 级饭店数(家)	景 区(个)	#3A	#4A	#5A
2000	15	4				
2001	23	8	2		1	
2002	25	9	5		3	
2003	34	11	6		3	
2004	38	12	7		3	
2005	47	18	8		4	
2006	56	20	9	1	4	
2007	64	26	12	3	5	
2008	70	29	14	4	5	
2009	93	31	18	6	6	
2010	102	33	20	6	6	
2011	114	38	21	7	6	
2012	122	41	24	9	7	
2013	130	43	28	13	7	
2014	145	54	37	19	9	
2015	140	50	46	23	9	2
2016	145	47	59	34	9	2
2017	157	54	72	44	13	2
2018	174	54	80	53	13	2

9-16 国际国内旅游情况

(2000-2018年)

单位：万人次

年份	旅游总人数	国内旅游人数	国际旅游入境人数	外国人数	港澳人数	台湾人数	旅游总收入(亿元)	国内旅游收入(亿元)	国际旅游(外汇)收入(万美元)
2000	509.92	507.65	2.27	1.14	0.36	0.77	38.62	37.87	903
2001	642.97	639.67	3.30	1.73	0.34	1.23	48.70	47.50	1418
2002	925.49	921.10	4.39	2.15	0.43	1.81	74.93	71.85	3720
2003	1068.64	1063.86	4.78	1.94	0.83	2.01	86.71	83.51	3855
2004	1243.90	1237.61	6.29	3.50	0.79	2.00	100.40	97.15	3923
2005	1615.03	1607.50	7.53	4.30	1.10	2.13	139.09	134.79	5304
2006	1812.69	1803.80	8.89	5.44	1.96	1.50	150.32	145.10	6448
2007	2182.97	2173.66	9.31	6.52	1.20	1.59	175.28	170.63	6200
2008	2605.23	2594.85	10.38	7.06	1.28	2.05	208.59	203.70	7046
2009	2895.87	2887.22	8.65	5.91	0.95	1.79	230.04	226.65	4964
2010	3295.95	3285.66	10.29	6.83	1.02	2.45	273.23	269.42	5629
2011	3977.70	3965.36	12.34	6.93	1.40	4.00	329.25	325.16	6334
2012	4492.92	4468.92	24.00	10.90	2.71	10.40	412.18	406.67	8726
2013	5176.43	5165.54	10.89	6.11	2.69	2.09	493.37	490.73	4265
2014	6094.38	6078.85	15.53	11.51	2.31	1.70	583.55	580.53	4909
2015	7436.03	7419.17	16.86	12.74	2.04	2.07	749.25	745.63	5876
2016	8930.73	8911.49	19.24	14.88	2.13	2.24	942.65	938.35	6478
2017	10326.13	10275.57	19.88	15.58	2.14	2.16	1133.34	1109.98	6750
2018	11840.08	11821.70	18.38	14.60	1.71	2.07	1302.23	1298.02	6355

9-17 接待外国旅游人数

(2010-2018年) 单位：人次

国别(地区)	2010年	2011年	2012年	2013年	2014年	2015年	2016年	2017年	2018年
总　计	**68312**	**70527**	**108965**	**61084**	**115129**	**127380**	**148828**	**155832**	**146046**
亚洲小计	**26747**	**32660**	**57404**	**22829**	**45866**	**70648**	**84633**	**115670**	**76393**
其中：日　本	7654	10106	22900	6838	5456	5253	7932	40836	28599
韩　国	4803	5729	12772	4439	30392	53794	58416	22055	29420
印度尼西亚	953	1398	1590	737	783	691	2095	10656	1126
新加坡	1837	2542	2179	808	340	605	1612	8572	713
泰　国	576	709	1223	677	581	576	770	1429	968
马来西亚	1697	2182	2534	1103	772	753	2044	10141	1739
菲律宾	859	1678	2006	519	337	412	1411	7485	669
印　度	2442	2477	3576	2759	2531	2930	3558	4332	5346
美洲小计	**12145**	**11818**	**15877**	**7730**	**6363**	**5481**	**8127**	**10871**	**11143**
其中：美　国	7660	7868	10345	5263	4357	3579	4897	6558	6444
加拿大	2197	2030	2145	984	628	663	1048	1564	1338
非洲小计	**2469**	**1575**	**3294**	**2142**	**2063**	**2095**	**2718**	**2842**	**3776**
大洋洲小计	**3263**	**2686**	**2956**	**1087**	**836**	**1148**	**1352**	**1830**	**1481**
其中：澳大利亚	1673	1468	1858	861	607	865	881	1301	1201
新西兰	603	611	634	152	72	69	172	245	142
欧洲小计	**18944**	**19766**	**27174**	**11722**	**9348**	**9581**	**13559**	**19244**	**20927**
其中：英　国	2792	2959	3820	1232	983	1022	1486	1924	2239
法　国	2289	2248	3325	1451	970	934	1245	1525	1687
德　国	2934	3462	5355	1959	2112	1775	2166	3009	3407
意大利	1910	1822	2468	1256	797	923	1108	1386	1566
瑞　士	334	358	554	140	112	94	203	453	273
瑞　典	398	549	92	276	211	180	1160	2577	2898
荷　兰	1142	1131	628	754	511	569	586	699	1222
俄罗斯	2633	2290	1472	1838	1234	1094	1505	2476	2609
西班牙	1189	1613	3078	555	469	1095	793	821	1142
其他	**4744**	**2022**	**2260**	**15574**	**50653**	**38427**	**38439**	**5375**	**32326**

主要统计指标解释

进出口总额 指实际进出我国国境的货物总金额。包括对外贸易实际进出口货物，来料加工装配进出口货物，国家间、联合国及国际组织无偿援助物资和赠送品，华侨、港澳台胞和外籍华人捐赠品，租赁期满归承租人所有的租赁货物，进料加工进出口货物，边境地方贸易及边境地区小额贸易进出口货物(边民互市贸易除外)，中外合资企业、中外合作经营企业、外商独资经营企业进出口货物和公用物品，到、离岸价格在规定限额以上的进出口货样和广告品(无商业价值、无使用价值和免费提供出口的除外)，从保税仓库提取在中国境内销售的进口货物，以及其他进出口货物。我国规定出口货物按离岸价格统计，进口货物按到岸价格统计。

利用外资 指各级政府、部门、企业、中国银行和其他单位通过对外借款、吸收客商直接投资和商品信贷及其他方式，从国外和港澳台地区筹措的资金。对外借款包括通过外国政府贷款、国际金融组织贷款、外国银行的买方信贷和现汇贷款及对外发行债券等方式，从国外和港澳台地区借用的资金。

外商直接投资 是指外国企业和经济组织或个人(包括华侨、港澳台胞以及我国在境外注册的企业)按我国有关政策、法规，在我国境内开办独资企业、与我国境内的企业或经济组织共同举办合资企业、合作经营企业、股份制企业或合作开发资源的投资以及客商从企业得到的收益的再投资。

入境旅游人数 指来我国观光游览、度假、探亲访友、就医疗养、购物、参加会议或从事经济、科技、文化、体育、宗教活动的外国人、港澳台同胞等入境人数。不包括外国在我国的常住机构，如领使馆、通讯社、企业办事处的工作人员；来我国常驻的外国专家、留学生以及在岸逗留不过夜人员。统计时，外国人、港澳台同胞每入境一次统计1人次。

国内旅游人数 指国内居民在中国（大陆）观光游览、度假、探亲访友、就医疗养、购物、参加会议或从事经济、文化、体育、宗教活动的人数，其出游的目的不是通过所从事的活动谋取报酬。统计时，国内游客每出游一次统计1人次。

国际旅游（外汇）收入 指入境旅游的外国人、港澳台同胞在中国（大陆）旅行、游览过程中用于交通、参观游览、住宿、餐饮、购物、娱乐等全部费用，对国家来说就是国际旅游（外汇）收入。

国内旅游收入 又称旅游总花费。指国内游客在国内旅行、游览过程中用于交通、参观游览、住宿、餐饮、购物、娱乐等全部花费。

10

财政金融保险

Public Finance, Banking and Insurance

10-1 主要年份财政收入与支出

单位：万元

年份	财政总收入	地方财政一般预算收入					地方财政一般预算支出
			#增值税	#营业税	#企业所得税	#个人所得税	
1949	480						200
1952	972						455
1957	3337						1333
1962	5186						2778
1965	5769						2242
1970	6635						3706
1975	6502						5908
1978	11897						9871
1980	13677						10539
1985	31377						20480
1990	65925						49925
1994	168869	86479	26512	14130	19487	7263	121969
1995	203050	104642	30869	21779	27759	8348	144858
1996	239739	120900	34773	29431	28419	12476	165445
1997	263381	134112	38469	33386	30582	14966	196390
1998	309568	162619	44488	42649	36767	18617	223500
1999	380039	197303	51709	50744	45112	23042	258937
2000	531793	261491	72941	55766	79621	29137	331947
2001	650425	388056	75314	74685	127995	47260	428608
2002	868285	431122	99245	104977	67392	36378	556353
2003	1086780	526964	118324	137692	73324	37603	688820
2004	1266669	626046	61696	162942	102201	38264	791520
2005	1474457	723324	157257	174958	107334	44788	880887
2006	1756878	861115	193493	213294	130776	53233	1040000
2007	2183788	1088551	233654	273535	175148	66079	1269285
2008	2480225	1260498	264386	300397	180448	82885	1538078
2009	2631616	1360227	283823	355692	160627	87158	1759524
2010	3106245	1648845	293775	432931	224035	115832	2227592
2011	3704657	2001150	325771	503206	289871	145347	2655309
2012	4089456	2204230	380110	574263	310909	136008	2879269
2013	4484660	2477341	441897	603749	334446	142687	3290300
2014	4852909	2652092	494463	607423	375250	162998	3714666
2015	5397827	2980170	551873	656380	382176	187590	4572105
2015	5397827	2980170	551873	656380	382176	187590	4572105
2016	5838322	3432835	1012917	322062	408521	192637	5143996
2017	6569658	3822482	1498834		493303	223635	5630966
2018	7451904	4311768	1685337		551254	264757	6537506

注：1. 2004年外贸出口退税政策调整，当年全市财政总收入新口径997540万元，地方财政一般预算收入新口径559726万元，考虑历史年份资料可比性，本表中财政总收入和地方财政一般预算收入仍按老口径计算；
2. 由于营改增的全面实施，2017年财政部门对2016年全市地方财政一般预算收入数据作了调整，调整后数据为3439463万元，2017年地方财政一般预算收入比上年增长11.1%。

10-2　市区主要年份财政总收入

单位：万元

年　份	市　区	#椒江区	#黄岩区	#路桥区
1978	4251		3943	
1980	4755		4536	
1985	13145	4057	8342	
1986	16577	5121	10543	
1987	17495	5766	11004	
1988	21474	6285	12853	
1989	24235	6776	15215	
1990	27001	8058	16714	
1991	32591	10562	18749	
1992	34652	12586	21347	
1993	55318	18327	35357	
1994	70347	24287	45688	
1995	83037	27794	30574	23410
1996	96367	32026	34121	26691
1997	112168	35714	39065	31475
1998	134217	41890	45882	36661
1999	157289	47437	52837	43459
2000	208039	64645	67479	61638
2001	272467	85241	83200	81319
2002	362205	109502	116320	102318
2003	465779	146011	145003	127678
2004	551899	177441	150536	154065
2005	638204	199738	172172	181630
2006	751477	236223	201549	222566
2007	923035	287488	247435	277733
2008	1048382	316242	272368	327095
2009	1122393	325118	284464	361155
2010	1349410	386899	326821	441433
2011	1627998	460759	386512	534966
2012	1763763	513458	418183	542848
2013	1945430	571320	475971	581901
2014	2061986	598475	520502	594698
2015	2282818	633653	580611	633997
2016	2484906	674010	617978	666956
2017	2703610	727436	699538	738445
2018	3063269	820660	789429	843216

注：2004年，外贸出口退税政策调整，考虑历史年份资料可比性，本表中的财政总收入按老口径计算，下同。

10-3 各县市主要年份财政总收入

单位：万元

年 份	三门县	天台县	仙居县	温岭市	临海市	玉环市
1978	725	1112	867	1805	2290	847
1980	727	1155	996	2308	2736	1000
1985	1591	2342	1970	5353	4676	2300
1986	2034	2807	2383	6548	5982	3056
1987	2281	3425	2777	7951	6903	3744
1988	2378	3908	3185	9991	7646	4842
1989	2692	4488	3648	11534	9136	5393
1990	2750	4940	3743	13124	8655	5712
1991	3693	5310	4116	13777	10027	6505
1992	3473	5788	4287	15156	12215	7883
1993	5131	8302	7618	21187	20069	12352
1994	6013	10515	9518	29221	26515	16740
1995	6910	12075	12180	36439	31918	20491
1996	7248	13521	13515	49666	35314	24108
1997	6703	14129	14898	51094	36511	27878
1998	8451	16607	16665	61306	40486	31836
1999	11587	20443	22479	85474	44531	38236
2000	16727	28481	29023	134805	59033	55685
2001	24058	33107	30869	139009	75647	75268
2002	31573	46005	42428	177911	108006	100157
2003	41062	56010	48889	222880	130019	122141
2004	43646	67148	46986	260234	151112	145644
2005	53318	77008	54972	294209	176646	180100
2006	65283	87518	66118	333938	212782	239762
2007	86168	100088	81199	418892	266106	308300
2008	107153	115380	92418	453898	306516	356478
2009	116279	124429	93432	475522	329502	370059
2010	136675	140142	106582	570123	401886	401427
2011	163436	170690	130233	665511	480167	466622
2012	179500	198451	146808	721978	526902	552054
2013	196980	214333	161768	785977	580080	600092
2014	213292	233522	188972	877077	633301	644759
2015	236843	258932	234602	983574	678102	722956
2016	247706	298917	267136	1031980	764240	743437
2017	262791	329491	305219	1157118	977423	834006
2018	302235	363628	347331	1307043	1144567	923831

10-4 市区地方财政一般预算收入

(1994-2018年) 单位：万元

年 份	市 区	#椒江区	#黄岩区	#路桥区
1994	35834	13611	21851	
1995	42731	15353	15078	11478
1996	49805	17625	16843	12954
1997	57294	19437	18463	15076
1998	72242	24133	21552	18169
1999	85777	28575	24656	22023
2000	110603	38256	31889	29440
2001	171574	56224	47410	48688
2002	197148	63389	56618	51859
2003	245674	82592	69231	62841
2004	295117	98446	73551	77737
2005	337181	111041	83309	87855
2006	385038	125449	96266	104460
2007	472813	150971	118769	133120
2008	537741	164540	132707	155408
2009	590145	180667	142843	178598
2010	723612	226478	166018	225550
2011	899464	275213	197394	288078
2012	981790	301439	215851	291821
2013	1103883	329903	249939	321492
2014	1156668	326413	273714	328326
2015	1283947	350386	310189	358834
2016	1451939	385494	371145	395787
2017	1568587	416047	416795	427609
2018	1751242	472176	477200	470360

注：2004年，外贸出口退税政策调整，考虑历史年份资料可比性，本表中的地方财政一般预算收入按老口径计算。

10-5 各县市地方财政一般预算收入

(1994-2018年) 单位：万元

年 份	三门县	天台县	仙居县	温岭市	临海市	玉环市
1994	2939	4856	4613	16558	13675	8004
1995	3414	5801	5956	19688	17013	10039
1996	3719	6189	6712	23688	19027	11760
1997	3401	6275	7093	27144	19597	13308
1998	4459	7170	7668	34018	21029	16033
1999	6470	8802	10167	41458	24623	20006
2000	10051	13127	13252	56588	30221	27649
2001	15803	18053	18005	77538	44345	42738
2002	16733	20108	17680	80018	53615	45820
2003	21431	25841	20518	97357	64853	51290
2004	22221	32819	22150	117954	73308	62477
2005	27527	37511	25052	134798	86296	74959
2006	34156	42547	30822	158013	106651	103888
2007	45679	51610	40626	204069	136172	137582
2008	61111	60533	48023	233759	161023	158308
2009	66069	65442	49377	250238	173388	165568
2010	80734	78081	56698	305918	221272	182530
2011	96022	96610	68553	361688	261957	216856
2012	106818	110722	79028	388678	286066	251128
2013	118035	122958	92990	438479	325006	275990
2014	127657	132867	105588	478388	352566	298358
2015	144987	150268	134660	541213	380108	344987
2016	155766	170371	162468	616886	449188	426217
2017	167830	192068	185250	680900	542928	484919
2018	186290	218960	208400	772850	640650	533376

10-6 地方财政收入及分类(一)

(1994-2018年)

单位：万元

年 份	一般预算收入合计	增值税	营业税	企 业所得税	企业所得税 退 税	个 人所得税	资源税	固定资产投资方向调 节 税
1994	86479	26512	14130	19487	-1503	7263	174	746
1995	104642	30869	21779	27759	-1425	8348	127	1015
1996	120900	34773	29431	28419	-1286	12476	165	1485
1997	134112	38469	33386	30582	-406	14966	134	1726
1998	162619	44488	42649	36767	-1015	18617	92	1481
1999	197303	51709	50744	45112	-2683	23042	103	1048
2000	261491	72941	55766	79621	-1303	29137	115	174
2001	388056	75314	74685	127995		47260	116	-83
2002	431122	99245	104977	67392		36378	126	-7
2003	526964	118324	137692	73324		37603	104	
2004	626046	61696	162942	102201		38264	147	
2005	723324	157257	174958	107334		44788	1068	
2006	861115	193493	213294	130776		53233	3021	
2007	1088551	233654	273535	175148		66079	3616	
2008	1260498	264386	300397	180448		82885	3835	
2009	1360227	283823	355692	160627		87158	3643	
2010	1648845	293775	432931	224035		115832	3440	
2011	2001150	325771	503206	289871		145347	3244	
2012	2204230	380110	574263	310909		136008	3596	
2013	2477341	441897	603749	334446		142687	3891	
2014	2652092	494463	607423	375250		162998	5392	
2015	2980170	551873	656380	382176		187590	8051	
2016	3432835	1012917	322062	408521		192637	9312	
2017	3822482	1498834		493303		223635	13524	
2018	4311768	1685337		551254		264757	11103	

注：1. 2002年起税收收入分享政策调整，企业所得税和个人所得税原全部计入地方财政收入，2002年调整为中央与地方五五分成，2003年调整为中央与地方六四分成。2. 2016年5月1日起，营业税改征增值税试点全面推开，全部营业税纳税人由缴纳营业税改为缴纳增值税。增值税从原来的中央与地方75%：25%分成调整为50%：50%分成。

10-7 地方财政收入及分类(二)

(1994-2018年)　　单位：万元

年　份	城市维护建设税	房产税	印花税	城镇土地使用税	土地增值税	车船税	屠宰税	农牧业税	农业特产税
1994	6206	1300	317	310		388	222	3644	3259
1995	7624	1749	405	358	1	487	459	4692	3736
1996	8615	2303	520	264	53	518	530	6633	3122
1997	9992	2730	503	341	111	549	582	5454	3060
1998	11180	3690	701	411	185	618	675	6290	3018
1999	12923	4475	941	493	238	867	861	5067	3088
2000	16088	5230	1380	568	364	865	816	5153	3459
2001	23042	7391	1837	697	687	1147	826	5071	3054
2002	28231	10313	3075	873	1682	1452	185	5260	1734
2003	33817	13358	4603	1246	3805	1780	2	5675	
2004	39259	16937	6925	1665	4630	2382		8	
2005	48171	23685	8914	5122	10326	2206			
2006	57246	26871	11622	7018	13809	2764			
2007	72070	32401	14975	10763	23934	3418			
2008	83087	42637	18677	43442	30663	8952			
2009	87333	46689	18271	58842	42016	11285			
2010	104067	47562	25590	57364	55868	14941			
2011	133390	71139	27484	80487	78145	18114			
2012	144439	88276	28327	86141	97642	27477			
2013	157384	98990	32327	91507	119470	32468			
2014	161947	118367	40082	102976	144222	36914			
2015	174320	133407	46114	115244	107636	41720			
2016	191407	142690	39287	128627	131348	44968			
2017	209809	148602	47707	113682	182677	50960			
2018	245367	168687	54604	114584	233003	56004			

10-8 地方财政收入及分类(三)

(1994-2018年)

单位：万元

年份	耕地占用税	契税	专项收入	罚没和行政事业性收费收入	国有资本经营收入	国有资源(资产)有偿使用收入	其他收入	政府性基金收入
1994	2585	805			-4061		4695	3517
1995	2703	926		1528	-12533		4035	4642
1996	2546	1949		1578	-17606		4412	5228
1997	3161	1915		2528	-21372		5601	5121
1998	2374	3004	5340	4629	-22580		5	12572
1999	3040	5062	6603	3908	-19358		20	15017
2000	4218	9172	8588	5858	-37213		494	17379
2001	6519	12351	11332	23138	-34591		268	32307
2002	16442	19952	15361	43183	-24833		101	87451
2003	21022	32045	15704	42425	-16755		1190	136992
2004	11271	41950	17648	66231	-15713	47	1236	174957
2005	8789	45804	24471	75473	-16634	54	1538	216982
2006	12095	48778	30800	75791	-21847	63	2288	268984
2007	12003	69976	38817	76555	-21372	2971	8	918572
2008	13857	70792	44947	87121	-20346	4149	569	1304414
2009	16421	94645	47278	73789	-33569	6167	117	1567329
2010	25612	153125	55462	82591	-55067	11563	154	3063426
2011	38067	142764	68842	97919	-41196	18532	24	3036436
2012	40576	120240	73174	110933	-23655	5634	140	2780556
2013	49525	189654	79221	103630	-28641	25135	1	3268178
2014	47254	158025	80532	128483	-26929	14691	2	1917587
2015	33805	144297	272474	125144	-25127	21586	3480	1392457
2016	121153	176970	287221	164117	-18871	60450	18019	1723387
2017	99849	230272	269784	132040	-39983	137999	9788	3419117
2018	49794	322952	299935	168768	-35912	106058	12787	5447128

10-9 地方财政支出情况

(2011-2018年)

单位：万元

指 标	2011年	2012年	2013年	2014年	2015年	2016年	2017年	2018年
地方一般预算支出合计	**2655309**	**2879269**	**3290300**	**3714666**	**4572105**	**5143996**	**5630966**	**6537506**
一般公共服务	400495	420778	434685	432342	448465	556074	661327	780115
国 防	4015	4303	4813	4349	4952	5673	4747	5710
公共安全	210772	231268	245934	255423	287148	375460	387919	470696
教 育	623131	739748	776018	838763	986283	1084686	1226156	1345144
科学技术	56423	78933	88293	98099	167047	115254	137217	169642
文化体育与传媒	40278	50194	53947	57955	82662	94947	94683	115514
社会保障和就业	217148	242616	284134	299655	413170	485830	637531	665531
医疗卫生与计划生育	167760	191990	236732	302110	351056	417362	426663	514996
节能环保	45761	41922	75006	86254	101208	84377	212227	186855
城乡社区	101850	102521	115388	164815	275500	383773	436064	665440
农林水	373425	392910	507938	524531	699888	728122	756782	720018
交通运输	165690	174722	210660	267768	407770	438323	216580	379142
工业商业金融等	129052	134195	132844	113133	171013	116918	123193	133904
其他支出	119509	73169	123908	269469	175943	257197	309877	384799
政府性基金支出合计	**1901269**	**1569691**	**3204272**	**2103902**	**1593654**	**1692955**	**3537090**	**5722397**
一般公共服务	220	119						
教 育	25732	43222	50135	72333				
文化教育与传媒	992	1594	2690	3016			209	15
社会保障和就业	19994	18489	32938	32392	14515	24038	16034	15178
城乡社区	1677370	1315320	2846285	1675321	1256112	1434590	3219250	5385800
农林水	64554	54453	72418	78386	2936	819	666	540
交通运输	1957	2981	8599	7704	3732	2982	1718	2809
工业商业金融等	1553	2343	2317	2118	1172	1865	1206	370
其他支出	108897	131170	188890	232632	315187	228661	298007	317685
社会保险基金支出合计	**578124**	**810267**	**946946**	**1195510**	**1720132**	**2567860**	**3389250**	**3753332**
企业职工基本养老保险基金支出	251227	360935	433248	579481	983878	1366012	1697808	1998889
城乡居民基本养老保险基金支出	48848	96518	97545	127096	152692	142785	161917	170289
机关事业单位基本养老保险基金						371739	697912	576622
城镇职工基本医疗保险基金支出	109582	107362	138152	166396	202484	272861	340178	427634
城乡居民基本医疗保险基金支出	131776	189808	216458	249662	290294	315384	373042	446868
工伤保险基金支出	22665	38897	39841	47027	49008	49064	61824	66790
失业保险基金支出	8789	7935	10862	12438	26179	31791	29851	30239
生育保险基金支出	5237	8812	10840	13410	15597	18224	26718	36001

10-10 主要年份金融主要指标

单位：万元

年 份	金融机构本外币存款年末余额	#金融机构人民币存款余额	#城乡居民储蓄存款年末余额	金融机构本外币贷款年末余额	#金融机构人民币贷款余额	#短期贷款	#中长期贷款
1952		560	143		193		
1957		1784	521		5388		
1962		3593	601		12898		
1965		5238	1110		11989		
1970		6927	1384		22740		
1975		11875	2546		26090		
1978		16368	4401		34604		
1980		32389	11209		53673		
1985		98546	40501		123613		
1990		312614	153584		307913		
1994		1061934	546404		838094	695657	96289
1995		1399917	727602		1052121	865819	123833
1996		1896944	1017397		1335406	1052894	179930
1997		2496502	1360738		1711067	1424932	208135
1998		3394537	1939241		2126197	1723669	301773
1999		4320709	2468949		2726762	2108507	478072
2000	5407241	5289565	2896237	3307634	3304269	2596518	556846
2001	6428949	6290422	3526960	4096823	4023234	2669865	1272296
2002	8284108	8117593	4362702	5794759	5716237	3642042	1733151
2003	10740254	10561850	5421684	8237648	8090895	4909163	2783124
2004	11823111	11640689	6010774	9454142	9328902	5693519	3373348
2005	13849843	13694418	7117604	10580440	10445507	6411816	3764513
2006	16659867	16499842	8582033	13132416	12946754	8271509	4473442
2007	19375543	19213038	9287212	16159896	15770372	10527055	5124007
2008	23717020	23533773	12044432	19262657	18930765	12392248	6068898
2009	29356051	29152567	14437498	25180611	24229188	15603817	8219377
2010	35884773	35627957	17250805	30558214	29405118	19324859	9845344
2011	39989019	39590586	20588359	34707628	33545934	22740162	10542262
2012	45091738	44573554	23719853	38931604	37839726	25873733	11258308
2013	52197210	51541069	26981269	44541067	43402430	29596023	13455469
2014	56710259	56090430	28924078	50393663	49122356	32077228	16170388
2015	63059372	61886513	31454786	55184387	54296010	33499572	18306354
2016	70686244	69232204	37033664	58260273	57589217	33879939	20933601
2017	76184056	74292622	40386881	64124819	63666783	35711164	26842421
2018	85189153	83857431	41625764	73543353	72887742	39133406	31891069

10-11 金融机构年末人民币存款余额

(2014-2018年)　　单位：万元

指　标	2014年	2015年	2016年	2017年	2018年
各项存款合计	**56804438**	**61886513**	**69232204**	**74292622**	**83857431**
境内存款	56773895	61842164	69192850	74243030	83792044
住户存款	29814324	32323686	37033664	40386881	45802900
活期存款	12882765	13926084	16555690	18063936	19353331
定期及其他存款	16931560	18397602	20477975	22322946	26449569
非金融企业存款	15340525	14772755	15213827	16538448	19281772
活期存款	6113817	5611710	6541473	7623605	8634210
定期及其他存款	9226708	9161045	8672354	8914843	10647562
广义政府存款	9186168	10981102	12314313	13878553	14828819
财政性存款	1018198	466085	474904	782999	906303
机关团体存款	8167970	10515017	11839409	13095554	13922516
非银行业金融机构存款	2432878	3764622	4631045	3439148	3878553
境外存款	30542	44349	39354	49592	65387

10-12 金融机构年末人民币贷款余额

(2014-2018年)

单位：万元

指　　标	2014年	2015年	2016年	2017年	2018年
各项贷款合计	**49126356**	**54296010**	**57589217**	**63666783**	**72887742**
境内贷款	49124920	54295215	57568913	63665528	72886713
住户贷款	25581903	28118314	30837146	35310241	40564471
短期贷款	16715429	17686180	17891517	19140138	21576033
消费贷款	3835542	4385616	4684742	5446716	5466557
经营贷款	12879887	13300565	13206775	13693422	16109476
中长期贷款	8866474	10432133	12945629	16170103	18988438
消费贷款	7217493	8540088	10362537	12578873	14760026
经营贷款	1648981	1892045	2583092	3591230	4228412
非金融企业及机关团体贷款	23539017	26169902	26720767	28347787	32322243
短期贷款	15361799	15813392	15988423	16571026	17557373
中长期贷款	7303914	7874221	7987972	10672317	12902631
票据融资	746675	2375160	2693577	1087419	1850899
各项垫款	126630	107129	50795	17024	11339
非银行业金融机构贷款	4000	7000	11000	7500	
境外贷款	1436	795	20304	1255	1029

10-13 财产和人寿保险业务收支情况

(1989-2018年) 单位：万元

年份	保费收入			赔款、给付		
	合计	财产险	人身险	合计	财产险赔款支出	人身险赔款支出及给付
1989	3917	2214	1703	6844	6307	537
1990	4688	2727	1961	3483	2762	721
1991	8452	4515	3937	3087	2445	642
1992	15956	8234	7722	8186	6486	1700
1993	21221	12611	8610	9370	5492	3878
1994	21844	12987	8857	12187	11060	1127
1995	28985	17973	11012	9609	8268	1341
1996	34669	20489	14180	11173	9513	1660
1997	44182	22755	21427	56522	43690	12832
1998	57600	26061	31539	25928	12149	13779
1999	74468	30348	44120	22303	14691	7612
2000	92422	36150	56272	27915	15957	11958
2001	128548	43389	85159	34789	20314	14475
2002	173031	53802	119229	40151	27902	12249
2003	194986	56614	138372	52557	33194	19363
2004	240338	76198	164140	127470	101907	25563
2005	274479	98715	175764	101523	82333	19190
2006	311690	126931	184759	93238	66165	27073
2007	374198	162896	211302	141927	89755	52172
2008	515523	193432	322091	183381	117919	65462
2009	575102	233688	341414	207852	125507	82345
2010	729151	294241	434910	184306	139505	44801
2011	758807	342052	416755	228258	173571	54687
2012	843994	391421	452573	291713	227214	64499
2013	962828	445690	517138	362328	269691	92638
2014	1123907	517174	606733	383806	296430	87375
2015	1274452	579060	695392	459763	321127	138637
2016	1461460	617343	844117	533770	349695	184074
2017	1703004	640951	1062053	530434	351045	179389
2018	1785000	738000	1047000	579600	392100	187500

主要统计指标解释

财政总收入 包括地方上划中央税收入和地方财政收入两部分。

一般预算收入 指按国家预算收入科目规定，属于地方负责组织征收的收入数，包括①各种税收收入类，指税务机关征管的“工商税收类”；海关征管的“关税类”；财政机关征管的“农业税类”、“国有企业所得税类”等。②企业收入类。③企业亏损补贴类。④其他收入等。

增值税 是以商品生产流通和劳务服务各个环节的增值额为征税对象的一种流转税。按现行财政体制，增值税属于中央与地方的共享税种，其中：中央分享 75%，地方分享 25%；2016 年 5 月份开始中央和地方各 50%。

一般预算支出 指按国家预算支出科目规定，属于地方财政的各类预算支出，包括一般公共服务支出、公共安全支出、教育支出、科学技术支出、文化体育与传媒支出、社会保障和就业支出、医疗卫生支出、环境保护支出、城乡社区事务支出、农林水事务支出、交通运输支出、工业商业金融事务支出等。

金融机构存款 指企业、机关、团体和居民根据可以收回的原则，把货币存入各类金融机构保管，并取得一定利息的一种信用活动形式。根据存款对象的不同可划分为企业存款、财政存款、机关团体存款、居民储蓄存款等。

金融机构贷款 指各类金融机构根据必须归还的原则，按一定利率为企业、个人等提供资金的一种信用活动形式。根据贷款对象的不同分为工业贷款、建筑业贷款、商业贷款、农业贷款等。

城乡居民储蓄存款余额 包括城镇居民储蓄和农村居民个人储蓄两部分存款余额。不包括工矿企业、部队、机关团体等集体存款。

保费收入 指被保险人按其得到保险利益的保障程度(保险金额)的一定比率向保险人缴付的费用。

赔款 指保险人对财产保险的保险事故给予的经济补偿或对人身保险的保险事故给付的保险金。

11

物 价

Prices

11-1 主要年份物价总指数

(以上年为100)

年 份	居民消费价格总指数		商品零售价格指数	
	全 市	市 区	全 市	市 区
1978	100.0	100.0	100.1	99.9
1980	108.8	108.8	108.0	109.5
1985	111.9	109.4	112.3	109.8
1986	107.0	107.7	106.7	107.4
1987	111.3	111.8	111.6	112.0
1988	123.5	124.8	124.4	125.2
1989	117.2	117.7	117.0	117.1
1990	102.4	100.9	101.8	100.4
1991	104.2	104.6	103.8	104.2
1992	111.5	111.4	111.2	111.5
1993	120.1	118.7	118.5	116.0
1994	125.7	125.3	125.5	124.2
1995	117.3	115.2	115.3	114.0
1996	108.2	108.8	105.7	105.2
1997	101.6	102.4	99.3	99.9
1998	99.2	99.6	97.5	98.0
1999	99.2	99.2	98.4	98.3
2000	101.1	100.8	100.4	99.1
2001	99.3	98.4	98.8	99.0
2002	99.6	99.0	99.8	99.3
2003	101.5	100.4	99.6	98.4
2004	105.0	104.3	102.1	100.5
2005	100.6	100.0	99.7	99.2
2006	100.7	100.2	100.0	99.4
2007	104.1	104.0	104.3	104.4
2008	104.9	104.2	106.2	105.6
2009	99.2	99.4	99.3	99.5
2010	104.6	104.6	104.7	104.3
2011	106.3	106.3	106.9	106.7
2012	102.3	102.0	102.4	102.1
2013	101.9	101.8	100.3	100.3
2014	102.4	102.3	101.5	101.4
2015	100.8	100.7	99.7	99.5
2016	101.7	101.6	100.8	100.9
2017	102.1	102.4	101.3	101.5
2018	102.5	102.4	101.8	101.6

11-2 主要年份定基物价总指数

(以1978年为100)

年 份	居民消费价格总指数		商品零售价格指数	
	全 市	市 区	全 市	市 区
1978	100.0	100.0	100.0	100.0
1980	111.6	111.6	110.3	113.2
1985	138.0	134.9	133.8	137.3
1986	147.7	145.3	142.7	147.5
1987	164.3	162.4	159.3	165.2
1988	203.0	202.7	198.1	206.8
1989	237.9	238.6	231.8	242.2
1990	243.6	240.8	236.0	243.2
1991	253.8	251.8	245.0	253.4
1992	283.0	280.6	272.4	282.5
1993	339.9	333.0	322.8	327.7
1994	427.2	417.3	405.1	407.1
1995	501.1	480.7	467.1	464.0
1996	542.2	523.0	493.7	488.2
1997	550.9	535.6	490.2	487.7
1998	546.5	533.4	478.0	477.9
1999	542.1	529.1	470.3	469.8
2000	548.1	533.4	472.2	465.6
2001	544.3	524.8	466.5	460.9
2002	542.1	519.6	465.6	457.7
2003	550.2	521.7	463.7	450.4
2004	577.7	544.1	473.4	452.7
2005	581.2	544.1	472.0	449.1
2006	585.3	545.2	472.0	446.4
2007	609.3	567.0	492.3	466.0
2008	639.2	590.8	522.8	492.1
2009	634.1	587.3	519.1	489.6
2010	663.3	614.3	543.5	510.7
2011	705.1	653.0	581.0	544.9
2012	721.3	666.1	594.9	556.3
2013	734.9	678.1	596.8	558.1
2014	752.5	752.5	605.8	565.9
2015	758.5	698.6	604.0	563.1
2016	771.4	709.8	608.8	568.2
2017	787.6	726.8	616.7	576.7
2018	807.4	744.1	628.1	585.9

11-3　全市居民消费价格分类指数

(2016-2018年，以上年为100)

指　　标	2016年	2017年	2018年
居民消费价格指数	**101.7**	**102.1**	**102.5**
服务价格指数	**101.8**	**103.7**	**103.7**
消费品价格指数	**101.7**	**101.2**	**101.7**
食品烟酒	103.8	100.0	101.4
食　品	104.2	98.6	101.1
粮　食	100.1	101.5	100.4
鲜　菜	109.5	88.1	88.1
畜肉类	111.7	94.2	96.4
水产品	102.9	103.3	102.0
烟　酒	103.3	100.9	100.3
衣　着	101.6	102.4	102.1
居　住	101.1	105.3	106.4
生活用品及服务	101.4	102.4	101.0
交通和通信	99.2	101.2	100.4
教育文化和娱乐	101.4	103.1	102.3
医疗保健	100.7	101.3	101.9
其他用品和服务	102.0	102.2	100.2

11-4 市区居民消费价格分类指数

(2016-2018年，以上年为100)

指　　标	2016年	2017年	2018年
居民消费价格指数	**101.6**	**101.6**	**102.4**
服务价格指数	**101.5**	**101.5**	**103.5**
消费品价格指数	**101.6**	**101.6**	**101.6**
食品烟酒	103.0	103.0	101.5
食　品	103.7	103.7	101.1
粮　食	100.4	100.4	100.1
鲜　菜	108.1	108.1	108.1
畜肉类	111.0	111.0	96.6
水产品	102.7	102.7	101.0
烟　酒	102.5	102.5	99.9
衣　着	102.4	102.4	102.3
居　住	100.7	100.7	105.8
生活用品及服务	102.5	102.5	101.5
交通和通信	99.4	99.4	100.3
教育文化和娱乐	101.7	101.7	102.2
医疗保健	100.5	100.5	101.4
其他用品和服务	101.8	101.8	99.7

11-5　全市商品零售价格分类指数(一)

(1994-2018年，以上年为100)

年　份	商品零售价格总指数	食品类	饮料、烟酒类	服装、鞋帽类	纺织品类	家用电器及音像器材类	文化办公用品类	日用品类	体育娱乐用品类
1994	125.5	137.4	109.9	133.2	127.1	107.4		111.8	
1995	115.3	127.6	102.9	114.9	117.6	97.8		111.4	
1996	105.7	106.0	104.0	105.1	108.3	97.4		106.4	
1997	99.3	98.8	97.7	101.8	101.6	96.4		100.2	
1998	97.5	98.1	97.3	100.2	98.0	92.3		97.6	
1999	98.4	98.9	95.1	98.3	98.6	91.0		98.1	
2000	100.4	100.7	101.7	99.2	99.2	92.3		96.8	
2001	98.8	99.7	102.4	97.4	101.0	88.3		98.3	
2002	99.8	101.2	101.0	97.9	99.2	95.3		99.3	
2003	99.6	102.6	104.9	97.6	100.0	92.1	92.1	98.5	97.1
2004	102.1	113.7	103.1	98.6	100.3	96.2	94.1	100.2	99.0
2005	99.7	103.0	99.2	93.2	99.5	98.6	98.0	100.6	99.6
2006	100.0	101.4	100.2	95.6	99.0	98.5	98.5	100.4	96.9
2007	104.3	112.3	102.3	98.3	100.0	98.2	97.6	100.2	96.9
2008	106.2	112.1	102.9	94.5	99.6	99.4	98.6	104.9	96.2
2009	106.2	112.1	102.9	94.5	99.6	99.4	98.6	104.9	96.2
2010	104.7	109.3	100.8	96.0	96.9	96.5	95.9	100.2	98.2
2011	106.9	115.2	103.5	101.0	101.3	98.5	97.8	104.3	98.5
2012	102.4	105.7	103.6	103.7	109.9	97.9	96.9	102.1	98.9
2013	100.3	105.2	100.3	101.3	102.4	99.1	96.4	100.6	99.7
2014	101.5	103.8	99.7	100.9	103.9	99.5	97.9	99.7	101.9
2015	99.7	102.8	103.0	103.4	98.9	98.2	98.7	99.5	100.1
2016	100.8	103.9	102.8	101.6	103.3	99.4	99.3	101.2	101.6
2017	101.3	99.4	101.2	102.4	97.8	100.3	100.5	101.2	101.6
2018	101.8	101.5	100.8	102.0	100.9	97.7	102.3	101.6	99.6

11-6　全市商品零售价格分类指数(二)

(1994-2018年，以上年为100)

年　份	交通、通信用品类	家具类	化妆品类	金银珠宝类	中、西药品及医疗保健用品类	书报、杂志及电子出版物类	燃料类	建筑材料及五金电料类
1994			105.7	110.4	91.7	154.9	111.1	114.3
1995			111.1	98.6	112.7	110.7	102.1	104.7
1996			104.6	101.1	119.2	136.8	102.0	101.9
1997			99.7	98.9	101.9	107.3	101.5	94.7
1998			97.2	93.0	101.7	111.2	91.7	96.0
1999			96.6	91.0	100.9	105.1	104.6	100.1
2000			94.6	99.6	100.9	103.4	130.0	99.4
2001			95.0	85.1	103.3	111.6	91.8	99.1
2002			99.1	98.7	100.6	99.5	96.4	98.9
2003	92.3	95.0	100.7	109.1	96.8	99.9	107.7	100.7
2004	90.7	98.0	98.8	110.3	82.4	100.6	112.2	104.6
2005	91.7	98.0	100.0	105.1	93.4	99.5	114.0	101.1
2006	93.4	97.8	100.0	114.2	98.5	99.2	112.2	104.0
2007	97.2	97.5	101.2	108.5	103.1	100.0	106.3	106.1
2008	97.7	95.8	104.0	117.3	109.9	100.8	116.9	108.4
2009	100.6	90.4	98.4	99.3	103.5	106.1	85.1	99.2
2010	98.9	98.3	98.5	118.5	110.4	101.2	118.5	104.8
2011	97.1	100.1	100.9	120.1	108.9	103.1	114.3	105.5
2012	94.6	102.6	103.2	102.3	101.6	100.5	104.0	101.8
2013	96.9	102.6	100.3	92.2	90.5	100.0	100.0	100.6
2014	100.1	101.2	99.4	91.4	104.7	99.9	99.3	100.0
2015	97.6	101.0	100.4	93.3	106.0	100.5	82.8	98.9
2016	98.2	101.4	101.2	106.5	101.6	104.8	94.6	100.6
2017	98.5	103.1	100.0	102.7	103.4	101.6	109.7	103.6
2018	97.8	103.7	99.9	98.8	104.9	104.7	111.0	101.9

11-7　市区商品零售价格分类指数(一)

(1994-2018年，以上年为100)

年　份	商品零售价格总指数	食品类	饮料、烟酒类	服装、鞋帽类	纺织品类	家用电器及音像器材类	文化办公用品类	日用品类	体育娱乐用品类
1994	124.2	136.2	103.5	126.7	119.4	108.3		111.3	
1995	114.0	122.6	92.4	114.0	117.7	98.2		111.1	
1996	105.2	106.3	102.9	103.9	110.6	97.9		108.9	
1997	99.9	99.9	96.9	103.5	102.4	95.6		100.4	
1998	98.0	99.2	94.7	101.8	99.3	96.6		96.8	
1999	98.3	97.6	95.9	99.3	98.4	92.4		98.0	
2000	99.1	97.4	101.3	98.6	100.1	90.7		96.9	
2001	99.0	98.7	102.4	96.8	100.2	96.8		98.1	
2002	99.3	100.3	98.8	95.8	98.6	97.8		98.7	
2003	98.4	102.7	103.6	95.4	99.9	94.7	94.2	97.6	96.5
2004	100.5	111.9	103.2	97.2	100.1	94.7	96.7	98.9	99.7
2005	99.2	103.1	98.5	89.7	99.0	97.3	97.0	100.8	100.0
2006	99.4	101.6	100.5	93.0	98.5	98.5	98.7	100.7	95.9
2007	104.4	112.8	102.0	97.3	100.8	98.5	98.0	100.5	95.8
2008	105.6	110.0	103.0	89.0	99.3	99.3	99.4	104.5	93.1
2009	99.5	113.5	99.9	91.4	105.0	96.4	97.6	101.1	94.2
2010	104.3	108.8	100.4	95.6	96.8	97.1	94.3	99.8	97.2
2011	106.7	115.8	103.8	100.3	100.5	98.8	98.3	104.6	97.8
2012	102.1	105.6	103.9	104.5	112.0	97.3	95.7	102.9	98.4
2013	100.3	105.2	100.1	101.4	103.1	99.2	95.7	100.6	99.5
2014	101.4	103.7	99.7	101.2	105.9	99.3	97.0	99.3	101.2
2015	99.5	102.2	103.5	104.3	98.4	97.0	98.1	99.5	100.1
2016	100.9	103.3	102.4	102.5	104.6	99.7	98.7	101.7	102.9
2017	101.5	99.9	101.4	102.5	98.0	100.2	99.9	101.4	102.6
2018	101.6	101.4	100.4	102.3	99.0	97.0	102.4	101.7	99.9

11-8 市区商品零售价格分类指数(二)

(1994-2018年，以上年为100)

年 份	交通、通信用品类	家具类	化妆品类	金 银 珠宝类	中、西药品及医疗保健用品类	书报、杂志及电子出版物类	燃料类	建筑材料及五金电料类
1994			105.5	110.0	95.0	154.3	100.2	113.4
1995			110.4	98.1	109.9	109.6	101.1	110.9
1996			103.4	100.0	111.5	137.0	98.3	101.5
1997			97.2	100.7	104.3	108.7	100.3	94.5
1998			93.1	93.0	103.3	108.3	91.6	89.5
1999			95.4	91.1	101.5	105.9	104.3	101.9
2000			93.6	100.8	101.9	103.1	131.2	100.0
2001			92.4	81.8	96.7	109.8	89.8	99.4
2002			97.9	99.2	96.0	99.5	93.7	100.9
2003	88.1	90.6	101.1	103.5	91.6	99.3	108.8	98.5
2004	86.4	96.3	97.5	113.3	81.9	100.4	109.8	102.6
2005	89.1	95.9	100.7	103.5	96.4	99.8	114.2	100.1
2006	91.7	96.9	99.8	112.3	97.2	99.2	112.3	104.1
2007	96.7	94.8	100.5	108.0	102.8	99.3	108.2	105.9
2008	97.1	90.2	100.7	111.8	117.2	101.8	117.9	108.8
2009	100.6	90.4	98.4	99.3	103.5	106.1	85.1	99.2
2010	99.2	96.8	97.8	115.5	109.1	101.3	119.7	105.4
2011	96.3	100.0	101.4	120.2	109.0	102.5	113.7	105.3
2012	92.8	103.3	103.7	102.6	100.4	100.6	103.5	102.7
2013	95.9	102.8	100.9	94.2	91.2	100.0	99.6	100.6
2014	100.4	101.8	98.7	92.3	104.9	100.0	98.8	99.4
2015	97.0	101.3	100.5	94.8	105.5	100.3	82.3	98.9
2016	99.0	102.0	102.1	107.8	101.5	104.7	94.1	100.9
2017	98.8	103.1	99.8	100.8	102.9	101.4	110.4	102.6
2018	97.9	103.3	101.2	98.1	102.9	104.0	110.7	102.0

11-9　工业生产者价格指数

(2012-2018年，以上年为100)

项　目	2012年	2013年	2014年	2015年	2016年	2017年	2018年
一、工业生产者出厂价格指数(PPI)	**97.6**	**97.6**	**99**	**97.3**	**97.9**	**103.2**	**102.0**
其中：轻工业	98.4	98.4	100.2	99.1	99.1	102.5	101.2
重工业	97.1	97.2	98.4	96.4	97.5	103.4	102.2
其中：生产资料	97.2	97.2	98.5	96.3	97.5	104.2	102.3
生活资料	98.2	98.4	100	99.1	98.8	100.7	101.1
按工业行业大类分							
农副食品加工业	102.6	102.5	102.3	99.3	101.3	97.8	99.7
食品制造业	97.3	94	97.9	98.7	98.9	96.6	94.9
酒、饮料和精制茶制造业	99	99	101	97.3	97.4	99.9	99.9
纺织业	100.2	97.6	98.5	98.7	98.5	104.0	102.6
纺织服装、服饰业	106	94.5	97	100.7	96.5	97.4	100.0
皮革、毛皮、羽毛及其制品和制鞋业	103.9	102.7	102.5	100.5	100.8	100.8	102.7
木材加工和木、竹、藤、棕、草制品业	101.2	98.9	99.9	99.4	99	100.2	100.4
家具制造业	100.4	95.5	99.6	100	103	100.5	99.6
造纸和纸制品业	97.8	96.1	99.9	99.2	102.8	126.4	103.0
印刷和记录媒介复制业	101.2	102	102.1	97.9	99.6	101.7	104.9
文教、工美、体育和娱乐用品制造业	92.3	93.7	100.5	100.9	94.8	101.2	102.4
化学原料和化学制品制造业	96.5	98.3	101.5	94.9	94.9	109.1	113.5
医药制造业	97.2	97.1	98.7	98.5	98	100.6	104.3
化学纤维制造业	92.1	96.9	93	86.5	103.1	114.9	104.4
橡胶和塑料制品业	97.6	98	99.9	97.5	97.6	100.3	99.2
非金属矿物制品业	97.3	96.6	101.1	94.1	99.8	110.4	118.1
黑色金属冶炼和压延加工业	98.4	96.4	97.1	95.3	94.9	117.6	113.8
有色金属冶炼和压延加工业	95.3	92.6	94.9	93.8	99.5	119.8	101.5
金属制品业	97.4	95.7	98.5	96.6	97.4	103.5	103.5
通用设备制造业	98.1	95.7	98.5	97	98.2	103.4	103.0
专用设备制造业	101.2	102.7	99.4	95.9	99.8	100.9	101.4
汽车制造业	98.8	99.8	99.7	97.3	97.5	100.3	98.6
铁路船舶航空航天和其他运输设备制造业	100	98.6	99.3	98.9	99.2	102.5	99.6
电气机械和器材制造业	93.3	97.5	98.5	96.7	96.9	102.6	100.6
计算机、通信和其他电子设备制造业	97.6	101.2	97.9	93.1	98.2	99.2	98.0
仪器仪表制造业	98.9	93.8	97.7	97.4	95.2	96.7	100.5
其他制造业	100.6	99.9	98.7	98.2	98.9	104.4	100.5
废弃资源综合利用业	78.9	87.8	92.8	89.8	100.4	111.7	105.7
电力、热力生产和供应业	102.5	100.7	99.7	98.9	95.3	99.6	98.4
燃气生产和供应业	102.9	98.8	102.5	87.2	89.4	103.7	106.4
水的生产和供应业	100.3	100	100	100	102.7	107.9	102.0
二、工业生产者购进价格指数(IPI)	**97.5**	**97.1**	**98**	**95.1**	**98.4**	**108.2**	**103.9**
燃料、动力类	99.6	94.3	97.2	91	97.5	103.0	100.7
黑色金属材料类	95.6	95.9	95.6	92.4	96.1	118.0	107.1
有色金属材料及电线类	92.5	96.4	95.3	92.3	98	115.2	103.4
化工原料类	94.8	96.8	98.6	94.6	98.5	109.3	104.4
木材及纸浆类	99.7	98.9	100.8	99.4	99.6	111.9	103.8
建筑材料及非金属类	98.4	97.9	102.9	97.8	94.8	117.5	119.1
其他工业原材料及半成品类	99	97.3	97.3	97.5	99.2	104.1	102.4
农副产品类	101.7	101.3	100	98.8	101.4	103.2	101.9
纺织原料类	94.2	99.2	99.6	97.6	99.5	106.3	105.4

注：2018年起，工业行业划分标准的依据是《国民经济行业分类》(GB/T4754-2017)。

主要统计指标解释

居民消费价格指数 居民消费价格是指城乡居民支付生活消费品和服务项目消费的价格，是社会产品和服务项目的最终价格。居民消费价格指数是度量一组具有代表性的消费商品及服务项目价格水平随着时间而变动的相对数，反映居民家庭购买的消费品及服务价格水平的变动情况。它是宏观经济分析和决策、价格总水平监测和调控以及国民经济核算的重要指标。调查内容包括食品烟酒、衣着、居住、生活用品及服务、交通及通信、教育文化和娱乐、医疗保健、其他用品和服务等 8 大类的商品及服务项目。编制居民消费价格指数共设 262 个基本分类，每个分类设置 2-10 个代表规格品，代表规格品 846 种，采用加权算术平均公式计算指数。计算指数的价格来源于各采价点，权数根据住户调查中居民的实际消费构成每 5 年调整。

商品零售价格指数 商品零售价格是商品在流通过程中最后一个环节的价格，指工业、商业、餐饮业和其他零售企业向城乡居民、机关团体出售生活消费品和办公用品的价格。商品零售价格指数是指反映一定时期内商品零售价格变动趋势和变动程度的相对数。调查内容包括即食品、饮料烟酒、服装鞋帽、纺织品、家用电器及音像器材、文化办公用品、日用品、体育娱乐用品、交通通信用品、家具、化妆品、金银珠宝、中西药品及医疗保健用品、书报杂志及电子出版物、燃料、建筑材料及五金电料等 16 大类，编制商品零售价格指数共设 229 个基本分类，代表规格品 738 种，采用加权算术平均公式计算指数。计算指数的价格来源于各采价点(即商场、商店、农贸市场等)，权数根据批发零售贸易统计中的相关资料和典型调查资料每 5 年调整。

工业生产者出厂价格指数 工业生产者出厂价格是指工业产品第一次出售时的出厂价格，工业生产者出厂价格指数是以出厂代表产品的价格变动来反映全部出厂产品的价格变化趋势和变动幅度。编制工业生产者出厂价格指数共设 31 大类行业。

工业生产者购进价格指数 工业生产者购进价格是指企业作为中间投入的原材料、燃料、动力购进价格。工业生产者购进价格指数是以购进代表产品的价格变动来反映全部购进产品的价格变化趋势和变动幅度。编制工业生产者购进价格指数共设 9 大类。

12

人民生活

People's Livelihood

12-1 主要年份分经济类型在岗职工工资总额

单位：万元

年份	在岗职工工资总额	国有经济单位	城镇集体经济单位	其他经济单位
1978	10991	6232	4759	
1980	15462	9426	6036	
1985	29816	17050	12721	45
1986	37300	21339	15958	3
1987	42260	23665	18593	2
1988	54200	30965	23216	19
1989	60462	33557	26754	151
1990	64706	36934	27465	307
1991	73106	41661	30286	1159
1992	84014	50992	32162	860
1993	116709	68783	44999	2927
1994	165673	102264	58427	4982
1995	206886	125891	72971	8024
1996	234605	143406	81132	10067
1997	270870	173888	84476	12506
1998	309077	192707	76523	39847
1999	348943	211797	77026	60120
2000	395935	235989	70476	89470
2001	476969	295154	56116	125699
2002	557525	343098	53332	161094
2003	666248	386838	56549	222861
2004	844901	514574	67055	263273
2005	1160823	695915	73360	391548
2006	1243008	714852	66110	462045
2007	1509686	810890	87703	611093
2008	1831658	894297	77426	859935
2009	2130097	987406	81600	1061091
2010	2551521	1088049	95756	1367716
2011	3341672	1144172	122738	2074762
2012	4143337	1245713	172753	2724872
2013	4650868	1281317	191035	3178517
2014	5181192	1341294	206894	3633004
2015	5105907	1443876	192683	3469348
2016	5443263	1761687	188868	3492708
2017	6209410	2068351	208128	3932932
2018	6614729	2100500	260449	4253780

注：本表统计范围为城镇集体以上各类单位；2003年以前为职工资料；2005年数据有不可比因素。

12-2　市区在岗职工工资总额

(1990-2018年)　　单位：万元

年　份	市　区	椒江区	黄岩区	路桥区
1990	23370	9730	13640	
1991	26833	11322	15511	
1992	29362	13504	15858	
1993	43238	19373	23865	
1994	59188	24685	27337	7166
1995	73751	31117	32401	10233
1996	87295	34639	39422	13234
1997	101677	42993	43722	14962
1998	121383	56405	47015	17963
1999	137499	63098	54740	19661
2000	156553	74559	61051	20943
2001	191763	95549	71294	24920
2002	220261	111321	77539	31401
2003	272660	147702	87637	37321
2004	330371	177525	105629	47217
2005	448308	227797	145668	74843
2006	491496	250422	160075	80999
2007	638453	348269	181212	108972
2008	820302	409196	193587	217519
2009	917011	473982	211043	231986
2010	1140013	596051	264818	279144
2011	1465823	728749	406149	330925
2012	1890357	932317	536929	421111
2013	2051833	1006532	595982	449319
2014	2323832	1084105	658755	580972
2015	2343085	1166801	684245	492039
2016	2266336	1140396	465305	660635
2017	2523463	1277748	558750	686965
2018	2689453	1437384	540867	711202

注：本表统计范围为城镇集体以上各类单位；2003年以前为职工资料；2005年数据有不可比因素。

12-3 各县市在岗职工工资总额

(1990-2018年)　　单位：万元

年份	三门县	天台县	仙居县	温岭市	临海市	玉环市
1990	3805	5172	4378	10914	12177	4890
1991	4447	5808	4902	12321	13539	5256
1992	5467	6515	6175	14114	15827	6553
1993	7561	8868	7744	18367	21462	9469
1994	11606	12940	10848	29098	28080	13913
1995	13895	15745	14913	35258	36197	17129
1996	14243	17248	16689	43007	37862	18259
1997	18882	15971	20627	45951	49901	17861
1998	19966	16203	25732	48910	56519	20364
1999	15753	21346	22437	66256	57120	28532
2000	15937	22985	26004	78111	64035	32310
2001	20150	30900	31135	87964	80735	34322
2002	24562	38385	37278	107804	87976	41259
2003	25995	47831	47864	130506	95487	45904
2004	32196	66320	57202	170476	134056	54280
2005	67564	88510	71599	210786	176041	98016
2006	71135	91894	75540	224744	181777	106421
2007	79981	108631	85863	267185	217813	111760
2008	81888	125380	106787	282304	265314	149684
2009	93410	141827	144843	328152	343471	161383
2010	103041	164593	181450	392752	371459	198213
2011	124274	180169	203798	433749	536305	397554
2012	150883	211767	194335	530716	723476	441803
2013	109677	240984	216452	733149	761032	537742
2014	187789	276299	229903	782180	848700	532489
2015	172620	308953	250698	624084	891633	514834
2016	181172	330915	274729	893655	973851	522607
2017	224331	396388	294181	1012015	1149513	609520
2018	249556	391893	283321	1087513	1276552	636442

注：本表统计范围为城镇集体以上各类单位；2003年以前为职工资料；2005年数据有不可比因素。

12-4 分行业在岗职工工资总额

(2011-2018年)　　单位：万元

行　业	2011年	2012年	2013年	2014年	2015年	2016年	2017年	2018年
总　计	**3341672**	**4143337**	**4650868**	**5181192**	**5105907**	**5443263**	**6209410**	**6614729**
按企业、事业、机关分								
企　业	2344587	3012012	3414432	3875133	3714163	3772640	4251955	4589054
事　业	726510	793408	861437	876054	935531	1097347	1234740	1233055
机　关	266150	317268	357193	382542	424229	530575	641674	734491
民间非营利组织	3308	9358	11895	8183	16823	27226	33333	56344
其　他	1118	11292	5913	39280	15162	15475	47708	1786
按国民经济行业分								
农、林、牧、渔业	17882	5262	4782	3487	2084	2186	1780	1777
采矿业	566	658	482	486	383	488	735	756
制造业	982022	1197460	1477584	1561082	1439641	1555636	1785491	1926616
电力、热力、燃气及水生产和供应业	88805	95202	77696	83037	91378	120513	143205	170668
建筑业	752727	1079114	1154177	1478493	1381495	1262227	1400915	1445666
批发和零售业	65608	98939	108285	117074	116981	129805	142634	156873
交通运输、仓储和邮政业	32480	81141	86508	86206	86687	82688	89838	87597
住宿和餐饮业	87510	20678	25360	25026	25833	24392	28792	26162
信息传输、软件和信息技术服务业	17780	38610	44369	39332	44144	51099	58770	67481
金融业	250953	278483	295311	319080	347191	374357	420971	477445
房地产业	36927	51126	46927	68024	65897	55740	60291	62003
租赁和商务服务业	32047	52929	61807	48687	48453	51011	59947	70666
科学研究、技术服务业	37166	62374	70833	81279	96553	100264	91752	86672
水利、环境和公共设施管理业	21275	27097	33566	35973	32705	28329	32933	36892
居民服务、修理和其他服务业	4565	4311	5642	5842	5299	4209	4568	5294
教　育	377698	415380	456163	461345	489410	599574	683042	700678
卫生和社会工作	201279	243350	268604	300422	320055	365317	437396	454266
文化、体育和娱乐业	22049	23631	23584	25103	25284	25245	30981	32941
公共管理、社会保障和社会组织	312334	367595	409189	441216	486437	610182	735372	804278

注：本表统计范围为城镇集体以上各类单位。

12-5 分行业国有经济在岗职工工资总额

(2011-2018年)

单位：万元

行　业	2011年	2012年	2013年	2014年	2015年	2016年	2017年	2018年
总　计	**1144172**	**1245713**	**1281317**	**1341294**	**1443876**	**1761687**	**2068351**	**2100500**
按企业、事业、机关分								
企　业	194575	187209	118048	114624	110920	151333	177821	176379
事　业	683137	741065	803500	823897	899064	1068904	1209579	1185306
机　关	266150	317268	357193	382542	424229	530575	641674	734491
民间非营利组织	69	76	78	524	759	792	1960	4324
其　他	243	95	2499	19706	8905	10084	37316	
按国民经济行业分								
农、林、牧、渔业	17754	5149	4708	3414	1854	1966	1513	1718
制造业	5785	5916	2346	1169	1209	1114	969	422
电力、热力、燃气及水生产和供应业	78492	82272	58515	60103	66449	92003	97839	53679
建筑业	1478	1881	2362	1836	1931	9012	9705	9900
批发和零售业	35384	18824	10416	11470	9170	9518	19126	20511
交通运输、仓储和邮政业	12161	36480	24786	24074	17946	26545	30262	29435
住宿和餐饮业	18527	1268	634	494	570	295	143	
信息传输、软件和信息技术服务业	1349	8628	5589	6201	6083	6517	8204	8275
金融业	45047	29556	8673	3263	3489	3851	4841	5019
房地产业	4542	6116	5876	6097	4964	4897	4369	4380
租赁和商务服务业	9876	10309	10430	12212	14246	15411	16235	27349
科学研究、技术服务业	29857	34033	39060	39536	35763	35609	37962	41110
水利、环境和公共设施管理业	16785	19192	24065	22231	24721	19818	23332	27200
居民服务、修理和其他服务业	2290	2517	2849	2881	2886	3102	3589	4184
教　育	351312	381911	416353	418246	448120	556993	634930	643652
卫生和社会工作	181735	215516	236447	270467	300572	345741	415588	395041
文化、体育和娱乐业	20440	21066	21083	21616	21006	21216	26386	28502
公共管理、社会保障和社会组织	311359	365079	407125	435985	482899	608078	733359	800125

12-6　分行业城镇集体经济在岗职工工资总额

(2011–2018年)　　　　单位：万元

行　业	2011年	2012年	2013年	2014年	2015年	2016年	2017年	2018年
总　计	**122738**	**172753**	**191035**	**206894**	**192683**	**188868**	**208128**	**260449**
按企业、事业、机关分								
企　业	94057	140525	157252	177850	189082	185616	204105	217464
事　业	28460	30006	33011	27982	2971	2536	3345	42287
民间非营利组织	106	419	550	409	462	477	441	698
其　他	116	1803	222	652	168	239	237	
按国民经济行业分								
农、林、牧、渔业	28	20	19	19	22	23	25	25
采矿业	265							
制造业	3783	1871	1928	2495	1852	1508	1408	1508
电力、热力、燃气及水生产和供应业	751	626	661	741	864	990	1126	1120
建筑业	78767	125458	141276	160333	172566	179467	197770	207736
批发和零售业	71	467	806	1562	1176	1449	287	417
交通运输、仓储和邮政业		101	134	45	33	49		
住宿和餐饮业	300	76	82	85	92	92	69	138
信息传输、软件和信息技术服务业	274							
金融业	5951	7147	8936	8310	9172			
房地产业	182	792	143	142	95	376	418	429
租赁和商务服务业	3871	5154	3478	3669	2245	1599	1603	1203
科学研究、技术服务业	770	866	953	309	1003	549	646	2331
水利、环境和公共设施管理业	2099	3153	3156	4342	10			
居民服务、修理和其他服务业	17	6	13	16	17	39	13	10
教　育	9460	8970	10817	8449	1461	872	2181	5111
卫生和社会工作	15508	17286	18413	16215	1791	1483	2212	38608
文化、体育和娱乐业					122	147	162	
公共管理、社会保障和社会组织	643	483	222	165	161	226	209	1814

12-7 分行业其他经济在岗职工工资总额

(2011-2018年)　　单位：万元

行　业	2011年	2012年	2013年	2014年	2015年	2016年	2017年	2018年
总　计	**2074762**	**2724872**	**3178517**	**3633004**	**3469348**	**3492708**	**3932932**	**4253780**
按企业、事业、机关分								
企　业	2055955	2684278	3139132	3582659	3414161	3435691	3870029	4195211
事　业	14914	22337	24926	24174	33496	25908	21816	5462
民间非营利组织	3134	8863	11267	7249	15602	25957	30933	51322
其　他	759	9395	3192	18921	6089	5152	10155	1786
按国民经济行业分								
农、林、牧、渔业	100	93	56	54	207	198	242	34
采矿业	301	380	482	486	383	488	735	756
制造业	972454	1189673	1473310	1557418	1436581	1553014	1783114	1924686
电力、热力、燃气及水生产和供应业	9561	12304	18520	22193	24064	27521	44239	115870
建筑业	672481	951776	1010539	1316324	1206997	1073748	1193440	1228030
批发和零售业	30153	79649	97063	104042	106635	118838	123222	135945
交通运输、仓储和邮政业	20318	44560	61588	62087	68708	56094	59576	58162
住宿和餐饮业	68684	19333	24644	24447	25172	24005	28581	26024
信息传输、软件和信息技术服务业	16158	29982	38780	33131	38061	44582	50566	59206
金融业	199955	241780	277702	307508	334530	370506	416130	472427
房地产业	32203	44218	40908	61785	60838	50467	55504	57194
租赁和商务服务业	18300	37466	47899	32806	31961	34001	42109	42115
科学研究、技术服务业	6539	27475	30820	41435	59787	64106	53144	43232
水利、环境和公共设施管理业	2391	4752	6346	9400	7974	8512	9601	9691
居民服务、修理和其他服务业	2258	1788	2780	2944	2397	1068	966	1101
教　育	16927	24499	28994	34650	39829	41709	45931	51916
卫生和社会工作	4036	10548	13744	13740	17692	18093	19596	20617
文化、体育和娱乐业	1610	2565	2501	3487	4156	3882	4432	4439
公共管理、社会保障和社会组织	332	2033	1842	5067	3377	1878	1804	2339

12-8 主要年份分经济类型在岗职工平均工资

单位：元

年 份	在岗职工平均工资	国 有经济单位	城镇集体经济单位	其 他经济单位
1978	498	562	454	
1980	639	711	564	
1985	1029	1116	946	958
1986	1237	1320	1161	695
1987	1275	1420	1268	1141
1988	1653	1767	1559	1299
1989	1856	1920	1783	1659
1990	1995	2122	1848	1853
1991	2193	2300	2055	2388
1992	2625	2750	2448	2600
1993	3511	3696	3253	3634
1994	5128	5554	4530	4979
1995	6320	6614	5811	7011
1996	7067	7347	6641	6898
1997	8097	8678	7129	7996
1998	9368	10009	7661	10623
1999	10783	11587	8739	11410
2000	12446	13631	9278	12960
2001	15611	18373	10429	13800
2002	18246	22008	13082	14793
2003	21000	26191	15142	16856
2004	24919	33620	18064	17683
2005	31077	45805	24149	20476
2006	31949	46542	24668	22143
2007	33366	50182	25572	23817
2008	34126	53921	29883	24928
2009	36822	59995	32942	27268
2010	40562	65978	37238	31197
2011	42199	71388	41375	34468
2012	47007	79338	43061	39820
2013	51102	85457	46482	44202
2014	53703	89531	45975	47184
2015	57215	95525	43702	49764
2016	64816	114402	42052	54497
2017	70826	132284	43121	58518
2018	77675	138334	57063	65032

注：本表统计范围为城镇集体以上各类单位；2003年以前为职工资料；2005年数据有不可比因素。

12-9　市区在岗职工平均工资

(1990-2018年)　　单位：元

年　份	市　区	椒江区	黄岩区	路桥区
1990	2063	2106	2033	
1991	2312	2361	2183	
1992	2774	3046	2538	
1993	3664	3880	3506	
1994	5139	5270	5196	4560
1995	6522	6934	6298	6110
1996	7472	7788	7516	6647
1997	8642	9460	8328	7591
1998	9912	11119	9173	8774
1999	11342	12686	10328	10637
2000	12929	15178	11533	11007
2001	15973	18154	13579	16707
2002	18599	21090	15359	20714
2003	21806	24709	17852	23078
2004	24861	26770	21394	27458
2005	31495	30658	29640	39606
2006	32840	32703	30019	40977
2007	33131	33829	30029	37053
2008	32672	34759	30801	30854
2009	35519	37840	32564	34061
2010	39107	41620	35726	37633
2011	40996	44105	37582	39278
2012	47059	50865	40613	48852
2013	51399	55287	45840	51571
2014	53657	58504	47168	53732
2015	58234	61556	49862	65100
2016	66693	69025	67305	62639
2017	73800	74047	75055	72367
2018	79450	81238	79941	75729

注：本表统计范围为城镇集体以上各类单位；2003年以前为职工资料；2005年数据有不可比因素。

12-10 各县市在岗职工平均工资

(1990-2018年) 单位：元

年 份	三门县	天台县	仙居县	温岭市	临海市	玉环市
1990	1817	1893	1999	1978	1981	2019
1991	2007	2037	2148	2211	2178	2290
1992	2541	2357	2644	2520	2589	2772
1993	3328	3198	3276	3351	3554	3763
1994	4957	4740	4966	5246	4932	6055
1995	5925	5672	6386	6325	5949	7404
1996	6442	6383	6915	7276	6447	7602
1997	7225	6987	7549	8432	7649	8314
1998	8404	7966	8465	9845	8744	10010
1999	9423	9705	10034	11042	9939	11966
2000	11377	11355	11769	12828	11394	13693
2001	15925	14452	14550	16624	14199	16925
2002	19656	17286	16905	19337	16266	20082
2003	21518	19158	18630	22571	19487	20255
2004	26807	23314	21312	28976	23965	22519
2005	29209	30558	26265	32127	29472	37000
2006	30352	31252	27653	32135	29558	38282
2007	32936	32897	31087	34173	31537	40518
2008	33315	35935	34136	36335	35791	34750
2009	36514	37146	33062	41247	38532	36641
2010	38023	40028	37987	47583	41383	40251
2011	41852	40612	43395	50571	43315	38328
2012	45052	44078	43630	53621	48016	42482
2013	46101	47724	48361	53957	51740	47219
2014	56041	49873	50604	57207	54709	50478
2015	56556	52011	54302	61533	57200	53265
2016	61859	62712	62090	66306	63341	61371
2017	71719	64607	68402	76293	65458	66958
2018	84609	69344	77315	83201	72875	75274

注：本表统计范围为城镇集体以上各类单位；2003年以前为职工资料；2005年数据有不可比因素。

12-11 分行业在岗职工平均工资

(2011-2018年)

单位：元

行业	2011年	2012年	2013年	2014年	2015年	2016年	2017年	2018年
总计	**42199**	**47007**	**51102**	**53703**	**57215**	**64816**	**70826**	**77675**
按企业、事业、机关分								
企业	36168	40989	44746	47508	49919	54473	58355	64915
事业	68214	76440	83262	86768	91950	109812	127062	131489
机关	74033	83542	89238	93081	101668	127084	151338	166021
民间非营利组织	37549	44369	51225	55816	61152	71950	79802	88536
其他	37510	41669	47758	70494	70585	87774	110563	64241
按国民经济行业分								
农、林、牧、渔业	43700	40914	44902	46371	38165	43992	56502	69128
采矿业	29942	32716	37969	53978	51797	65919	94282	88882
制造业	31278	36643	41280	44966	48406	52554	58020	64005
电力、热力、燃气及水生产和供应业	93351	106585	108879	114707	123701	127771	135932	144548
建筑业	31971	36657	39421	41206	40849	43423	45130	49520
批发和零售业	39709	44238	46518	51097	52663	57355	64123	74851
交通运输、仓储和邮政业	54052	55523	57607	60742	63192	73364	81448	89257
住宿和餐饮业	24063	29025	34537	37998	40682	43542	46163	51520
信息传输、软件和信息技术服务业	79822	88111	102279	97044	97040	98741	111879	135097
金融业	102964	98071	113098	120818	122500	127767	134801	144043
房地产业	49706	53857	58991	58545	65380	68042	71073	76283
租赁和商务服务业	32939	38329	44623	52447	53468	58951	64479	67008
科学研究、技术服务业	62181	73885	87773	100855	130742	150547	150215	153565
水利、环境和公共设施管理业	40432	44774	46789	47939	55526	68083	73990	76459
居民服务、修理和其他服务业	33372	44718	39485	42146	47869	71954	85700	99515
教育	69689	74365	81507	83016	87437	107752	121694	122389
卫生和社会工作	72525	82166	89406	96227	100189	110692	129853	137598
文化、体育和娱乐业	59240	63833	65676	66411	71971	86248	103373	110059
公共管理、社会保障和社会组织	72231	81664	87249	91645	99948	123769	147219	162254

注：本表统计范围为城镇集体以上各类单位。

12-12 分行业国有经济在岗职工平均工资

(2011-2018年)

单位：元

行　　业	2011年	2012年	2013年	2014年	2015年	2016年	2017年	2018年
总　　计	**71388**	**79338**	**85457**	**89531**	**95525**	**114402**	**132284**	**138334**
按企业、事业、机关分								
企　业	78578	81293	85122	91890	100144	103229	109341	107208
事　业	68654	77215	83948	87935	92247	110473	127594	130460
机　关	74033	83542	89238	93081	101668	127084	151338	166021
民间非营利组织	34350	35952	48438	68974	75129	83316	104818	147078
其　他	62282	73000	80087	79718	113438	138322	137800	
按国民经济行业分								
农、林、牧、渔业	44011	41521	45314	46512	37843	43028	54625	70683
制造业	34681	40859	40370	44098	55691	55715	50469	68065
电力、热力、燃气及水生产和供应业	100156	118122	129976	143376	151989	147110	150060	172379
建筑业	32492	34076	43109	33444	35175	50122	59722	57257
批发和零售业	64106	67252	67245	65694	68845	74476	100981	114459
交通运输、仓储和邮政业	69448	71445	79645	90437	86154	100057	123417	123209
住宿和餐饮业	22289	24917	33199	31660	32919	28660	31667	
信息传输、软件和信息技术服务业	71961	68643	76555	87208	87653	98438	124110	137692
金融业	118763	112765	105642	89139	100542	112933	141131	146746
房地产业	62305	72641	82524	65699	79296	98724	106568	117429
租赁和商务服务业	35873	45095	47605	53918	58627	60413	54607	59988
科学研究、技术服务业	69402	76858	90605	92136	106659	123601	143145	173313
水利、环境和公共设施管理业	43206	47354	50334	52742	58831	78022	84812	81026
居民服务、修理和其他服务业	68781	72336	75174	79151	84622	94875	110778	123044
教　育	70640	76266	83429	84987	89574	111823	126241	126798
卫生和社会工作	75287	85914	92917	99138	101923	112509	132610	138402
文化、体育和娱乐业	63047	70905	75893	78949	85634	103951	129599	134128
公共管理、社会保障和社会组织	72254	82173	87818	92493	100663	124430	147950	162826

12-13　分行业城镇集体经济在岗职工平均工资

(2011-2018年)　　　　单位：元

行　　业	2011年	2012年	2013年	2014年	2015年	2016年	2017年	2018年
总　　计	**41375**	**43061**	**46482**	**45975**	**43702**	**42052**	**43121**	**57063**
按企业、事业、机关分								
企　业	37937	40164	43272	43823	43435	41739	42687	50644
事　业	59180	63965	71903	66960	68454	76156	97522	165832
民间非营利组织	25829	32473	38201	30759	46170	55488	51835	45928
其　他	52545	58158	92375	62095	70042	103826	98833	
按国民经济行业分								
农、林、牧、渔业	27900	32833	37000	37600	44600	45000	49800	50600
采矿业	30814	32291						
制造业	32168	36397	36101	37352	44519	52537	46465	47870
电力、热力、燃气及水生产和供应业	46346	48930	46189	51424	59986	75565	82212	80540
建筑业	36236	38452	41094	41761	41284	41260	42196	49854
批发和零售业	62396	99319	106026	126976	87724	123880	73462	92644
交通运输、仓储和邮政业	23667	30606	36270	63857	47429	61625	36211	
住宿和餐饮业	35141	31833	34167	35208	38250	38333		43219
金融业	138713	161699	198573	178703	193093			
房地产业	32446	87989	35800	37395	45381	58734	60580	68048
租赁和商务服务业	39697	46853	54092	60638	60848	56491	67353	56215
科学研究、技术服务业	52733	59322	57764	49790	96452	71273	79691	102224
水利、环境和公共设施管理业	42584	56603	52162	41473	34667			
居民服务、修理和其他服务业	15091	9833	21833	32800	33800	19650	32500	32333
教　育	72265	63260	76768	73983	46378	46631	77053	96066
卫生和社会工作	55053	61604	71953	72193	81405	89879	125693	169257
文化、体育和娱乐业					48760	54407	67542	
公共管理、社会保障和社会组织	63049	54864		60926	70043	107429	109842	156414

12-14 分行业其他经济在岗职工平均工资

(2011-2018年)　　单位：元

行业	2011年	2012年	2013年	2014年	2015年	2016年	2017年	2018年
总计	**34468**	**39820**	**44202**	**47184**	**49764**	**54497**	**58518**	**65032**
按企业、事业、机关分								
企业	34340	39660	44035	46978	49522	54239	58234	64787
事业	68038	71363	78979	78183	87093	91224	107256	147614
民间非营利组织	38213	45243	52113	57671	61186	72043	79213	86722
其他	32038	39357	35389	63176	45472	50960	64147	64241
按国民经济行业分								
农、林、牧、渔业	20875	23300	26429	41769	40627	56429	73273	37444
采矿业	29214	33035	37969	53978	51797	65919	94282	88882
制造业	31256	36624	41289	44981	48406	52552	58036	64021
电力、热力、燃气及水生产和供应业	63153	66906	74347	76449	83819	90320	114078	135457
建筑业	31535	36438	39190	41153	40798	43757	45564	49410
批发和零售业	35960	40806	44827	49443	51398	55958	60668	71097
交通运输、仓储和邮政业	42996	47029	51894	53881	59088	65150	69452	78333
住宿和餐饮业	24094	29332	34574	38163	40910	43844	46299	51573
信息传输、软件和信息技术服务业	85406	95941	107484	99136	98730	98786	110118	134742
金融业	99228	95441	111796	120219	121559	127942	134731	144015
房地产业	48469	51650	56793	57997	64501	66126	69345	74355
租赁和商务服务业	30496	35946	43477	51155	51032	58430	69189	72951
科学研究、技术服务业	42768	71032	85753	111805	152208	173166	157464	142022
水利、环境和公共设施管理业	27043	32953	35492	41928	47323	52509	56477	66016
居民服务、修理和其他服务业	22054	29305	26630	28948	31493	44857	47102	58254
教育	53633	56152	62325	66405	70744	73861	82759	87165
卫生和社会工作	50641	61110	67470	81206	79160	85832	90345	94142
文化、体育和娱乐业	33531	35093	30764	33464	40150	45189	47304	51136
公共管理、社会保障和社会组织	70638	40899	35765	51699	50102	45800	49571	74735

12-15　各经济类型分行业全部在岗职工平均工资

(2018年)　　单位：元

行　业	在岗职工平均工资	国　有经济单位	城镇集体经济单位	其　他经济单位
总　计	**77675**	**138334**	**57063**	**65032**
按企业、事业、机关分				
企　业	64915	107208	50644	64787
事　业	131489	130460	165832	147614
机　关	166021	166021		
民间非营利组织	88536	147078	45928	86722
其　他	64241			64241
按国民经济行业分				
农、林、牧、渔业	**69128**	**70683**	**50600**	**37444**
农　业	54247	55262		37444
林　业	88964	88964		
渔　业	50600		50600	
农、林、牧、渔专业及辅助性活动	141636	141636		
采矿业	**88882**			**88882**
非金属矿采选业	88882			88882
制造业	**64005**	**68065**	**47870**	**64021**
农副食品加工业	48178		30500	48275
食品制造业	56725			56725
酒、饮料和精制茶制造业	66941			66941
纺织业	54362			54362
纺织服装、服饰业	40161			40161
皮革、毛皮、羽毛及其制品和制鞋业	45375			45375
木材加工及木、竹、藤、棕、草制品业	46221			46221
家具制造业	52877			52877
造纸和纸制品业	48891		32083	49317
印刷业和记录媒介复制业	55038			55038
文教、美工、体育和娱乐用品制造业	44927			44927

注：本表统计范围为城镇集体以上各类单位；国民经济行业分类按2011版。

12-15 续表 1

单位：元

行业	在岗职工平均工资	国有经济单位	城镇集体经济单位	其他经济单位
化学原料和化学制品制造业	83961			83961
医药制造业	84934			84934
橡胶和塑料制品业	33309			33309
非金属矿物制品业	57092			57092
黑色金属冶炼和压延加工业	69631		40775	70062
有色金属冶炼和压延加工业	65332			65332
金属制品业	50809			50809
通用设备制造业	58873		58696	58874
专用设备制造业	64082		39400	64108
汽车制造业	63412			63412
铁路、船舶、航空和其他运输设备制造业	72819			72819
电气机械和器材制造业	53279	68065		53184
计算机、通讯和其他电子设备制造业	60890			60890
仪器仪表制造业	70669			70669
其他制造业	66563			66563
废弃资源综合利用业	57899			57899
金属制品、机械和设备修理业	44202			44202
电力、热力、燃气及水生产和供应业	**144548**	**172379**	**80540**	**135457**
电力、热力生产和供应业	150059	174039	56125	139854
燃气生产和供应业	87908		85395	88832
水的生产和供应业	126791	147254	59471	124862
建筑业	**49520**	**57257**	**49854**	**49410**
房屋建筑业	49466	63991	49768	49310
土木工程建筑业	46850	29339	50853	46676
建筑安装业	172889			172889
建筑装饰和其他建筑业	56984			56984

12-15 续表 2

单位：元

行 业	在岗职工平均工资	国 有经济单位	城镇集体经济单位	其 他经济单位
批发和零售业	**74851**	**114459**	**92644**	**71097**
批发业	86859	122182	127207	79436
零售业	65257	55644	30000	65481
交通运输、仓储和邮政业	**89257**	**123209**		**78333**
道路运输业	85663	130193		75245
水上运输业	108707	105607		109052
航空运输业	139304	139304		
多式联运和运输代理业	98338	78701		123043
装卸搬运和运输代理业	89814	90819		89330
邮政业	107622	130802		43595
住宿和餐饮业	**51520**		**43219**	**51573**
住宿业	53031			53031
餐饮业	47636		43219	47737
信息传输、软件和信息技术服务业	**135097**	**137692**		**134742**
电信、广播电视和卫星传输服务业	137746	138466		137644
互联网和相关服务	210452	86778		261045
软件和信息技术服务业	64693			64693
金融业	**144043**	**146746**		**144015**
货币金融服务业	147907	147988		147906
资本市场服务	58667			58667
保险业	118729			118729
其他金融业	106450	115308		90000
房地产业	**76283**	**117429**	**68048**	**74355**
房地产开发经营	98895	99800		98894
物业管理	40341	27532		40699
房地产中介服务	69818			69818
房地产租赁经营	62400	96642	68048	51258
其他房地产业	192275	192275		
租赁和商务服务业	**67008**	**59988**	**56215**	**72951**
租赁业	124750			124750
商务服务业	66920	59988	56215	72807
科学研究、技术服务业	**153565**	**173313**	**102224**	**142022**
研究与试验发展	274650	150466		338052

12-15 续表 3

单位：元

行业	在岗职工平均工资	国有经济单位	城镇集体经济单位	其他经济单位
专业技术服务业	124581	180042	95698	82399
科技推广和应用服务业	130249	156929	104200	71400
水利、环境和公共设施管理业	**76459**	**81026**		**66016**
水利管理业	161793	163109		63875
生态保护和环境治理业	173808			173808
公共设施管理业	62282	63251		60355
土地管理业	191000	191000		
居民服务、修理和其他服务业	**99515**	**123044**	**32333**	**58254**
居民服务业	113085	123164	32333	75770
机动车、电子产品和日用品修理业	46983			46983
其他服务业	122190	122190		
教育	**122389**	**126798**	**96066**	**87165**
初等教育	120135	121107	148905	99051
中等教育	124834	129243	113234	97224
高等教育	163564	172762		61285
卫生和社会工作	**137598**	**138402**	**169257**	**94142**
卫生	137997	138701	169257	95395
社会工作	104656	113954		40500
文化、体育和娱乐业	**110059**	**134128**		**51136**
新闻和出版业	92781	168361		30354
广播、电视、电影和影视录音制作业	115199	121818		48414
文化艺术业	127099	139297		59692
体育	84502	113140		77149
娱乐业	88414	118657		68058
公共管理、社会保障和社会组织	**162254**	**162826**	**156414**	**74735**
中国共产党机关	179285	179285		
国家机构	162138	162135	162833	164429
人民政协、民主党派	192169	192169		
社会保障	148093	148093		
群众团体、社会团体和其他成员组织	150016	150258	69750	160170
基层群众自治组织及其他组织	43762			43762

12-16 主要年份城乡居民家庭人均收支情况

(1990-2018年)　　单位：元

年份	全市城镇常住居民		市区城镇常住居民		全市农村常住居民	
	人均可支配收入	人均消费支出	人均可支配收入	人均消费支出	人均可支配收入	人均消费支出
1990	1595	1476	1528	1236		
1991	1938	1862	1991	1688		
1992	2307	2293	2348	2157		
1993	3514	3096	3697	2943		
1994	4960	4111	5355	3915		
1995	6489	5636	7088	5397		
1996	6793	5826	7487	5647		
1997	7221	6869	8062	6312	3836	
1998	7761	7305	8684	7393	4169	
1999	8189	7370	9052	7306	4378	
2000	8728	7493	9465	7372	4668	
2001	10105	8543	10724	8612	5032	
2002	11639	9564	12782	9857	5401	
2003	13404	10532	14983	10795	5823	4548
2004	15870	11892	17176	12968	6529	4672
2005	17132	13380	18890	14330	7269	6010
2006	18749	14052	20582	15360	8006	6544
2007	20626	15726	22946	15565	9053	7749
2008	22395	16425	24943	15614	9975	8466
2009	24061	17732	26705	17364	10873	8864
2010	26802	19401	29484	19499	12287	9655
2011	30030	21430	33140	22502	14244	11332
2012	33467	22333	37058	24014	15829	12117
2013	36480	24031	40356	25983	17523	13643
2014	39763	26458	44082	28698	19362	15307
2015	43266	28892	47990	31448	21225	17102
2016	47162	30021	52318	33462	23164	18598
2017	51374	32514	57032	35809	25369	19709
2018	55705	35100	61779	38266	27631	21510

注：2013年起住户调查方法制度进行城乡一体化改革，2012年及以前年份数据依据改革后新调查口径推算所得，下同。

12-17 全体居民家庭人均可支配收入和消费支出情况

(2013-2018年)

单位：元

指标名称	2013年	2014年	2015年	2016年	2017年	2018年
人均可支配收入	**28215**	**30950**	**33788**	**36915**	**40439**	**43973**
工资性收入	16868	18652	20493	22324	24505	26572
经营净收入	5618	5997	6365	6869	7446	8069
财产净收入	2978	3281	3627	4039	4402	4814
转移净收入	2751	3019	3302	3684	4086	4518
人均消费支出	**19502**	**21641**	**23822**	**25143**	**27129**	**29421**
食品烟酒	5925	6526	7085	7426	7890	8489
食　品	3971	4356	4738	5000	5229	5547
烟　酒	629	692	756	794	853	895
衣　着	1553	1723	1888	1951	2054	2210
居　住	4623	5133	5678	5863	6408	6957
生活用品及服务	1123	1272	1401	1457	1579	1700
交通通信	3110	3480	3850	4174	4515	4917
交　通	2356	2689	2986	3234	3631	3920
通　信	754	791	864	940	885	998
教育文化娱乐	1626	1790	2029	2256	2519	2778
教　育	993	1082	1189	1365	1480	1672
文化娱乐	634	708	840	890	1039	1107
医疗保健	1045	1167	1289	1382	1499	1659
其他用品及服务	497	550	602	635	665	711

12-18 城镇居民家庭人均可支配收入和消费支出情况

(2013-2018年)　　单位：元

指标名称	2013年	2014年	2015年	2016年	2017年	2018年
人均可支配收入	**36480**	**39763**	**43266**	**47162**	**51374**	**55705**
工资性收入	21045	23149	25402	27644	30247	32684
经营净收入	6974	7365	7699	8241	8856	9579
财产净收入	4596	5033	5548	6167	6651	7244
转移净收入	3864	4216	4617	5111	5621	6198
人均消费支出	**24031**	**26458**	**28892**	**30021**	**32514**	**35100**
食品烟酒	7125	7802	8457	8796	9402	10058
食　品	4628	5043	5476	5741	6019	6326
烟　酒	665	726	790	819	879	914
衣　着	2042	2257	2463	2507	2623	2814
居　住	5817	6393	6994	7079	7798	8426
生活用品及服务	1443	1628	1782	1848	2014	2159
交通通信	3934	4351	4690	4890	5271	5729
交　通	3081	3464	3719	3846	4293	4599
通　信	853	887	971	1044	978	1130
教育文化娱乐	1914	2084	2372	2631	2968	3256
教　育	1053	1131	1232	1434	1567	1761
文化娱乐	861	953	1140	1197	1401	1495
医疗保健	1087	1204	1323	1421	1562	1725
其他用品及服务	669	739	811	849	876	933

12-19　农村居民家庭人均可支配收入和消费支出情况

(2013-2018年)　　单位：元

指标名称	2013年	2014年	2015年	2016年	2017年	2018年
人均可支配收入	**17523**	**19362**	**21225**	**23164**	**25369**	**27631**
工资性收入	11466	12739	13986	15185	16591	18057
经营净收入	3862	4198	4598	5027	5504	5966
财产净收入	884	978	1081	1183	1303	1430
转移净收入	1311	1446	1560	1769	1970	2178
人均消费支出	**13643**	**15307**	**17102**	**18598**	**19709**	**21510**
食品烟酒	4372	4849	5266	5587	5807	6303
食　品	3121	3453	3760	4005	4139	4462
烟　酒	582	647	711	760	816	869
衣　着	919	1022	1127	1205	1270	1368
居　住	3078	3475	3934	4231	4493	4910
生活用品及服务	708	803	895	933	979	1061
交通通信	2045	2335	2737	3213	3474	3787
交　通	1419	1670	2015	2412	2718	2973
通　信	626	665	722	801	756	814
教育文化娱乐	1254	1403	1573	1753	1900	2113
教　育	914	1018	1131	1274	1360	1546
文化娱乐	340	386	442	479	540	567
医疗保健	991	1119	1244	1328	1412	1566
其他用品及服务	275	301	326	348	374	402

12-20 全体居民家庭住房和耐用消费品情况

(2013-2018年)

指标名称		2013年	2014年	2015年	2016年	2017年	2018年
平均每户家庭人口数	**（人）**	**2.91**	**2.96**	**3.00**	**3.01**	**3.03**	**3.04**
人均现住房建筑面积	**（平方米）**	**48.3**	**49.0**	**51.4**	**52.5**	**52.7**	**54.0**
每百户耐用消费品拥有量							
家用汽车	(辆)	34	39	41	45	49	57
摩托车	(辆)	25	29	26	23	20	15
助力车	(辆)	68	74	81	87	91	91
洗衣机	(台)	76	81	86	87	89	91
电冰箱(柜)	(台)	91	96	98	99	101	104
彩色电视机	(台)	166	173	179	181	184	184
空　调	(台)	124	136	148	152	158	177
热水器	(台)	84	92	98	100	103	104
排油烟机	(台)	63	68	72	75	78	80
固定电话	(部)	49	49	46	41	37	31
移动电话	(部)	214	227	233	235	240	250
计算机	(台)	73	80	86	88	89	82
照相机	(架)	29	31	30	27	24	17

12-21 城镇居民家庭住房和耐用消费品情况

(2013-2018年)

指标名称		2013年	2014年	2015年	2016年	2017年	2018年
平均每户家庭人口数	**（人）**	**2.89**	**2.95**	**2.99**	**3.00**	**3.01**	**3.03**
人均现住房建筑面积	**（平方米）**	**46.2**	**46.9**	**48.4**	**48.8**	**49.1**	**50.8**
每百户耐用消费品拥有量							
家用汽车	(辆)	43	49	51	54	57	65
摩托车	(辆)	24	28	24	20	16	13
助力车	(辆)	61	67	74	78	82	84
洗衣机	(台)	85	90	95	96	97	97
电冰箱(柜)	(台)	96	99	101	101	103	105
彩色电视机	(台)	183	190	196	197	198	192
空　调	(台)	164	177	191	195	199	214
热水器	(台)	93	102	108	110	112	112
排油烟机	(台)	75	82	87	90	92	91
固定电话	(部)	54	53	51	46	41	36
移动电话	(部)	226	237	242	245	249	256
计算机	(台)	92	97	104	105	105	98
照相机	(架)	42	44	43	40	37	25

12-22 农村居民家庭住房和耐用消费品情况

(2013-2018年)

指标名称		2013年	2014年	2015年	2016年	2017年	2018年
平均每户家庭人口数	**(人)**	**2.93**	**2.98**	**3.02**	**3.03**	**3.05**	**3.07**
人均现住房建筑面积	**(平方米)**	**51.1**	**51.7**	**55.5**	**57.4**	**57.8**	**58.5**
每百户耐用消费品拥有量							
家用汽车	(辆)	22	26	29	34	39	44
摩托车	(辆)	26	31	28	28	25	18
助力车	(辆)	77	84	91	100	104	101
洗衣机	(台)	65	70	73	76	78	83
电冰箱(柜)	(台)	84	91	94	96	97	102
彩色电视机	(台)	143	151	156	159	165	173
空　调	(台)	73	83	92	94	102	125
热水器	(台)	73	80	85	86	90	92
排油烟机	(台)	47	50	53	54	58	64
固定电话	(部)	43	44	39	35	31	24
移动电话	(部)	199	214	221	222	228	242
计算机	(台)	48	57	62	65	68	60
照相机	(架)	12	13	12	8	7	6

12-23 市区全体居民家庭人均可支配收入和消费支出情况

(2013-2018年)　　单位：元

指标名称	2013年	2014年	2015年	2016年	2017年	2018年
人均可支配收入	**31781**	**34903**	**38083**	**41654**	**45720**	**49707**
工资性收入	18582	20374	22481	24182	26559	28791
经营净收入	6110	6629	7105	7369	7969	8688
财产净收入	3981	4402	4864	5657	6209	6718
转移净收入	3108	3497	3633	4446	4984	5510
人均消费支出	**21321**	**23663**	**26062**	**27950**	**30070**	**32299**
食品烟酒	6527	7213	7877	8271	8805	9384
食品	4336	4773	5200	5464	5760	6184
烟酒	666	736	806	822	858	920
衣着	1812	2008	2219	2296	2479	2656
居住	4964	5492	5923	6303	6717	7250
生活用品及服务	1240	1369	1503	1629	1769	1901
交通通信	3381	3848	4343	4822	5225	5584
交通	2508	2886	3313	3732	4311	4596
通信	873	961	1030	1089	914	987
教育文化娱乐	1779	1962	2213	2511	2790	3028
教育	1033	1130	1177	1308	1542	1675
文化娱乐	745	832	1036	1202	1249	1353
医疗保健	900	986	1099	1165	1257	1387
其他用品及服务	719	786	884	953	1027	1109

12-24 市区城镇居民家庭人均可支配收入和消费支出情况

(2013-2018年) 单位：元

指标名称	2013年	2014年	2015年	2016年	2017年	2018年
人均可支配收入	**40356**	**44082**	**47990**	**52318**	**57032**	**61779**
工资性收入	22837	24828	27352	29263	31995	34510
经营净收入	7123	7722	8239	8341	8938	9761
财产净收入	5794	6374	7039	8235	8951	9662
转移净收入	4602	5158	5361	6479	7149	7846
人均消费支出	**25983**	**28698**	**31448**	**33462**	**35809**	**38266**
食品烟酒	7938	8755	9515	9879	10473	11097
食 品	5161	5587	6056	6284	6607	7078
烟 酒	735	841	915	943	970	1039
衣着	2338	2576	2829	2908	3120	3320
居住	5945	6527	7027	7453	7941	8567
生活用品及服务	1588	1746	1894	2050	2216	2367
交通通信	4060	4603	5135	5637	6003	6343
交通	2957	3396	3871	4316	4948	5214
通信	1102	1206	1264	1322	1055	1130
教育文化娱乐	2097	2293	2597	2929	3261	3531
教育	1153	1253	1277	1409	1685	1832
文化娱乐	944	1040	1320	1521	1576	1699
医疗保健	1060	1159	1291	1358	1458	1604
其他用品及服务	958	1039	1160	1248	1337	1437

12-25 市区农村居民家庭人均可支配收入和消费支出情况

(2013-2018年)

单位：元

指标名称	2013年	2014年	2015年	2016年	2017年	2018年
人均可支配收入	**18607**	**20544**	**22446**	**24592**	**27059**	**29626**
工资性收入	12046	13408	14793	16053	17593	19278
经营净收入	4555	4920	5316	5814	6369	6902
财产净收入	1195	1318	1430	1533	1684	1822
转移净收入	811	898	907	1193	1412	1625
人均消费支出	**14160**	**15788**	**17560**	**19131**	**20602**	**22373**
食品烟酒	4360	4802	5292	5698	6054	6534
食　品	3218	3501	3850	4153	4364	4695
烟　酒	539	573	634	628	673	722
衣　着	1005	1118	1257	1318	1420	1552
居　住	3456	3872	4181	4464	4699	5060
生活用品及服务	706	778	886	955	1031	1127
交通通信	2338	2667	3094	3517	3942	4320
交　通	1814	2089	2434	2799	3260	3569
通　信	525	578	661	718	681	751
教育文化娱乐	1290	1444	1607	1841	2013	2191
教　育	846	937	1019	1148	1305	1414
文化娱乐	444	506	588	693	708	777
医疗保健	654	715	796	856	925	1025
其他用品及服务	352	390	448	481	516	564

12-26 市区全体居民家庭住房和耐用消费品情况

(2013-2018年)

指标名称		2013年	2014年	2015年	2016年	2017年	2018年
平均每户家庭人口数	**(人)**	**3.11**	**3.08**	**3.13**	**3.09**	**3.10**	**3.12**
人均现住房建筑面积	**(平方米)**	**45.1**	**46.1**	**48.1**	**51.6**	**51.8**	**51.5**
每百户耐用消费品拥有量							
家用汽车	(辆)	49	54	57	61	66	68
摩托车	(辆)	23	24	22	20	17	15
助力车	(辆)	65	70	74	79	84	82
洗衣机	(台)	81	84	89	92	94	96
电冰箱(柜)	(台)	92	96	99	102	104	106
彩色电视机	(台)	187	191	193	194	197	195
空调	(台)	154	165	178	181	183	187
热水器	(台)	101	104	109	109	111	112
排油烟机	(台)	71	75	79	81	85	87
固定电话	(部)	57	52	53	49	43	39
移动电话	(部)	223	239	246	250	252	257
计算机	(台)	88	95	101	102	101	98
照相机	(架)	36	37	36	33	33	30

12-27 市区城镇居民家庭住房和耐用消费品情况

(2013-2018年)

指标名称		2013年	2014年	2015年	2016年	2017年	2018年
平均每户家庭人口数	**(人)**	**2.97**	**2.99**	**3.03**	**3.06**	**3.08**	**3.07**
人均现住房建筑面积	**(平方米)**	**42.7**	**43.3**	**45.6**	**47.6**	**48.5**	**48.4**
每百户耐用消费品拥有量							
家用汽车	(辆)	58	63	64	69	73	76
摩托车	(辆)	21	22	20	16	16	13
助力车	(辆)	61	66	72	76	81	76
洗衣机	(台)	88	92	98	99	100	101
电冰箱(柜)	(台)	95	99	103	104	108	109
彩色电视机	(台)	202	207	205	205	209	205
空　调	(台)	188	202	216	217	216	218
热水器	(台)	109	112	115	114	117	117
排油烟机	(台)	79	83	88	88	91	92
固定电话	(部)	63	57	60	56	48	42
移动电话	(部)	233	244	252	254	259	262
计算机	(台)	101	109	115	116	113	110
照相机	(架)	52	53	47	42	43	39

12-28 市区农村居民家庭住房和耐用消费品情况

(2013-2018年)

指标名称		2013年	2014年	2015年	2016年	2017年	2018年
平均每户家庭人口数	**(人)**	**3.31**	**3.21**	**3.29**	**3.14**	**3.13**	**3.20**
人均现住房建筑面积	**(平方米)**	**48.9**	**50.5**	**52.0**	**58.0**	**57.2**	**56.6**
每百户耐用消费品拥有量							
家用汽车	(辆)	36	41	45	49	54	55
摩托车	(辆)	26	28	25	25	19	18
助力车	(辆)	72	75	78	85	89	93
洗衣机	(台)	70	73	75	80	83	87
电冰箱(柜)	(台)	86	91	94	99	98	99
彩色电视机	(台)	165	166	174	177	177	178
空　调	(台)	101	108	119	123	130	135
热水器	(台)	88	91	98	102	101	103
排油烟机	(台)	58	62	66	70	75	78
固定电话	(部)	48	44	43	38	35	33
移动电话	(部)	209	230	237	244	241	247
计算机	(台)	68	73	79	80	81	78
照相机	(架)	12	14	18	17	16	15

12-29　各县市区城镇常住居民人均可支配收入

(2006-2018年)　　单位：元

年　份	全　市	市　区	椒江区	黄岩区	路桥区	三门县	天台县	仙居县	温岭市	临海市	玉环市
2006	18749	20582	19715	18398	25080	13732	13988	12513	20634	16307	23987
2007	20626	22946	22236	20090	26914	15485	15626	14184	22533	18135	25717
2008	22395	24943	24491	21908	29067	17327	17638	15583	24348	19700	27309
2009	24061	26705	26360	23870	30395	18864	19051	17039	26206	21314	28414
2010	26802	29484	29276	26270	32938	21026	21258	19198	28569	24627	32884
2011	30030	33140	33018	29441	36919	23521	24000	21401	31593	27386	36664
2012	33467	37058	37394	32842	40641	26222	26676	23802	34763	30735	40608
2013	36480	40356	40722	35963	44055	28818	29291	26134	37995	33348	44019
2014	39763	44082	44101	39404	48416	31805	32257	28526	41225	36488	47761
2015	43266	47990	47993	43048	52587	34771	35276	31201	44743	39676	51586
2016	47162	52318	52563	47180	56840	37908	38526	34072	48941	43332	55979
2017	51374	57032	56949	51609	62286	41156	41928	37127	53178	47309	61057
2018	55705	61779	61532	55861	67703	44933	45265	40506	57793	51520	66027

12-30 各县市区农村常住居民人均可支配收入

(1997-2018年)

单位：元

年 份	全 市	市 区				三门县	天台县	仙居县	温岭市	临海市	玉环市
			椒江区	黄岩区	路桥区						
1997	3836		4239	3812	4068	2772	3193	2651	5046	3161	3834
1998	4169		4918	4270	4540	3018	3355	2771	5385	3484	5180
1999	4378		5254	4526	5072	3285	3526	2931	5748	3967	5445
2000	4668		5621	4894	5454	3588	3786	3080	5999	4304	5924
2001	5032		5966	5220	5765	3950	4125	3242	6328	4665	6425
2002	5401		6336	5680	6172	4226	4358	3439	6662	4963	6885
2003	5823		6723	6145	6669	4627	4714	3719	7052	5311	7479
2004	6529	7131	7530	6664	7549	5163	5115	4025	7552	5943	8298
2005	7269	7920	8166	7132	8470	5801	5576	4811	8081	6482	8923
2006	8006	8799	8841	7811	9406	6653	6132	5354	8734	7580	9586
2007	9053	9966	9958	9050	10842	7574	6902	6211	10017	8839	10612
2008	9975	10922	10876	9998	11827	8594	7876	7010	11073	9883	11654
2009	10873	11855	11767	10978	12790	9413	8654	7751	12099	10851	12620
2010	12287	13148	13135	12195	14098	10597	9901	8916	13846	12271	14659
2011	14244	15108	15009	14289	16176	12287	11583	10421	16037	14157	17033
2012	15829	16824	16757	15954	17906	13695	12923	11626	17794	15736	18898
2013	17523	18607	18533	17629	19841	15201	14306	12929	19681	17404	20940
2014	19362	20544	20527	19477	21825	17040	15765	14398	21786	19180	22950
2015	21225	22446	22386	21338	23823	18788	17401	15930	23739	20973	25171
2016	23164	24592	24419	23404	26182	20428	18947	17453	25922	22932	27446
2017	25369	27059	26857	25834	28750	22241	20697	19129	28412	25052	29996
2018	27631	29626	29394	28276	31534	24313	22468	20970	30743	27418	32453

12-31 各县市区城镇常住居民人均消费支出

(2007-2018年) 单位：元

年份	全市	市区	椒江区	黄岩区	路桥区	三门县	天台县	仙居县	温岭市	临海市	玉环市
2007	15726	15565	17474	15738	15272	11349	12126	10075	17300	15319	21579
2008	16425	15614	17754	15446	16600	11961	12812	10181	18674	15998	22683
2009	17732	17364	19799	17807	17464	12404	13278	11729	19982	16980	23163
2010	19401	19499	22443	19801	17689	13316	15574	13281	21156	20319	23171
2011	21430	22502	23565	22342	20549	14629	17229	13945	23728	20686	26617
2012	22333	24014	25082	24307	22027	15633	17616	14552	25051	20989	27307
2013	24031	25983	27239	26875	23815	16774	19289	17175	27180	21727	29274
2014	26458	28698	30099	29509	26449	18904	21179	19116	29871	24161	32113
2015	28892	31448	32718	32637	28988	20511	23064	21066	32732	26529	34018
2016	30021	33462	34747	33528	32032	22275	23871	22941	34193	29182	36954
2017	32514	35809	37839	34333	34982	24177	25327	24958	36467	31517	39861
2018	35100	38266	40715	35535	38206	26219	26467	27053	39311	34271	42852

12-32 各县市区农村常住居民人均消费支出

(2007-2018年)　　单位：元

年份	全市	市区	椒江区	黄岩区	路桥区	三门县	天台县	仙居县	温岭市	临海市	玉环市
2007	7749	8519	9627	6490	9213	5829	5600	5607	7759	8601	8977
2008	8466	9261	10421	6503	10491	6389	6006	6765	7984	9215	10425
2009	8864	8918	9275	6922	10313	6937	6288	7677	8617	10512	11204
2010	9655	10031	11624	7581	10592	7677	8214	8181	9693	9624	11788
2011	11332	11836	13374	10149	12308	9721	9625	9146	11206	12526	12198
2012	12117	12584	13818	10817	13048	10180	10406	9503	12786	12794	13487
2013	13643	14160	15765	12130	14872	11074	11384	10947	14526	14002	14783
2014	15307	15788	17751	13537	16391	12580	12591	12437	16327	15752	16512
2015	17102	17560	20147	15067	17800	13851	13787	13818	18194	17485	18223
2016	18598	19131	21497	16533	19723	15034	14518	15158	19619	19076	19927
2017	19929	20602	23423	17773	21010	16303	15456	16233	21102	20182	21540
2018	21510	22373	25564	19008	23075	17647	16445	17735	22685	22029	23176

主要统计指标解释

工资总额 指各单位在一定时期内直接支付给本单位全部职工的劳动报酬总额。

工资总额的计算应以直接支付给职工的全部劳动报酬为依据。各单位支付给职工的劳动报酬以及其他根据有关规定支付的工资，不论是否计入成本，不论是否按国家规定列入计征奖金税项目的，不论是以货币形式支付的还是以实物形式支付的，均应列入工资总额的计算范围。

工资总额的组成是：

1.计时工资 指按计时工资标准和工作时间支付给职工的劳动报酬。

2.计件工资 指对已做工作按计件单价支付给职工的劳动报酬。其中：计件超额工资指计件工人超过定额后所得的工资。

3.奖金 指支付给职工的超额劳动报酬。包括生产奖、节约奖、劳动竞赛奖和其他奖金。

4.津贴和补贴 指为了补偿职工特殊或额外的劳动消耗，和因其他特殊原因支付给职工的津贴，以及为了保证职工工资水平不受物价影响支付给职工的物价补贴。

津贴包括补偿职工特殊或额外劳动消耗的津贴，保健性津贴，技术性津贴，年功性津贴及其他津贴。补贴目前仅指物价补贴。物价补贴包括粮价、副食品价格补贴、肉类等价格补贴、煤价补贴、房贴、水电贴等。

5.加班加点工资 指对在法定节假日和公休假日工作的职工以及在正常工作日以外延长工作时间进行工作的职工发给的劳动报酬。

6.其他 指其他根据国家规定支付的工资。如保留工资、附加工资、落实政策人员的补发工资、调整工资职工补发上年的工资。

可支配收入 指居民可用于最终消费支出及储蓄的总和，即可以用来自由支配的收入。可支配收入既包括现金，也包括实物收入。按照收入的来源，可支配收入包含四项，分别为：工资性收入、经营净收入、财产净收入和转移净收入。

工资性收入 指就业人员通过各种途径得到的全部劳动报酬和各种福利，包括受雇于单位或个人、从事各种自由职业、兼职和零星劳动得到的全部劳动报酬和福利。

经营净收入 指住户或成员从事生产经营活动所获得的净收入，是全部经营收入中扣除经营费用、生产性固定资产折旧和生产税之后得到的净收入。

财产净收入 指住户或成员将其所拥有的金融资产、住房等非金融资产和自然资源交由其他机构单位、住户或个人支配而获得的回报扣除相关的费用之后得到的净收入。包括利息净收入、红利收入、储蓄性保险收益、转让承包土地经营净收入、出租房屋净收入、出租其他资产净收入和自有住房折算净租金等。不包括转让资产所有权的溢价所得。

转移净收入 指扣除转移性支出后的转移性收入。计算公式：

转移净收入=转移性收入-转移性支出

转移性收入 指国家、单位、社会团体对住户的各种经常性转移支付和住户之间的经常性收入转移。包括养老金或退休金、社会救济和补助、惠农补贴、政策性生活补贴、救灾款、经常性捐赠和赔偿以及报销医疗费等；住户之间的赡养收入、经常性捐赠和赔偿以及在外（含国外）工作的本住户非常住成员寄回带回的收入等。不包括住户之间的实物馈赠。

转移性支出 指居民家庭对国家、单位、住户或个人的经常性或义务性转移支付。包括缴纳的税款、各项社会保障支出、赡养支出、经常性捐赠和赔偿支出以及其他经常性转移支出等。

消费支出 指居民用于满足家庭日常生活消费需要的全部支出，包括用于消费品的支出和用于服务性消费支出。根据用途不同，消费支出可划分为食品烟酒、衣着、居住、生活用品及服务、交通通信、教育文化娱乐、医疗保健、其他用品和服务八大类。根据来源不同，消费支出可划分为现金消费支出、实物消费支出（含自产自用、来自单位、来自政府和其他社会组织)。

现住房总建筑面积 指调查户现住房的总建筑面积。现住房计算总建筑面积时以房屋产权证或租赁证为准，建筑面积也可按使用面积 × 1.333 计算得出。应扣除住房中专门用于出租的建筑面积。但不包括仓库等作为生产用途房屋面积。

常住人口 指住户成员中，经常在家居住、或者调查期内居住时间超过一半的人员，以及本住户供养的学生。

13

城市建设和环境保护

City Construction and Environment Protection

13-1 城市和县城建设基本情况(一)

(2000-2018年)

年 份	建成区面 积(平方公里)	城市维护建设资金支出(亿元)	全年供水总量(万吨)	#居民家庭用水量	用 水普及率(%)
2000	133.55	10.31	14184	4604	80.67
2001	152.84	14.76	16310	5834	92.84
2002	168.40	20.34	17860	6639	92.89
2003	190.67	28.06	19448	7427	92.41
2004	209.89	20.90	20116	8434	93.92
2005	219.85	16.78	22135	9484	95.00
2006	231.37	14.29	19519	7762	98.48
2007	235.96	16.81	21777	8366	99.04
2008	243.39	21.94	21077	8592	98.19
2009	247.05	25.14	22717	9725	99.12
2010	249.97	44.64	24205	10631	99.36
2011	251.89	38.98	24942	11504	100
2012	254.22	37.67	25520	11393	100
2013	256.13	47.98	26589	12351	100
2014	269.67	39.81	27721	13003	100
2015	285.60	44.35	29086	13699	100
2016	289.72	40.75	31081	14756	100
2017	296.95		32787	18878	100
2018	301.47		32561	16028	100

注：统计范围为2005年及以前为行政区域内镇和街道，2006年起仅包括临海、温岭两市为城市规划区，其他县为县政府所在地建制镇或街道。

13-2 城市和县城建设基本情况(二)

(2000-2018年)

年份	排水管道长度(公里)	建成区排水管道密度(公里/平方公里)	铺设道路面积(万平方米)	人均城市道路面积(平方米)	公共汽车总数(辆)
2000	1040	7.79	1781		816
2001	1275	8.34	2079		691
2002	1485	8.82	2411		842
2003	1906	10.00	2800		853
2004	2081	9.91	3147		969
2005	2240	10.19	3387		1110
2006	2169	9.37	3575		1128
2007	2451	10.39	3843		1207
2008	2758	11.33	4052		1518
2009	2988	12.09	4295		1358
2010	3205	12.82	4444		1477
2011	3489	13.85	4777		1506
2012	3626	14.26	4895		1613
2013	3812	14.88	5090		1962
2014	4139	15.35	5093		1840
2015	4401	15.41	5170	23.63	1955
2016	4590	15.84	5304	24.11	2048
2017	5274	8.87	4891	21.76	2430
2018	5551	9.01	5372	23.27	2817

注：统计范围为2005年及以前为行政区域内镇和街道，2006年起仅包括临海、温岭两市为城市规划区，其他县为县政府所在地建制镇或街道。

13-3 城市和县城建设基本情况(三)

(2000-2018年)

年 份	绿化覆盖面 积(公顷)	园林绿地面 积(公顷)	公园绿地面 积(公顷)	人均公园绿地面积(平方米)	公园个数(个)	公园面积(公顷)
2000	3247	2154	472	2.32	36	388
2001	3766	2672	537	2.38	39	402
2002	4324	3168	678	2.95	57	489
2003	5164	3810	909	3.85	75	628
2004	5876	4312	1071	4.45	84	714
2005	6208	4639	1175	4.85	96	851
2006	6700	4813	1194	5.36	97	872
2007	7435	5569	1335	5.82	118	1068
2008	9421	8403	1815	7.45	129	1411
2009	9712	8738	2075	9.80	132	1632
2010	10396	9502	2158	10.14	137	1806
2011	10417	9767	2217	10.41	138	1838
2012	10702	9604	2374	11.08	141	1925
2013	11196	10392	2558	11.88	144	2071
2014	12522	11470	2715	12.54	152	2187
2015	12899	11796	2795	12.78	160	2279
2016	13148	12091	2883	13.10	161	2311
2017	14752	13651	3304	14.70	177	2589
2018	13789	13151	3740	16.20	166	2921

注：统计范围为2005年及以前为行政区域内镇和街道，2006年起仅包括临海、温岭两市为城市规划区，其他县为县政府所在地建制镇或街道。公园绿地面积和人均公园绿地面积2005年及以前分别为公共绿地面积和人均公共绿地面积。

13-4 废水排放和处理情况

(1990-2018年)

年 份	工业废水排放量(万吨)	工业废水中有害物质含量(吨)						
		#六价铬	#砷	#铅	#挥发酚	#氰化物	#石油类	#化学需氧量(万吨)
1990	5313	1.22	0.19	0.70	8.07	8.23	30.51	1.90
1991	3718	1.65	0.02	0.32	4.54	7.56	1.76	27.65
1992	3560	1.60	0.21	0.05	10.24	4.77	2.50	2.10
1993	3407	1.95		0.06	2.51	2.03	9.90	1.80
1994	2811	3.25	0.62	0.02	0.70	1.11	3.68	1.50
1995	2409	2.40	0.01	0.10	1.51	5.07	32.43	1.50
1996	1968	1.33	0.04	0.48	1.40	0.84	32.87	1.03
1997	3527	6.00	0.03	0.09	18.79	0.61	97.37	2.82
1998	4222	1.71	0.15	0.09	0.35	1.16	193.12	2.69
1999	4800	1.58	0.19	0.11	0.45	0.84	231.85	2.77
2000	4809	3.10	0.05	0.06	0.33	1.96	53.92	1.96
2001	4235	1.69	0.06	0.07	1.09	1.68	40.74	1.35
2002	4273	1.40	0.07	0.08	0.69	1.16	37.49	1.30
2003	4018	1.13	0.49	0.02	1.68	0.86	107.65	1.52
2004	4265	0.93	0.01	0.07	0.45	0.71	58.90	1.33
2005	4428	0.74	0.46	0.03	0.01	0.54	17.96	1.02
2006	4892	2.47	0.01	0.10	0.01	1.93	14.68	0.99
2007	5292	0.71	0.01	0.08	0.52	0.77	41.17	1.04
2008	5317	0.78	0.01	0.10		0.34	45.02	0.96
2009	5125	0.40	…	0.06		0.25	10.38	0.82
2010	5709	0.20	…	0.06		0.09	6.69	0.97
2011	6305	0.60	0.06	0.02	0.17	0.38	92.92	0.91
2012	6152	0.52	0.04	0.02	1.06	0.29	81.84	0.90
2013	6278	0.36	0.04	0.02	1.06	0.17	66.86	0.94
2014	6065	0.40	0.01		0.04	0.33	48.22	0.88
2015	6251	0.42	0.02	0.03	0.30	0.42	50.75	0.80
2016	5725	0.36	0.03	0.01	0.10	0.26	28.78	0.54
2017	5125	0.31	0.02	0.01	0.07	0.88	24.00	0.41
2018	5114	0.43	…	…	0.07	0.98	15.75	0.27

13-5　废气排放和处理情况

(1990-2018年)

年　份	废　气 排放量 (亿标立方米)	二氧化硫 排 放 量 (吨)	烟粉尘 排放量 (吨)	氮氧化物 排 放 量 (吨)
1990	239.02	52710	39230	
1991	218.09	48833	25526	
1992	219.39	44619	27605	
1993	251.84	49694	23115	
1994	268.93	50746	21038	
1995	294.57	51297	23027	
1996	272.89	52491	15479	
1997	330.02	69114	18815	
1998	372.82	68830	21186	
1999	398.41	69277	20146	
2000	455.94	62344	18011	
2001	450.2	58040	10386	
2002	449.89	66396	9726	
2003	501.43	57488	9886	
2004	543.21	71716	10588	
2005	927.96	78831	8244	
2006	548.39	75494	8117	28099
2007	1214.77	65624	11019	38344
2008	1957.98	48380	8964	46712
2009	1279.56	30878	7313	51049
2010	1395.68	24552	6165	61704
2011	1700.82	48981	16619	48087
2012	1446.82	44209	13016	41566
2013	1507.23	43170	12297	39130
2014	1313.12	28083	13106	31461
2015	1318.99	31868	16263	26255
2016	839.42	13211	9152	10480
2017	2225.79	10958	8784	10106
2018	1800.81	8004	8151	9583

13-6 工业固体废物排放和处理情况

(1990-2018年)

单位：万吨

年 份	工业固体废物产生量	工业固体废物倾倒丢弃量	工业固体废物贮存量	工业固体废物综合利用量	工业固体废物综合利用率(%)	工业固体废物处理量
1990	87.89	3.21	73.64	10.80	12.30	
1991	86.00	0.13	77.00			
1992	90.40	0.05	76.35	83.90		
1993	85.81	0.07	14.01	8.19	9.50	
1994	91.26	0.05	12.59	9.07	9.90	
1995	103.69	0.16	13.89	52.73	50.90	
1996	111.16	0.15	96.44	84.45	75.90	
1997	107.30	0.21	14.11	96.02	89.40	
1998	103.31	0.12	12.70	83.67	81.00	
1999	101.36	0.07	11.37	86.74	85.60	
2000	100.81	0.07	8.20	90.34	89.60	1.14
2001	109.48	0.01	6.71	101.43	92.70	1.34
2002	104.09	0.05	2.34	99.92	96.00	1.78
2003	146.33	0.01	7.65	135.51	92.60	2.53
2004	167.57	0.03	6.00	158.46	94.60	3.09
2005	154.09	0.01	4.23	147.88	96.00	2.16
2006	171.78	0.03	0.07	163.97	95.50	7.90
2007	214.32	0.30	3.11	204.90	95.60	6.25
2008	313.18	0.02	5.02	305.43	97.50	2.72
2009	242.06	0.12	3.21	225.07	93.00	13.78
2010	245.85	0.09	1.05	239.97	97.60	4.84
2011	266.54	0.27	0.30	237.27	89.80	28.70
2012	242.85	0.30	3.04	228.80	94.20	10.72
2013	326.50		0.15	314.87	96.40	11.66
2014	363.43		0.83	251.09	95.30	11.92
2015	228.00		1.52	222.97	97.80	3.84
2016	270.13	…	1.33	257.88	95.40	11.79
2017	464.02		0.75	423.81	91.27	39.97
2018	413.48		0.59	394.64	95.41	18.56

注：本表统计范围：2011年开始为一般工业固体废物，不包括危险废物。

13-7 工业污染治理情况

(1990-2018年) 单位：万元

年份	工业污染治理投入	#治理废水	#治理废气	#治理固体废物	#治理噪声	#治理其他	当年安排治理项目(个)
1990	370	282	66				62
1991	517	387	128				26
1992	2087	1327	730				44
1993	2287	1250	1037				24
1994	1160	1140	8				15
1995	1975	475	1425				22
1996	2480	400	1560	520			6
1997	2342	1798	144	350		50	24
1998	2337	1978	213	111	1	35	57
1999	9447	5331	919	600	5	2592	182
2000	22299	20334	1010	40	321	595	290
2001	6918	5928	584	405			59
2002	10207	8455	1394	108	250		60
2003	22999	19224	765		10		71
2004	10652	6690	2187	9	10	1756	74
2005	25239	7262	16276	68		1634	127
2006	23516	8794	7546	157		1719	123
2007	21975	9881	11818	52		208	192
2008	16992	6178	10526			288	123
2009	8167	6188	1803	115		61	54
2010	5862	3489	2178	50		145	56
2011	17227	10760	4877	201	800	590	143
2012	6812	3779	1847	58	850	278	23
2013	94642	25576	46310	326	897	21533	165
2014	83622	8478	61465	182	30	13386	81
2015	90425	9611	66569	10793	120	3332	216
2016	68757	16756	49638	327	0.7	1820	163
2017	21521	2760	6298	75		12128	83
2018	68757	16756	49638	327	0.7	1820	163

主要统计指标解释

工业废水排放量 指经过企业所有排放口排到企业外的生产废水总量。包括外排的直接冷却水和矿区超标排放的有毒有害矿井地下水，但不包括外排的间接冷却水(清污不分流的应计算在内)。

废气排放总量 指燃料燃烧和生产工艺过程中排放的废气总量。以标准状态下每年亿标立方米表示。

粉尘排放量 指生产工艺过程中排放的固体微粒的重量。工业固体废物产生量指工矿企业、事业单位在生产(试验)过程中产生的固体废弃物总量。不包括矿山开采的剥离及掘进时产生的废石。(煤矸石除外)

工业固体废物综合利用量 指已用作农业肥料、造田、生产建筑材料，以及其他方式综合利用的工业固体废弃物。不包括填埋量和焚烧量。

工业固体废物处理量 指以填埋、焚烧方式处理的工业固体废弃物(包括用炉渣修路)，不包括倒入江、河中的废渣。

14

教育科技和质量监督

Education, Science and Qualitical Supervision

14-1 教育事业基本情况

(2018年) 单位：人

项目	学校数(所)	招生数	在校学生数	毕业生数	教职工数	#专任教师
一、普通高等学校	4	11366	35216	10474	2633	1786
台州学院	1	4016	15310	3955	1407	951
台州职业技术学院	1	3950	10777	3686	692	471
台州科技职业学院	1	2695	6977	2198	343	252
浙江汽车职业技术学院	1	705	2152	635	191	112
二、成人高等教育		13195	34718	7910	540	310
其中：台州广播电视大学	1	10321	29418	5957	540	310
三、普通中等专业学校	2	1159	3347	1235	197	170
四、成人中等专业学校	1	453	1454	386	14	11
五、技工学校	8	7216	17593	3625	1262	871
六、普通中学	281	105870	314118	93285	26047	23253
高　中	72	31733	93564	29654	9458	8054
初　中	209	74137	220554	63631	16589	15199
七、职业高中	19	22067	63630	19532	3892	3656
八、小　学	360	75739	445719	77399	26088	24698
九、幼儿园	1166	73812	201137	77904	23617	12473
十、特殊教育	10	406	2334	278	332	302

注：成人高等教育数据含普通高等学校成人教育；特殊教育学生含普通学校附设及随班就读人数。

14-2 主要年份高等学校基本情况

单位：人

年 份	招生数	在 校 学生数	毕 业 生 数	教 职 工 数	#专任教师
1977	146	146		64	18
1978	267	413		173	79
1980	275	776	146	188	101
1985	333	921	280	300	145
1990	486	962	477	295	133
1991	499	988	459	312	139
1992	540	1124	401	337	141
1993	539	1403	403	339	147
1994	834	1794	533	386	167
1995	558	1692	378	390	169
1996	448	1606	389	396	179
1997	491	1443	638	395	180
1998	603	1674	457	399	183
1999	1360	2296	457	491	284
2000	2309	4125	478	649	381
2001	3375	6892	590	1007	619
2002	4803	10623	1703	1160	702
2003	5048	12784	2703	1324	840
2004	5818	15371	2859	1689	1083
2005	6957	18069	3867	1759	1145
2006	7709	21079	4559	1833	1235
2007	8627	24307	5414	2049	1370
2008	9486	27254	6362	2136	1447
2009	9738	29164	7580	2239	1520
2010	9469	29749	8530	2317	1579
2011	9657	30933	8222	2336	1595
2012	9602	31132	9144	2400	1616
2013	10099	32018	8876	2389	1593
2014	10100	32631	9008	2437	1645
2015	10430	33567	9101	2345	1633
2016	10636	34205	9504	2466	1667
2017	10715	34728	9825	2496	1741
2018	11366	35216	10474	2633	1786

14-3 主要年份普通中等专业学校基本情况

单位：人

年 份	学校数(所)	招生数	在 校 学生数	毕 业 生 数	教 职 工 数	
						#专任教师
1949	4	413	1323	54	66	35
1952	7	1056	2242	238	215	113
1957	5	759	1809	466	216	113
1962	4	158	552	857	201	106
1965	2	610	756	40	116	61
1970	2				114	60
1975	5	704	1618	472	242	111
1978	5	1006	1893	519	362	179
1980	6	1223	2834	1277	556	245
1985	7	1211	3019	999	677	334
1990	7	1284	3739	1184	728	438
1994	8	3116	6775	1309	735	410
1995	8	3769	8983	1503	778	424
1996	8	4574	11515	1949	802	442
1997	7	2895	8918	2698	797	433
1998	7	2618	8574	2930	805	439
1999	8	2631	8194	2915	801	458
2000	6	2413	7848	2695	782	461
2001	6	2928	8508	2619	810	533
2002	6	4397	9891	2737	670	467
2003	5	3261	9831	1935	589	408
2004	3	1942	8076	3001	356	279
2005	1	1820	6063	3191	134	112
2006	1	1490	4989	2383	150	131
2007	1	1765	4716	1613	148	119
2008	1	1749	4253	1404	158	118
2009	1	1093	3201	1106	194	120
2010	1	2221	4384	856	229	155
2011	1	1376	4246	831	270	154
2012	1	700	3803	864	165	114
2013	2	781	2536	1428	128	86
2014	2	1151	2563	860	146	100
2015	2	1562	3332	588	150	98
2016	2	1318	3884	603	199	148
2017	2	1087	3532	906	223	170
2018	2	1159	3347	1235	197	170

14-4 主要年份成人教育基本情况

单位：人

年 份	成人高等教育				成人中等教育					
	招生数	在校学生数	毕业生数	教职工数	学校数(所)	招生数	在校学生数	毕业生数	教职工数	#专任教师
1979	136	136		11						
1980	97	168		20						
1985	2057	4152	755	83	6	1099	1740	864	295	103
1990	377	1962	451	113	7	31	2609	522	230	145
1991	328	1698	1165	112	7	232	1914	879	178	100
1992	499	988	735	114	7	493	1338	609	190	111
1993	383	1227	193	110	8	314	1145	511	217	113
1994	804	1546	272	114	8	1741	2777	843	253	147
1995	672	1543	360	124	8	1448	2745	992	274	169
1996	772	1803	295	136	8	1559	2809	1178	253	152
1997	657	2084	455	153	8	1358	3626	605	247	144
1998	1034	2519	848	166	8	1006	3109	816	241	149
1999	1085	2959	812	187	9	1578	3851	1058	332	175
2000	2020	4802	761	227	9	1235	3567	1337	361	207
2001	3217	5911	774	288	9	872	2639	1096	335	205
2002	7083	13150	1317	300	10	902	2558	813	365	230
2003	4748	15614	2003	323	11	1352	3655	1337	396	252
2004	6341	14973	5477	377	11	1160	3504	1179	297	200
2005	7829	16332	5080	401	11	1189	3378	1360	320	224
2006	7851	18898	4731	449	11	777	1957	1042	275	192
2007	7895	19359	7209	551	10	846	2086	615	296	208
2008	8293	21428	5955	460	10	971	2308	617	291	202
2009	9102	24256	5635	438	9	902	2479	607	254	184
2010	7828	22323	7140	442	7	900	2390	792	221	168
2011	12040	29697	7616	433	7	1167	2616	799	218	166
2012	9927	33509	6035	433	6	777	2247	677	158	106
2013	10048	36769	8528	430	4	770	2110	799	52	34
2014	15309	37570	10056	419	2	803	2118	678	36	30
2015	9348	34768	7816	425	2	661	1986	622	57	29
2016	7514	32146	8280	419	1	510	1354	384	15	11
2017	10973	32070	8815	547	1	536	1450	408	15	11
2018	13195	34718	7910	540	1	453	1454	386	14	11

14-5 主要年份技工学校基本情况

单位：人

年 份	学校数(所)	招生数	在校学生数	毕业生数	教职工数	#专任教师
1979	2	300	300		24	11
1980	2	50	350		29	16
1985	2	173	282		26	14
1990	3	259	617	169	98	50
1991	3	179	648	136	97	50
1992	3	383	737	194	115	55
1993	3	301	848	220	115	60
1994	3	226	935	182	119	63
1995	3	269	792	309	115	63
1996	5	651	1298	253	125	105
1997	5	1287	2194	197	188	147
1998	6	1748	3602	348	287	225
1999	7	2179	5009	625	283	243
2000	7	2704	5952	1091	316	254
2001	7	2485	6146	1519	471	400
2002	6	2638	5600	1776	444	329
2003	6	4320	7658	1934	583	360
2004	6	4210	10961	2260	576	411
2005	6	4883	12263	3193	665	417
2006	7	6075	13513	3055	748	583
2007	6	4931	10818	2374	790	566
2008	6	4980	11744	2573	894	637
2009	6	5359	12947	3760	872	609
2010	6	5847	12145	3721	957	752
2011	6	5105	13961	3460	1038	815
2012	6	3645	9520	2789	1040	820
2013	6	4253	13272	3704	977	889
2014	6	3428	10105	3594	980	565
2015	6	2835	8504	3138	788	660
2016	8	5170	12225	3696	1132	883
2017	8	5974	14002	3781	1259	956
2018	8	7216	17593	3625	1262	871

14-6 主要年份普通中学基本情况

单位：人

年 份	学校数（所）	招生数	在校学生数	毕业生数	教职工数	#专任教师
1949	19	1900	7039	842	628	393
1952	20	5235	14234	1679	894	559
1957	47	7317	18875	4365	1265	791
1962	66	8981	20878	5201	1882	1177
1965	95	10522	26578	5458	1889	1225
1970	597	42406	74170	10193	3236	2476
1975	562	86364	155363	53738	7075	4977
1978	568	92508	225792	91819	11779	10250
1980	431	79063	207727	52095	11586	9464
1985	356	71813	200249	44786	11615	9285
1990	375	71848	200084	53325	11910	9751
1994	360	86696	222141	58196	13429	11250
1995	350	100049	250442	64311	14319	12178
1996	353	98397	280473	64104	15557	13369
1997	352	98522	292662	80778	16940	14712
1998	363	105937	296671	94032	18141	15633
1999	355	114696	311962	91774	19222	16592
2000	335	120734	334081	92374	20342	17663
2001	335	109934	339150	98191	21140	18217
2002	324	106058	331353	107320	21480	18533
2003	311	99440	315106	112144	21622	18572
2004	298	91450	297368	105832	21702	18757
2005	277	89160	283958	103575	21906	18994
2006	270	95207	280281	98117	22013	19257
2007	264	98786	287457	94126	22284	19452
2008	261	98489	293146	88767	22343	19732
2009	259	95980	289083	92922	22606	20003
2010	258	96088	286837	92150	22531	20157
2011	268	95928	283109	92747	23831	20246
2012	274	94847	281149	91534	24156	20436
2013	280	96743	282600	91695	24274	21266
2014	259	95570	282295	93665	25522	22296
2015	253	96689	284963	90447	27175	23774
2016	269	104425	294858	92076	28628	25105
2017	277	106788	305011	91706	28506	25403
2018	281	105870	314118	93285	26047	23253

14-7 主要年份职业高中基本情况

单位：人

年份	学校数(所)	招生数	在校学生数	毕业生数	教职工数	#专任教师
1979	12	595	1128	148		
1980	25	1156	2017	580		
1985	23	4601	7396	984	519	391
1990	36	5084	11386	3347	1057	800
1991	30	5781	11626	4696	1045	798
1992	31	5434	11874	3937	1131	853
1993	35	5785	12137	4497	1110	827
1994	41	7414	14628	3823	1258	890
1995	42	9760	18668	4682	1469	1066
1996	32	7289	17758	5730	1401	1066
1997	39	10949	22444	7223	1529	1201
1998	56	12662	26808	6172	1701	1294
1999	58	12302	28063	7593	2169	1633
2000	48	14431	31359	8622	2102	1690
2001	55	20516	40641	7467	2410	1933
2002	55	26013	53789	9463	2895	2351
2003	52	30211	65214	11699	3592	2977
2004	53	27275	69999	13952	3588	3026
2005	50	25284	67952	17789	4043	3415
2006	48	25052	65357	20743	3856	3295
2007	44	24591	61795	19086	3646	3084
2008	45	23877	59935	18362	3585	3091
2009	43	27453	64270	17507	3399	2925
2010	42	27252	67242	16616	3457	3024
2011	41	26710	69251	17254	3178	2848
2012	39	23242	67358	19883	3279	2961
2013	34	22133	64890	20448	3499	3151
2014	27	21087	59224	20354	3786	3471
2015	27	21602	59957	18816	3819	3520
2016	21	22951	62380	18728	3881	3587
2017	19	22127	62951	18907	3862	3586
2018	19	22067	63630	19532	3892	3656

14-8 主要年份小学基本情况

单位：人

年份	学校数（所）	招生数	在校学生数	毕业生数	教职工数	#专任教师	入学率（%）
1949	1970	48028	96738	4070	5073	4693	
1952	2751	42724	194412	7650	7227	6685	
1957	2546	59246	238276	22037	7364	6812	
1962	3251	67268	249793	26417	7140	5609	
1965	5677	123169	401476	22185	12283	10520	
1970	5014	112006	446081	59807	14722	13817	
1975	6305	148328	670227	78801	21752	20170	
1978	5420	144258	649623	102368	22342	21860	97.16
1980	4956	114734	640215	87440	22876	21723	96.53
1985	4205	81412	497033	102647	21301	19762	97.60
1990	3377	88868	460288	74263	18514	17010	99.17
1994	2446	94110	497515	80450	19306	17952	99.72
1995	2248	79668	486871	89144	19533	18123	99.55
1996	1991	69159	468435	86784	20201	18742	99.80
1997	1847	62084	446885	82228	20765	19315	99.67
1998	1622	55032	416557	84654	20378	18956	99.95
1999	1324	63379	387715	92573	20322	18876	99.91
2000	1134	74022	370452	92160	20309	18809	99.94
2001	977	63708	354473	78918	20363	18797	99.99
2002	914	63532	353256	67435	19905	18449	100.00
2003	843	60557	360886	57553	19903	18364	100.00
2004	794	61380	375140	53181	19911	18353	100.00
2005	749	61482	387461	54819	20197	18782	100.00
2006	729	65903	397107	64240	20611	19209	100.00
2007	678	71122	406204	69621	21097	19530	100.00
2008	600	72607	411801	70039	21445	19928	100.00
2009	575	72375	410767	67116	21684	20319	100.00
2010	561	82428	430476	65150	21924	20510	100.00
2011	560	88358	462265	66089	20852	20716	100.00
2012	502	85023	473217	68184	21135	21132	100.00
2013	356	82574	479447	70730	21685	20364	100.00
2014	343	79361	481586	70587	22821	21318	100.00
2015	329	78428	480907	71447	21635	20536	100.00
2016	346	74539	469238	79179	21816	20902	100.00
2017	352	73468	453416	78157	22579	21714	100.00
2018	360	75739	445719	77399	26088	24698	100.00

14-9　主要年份幼儿园基本情况

单位：人

年份	幼儿园数(所)	班数(个)	在园幼儿数	教职工数	#专任教师
1978	68	185	8539	240	233
1980	90	444	18613	519	507
1985	962	1918	59632	2290	2198
1990	401	2218	71938	2748	2580
1991	421	2278	79390	2744	2557
1992	284	2336	77969	2552	2416
1993	293	2319	90189	2824	2677
1994	719	2418	84818	2969	2712
1995	338	2456	83020	3069	2772
1996	403	2544	84601	3235	2855
1997	526	2497	79429	3532	3021
1998	726	2979	90637	3698	3253
1999	651	3037	94797	4225	3339
2000	445	3308	97897	4627	3804
2001	653	4692	128707	6245	3924
2002	588	5056	138302	6953	4432
2003	718	5453	151458	8015	5104
2004	838	5638	164752	9142	5671
2005	1319	5721	172201	9820	6111
2006	1356	6303	193585	11001	6816
2007	1251	6557	205811	12314	7637
2008	1278	6943	225949	13427	8520
2009	1297	7704	239897	15587	9808
2010	1291	8226	259760	18521	11075
2011	1372	8716	262004	18259	10519
2012	1434	8687	251947	20971	12089
2013	1331	7944	233031	21235	11467
2014	1314	8091	230259	22983	12298
2015	1329	8024	224345	23240	11704
2016	1285	7398	220379	23975	12289
2017	1234	7317	216473	24262	12743
2018	1166	6876	201137	23617	12473

14-10 主要年份特殊教育基本情况

单位：人

年份	学校数(所)	招生数	在校学生数	毕业生数	教职工数	#专任教师
1982		12	12		1	1
1985	1		21		4	3
1990	4	58	178		31	27
1991	4	64	251		39	27
1992	4	81	304	17	56	40
1993	5	144	385	45	70	54
1994	5	73	336	25	87	60
1995	6	113	448	17	131	100
1996	7	108	484	31	141	110
1997	7	73	423	26	143	106
1998	7	78	530	78	122	89
1999	7	191	1715	299	129	95
2000	7	153	1624	336	134	102
2001	7	331	2289	172	131	102
2002	7	293	2048	337	128	103
2003	7	337	2230	339	131	103
2004	7	257	1884	251	136	107
2005	7	218	1824	166	139	109
2006	7	265	1815	212	144	117
2007	7	266	2056	223	150	126
2008	7	284	2070	226	154	136
2009	8	263	2045	236	173	146
2010	9	280	2141	242	186	170
2011	10	250	1910	163	221	193
2012	10	300	1898	151	234	208
2013	10	345	2032	166	256	222
2014	10	257	1903	279	264	235
2015	10	272	1793	261	282	250
2016	10	257	1716	294	305	271
2017	10	327	1978	284	316	282
2018	10	406	2334	278	332	302

注：从1999年开始学生数含普通学校附设及随班就读人数。

14-11 主要年份每万人口中在校学生数的大中小学生构成

年 份	各级学校在校学生占全市人口(%)	平均每万人口中(人)			大、中、小学生占学生总数(%)		
		大学生	中学生	小学生	大学生	中学生	小学生
1949	4.37		29.26	402.12		7.96	92.04
1952	8.38		65.45	772.27		7.81	92.19
1957	9.15		73.09	841.99		7.99	92.01
1962	8.84		69.86	814.35		7.90	92.10
1965	12.62		80.43	1181.37		6.37	93.63
1970	13.28		189.33	1138.69		14.26	85.74
1975	19.04		361.24	1542.31		18.98	81.02
1978	19.39	0.91	502.94	1434.96	0.05	25.94	74.01
1980	18.50	1.40	461.27	1386.92	0.08	24.94	74.99
1985	14.59	10.35	433.98	1014.19	0.71	29.75	69.54
1990	13.22	5.67	423.74	892.91	0.43	32.05	67.53
1994	14.21	6.35	469.79	945.29	0.45	33.05	66.50
1995	14.54	6.11	531.82	915.61	0.42	36.59	62.99
1996	14.74	6.40	588.86	878.90	0.43	39.95	59.62
1997	14.54	6.58	613.56	833.77	0.45	42.20	57.35
1998	14.09	7.77	627.91	772.10	0.55	44.65	54.80
1999	13.81	9.68	657.63	714.05	0.70	47.61	51.69
2000	13.94	16.33	700.32	677.71	1.17	50.23	48.60
2001	13.94	23.34	723.92	646.24	1.67	51.95	46.38
2002	14.17	43.19	732.46	641.75	3.05	51.68	45.27
2003	14.31	51.39	726.49	653.06	3.59	50.77	45.64
2004	14.31	54.75	703.47	676.83	3.82	49.02	47.16
2005	14.21	61.45	667.34	692.08	4.32	46.97	48.71
2006	14.22	70.80	648.34	703.26	4.98	45.58	49.44
2007	14.34	76.69	644.32	713.40	5.35	44.92	49.73
2008	14.49	84.80	646.95	717.35	5.85	44.64	49.50
2009	14.45	92.35	643.04	710.09	6.39	44.49	49.12
2010	14.67	89.30	639.64	738.20	6.09	43.60	50.32
2011	15.27	103.32	635.97	787.79	6.77	41.65	51.59
2012	15.26	109.38	616.09	800.77	7.17	40.37	52.47
2013	15.38	115.80	615.12	807.10	7.53	39.99	52.48
2014	15.29	117.58	604.57	806.54	7.69	39.55	52.76
2015	15.29	114.37	609.32	804.88	7.48	39.86	52.66
2016	15.17	110.55	624.29	781.80	7.29	41.16	51.55
2017	15.03	110.68	641.14	751.27	7.36	42.65	49.98
2018	15.13	115.52	660.95	736.24	7.64	43.69	48.67

注：大学生包括普通教育、成人教育、本科、专科学生，中学生包括普通中专、成人中专、技工学校、普通中学、职业中学学生，本表仅包括台州市各类学校学生数，不包括在外地就读的台州籍学生数。

14-12 主要年份学校教师负担学生数

单位：人

年份	高等学校		中等学校		小学	
	教师数	平均每个教师负担学生	教师数	平均每个教师负担学生	教师数	平均每个教师负担学生
1949			428	19.54	4693	20.61
1952			672	24.52	6685	29.08
1957			904	22.88	6812	34.98
1962			1283	16.70	5609	44.53
1965			1286	21.26	10520	38.13
1970			2536	29.25	13817	32.28
1975			5088	30.85	20170	33.23
1978	79	5.23	10429	21.83	21860	29.72
1980	121	7.80	9725	21.89	21723	29.47
1985	228	22.25	10127	21.00	19762	25.15
1990	246	11.89	11184	19.53	17010	27.06
1994	281	11.89	12760	19.38	17952	27.71
1995	293	11.04	13900	20.26	18123	26.75
1996	315	10.82	15134	20.74	18742	24.99
1997	333	10.59	16647	19.75	19315	23.14
1998	349	12.01	17740	19.10	18956	21.97
1999	411	12.79	19101	18.69	18876	20.54
2000	523	17.07	20275	18.88	18809	19.70
2001	806	15.88	21288	18.65	18797	18.86
2002	891	26.68	21910	18.40	18449	19.15
2003	1042	27.25	22569	17.79	18364	19.65
2004	1329	22.83	22673	17.20	18353	20.44
2005	1397	24.62	23162	16.13	18782	20.63
2006	1502	26.62	23458	15.61	19209	20.67
2007	1652	26.43	23429	15.66	19530	20.80
2008	1737	28.03	23780	15.62	19928	20.66
2009	1795	28.76	23841	15.60	20319	20.22
2010	1645	31.65	24256	15.38	20510	20.99
2011	1880	32.25	24240	15.40	20716	22.31
2012	1901	34.00	24527	14.84	21132	22.39
2013	1877	36.65	25507	14.33	20364	23.54
2014	1934	36.30	26462	13.46	21318	22.59
2015	1929	35.43	28081	12.78	20536	23.42
2016	1957	33.90	29734	12.60	20902	22.45
2017	2105	31.73	30126	12.84	21714	20.88
2018	2096	33.37	27961	14.31	24698	18.05

注：高等学校包括成人教育，中等学校包括普通中专、成人中专、技工学校、普通中学、职业中学。

14-13 县级及以上政府部门属研究与开发机构变化情况

(1991-2018年)

单位：万元

年 份	机构数(个)	职工总数(人)	#科技活动人员	经费收入总额	#政府拨款	经费支出总额	#人员费用
1991	8	294	96	248	192	241	94
1992	8	316	83	375	265	294	114
1993	8	277	100	432	375	406	137
1994	8	257	91	574	350	519	163
1995	8	246	89	618	446	604	265
1996	8	230	77	611	470	572	298
1997	8	226	79	804	540	815	347
1998	9	231	84	1020	640	797	450
1999	9	223	71	1135	764	1066	522
2000	8	214	75	1361	868	1209	597
2001	7	198	65	1543	1110	1242	718
2002	7	192	66	1901	1157	1602	755
2003	7	194	68	2197	1501	1871	1036
2004	7	183	70	2170	1511	2051	699
2005	7	188	77	2589	1608	2288	783
2006	7	187	80	3474	2049	2887	1276
2007	7	237	95	4081	2124	3631	2102
2008	7	236	97	4122	2065	3436	1794
2009	7	232	144	4772	2514	4982	1676
2010	7	233	117	4680	2604	4221	1420
2011	7	233	134	5765	2868	4977	1711
2012	7	207	114	6437	2952	5711	3605
2013	7	223	188	6126	3725	5899	2456
2014	7	223	185	6502	4058	6047	2227
2015	7	253	214	7348	4048	7536	3400
2016	7	239	191	7980	4990	7259	3440
2017	8	374	306	10234	6824	11556	6244
2018	9	393	321	19201	12419	16196	5673

注：科技活动人员统计范围：2008年及以前的数据为科学家和工程师的人员数。

14-14 科技成果和专利授权情况

(1990-2018年)

单位：项

年份	科技进步奖励					合同数	成交额（万元）	专利申请受理量	专利授权量合计			
		国家级	部级	省级	市级					发明	实用新型	外观设计
1990	77	1	1	22	46	4	21	107	58	1	56	1
1991	27			23		368	285	137	99	3	86	10
1992	90			22	60	14	200	218	147	2	131	14
1993	31	1	1	22		481	2167	308	248		194	54
1994	102			19	72	1894	351	251	231	2	187	42
1995	28		1	20		462	1856	285	245		183	62
1996	92			30	52	8141	3864	339	305	1	161	143
1997	68			19	42	1716	1662	448	409	3	187	219
1998	69			19	40	1033	6598	519	483		201	282
1999	95	1		28	56	488	4615	823	791		415	376
2000	113	2		28	78	526	5651	829	772		407	365
2001	112			22	90	623	6948	1480	962	22	410	530
2002	109			27	82	733	13133	2197	1223	14	471	738
2003	77			27	50	932	23772	2345	1795	21	540	1234
2004	72			22	50	854	22696	2803	1698	31	537	1130
2005	68		2	16	50	1029	28153	4834	2136	38	705	1393
2006	80			27	53	446	38116	5626	3365	57	1059	2249
2007	78			19	59	649	37046	6276	4589	82	1723	2784
2008	72	3		15	54	228	88300	9043	4811	168	1805	2838
2009	84	3		16	65	240	43300	8806	8145	225	2292	5628
2010	121	2		18	101	208	22877	10436	10558	285	4348	5925
2011	80			17	63	197	41837	12471	9653	519	4293	4841
2012	79			23	56	118	27672	14111	12182	793	5987	5402
2013	77	1		18	58	192	76255	16956	12673	737	6345	5591
2014	74	3		14	60	1022	173706	20570	16134	791	8597	6746
2015	69	3		16	50	1198	143539	23144	19717	1386	10257	8074
2016	71	1		10	60	1580	360274	27921	20075	1534	10769	7772
2017	65			8	57	1675	1042830	28071	19143	1844	8800	8499
2018	6	1		5		1326	633635	35695	26287	2767	13138	10382

14-15 规模以上工业企业研究与试验发展(R&D)活动基本情况(一)

(2018年)

项　目	有R&D活动企业数(个)	有研发机构企业数(个)	企业办研发机构(个)	发明专利申请数(件)	有效发明专利数(件)
总　计	**1450**	**555**	**628**	**1723**	**4658**
一、按登记注册类型分					
内资企业	**1393**	**527**	**587**	**1523**	**4155**
国有企业	2	1	1	1	2
股份合作企业	24	5	5	2	11
联营企业	1				
有限责任公司	381	147	154	335	728
股份有限公司	125	79	116	492	1651
私营企业	860	295	311	693	1763
港、澳、台商投资企业	**31**	**18**	**27**	**49**	**160**
外商投资企业	**26**	**10**	**14**	**151**	**343**
二、按国民经济行业分					
农副食品加工业	11	2	2	13	7
食品制造业	6	1	1	3	10
纺织业	25	4	4	20	72
纺织服装、服饰业	5	1	1	4	1
皮革、毛皮、羽毛及其制品和制鞋业	30	5	5		
木材加工和木、竹、藤、棕、草制品业	3	1	1		2
家具制造业	24	8	9	14	20

14-15 续表

项目	有R&D活动企业数(个)	有研发机构企业数(个)	企业办研发机构(个)	发明专利申请数(件)	有效发明专利数(件)
造纸和纸制品业	9	2	2	10	12
印刷和记录媒介复制业	13	3	3	13	20
文教、工美、体育和娱乐用品制造业	21	5	5	14	18
化学原料和化学制品制造业	47	24	33	85	282
医药制造业	53	39	65	188	1051
橡胶和塑料制品业	146	57	57	140	272
非金属矿物制品业	21	8	8	9	37
黑色金属冶炼和压延加工业	3				
有色金属冶炼和压延加工业	15				17
金属制品业	72	23	23	23	111
通用设备制造业	371	136	144	263	852
专用设备制造业	138	61	66	365	646
汽车制造业	165	66	73	119	417
铁路、船舶、航空航天和其他运输设备制造业	59	27	30	58	132
电气机械和器材制造业	139	52	59	127	223
计算机、通信和其他电子设备制造业	30	16	22	69	75
仪器仪表制造业	37	14	15	122	300
其他制造业	4			48	81
废弃资源综合利用业				1	
电力、热力生产和供应业	3			15	

14-16 规模以上工业企业研究与试验发展(R&D)活动基本情况(二)

(2018年)

项　目	R&D人员(人)	R&D人员折合全时当量(人年)	R&D经费内部支出(万元)	R&D经费外部支出(万元)
总　计	**44558**	**32324**	**801595**	**138490**
一、按登记注册类型分				
内资企业	**41115**	**29591**	**728180**	**59752**
国有企业	9	7	259	21
股份合作企业	368	230	4869	8
联营企业	2		10	
有限责任公司	9713	6995	149445	5048
股份有限公司	12035	9048	270476	46339
私营企业	18988	13311	303121	8335
港、澳、台商投资企业	**1600**	**1220**	**27508**	**1905**
外商投资企业	**1843**	**1513**	**45908**	**76833**
二、按国民经济行业分				
农副食品加工业	123	58	2059	
食品制造业	104	60	1412	74
纺织业	568	449	9595	2
纺织服装、服饰业	45	32	488	
皮革、毛皮、羽毛及其制品和制鞋业	178	99	1436	
木材加工和木、竹、藤、棕、草制品业	79	53	845	
家具制造业	685	445	12960	

14-16 续表

项目	R&D人员(人)	R&D人员折合全时当量(人年)	R&D经费内部支出(万元)	R&D经费外部支出(万元)
造纸和纸制品业	178	125	7475	1
印刷和记录媒介复制业	312	199	3804	
文教、工美、体育和娱乐用品制造业	573	415	6882	81
化学原料和化学制品制造业	1424	1062	38027	2123
医药制造业	5040	4072	123655	51347
橡胶和塑料制品业	3625	2435	64403	178
非金属矿物制品业	276	204	3973	27
黑色金属冶炼和压延加工业	22	10	212	
有色金属冶炼和压延加工业	124	70	2122	10
金属制品业	1900	1254	31578	284
通用设备制造业	9489	6951	132540	1462
专用设备制造业	4259	3138	71838	888
汽车制造业	6820	4886	107530	78660
铁路、船舶、航空航天和其他运输设备制造业	1423	1107	29665	1004
电气机械和器材制造业	4128	2982	78041	1306
计算机、通信和其他电子设备制造业	1340	940	45388	444
仪器仪表制造业	1201	945	18461	368
其他制造业	581	320	6383	71
电力、热力生产和供应业	61	12	824	161

14-17 标准计量质量监督基本情况(一)

(1990-2018年)

年份	已建市(地)级社会公用计量标准			已开展强制检定计量器具		强制检定计量器具实际检定数(台件)	计量仪器检定(台件)
	类	项	种	项	种		
1990	4	17	29	17	29	18231	36688
1991	4	17	32	15	26	14679	42584
1992	4	17	32	17	26	29432	49265
1993	5	17	43	18	28	27075	48819
1994	5	20	49	16	26	30799	42383
1995	5	25	54	20	27	31752	48518
1996	5	28	58	20	27	36950	55043
1997	6	28	64	20	35	32988	50653
1998	9	32	76	26	40	39919	32058
1999	10	27	40	27	40	18655	53361
2000	10	55	265	36	65	26538	132693
2001	10	52	119	23	36	8685	55176
2002	5	56	143	23	33	35985	78550
2003	5	95	201	21	33	48863	135373
2004	9	98	289	22	38	23751	78087
2005	10	65	114	28	48	10681	113102
2006	10	71	196	22	32	14678	103518
2007	15	98	223	25	35	15678	123518
2008	15	81	199	23	45	29134	95422
2009	11	99	222	23	45	44748	84913
2010	11	99	222	23	45	45160	90432
2011	11	99	222	23	45	35782	108732
2012	11	100	223	24	46	43316	110539
2013	11	108	233	28	51	46846	157169
2014	11	145	334	24	39	26567	118939
2015	10	149	338	25	40	37573	128464
2016	10	159	340	26	45	54028	112571
2017	10	163	342	26	46	64933	119993
2018	10	163	342	26	46	66244	110270

14-18 标准计量质量监督基本情况(二)

(1990-2018年)

年 份	产品质量监督受检企业数(个)	受检产品种数(种)	检验产品批次(批次)	检验产品合格批次(批次)	批次合格率(%)	现有工作用房(平方米)
1990	18	3	19	14	73.70	2739
1991	1292	14	1452	788	54.27	2946
1992	1135	11	1373	979	71.30	3300
1993	1330	13	1537	1133	73.72	3600
1994	2126	37	2185	1516	69.38	3600
1995	1428	14	1469	1033	70.32	4074
1996	2031	20	2118	1559	74.00	4100
1997	2866	46	3078	2403	76.00	4300
1998	3058	56	3134	2441	78.00	5900
1999	1966	55	2253	1592	70.66	7900
2000	1423	58	1534	1283	83.60	7930
2001	2100	28	2100	1697	80.83	10280
2002	4376	130	4376	3543	81.20	9280
2003	3634	240	3726	2727	75.00	18790
2004	3981	258	4158	3451	83.00	11800
2005	1956	167	1971	1691	85.79	28500
2006	2170	189	2319	2016	86.90	28500
2007	2497	196	2497	2197	87.99	28500
2008	1012	89	1012	816	80.63	28500
2009	1832	92	1832	1623	88.69	28500
2010	2093	149	2093	1907	91.11	28500
2011	1839	143	1839	1665	90.54	28500
2012	976	55	976	907	92.93	28500
2013	1070	82	1070	1027	95.98	28500
2014	1340	90	1341	1281	95.53	28500
2015	1190	113	1193	1125	94.30	28500
2016	1121	93	1152	1098	95.30	28500
2017	1149	102	1198	1146	95.66	28500
2018	1341	106	1341	1303	97.17	28500

14-19 标准计量质量监督基本情况(三)

(1990-2018年)

年 份	企业产品标准备案数(个)	政府计量部门建立社会公用计量标准(项)	授权建立社会公用计量标准(项)	制造计量器具许可证工商户数(户)	修理计量器具许可证工商户数(户)	技术监督行政执法受理案件数(件)	技术监督行政法结案案件数(件)
1990	258						
1991	227					15	15
1992	446					90	85
1993	416	37		120	50	45	30
1994	501	94		89	60	195	182
1995	2315	95	5	167	56	417	384
1996	2680	123	5	182	87	591	495
1997	3409	123	2	127	69	976	935
1998	4285	122	3	91	71	1162	1096
1999	5511	94	3	89	60	1927	1830
2000	7489	92	7	112	49	2042	2021
2001	9021	125	7	76	7	2493	2487
2002	11327	249	13	29	21	2542	2534
2003	2931	201	13	147	9	2342	2342
2004	15584	289	43	175	1	1557	1551
2005	17007	320	76	28	2	1211	1185
2006	15677	325	30	35	1	580	518
2007	11136	332	31	35	1	3726	3720
2008	10735	339	2	26	1	2292	1978
2009	12019	199		23	1	3726	3720
2010	3875	200	3	21	1	1228	1099
2011	3151	211	3	24	1	957	956
2012	1285	219	3	23	1	556	539
2013	4276	259	3	27	1	501	495
2014	986	269	3	25	1	299	297
2015	1433	298	3	17	1	424	414
2016	12637	316	4	18	1	453	446
2017	8109	325	6	19	1	591	571
2018	3690	342	7	18	1	680	668

注：2015年起企业产品标准备案数统计口径改为企业产品标准自我声明公开数；《标准化法》出台后，取消企业标准备案。

主要统计指标解释

普通高等学校 指按照国家规定的审批程序举办，通过全国统一招生考试，招收高级中等学校毕业生和具有同等学历者，实施高等教育，增减高等专门人才的学校。包括大学、专科学校和短期职业大学。

成人高等学校 指按照国家规定的审批程序批准举办，招收高中毕业生或同等学历者，利用多种形式对成人实施高等教育，培养相当普通高等学校专科或本科毕业水平的专门人才的学校。包括广播电视大学、职工高等学校、农民高等学校、干部管理学校、教育学院、独立函授学院以及普通高等学校举办的函授、夜大等。

中等专业学校 指经国务院各部委或省人民政府批准举办，招收初中(或部分高中)毕业生或具有同等学历者，实施中等专业教育、培养中等专门人才的学校。具体又可分为中等技术学校和中等师范学校两大类。

技工学校 指招收初中(或部分高中)毕业生或同等学历者，实施专业技术教育、培养中级技术工人的学校。包括中央在地方单位办、各级劳动部门办、各级其他部门办和厂矿企业办。其在校学生数不包括培训的在职职工人数。

招生数 指新学年开始时，按照国家招生计划实际招收入学的新生数。不包括留级生和复读学生数。

在校学生数 指学年初开学以后，具有学籍的在校学习的学生总数。

毕业生数 指上学年度内，具有学籍的学生学完教学计划的全部课程，考试及格，获得毕业证书的学生数。不包括结业生和肄业生数。

教职工数 指在学校中工作的固定教职工人数。包括校本部、科研机构、校办工厂、农(林)场和附属机构的人员。不包括下列人员：离休、退休、退职人员；学校办的集体单位和学校附属机构中，属于集体单位的职工；代课教师和各种临时工。

专任教师 指主要从事教育工作的人员。包括临时(一年以内)调去帮助做其他工作的教学人员。不包括调离教学岗位，担任行政领导工作或其他工作的原教学人员；不包括兼任教师和代课教师。

小学学龄儿童入学率 指调查范围内已入学学习的学龄儿童占校内外学龄儿童总数(包括弱智儿童在内，但不包括盲聋哑儿童)的比重，计算公式是：

小学学龄儿童入学率=已入学的小学学龄儿童数/校内外小学学龄儿童总数×100%

专利 是专利数的简称，是对发明人的发明创造经审查合格后，由专利局依据专利法授予发明人和设计人对该项发明创造享有的专有权。从类型来看，包括发明、实用新型和外观设计。

发明 指对产品、方法或者其改进所提出的新的技术方案。实用新型指对产品的形状、构造或者其结合所提出的实用的新的技术方案。

外观设计 指对产品的形状、图案、色彩或者其结合所做出的富有美感并适于工业上应用的新设计。

企业办研发机构 指企业自办（或与外单位合办），管理上同生产系统相对独立（或者单独核算）的专门科技活动机构，如企业办的技术中心、研究院所、开发中心、开发部、实验室、中试车间、试验基地等。

R&D(研究与试验发展) 是指在科学技术领域，为增加知识总量、以及运用这些知识去创造新的应用进行的系统的创造性的活动，包括基础研究、应用研究、试验发展三类活动。

R&D 经费内部支出 是指调查单位在报告年度用于内部开展 R&D 活动（基础研究、应用研究和试验发展）的实际支出。包括用于 R&D 项目（课题）活动的直接支出，以及间接用于 R&D 活动的管理费、服务费、与 R&D 有关的基本建设支出以及外协加工费等。不包括生产性活动支出、归还贷款支出以及与外单位合作或委托外单位进行 R&D

活动而转拨给对方的经费支出。

R&D 经费外部支出 是指报告期委托外单位或与外单位合作进行科技活动而拨给对方的经费。包括对国内研究机构支出、对国内高等学校支出、对国内企业支出以及对境外机构支出合计。

已开展强制检定工作计量器具 指县级以上政府计量行政部门根据《中华人民共和国强制检定的工作计量器具明细目录》中规定的55项111种，具体开展项、种数。

产品质量监督检验企业数 指报告期内实际受检的企业数。

产品质量监督检验批次 在同一时期，对同一企业生产的同种规格的产品，按规定办法抽取样品，进行一次监督检验，为一个批次。

企业产品标准备案数 指企业已审批发布并办理了备案手续的企业产品标准数。

社会公用计量标准 指经过政府计量行政部门考核、作为统一本地区量值的依据，在社会上实施计量监督具有公证作用的计量标准。项数是指县级以上政府计量行政部门建立并考核发证的项目数。

授权建立的社会公用计量标准 指县以上政府计量行政部门授权其他部门或单位建立的社会公用计量标准器具考核发证的项目数。

制造计量器具许可证工商户数 指取得由县以上政府计量行政部门考核颁发制造计量器具许可证的企业单位数(包括个体工商户数)。

修理计量器具许可证工商户数 指取得县级政府计量行政部门考核颁发的修理计量器具许可证的企业单位数(包括个体工商户数)。

15

文化卫生体育和广播

Culture, Public Health, Sports and Broadcast

15-1 主要年份文化艺术事业单位数

单位：个

年份	电影放映单位	艺术表演团体	文化馆、站	#文化馆	公共图书馆
1980	412	12	205	8	7
1985	616	8	441	8	8
1990	577	8	430	8	8
1991	554	8	420	8	8
1992	542	8	202	8	8
1993	516	8	157	8	8
1994	516	8	210	8	8
1995	490	4	168	8	8
1996	493	4	168	8	8
1997	452	4	150	8	8
1998	453	6	181	9	8
1999	453	6	181	9	8
2000	370	6	180	9	8
2001	370	6	163	9	8
2002	380	7	139	9	8
2003	380	8	129	9	8
2004	380	8	131	9	8
2005	42	8	140	9	8
2006	41	7	143	10	9
2007	38	8	144	10	9
2008	26	8	143	10	10
2009	25	8	143	10	10
2010	25	8	143	10	10
2011	27	7	143	10	10
2012	31	6	143	10	10
2013	33	7	143	10	10
2014	47	7	129	10	10
2015	39	169	139	10	10
2016	39	186	139	10	10
2017	44	208	139	10	10
2018		225	139	10	10

注：2005年起电影放映单位数使用基本单位调查数据(含法人单位和其他法人单位附属的产业活动单位)；2015年起艺术表演团体含私营团体。

15-2 群众文化基本情况

(1996-2018年)

年份	举办展览场次(个)	组织文艺活动(次)	举办训练班班次(次)	培训人次(万人次)	藏书(万册)	经费总支出(万元)
1996	689	2059	610	2.00	21.50	833
1997	625	1959	617	2.10	19.80	788
1998	737	2047	795	1.50	18.20	914
1999	666	2213	870	1.30	24.20	989
2000	708	1889	622	1.23	29.91	1424
2001	501	1482	516	1.40	30.20	1340
2002	518	1954	752	1.47	34.94	3474
2003	503	1720	479	1.37	38.03	2955
2004	636	2385	715	1.95	58.75	3177
2005	617	1607	620	2.33	64.20	3548
2006	698	1859	774	2.63	89.60	6046
2007	550	1028	1686	4.05	77.35	2858
2008	694	1999	1344	9.64	83.77	5387
2009	671	2285	4379	9.38	88.61	5831
2010	620	2331	1214	8.30	97.98	6363
2011	596	2186	1245	9.77	105.00	6923
2012	583	2307	1500	14.12	112.00	9648
2013	597	2428	1497	14.20	119.69	11262
2014	823	2805	2536	23.04	262.26	12920
2015	1252	5682	2902	42.57	252.24	15767
2016	1374	6100	4104	49.62	185.97	16574
2017	1484	10237	6912	53.04	204.50	21307
2018	1767	15480	6649	83.12	211.65	19092

注：本表统计范围为文化馆和文化站。

15-3 主要年份卫生机构数

单位：个

年份	卫生机构数	医院、卫生院	#县以上医院	疗养院、所	社区卫生服务中心(站)	诊所卫生所医务室门诊部	卫生防疫机构	妇幼保健机构	卫生监督所	医学在职培训机构	其他卫生机构
1978	618	417	15								
1980	674	425	16								
1985	718	357	18								
1990	730	351	21	1	333		9	10		1	25
1991	729	359	22	1	322		9	10		1	27
1992	728	415	25	1	264		9	10		1	28
1993	701	386	25	1	266		9	10	1	10	18
1994	698	393	25	1	264		9	10	1	10	10
1995	709	402	25	1	265		10	10	1	10	10
1996	694	387	28	1	265		10	10	1	10	10
1997	717	391	29	1	284		10	10	1	10	10
1998	680	382	29	1	255		10	10	1	10	11
1999	635	356	29	1	236		10	10	1	10	11
2000	645	340	31	1	262		10	10	1	10	11
2001	664	365	31	1	238		28	10	1	10	11
2002	932	277	36	1	378	225	23	10	1	10	7
2003	1097	229	30	1	344	462	20	10	1	9	21
2004	1223	232	30	1	135	796	20	10	1	9	19
2005	1285	237	30	1	327	673	20	10	1	9	7
2006	1243	242	30	1	346	605	20	10	1	9	9
2007	1401	233	30	1	413	703	20	10	1	9	11
2008	1379	240	30	1	417	670	10	10	10	8	13
2009	1394	239	35	1	440	663	10	10	10	8	13
2010	1380	220	35	1	470	638	10	10	10	8	13
2011	3061	156	35	1	548	633	10	10	10	8	5
2012	3101	192	36	1	515	658	10	10	10	8	5
2013	3096	201	36	1	497	687	10	10	10	8	4
2014	3260	209	36	1	479	836	10	10	10	9	4
2015	3455	262	37	1	424	1047	10	10	10	9	4
2016	3540	271	37	2	406	1137	10	10	10	9	4
2017	3601	269	37	2	384	1257	10	10	10	8	8
2018	3691	285	35	2	345	1247	10	10	10	8	7

注：2002年开始卫生机构数包括个体诊所、社区卫生服务站机构数；2003和2011年度均有一部分卫生院转为社区卫生服务站，导致卫生院数减少，社区卫生服务站增加；2011年卫生机构数包括1672家村卫生室，导致卫生机构数增加。

15-4 主要年份卫生机构床位数

单位：张

年 份	卫生机构床位数	#医院、卫生院	#县以上医院	#疗养院、所	#妇保幼健机构	#社区卫生中心(站)	每万人拥有床位数
1978	4788	4723	2366				10.6
1980	5237	5162	2607				11.3
1985	5974	5858	3212				12.2
1990	7030	6902	4120	60			13.6
1991	7352	7223	4415	60			14.2
1992	7672	7546	4788	70			14.7
1993	7682	7563	4814	70			14.7
1994	7861	7695	4931	112			14.9
1995	8015	7854	4974	112			15.1
1996	8333	8177	5292	112			15.6
1997	8534	8422	5483	112			15.9
1998	8671	8559	5628	112			16.1
1999	8880	8768	5892	112			16.4
2000	9559	9459	7006	100			17.5
2001	10496	10396	7277	100			19.1
2002	10387	10307	8374	80			18.9
2003	11352	11035	8555	100	173	44	20.5
2004	12285	11965	9172	100	201	19	22.1
2005	12634	12367	9158	32	220	15	22.6
2006	13762	13494	10192	25	243		24.4
2007	14293	14025	10393		258	10	25.1
2008	14927	14465	10816	30	253	179	26.0
2009	15563	15160	11232	30	303	70	26.9
2010	16528	16088	12580	30	318	339	28.3
2011	17536	16025	12100	30	336	1130	29.2
2012	18729	17809	14526	30	366	509	31.7
2013	20072	19033	15292	30	366	628	33.8
2014	22267	21334	15916	30	375	513	37.3
2015	24784	23723	17598	50	375	621	41.5
2016	26845	25656	18252	130	376	668	44.7
2017	28257	27282	18557	130	391	446	46.8
2018	29861	28945	18820	130	406	360	48.6

注：2007年疗养院、所的床位数并入医院统计。

15-5 主要年份卫生事业基本情况

单位：人

年 份	卫生机构人员数	卫生机构技术人员数	#医生	#护士	其他技术人员	管理人员	工勤人员	每万人拥有卫生技术人员数	#医生数	#护士数
1978	7894	6998	2743	739	36	583	277	15.5	6.1	1.6
1980	9554	8283	2608	655	27	731	513	17.9	5.6	1.4
1985	10998	9391	3357	1073	43	828	736	19.2	6.8	2.2
1990	12879	11011	4512	1969	71	1140	657	21.4	8.8	3.8
1991	13219	11285	4607	2072	86	1172	676	21.8	8.9	4.0
1992	13599	11584	4599	2136	93	1223	699	22.3	8.8	4.1
1993	13952	11763	4483	2248	109	1167	913	22.5	8.6	4.3
1994	14534	12406	4950	2419	127	1094	907	23.6	9.4	4.6
1995	14495	12027	5357	2443	39	1813	616	22.7	10.1	4.6
1996	15240	12628	5676	2597	42	1924	646	23.7	10.6	4.9
1997	17186	14501	6106	2772	49	1982	654	27.1	11.4	5.2
1998	16635	13905	5871	2973	228	1453	1049	25.8	10.9	5.5
1999	17204	14149	6165	2992	211	1683	1161	26.1	11.4	5.5
2000	18017	14841	6479	3309	232	1724	1220	27.2	11.9	6.1
2001	18947	15692	7100	3713	396	1760	1099	28.6	12.9	6.8
2002	19337	16276	6898	4658	726	943	1392	29.6	12.5	8.5
2003	20967	17780	7837	4658	950	881	1356	32.2	14.2	8.4
2004	21548	18484	7804	4873	969	974	1121	33.2	14.0	8.8
2005	24484	20806	8577	5695	1198	898	1582	37.2	15.3	10.2
2006	25517	21372	8826	6232	1190	999	1956	37.8	15.6	11.1
2007	27426	22868	9828	6588	1162	1068	2328	40.2	17.3	11.6
2008	28794	24488	10968	7675	1137	979	2190	42.7	19.3	13.4
2009	30526	25798	11237	8432	1135	977	2616	44.6	19.4	14.6
2010	31855	26765	11521	9104	1282	1037	2771	45.9	19.8	15.6
2011	36660	29890	12606	10227	1515	725	3240	49.8	21.1	17.0
2012	39103	31643	12944	10873	1603	739	3844	53.5	21.9	18.4
2013	40697	32851	13338	11613	1479	948	4208	55.3	22.5	19.5
2014	43156	34836	14226	12731	1763	985	4415	58.3	23.9	21.3
2015	46335	37841	15723	14666	1721	1107	4551	63.3	26.3	24.5
2016	49233	40588	16637	16180	1826	1125	4610	67.6	27.7	27.0
2017	51792	42582	17235	17150	1978	1303	4886	70.6	28.6	28.4
2018	55585	44797	18103	18493	2246	1621	5894	73.0	29.5	30.1

注：2002年及以后卫生机构数为登记注册数；医生系执业(助理)医师数，护士为注册护士数。

15-6 医疗机构诊疗次数和入院人数

(2002-2018年)

年 份	诊疗人次数(万人次)	#门、急诊	入院人数(万人次)	每百诊次入院人数(人)	病床使用率(%)	病床周转次数(次)	出院者平均住院天数(日)
2002	1595	1466	24.1	1.50			
2003	1507	1446	30.5	2.00			
2004	1616	1593	34.8	2.20			
2005	1818	1748	36.9	2.11			
2006	1862	1828	38.6	2.07			
2007	2113	1960	42.3	2.00	84.61	32.5	9.2
2008	2445	2406	45.9	1.88	85.33	33.4	9.1
2009	2746	2716	49.3	1.80	88.40	33.5	9.6
2010	2805	2754	52.3	1.79	89.70	32.9	10.1
2011	3769	3724	57.4	1.51	90.08	33.9	9.6
2012	4283	4239	64.6	1.52	93.03	35.6	9.6
2013	4330	4265	68.1	1.57	89.56	35.4	9.3
2014	4670	4589	72.0	1.54	87.31	34.8	9.1
2015	4739	4650	74.5	1.56	84.08	33.0	9.2
2016	5168	5088	81.0	2.01	83.04	32.6	9.0
2017	5558	5447	87.9	2.03	85.29	33.6	9.0
2018	6035	5908	92.2	1.99	87.58	34.1	9.0

15-7 医疗机构分类别诊疗次数和入院人数

(2018年)　　单位：万人次

类　别	诊　疗人次数	#门、急诊	家庭卫生服务人次数	观察室留　观病例数	健康检查人数	入　院人　数	住院病人手术人次数	每百诊次入院人数(人)
总　计	**6034.64**	**5908.32**	**1.00**	**5.86**	**275.03**	**92.22**	**29.65**	**1.99**
一、医　院	**2538.98**	**2526.30**	**0.64**	**5.44**	**141.62**	**86.90**	**29.65**	**3.44**
综合医院	1928.53	1922.07	0.64	5.16	124.36	68.85	23.96	3.58
中医医院	492.91	490.84		0.28	16.28	14.04	4.70	2.86
中西医结合医院	4.83	4.58				0.21		4.58
专科医院	111.95	108.23		…	0.97	3.71	0.98	3.43
口腔医院	6.66	6.56			0.30			
眼科医院	3.32	3.32				0.31	0.31	9.44
耳鼻喉科医院	1.83	1.83				0.30	0.30	16.37
肿瘤医院								
妇产(科)医院	16.00	15.86			…	0.28	0.11	1.79
儿童医院								
精神病医院	30.19	26.96		…		1.31	0.03	4.86
皮肤病医院	6.26	6.26				0.01		0.12
骨科医院	13.95	13.95				0.69	0.12	4.97
康复医院	15.49	15.48			0.40	0.42	0.04	2.74
整形外科医院	0.65	0.65						
其他专科医院	16.85	16.63			0.27	0.38	0.07	2.28
护理院	0.76	0.58				0.10		16.50
二、基层医疗卫生机构	**3357.73**	**3247.77**	**0.36**	**0.42**	**123.22**	**3.25**		**0.16**
社区卫生服务中心(站)	758.22	730.08	0.29	0.05	47.80	0.14		0.02
卫生院	1290.75	1256.20	0.03	0.37	72.88	3.11		0.25
其中：中心卫生院	854.10	826.31	0.01	0.32	51.46	3.04		0.37
村卫生室	831.25	821.97						
门诊部	77.92	67.61			2.55			
诊所、卫生所、医务室	399.59	371.91	0.04					
三、专业公共卫生机构	**135.13**	**131.45**			**10.01**	**2.06**	**0.01**	**1.61**
妇幼保健院(所、站)	131.28	127.59			10.01	2.06	0.01	1.61
其中：妇幼保健院	96.01	92.33			8.03	2.06	0.01	2.23
急救中心(站)	3.86	3.86						
四、其他机构(疗养院)	**2.80**	**2.80**			**0.17**	**0.01**		**0.36**

15-8 体育基本情况

(1992-2018年)

年 份	体育场(馆)(个)	举办县以上运动会(次)	参加县以上运动会(人)	举办乡镇运动会(次)	参加乡镇运动会(人)	获世界比赛:金牌(枚)	获全国、全省比赛(枚)			向上级体育团体输送人员(人)	国家级裁判员(人)	国家一级裁判员(人)
							金牌	银牌	铜牌			
1992	4					4	87	80	55			
1993	4					3	72	56	49	35		
1994	4	141	27023	68	25921		35	26	18	10		
1995	4	161	27950	94	48530	1	60	72	67	25		
1996	4	180	28103	164	56704		63	86	75	23		
1997	6	102	13756	165	49316		91	57	55	10	7	35
1998	6	10	2000			2	57	51	40		7	40
1999	7	9	6234	6	3250	15	90	83	66	35	7	40
2000	9	12	1420	114	48545	2	60	56	53	27	7	40
2001	9	42	10850	77	26586		77	51	51	13	7	40
2002	9	12	11080	86	18600		104	64	61	7	8	45
2003	9	17	12741	135	18860		86	69	80	43	11	57
2004	11	23	11500	27	5500		117	94	104	30	13	72
2005	11	94	29227	174	32229		167.5	134	123	52	14	113
2006	14	21	21250	18	12500		147	138	146	88	15	124
2007	14	25	26280	35	17250		99	83	77	110	15	142
2008	14	27	28320	26	23620		93	71	103	135	16	167
2009	14	26	27840	30	32460		88.5	76	80	139	17	194
2010	7	28	25370	23	26000		189.7	119	152		18	222
2011	7	10	16800	29	22100	2	285.5	129	51	51	19	237
2012	7	19	26299	25	17800	9	142.5	137	168	71	19	249
2013	12	25	36000	36	22500	1	89.5	90	125	78	19	266
2014	9	20	32000	20	23000	2	176	91	151	53	19	284
2015	12	15	29500	55	33700	4	154.5	158	149	55	20	304
2016	11	17	31000	26	21000	2	224.3	175	215	65	28	324
2017	11	16	37900	15	7700	4	338.5	334	394	83	29	337
2018	12	20	39872	19	10452	7	354.2	315	387	98	41	402

15-9 广播电视基本情况

(1992-2018年)

年份	广播节目套数(套)	广播电台(个)	无线电视节目套数(套)	有线广播电视网络干线总长(公里)	卫星收转(座)	电视人口覆盖率(%)
1992	3	8	7		112	78.56
1993	4	8	8		215	88.00
1994	4	8	8		917	87.00
1995	4	8	8		1338	90.00
1996	4	8	8		1133	88.61
1997	4	8	8		991	86.37
1998	3	6	7		425	86.37
1999	4	6	7		339	90.45
2000	4	6	7	20507	359	94.26
2001	8	6	8	24639	621	95.67
2002	8	6	10	45161	638	98.04
2003	8	6	10	44832	536	98.64
2004	9	7	10	11038	498	98.80
2005	10	9	10	12515	487	98.91
2006	10	9	10	11705	211	99.01
2007	10	9	10	14449	198	99.48
2008	10	9	10	15125	34	99.47
2009	10	9	10	15475	35	99.48
2010	10	9	10	17519	22	99.47
2011	10	9	10	18425	9	99.42
2012	10	9	10	21771	9	99.56
2013	10	8	10	23012	9	99.63
2014	10	8	10	24881	9	99.63
2015	10	8	10	26409	9	99.72
2016	10	8	10	27216		99.76
2017	10	8	10	28075		99.86
2018	10	8	10	17354		99.87

注：2006年有线广播电视网络干线总长是光节点之前的长度。

主要统计指标解释

文化事业机构 指从事专业文化工作和为专业文化工作服务的独立核算、独立建制的单位。不包括文化主管部门直属单位举办的其他行业和各部门的业余文化组织。

艺术表演团体 指从事戏曲、音乐、舞蹈、杂技等专业艺术表演，有独立账户，实行单独核算的团体。不包括半工半艺、半农半艺和民间职业剧团。

医院 指设有固定床位能收病人住院并能为病人提供医疗和护理服务的医疗机构。包括县及县以上医院、乡镇卫生院、其他医院三部分。

卫生技术人员 指卫生事业机构支付工资的全部固定职工和合同制职工中现任职务为卫生技术工作的专业人员。包括中医师、西医师、中西医结合高级医师、护师、中药师、西药师、检验师、其他技师、中医士、西医士、护士、助产士、中药剂士、西药剂士 、检验士、其他技士、其他中医、护理员、中药剂员、西药剂员、检验员，其他初级卫生技术人员。

医生 包括执业医生和执业助理医生。指具有《医师执业证》及其“级别”为“执业医师”且实际从事医疗、预防保健工作的人员，不包括实际从事管理工作的执业医师。

诊疗人次数 指一定时期内所有诊疗工作的总人次数，包括病人来院就诊的门诊、急诊人次数和出诊、赴家庭病床、到工厂、农村、会议、集体活动等外出诊疗的人次数以及外出进行的单项健康检查人次数。

体育场 指有 400 米跑道，中心含足球场并有固定看台的田径场。

体育馆 指有固定看台可供篮球、排球、羽毛球、乒乓球、体操等项目训练比赛活动用的室内场地。

等级裁判员人数 指经考核正式批准授予等级裁判员称号的人数。裁判员等级分为国际裁判、国家级裁判、一级裁判、二级裁判、三级裁判。

广播(或电视)人口覆盖率 指广播(或电视)覆盖人口与总人口的比率。广播(或电视)覆盖，目前是按某套节目来计算的。广播覆盖人口是指能够用普通收音机在中午收听中波广播节目，并且收听效果能达到听清完整的节目内容的地区的人口数。包括只能收听外省的中波广播的人口数在内。电视覆盖人口是指能够用普通电视接收机，室外天线在离地面四米高外，在晚上收看电视，并且收看效果能达到图像基本稳定、清晰，能看清人物的形象、动作的地区内的人口数。指标计算公式:

广播(或电视)人口覆盖率＝年末广播(或电视)覆盖人口数/年末总人口数 × 100%

16

档案工会妇联优抚和社会保障

Archives, Labor Union, The Women's Federation, Preferential Treatment and Social Security

16-1 档案馆档案资料馆藏情况

(1990-2018年)

年份	馆藏档案 全宗(个)	馆藏档案 案卷(万卷)	馆藏档案 录音录像影片(盒)	馆藏档案 照片(万张)	馆藏资料册数(万册)	档案馆面积(平方米)	#库房面积
1990	624	14.83	595	0.55	3.95	6544	4371
1991	713	15.76	637	0.87	4.13	7689	4900
1992	944	18.10	672	0.95	4.30	8709	5412
1993	1008	18.65	704	1.04	4.74	8709	5412
1994	1070	19.77	734	1.17	4.92	8709	5412
1995	1116	21.54	793	1.30	5.16	8709	5412
1996	1133	22.31	770	1.44	5.65	8868	5563
1997	1215	23.31	637	1.74	6.00	8868	5563
1998	1223	24.42	612	1.89	6.44	9337	5885
1999	1322	28.80	766	2.04	6.63	8970	5831
2000	1353	30.66	1485	2.14	6.86	9097	5865
2001	1395	37.16	1617	2.47	7.13	9172	5865
2002	1449	40.93	1563	2.91	7.33	9372	5965
2003	1480	43.68	1597	3.15	7.43	9499	6199
2004	1497	45.22	1627	3.31	7.85	9167	6099
2005	1526	56.93	1783	3.60	8.09	9892	6810
2006	1554	49.66	1806	4.01	8.31	14441	9401
2007	1590	51.97	1820	4.23	8.46	13941	9147
2008	1620	54.24	1844	4.60	8.70	23941	11291
2009	1632	55.40	1860	4.82	8.91	23941	11291
2010	1753	59.27	1867	5.36	9.03	23941	11291
2011	1805	61.28	1923	5.47	9.14	23941	11291
2012	1839	65.92	1944	5.74	9.38	25041	11291
2013	1863	69.70	1969	6.00	9.47	24352	9779
2014	1894	72.20	2223	6.54	9.69	30657	11919
2015	1909	74.96	2224	7.12	10.00	30797	12019
2016	1927	77.27	2255	7.45	10.31	58165	18427
2017	1933	79.86	2292	7.77	10.41	67801	22642
2018	2099	86.16	2292	7.77	10.46	74919	30868

16-2 档案馆档案资料利用情况

(1990-2018年)

年 份	档案资料利用				开 放 档 案	
	利用人次(万人次)	利用档案(万卷、件次)	利用资料(万册、次)	复 制(万页)	全 宗(个)	案 卷(万卷)
1990	0.56	2.45	0.31	1.08		
1991	0.50	1.40	0.20	0.72	222	2.00
1992	0.49	1.16	0.15	0.76	264	2.19
1993	0.34	0.99	0.13	0.94	264	2.22
1994	0.36	1.01	0.15	1.13	264	2.27
1995	0.28	0.64	0.11	0.80	269	3.79
1996	0.24	0.67	0.11	0.51	340	3.90
1997	0.30	0.81	0.09	1.56	422	4.65
1998	0.40	1.01	0.15	0.88	520	5.47
1999	0.52	1.53	0.17	1.18	523	5.48
2000	0.54	1.74	0.16	1.24	528	5.75
2001	0.56	1.63	0.14	2.10	528	5.75
2002	0.79	2.27	0.10	2.94	458	5.88
2003	0.79	2.05	0.19	3.17	653	6.12
2004	1.01	3.04	0.78	4.86	673	6.21
2005	2.09	3.28	1.17	3.13	556	10.96
2006	1.94	19.46	0.52	9.82	556	6.31
2007	1.71	34.07	1.33	8.55	618	6.70
2008	1.64	5.04	0.18	7.25	625	7.01
2009	1.94	3.15	0.55	3.25	625	7.11
2010	1.56	2.50	0.98	3.12	625	7.11
2011	6.15	9.07	1.29	6.79	639	7.36
2012	2.98	3.77	0.28		657	7.36
2013	3.04	4.65	0.29		657	7.36
2014	3.66	4.98	0.18		784	7.42
2015	3.95	11.38	0.12		791	7.42
2016	4.64	7.10	0.14		815	7.79
2017	4.18	8.90	0.17		860	8.27
2018	3.14	4.50	0.26			9.55

16-3 工会基本情况

(1990-2018年)　　单位：人

年份	基层工会组织数(个)	建立工会组织单位职工人数	#女职工	建立工会组织单位会员人数	#女会员	建立职工代表大会制度的单位数(个)	全国劳模	省、部级劳模	市级劳模
1990	2228	251674	95376	230452	87158			10	
1991	2248	262784	101983	238735	91425			4	
1992	2324	266339	105200	239708	92282			3	
1993	2291	244083	97152	218933	86362			5	
1994	2273	246203	97268	223354	86867			8	
1995							9	13	
1996	2639	226287	89340	206707	81974			5	
1997	2489	196051	79224	179901	70837			3	
1998	2359	213689	87487	185941	74880	973		5	
1999	2926	265768	110630	217735	89573	971		27	100
2000	5399	503285	204580	408975	164591	621	9	2	
2001	7073	845300	288184	821751	263792	517		11	
2002	5795	865423	368442	818095	339828	1209		4	
2003	5940	890017	367797	826141	339025	1675		5	
2004	7218	973565	395162	888892	370207	2349		36	100
2005	8356	1043045	473879	982363	417495	2400	10		
2006	9205	1142028	469978	1073865	421380	2537		4	
2007	10378	1236408	535409	1167186	497179	2770		4	
2008	11647	1326682	537442	1249840	511820	2904		5	
2009	12538	1432401	558981	1352600	535431	3010		39	79
2010	13343	1580373	621436	1517298	601393	3290	11		
2011	14719	1763071	682306	1712126	666807	3653		5	
2012	16739	2014431	770027	1981778	760996	4106		4	
2013	17639	2119344	809964	2083070	799558	4295		4	
2014	17427	2142399	814445	2100368	800470	4305		49	108
2015	17574	2299533	834233	2258245	822948	4416	10		
2016	17667	2394617	875998	2355832	867304	6267		3	
2017	17766	2436832	891207	2398395	882511	6452		3	106
2018	17902	2457329	899814	2419221	890945	6521		3	

注：工会基层组织统计口径2002年开始由原工会组织覆盖企业改为一级基层工会委员会。

16-4 妇女联合会基本情况

(1990-2018年)

年 份	巾帼文明岗数(市级以上)(个)	巾 帼 志愿者(人)	三 八 红旗手(人)	巾帼建功标兵(省级以上)(人)	实用技术培训人数(万人)	文明家庭(市、县级)(户)	村(社区)儿童之家(个)
1990			83		14.56	725	
1991			73		15.61	151	
1992			20			410	
1993			30			335	
1994			3		9.39	91	
1995			37		15.42	110	
1996			3		17.37	267	
1997			79		17.90	162	
1998			44		19.67	450	
1999					11.40	763	
2000			10		9.72	11563	
2001	746				14.34	40141	
2002	1206	20514	13		10.25	225280	
2003	623	23021	26		10.79	412811	
2004	628	34997	37	7	6.73	482499	
2005	321	32640	34		6.75	289166	
2006	161	35680	28	7	5.66	144701	
2007	227	33600	33	5	4.76	135837	
2008	309	34580	59	38	3.68	647	
2009	309	35280	105	9	5.38	2048	
2010	411	35760	84	10	4.22	1490	
2011	124	36250	56	12	4.79	418	
2012	74	37777	60	15	7.25	2380	
2013	69	37100	49	17	0.90	70611	
2014	62	36659	20	9	0.90	5022	
2015	76	38195	22	7	2.87	334	4310
2016	5	69120	8	3	3.39	393	4486
2017	86	36622		10	1.50	3866	4537
2018	5	52000	9	3	1.76	454	3342

16-5 优抚事业基本情况

(1990-2018年)　　　　单位：人

年份	享受定期抚恤金人数	#烈士家属	享受定期补助人数	#在乡复员军人	#在乡退伍军人	烈军属享受优待户数(户)	烈军属享受优待总额(万元)	安置退伍军人人数	离退休、退职直接发放人员
1990	821	502	10591	9112	1296	10589	517	1639	772
1991	829	492	10427	8914	1410	10081	524		725
1992	793	483	10330	8697	1543	10455	553	2425	571
1993	797	474	10096	4836	1585	11111	570	1816	561
1994	770	458	10085	8434	1575	11888	689	2546	535
1995	780	467	9977	8314	1589	12728	864	2148	510
1996	721	431	9862	8112	1694	10307	1359	1872	501
1997	724	423	9526	7757	1711	10590	2223	1651	496
1998	694	391	9407	7407	1943	10296	2322	1366	474
1999	672	368	9308	7202	2072	14515	3559	3596	447
2000	646	349	9181	6947	2208	15940	3513	3568	427
2001	626	333	8811	6835	1959	17040	3825	1690	421
2002	611	323	8802	6581	2209	16572	3440	2409	406
2003	602	318	8474	6189	2274	16141	3950	1150	403
2004	590	312	8356	5982	2364	13522	2939	854	402
2005	583	309	7968	5616	2346	11922	4370	1257	391
2006	581	309	7741	5384	2351	9656	4543	1781	392
2007	561	291	7823	5164	2282	10104	5313	1730	386
2008	547	284	9150	4981	3197	10973	6063	2943	375
2009	545	277	9096	4680	3156	10993	7087	2482	363
2010	527	271	8987	4430	3183	11959	8797	2763	357
2011	510	257	9348	4158	3118	13483	11872	2698	349
2012	485	242	36368	3803	2193	14349	11438	2756	325
2013	445	222	36060	3217	2234	16203	9881	2616	318
2014	411	197	36725	2955	2220	18433	15095	2456	309
2015	416	204	37344	2764	2131	16537	15861	2302	303
2016	406	196	37954	2589	2080	24092	18456	2490	279
2017	363	154	38174	1868	2006	32760	24171	2349	184
2018	356	153	40048	1493	1786	4575	11402	1997	112

16-6　民政事业基本情况(一)

(1990-2018年)

单位：人

年　份	最低生活保障人数	最低生活保障资金(万元)	社会福利院			收养类单位		
			单位数(个)	床位(张)	年末在院人　数	单位数(个)	床位(张)	年末在院人　数
1990			4	222	124	82	1133	751
1991			4	194	112	93	1209	850
1992			4	194	114	98	1339	975
1993			4	182	142	98	1374	1056
1994			4	178	154	101	1336	1116
1995			4	178	297	123	1852	1087
1996			4	232	188	165	2225	1321
1997			6	322	177	185	2585	1666
1998			7	372	247	184	2795	1655
1999			7	403	297	179	2847	1640
2000	29611	1441	7	525	359	175	3697	2005
2001	33487	1915	8	735	425	164	4024	2149
2002	48926	1751	9	854	503	149	4980	2396
2003	56751	2260	9	876	552	134	4303	2783
2004	60893	4970	9	908	599	135	5788	3642
2005	56747	4932	9	992	643	168	8327	4411
2006	56527	5126	9	1093	729	196	11753	7094
2007	60186	6917	9	1323	773	194	13237	9346
2008	62988	9422	9	1423	748	209	15061	8524
2009	61624	9960	9	1473	808	203	15574	9284
2010	60705	11988	9	1638	792	224	20518	9803
2011	61666	15686	9	1931	817	327	26949	16290
2012	61612	19035	9	1871	786	342	32939	18461
2013	60252	21227	9	2206	1107	366	38223	19458
2014	58555	20718	9	2117	1102	331	37963	19186
2015	78147	27099	9	2206	1195	345	42111	20502
2016	100223	38021	9	2741	1191	354	46386	21905
2017	101512	49511	9	2232	1068	316	49051	22878
2018	86885	45968	9	2311	1193	302	48683	23835

16-7 民政事业基本情况(二)

(1990-2018年)

单位：个

年 份	民政福利企业单位数	结婚对数(对)	#涉外结婚对数	离婚对数(对)	社会团体机构数	#地级社团	年末实有殡仪馆	年处理遗体数(具)
1990	431	30054	26	463			1	322
1991	391	29217	22	467	600	118	1	303
1992	425	36625	35	517	874	140	1	354
1993	460	39201	55	841	1134	165	1	348
1994	496	44557	38	1010	1091	171	1	406
1995	425	44544	51	992	1105	182	1	538
1996	382	45338	55	1375	1424	206	1	665
1997	376	40764	62	1559	1264	212	1	720
1998	380	50200	66	1555	1080	218	2	1419
1999	364	57519	83	1679	1131	215	5	13609
2000	345	48006	73	1994	884	202	5	25954
2001	361	46771	78	2080	815	203	5	26260
2002	382	47446	47	2149	887	234	5	27839
2003	388	46640	62	3163	953	256	6	32241
2004	384	46602	64	4795	1027	260	7	33110
2005	381	43853	42	4773	1151	273	7	35629
2006	387	49405	65	6522	1257	293	7	25709
2007	354	46229	3	6702	1315	301	7	33745
2008	323	47479	8	7837	1342	302	7	34621
2009	326	48197	37	8745	1384	333	7	34677
2010	311	47843	40	9516	1431	332	7	44043
2011	301	50064	67	10261	1448	315	7	35307
2012	209	47721	98	11159	1516	337	7	34565
2013	228	44383	185	11630	1598	356	7	35175
2014	207	47049	125	13149	1681	365	7	36330
2015	186	43540	113	14173	1759	384	7	37427
2016	181	35077	129	14443	1944	397	7	37716
2017		34273	134	14814	2036	404	7	38728
2018		32362	197	14857	2120	402	7	37994

16-8 养老保险基本情况

(1995-2018年)

年 份	城镇职工养老保险参保人数(人)	职工参保	离退休参保	城镇养老保险收缴保险基金(万元)	城镇养老保险支付养 老 金(万元)	城乡居民养老保险参保人数(人)
1995	223450	181285	42165			
1996	231067	186165	44902			
1997	230021	181685	48336	26203	23500	
1998	238425	186402	52023	28957	29778	
1999	289975	232229	57746	29038	35818	
2000	323774	260075	63699	39518	43289	
2001	337621	268966	68655	67635	55314	
2002	475499	404592	70907	74404	68063	
2003	564249	490256	73993	116500	72220	
2004	663682	584910	78772	125341	77926	
2005	699799	616468	83331	140543	87633	
2006	740966	652528	88438	173169	103925	
2007	817298	723023	94275	218071	125779	
2008	906825	806013	100812	262405	153331	
2009	1010435	900749	109686	269939	177683	
2010	1138364	1021004	117360	314867	206125	
2011	1340952	1179823	161129	392608	263072	
2012	1486883	1291768	195115	496811	373575	2124079
2013	1609977	1398087	211890	575193	444999	2316696
2014	1811961	1511186	300775	674310	589138	2460537
2015	1797098	1320752	476346	813370	997801	2336250
2016	1938744	1306268	632476	1081240	1561531	2197064
2017	2133587	1381238	752349	2760245	2320968	2087530
2018	2288528	1476675	811853	2230742	2383536	2113781

16-9 基本医疗和失业保险情况

(1995-2018年)

年 份	城镇基本医疗保险情况					失业保险情况		
	期末参保人数(人)	职工参保	离退休参保	收缴保险基金(万元)	支付保险基金(万元)	期末参保人数(人)	收缴保险基金(万元)	支付保险基金(万元)
1995	60102	49481	10621			149713	950	530
1996	65328	51544	13784			155772	1438	625
1997	58237	21421	36816	2054	1321	156924	1543	796
1998	109136	91479	17657	4687	2230	153038	2320	1082
1999	126770	97841	28929	8391	3761	231800	3628	1706
2000	127805	96257	31548	5445	5014	262000	3928	1619
2001	132793	90059	42734	7894	7674	284055	4431	2273
2002	223409	157042	66367	16835	9062	309988	5295	1998
2003	296000	219381	76619	40919	18480	320716	6411	1251
2004	330855	250393	87662	43205	27831	346440	8099	2596
2005	375163	282927	92236	45028	33894	348259	9334	1924
2006	427668	326288	101380	50724	38843	392096	11448	2622
2007	487703	380074	107629	52340	31423	443716	13257	2424
2008	586798	471292	115506	59191	35442	516349	17860	1774
2009	662437	530546	131891	72335	45043	562033	20080	4319
2010	744828	604216	140612	88734	53600	627233	27061	7639
2011	925990	762801	163189	136867	67558	748807	31761	10704
2012	1070942	893920	177022	225034	107365	822736	42710	10496
2013	1223191	1041790	181401	214681	139461	895307	51906	13737
2014	1362068	1173943	188125	320215	167409	959460	59122	12439
2015	1407771	1212375	195396	306705	162261	993734	58866	29031
2016	1290458	1087197	203261	398126	223492	1035947	44044	4886
2017	1358141	1145319	212822	491122	333333	975871	44719	27785
2018	1496184	1262774	233410	586170	418908	985931	55901	30239

16-10 工伤和生育保险基本情况

(1995-2018年)

年份	工伤保险情况			生育保险情况		
	期末参保人数(人)	收缴保险基金(万元)	支付保险基金(万元)	期末参保人数(人)	收缴保险基金(万元)	支付保险基金(万元)
1995	34964			14274		
1996	107496			46942		
1997	132906	618	118	73035	227	137
1998	130593	651	140	135056	378	255
1999	123201	639	200	133177	570	414
2000	122066	719	285	128547	590	451
2001	129824	858	347	129325	681	533
2002	129983	1147	420	126554	805	532
2003	190081	1414	733	123497	732	548
2004	235329	2505	1380	143816	811	542
2005	290154	4107	2541	135991	1106	841
2006	420460	5977	4092	176515	1570	1036
2007	1128802	9726	5713	199769	2421	1695
2008	1480046	16989	9623	243769	3072	2356
2009	1600697	17207	12092	274273	4053	3088
2010	1809065	23439	15435	345769	5373	4110
2011	1972055	31263	22660	574568	7837	5235
2012	2085850	36453	38900	666972	12560	8812
2013	2191494	39033	39841	769415	14525	10841
2014	2286346	42038	46833	856955	17012	13411
2015	2324260	53508	48834	887374	21835	15597
2016	1825047	55916	48877	824371	18462	18224
2017	1819511	64324	61664	872250	20653	26718
2018	1946014	78791	66787	979629	23988	36002

主要统计指标解释

居民最低生活保障人数 指在报告期末家庭平均收入在当地规定的最低生活保障线以下的城镇和农村居民数。包括“三无”对象，失业人员和在职、下岗、退休人员等。

收养类单位 指提供食宿的、不以盈利为目的的革命伤残军人休养院、复退军人慢性病疗养院、复退军人精神病院、光荣院、社会福利院、儿童福利院、精神病人福利院、老年收养性机构（敬老院、养老院、老年公寓）等收养性的社会福利事业单位的总称。分事业单位、企业和民办非企业3类。

城镇职工基本养老保险

1. 参保职工人数 指报告期末按照国家法律、法规和有关政策规定参加城镇职工基本养老保险并在社保经办机构已建立缴费记录档案的职工人数，包括中断缴费但未终止养老保险关系的职工人数，不包括只登记未建立缴费记录档案的人数。

2. 离退休人员人数 指报告期末参加城镇职工基本养老保险的离休、退休和退职人员的人数。

3. 基金收入 指根据国家有关规定，由纳入基本养老保险范围的缴费单位和个人按国家规定的缴费基数和缴费比例缴纳的养老保险基金，以及通过其他方式取得的形成基金来源的收入。包括单位和职工个人缴纳的基本养老保险费、基本养老保险基金利息收入、上级补助收入、下级上解收入、转移收入、财政补贴和其他收入。

4. 基金支出 指按照国家政策规定的开支范围和开支标准从养老保险基金中支付给参加基本养老保险的个人的养老金、丧葬抚恤补助，以及由于保险关系转移、上下级之间调剂资金等原因而发生的支出。包括离休金、退休金、退职金、各种补贴、医疗费、死亡丧葬补助费、抚恤救济费、社会保险经办机构管理费、补助下级支出、上解上级支出、转移支出、其他支出等。

基本医疗保险 建立城镇职工基本医疗保险制度，是对现行公费医疗、劳动医疗制度的创新和机制转换。基本医疗保险实行社会统筹和个人帐户相结合，是建立城镇职工基本医疗保险制度的核心内容。

失业保险参保人数 指报告期末按照国家法律、法规和有关政策规定参加了失业保险的城镇企业、事业单位的职工及地方政府规定参加失业保险的其他人员的人数。

工伤保险参保人数 指报告期末依据国家有关规定参加工伤保险的职工人数和有雇工的个体工商户的雇工数。

生育保险参保人数 指报告期末依据有关规定参加生育保险的人数。

17

各县市区国民经济主要指标

Main Indicators of National Economy by County, City and District

17-1 各县市区法人单位数

(2018年) 单位：个

地 区	法 人 单位数	单产业法人	多产业法人
全 市	**134381**	**132532**	**1849**
市 区	46240	45399	841
椒江区	14656	14319	337
黄岩区	15454	15230	224
路桥区	16130	15850	280
三门县	8032	7957	75
天台县	11285	11153	132
仙居县	8766	8657	109
温岭市	25655	25330	325
临海市	19163	18919	244
玉环市	15240	15117	123

17-2 各县市区分产业法人单位数

(2018年) 单位：个

地 区	法 人 单位数	第一产业	第二产业	第三产业	法人单位 数中:工业
全 市	**134381**	**10990**	**50801**	**72590**	**47832**
市 区	46240	1425	17465	27350	16249
椒江区	14656	616	4099	9941	3484
黄岩区	15454	496	6776	8182	6505
路桥区	16130	313	6590	9227	6260
三门县	8032	1633	2276	4123	2069
天台县	11285	1408	2107	7770	1893
仙居县	8766	2240	2179	4347	1950
温岭市	25655	849	12340	12466	11910
临海市	19163	2232	5571	11360	5207
玉环市	15240	1203	8863	5174	8554

17-3　各县市区分产业增加值

(2018年)　　单位：万元

地　区	生产总值	第一产业	第二产业	第三产业	人均生产总值			
					人民币(元)		美　元	
					按户籍人口计算	按常住人口计算	按户籍人口计算	按常住人口计算
全　市	**48746696**	**2642840**	**21825951**	**24277906**	**80644**	**79541**	**12187**	**12020**
市　区	18082012	512570	8118188	9451255	111645	91717	16871	13860
椒江区	6270971	207957	2765049	3297965	114806	91882	17349	13885
黄岩区	5059425	175473	2493615	2390337	82361	76484	12446	11558
路桥区	6751616	129140	2859523	3762953	147068	107595	22224	16259
三门县	2293784	307058	863234	1123492	51310	65537	7754	9904
天台县	2545147	135400	1045545	1364202	42261	63233	6386	9556
仙居县	2301117	147234	980397	1173486	44580	64729	6737	9782
温岭市	10910665	751060	4547930	5611675	89378	79698	13506	12044
临海市	6709216	445821	3103050	3160345	55712	63746	8419	9633
玉环市	5807680	343698	3145111	2318871	133639	92553	20195	13986

17-4　各县市区分行业增加值(一)

(2018年)　　单位：万元

地　区	农、林、牧、渔业	工业	建筑业	批发和零售业	交通运输仓储及邮政业	住宿和餐饮业
全　市	**2673599**	**18952548**	**2905342**	**6264312**	**1819471**	**1468137**
市　区	515356	7247187	893251	2700790	675304	488447
椒江区	208279	2408763	361943	513481	227574	171614
黄岩区	177398	2332987	169108	459419	222471	158798
路桥区	129679	2505438	362200	1727890	225259	158035
三门县	307157	643098	222248	206404	108251	77763
天台县	136009	880612	166596	293160	102730	95921
仙居县	148199	800452	181941	214709	111941	86373
温岭市	768462	3739575	820753	1783911	484528	332756
临海市	447313	2686774	420250	550007	192149	164027
玉环市	351104	2973193	179305	595919	145107	159115

17-5 各县市区分行业增加值(二)

(2018年) 单位：万元

地 区	金融业	房地产业	其他服务业	
				营利性服务业	非营利性服务业
全 市	**3597355**	**3238920**	**7827013**	**2758335**	**5068678**
市 区	1572821	1235690	2753166	918176	1834990
椒江区	794957	467475	1116886	341659	775227
黄岩区	331470	356854	850920	288282	562638
路桥区	446394	411362	785360	288236	497124
三门县	173104	150627	405132	123716	281416
天台县	187798	189352	492969	156369	336600
仙居县	185586	150990	420927	113303	307624
温岭市	710011	717942	1552727	681924	870803
临海市	440385	495485	1312826	418910	893916
玉环市	278053	234750	891134	401557	489577

17-6 各县市区生产总值增长速度

(2018年) 单位：%

地 区	生产总值					人均生产总值按户籍人口计算	人均生产总值按常住人口计算
		第一产业	第二产业	第三产业	在生产总值中:工 业		
全 市	**7.6**	**0.9**	**8.7**	**7.3**	**9.4**	**7.1**	**7.0**
市 区	8.3	1.5	10.0	7.3	11.2	7.5	7.4
椒江区	8.8	0.4	9.8	8.7	11.0	7.4	8.1
黄岩区	8.6	4.2	10.6	6.9	11.8	8.3	7.4
路桥区	7.6	-0.6	9.7	6.3	11.0	7.0	7.0
三门县	7.6	3.1	11.6	5.6	15.1	7.1	6.0
天台县	7.6	4.0	7.1	8.5	8.2	7.3	6.7
仙居县	5.0	3.5	4.4	5.6	3.9	4.2	4.2
温岭市	7.7	-0.1	8.7	8.0	9.2	7.5	7.8
临海市	7.0	1.5	7.9	7.0	8.2	6.7	6.6
玉环市	6.8	-2.1	8.0	6.3	8.3	6.3	6.8

注：本表按可比价格计算。

17-7 各县市区年末人口数

(2018年)

单位：人

地区	户籍总户数（户）	户籍总人口数	按性别分		按城乡分		常住人口数（万人）
			男性	女性	城镇人口	农村人口	
全市	**1918307**	**6053971**	**3090586**	**2963385**	**2626703**	**3427268**	**613.9**
市区	504413	1624970	813062	811908	879243	745727	197.6
椒江区	175264	549676	275036	274640	321202	228474	68.5
黄岩区	196092	615197	307892	307305	291854	323343	66.3
路桥区	133057	460097	230134	229963	266187	193910	62.8
三门县	150777	447491	233913	213578	133178	314313	35.0
天台县	195790	602520	313490	289030	202519	400001	40.5
仙居县	144436	517377	268127	249250	157415	359962	35.7
温岭市	405921	1221381	617989	603392	596627	624754	136.9
临海市	375244	1204937	624056	580881	426090	778847	105.4
玉环市	141726	435295	219949	215346	231631	203664	62.8

17-8 各县市区户籍人口自然变动情况

(2018年)

地区	出生		死亡		自然增长	
	人数（人）	出生率（‰）	人数（人）	死亡率（‰）	人数（人）	自然增长率（‰）
全市	**64769**	**10.72**	**39193**	**6.48**	**25576**	**4.24**
市区	17310	10.69	10545	6.51	6765	4.18
椒江区	6639	12.15	3357	6.15	3282	6.00
黄岩区	6202	10.10	4251	6.92	1951	3.18
路桥区	4469	9.73	2937	6.40	1532	3.33
三门县	5239	11.72	2410	5.39	2829	6.33
天台县	6973	11.58	4137	6.87	2836	4.71
仙居县	6616	12.82	3389	6.57	3227	6.25
温岭市	11596	9.50	8276	6.78	3320	2.72
临海市	12424	10.32	7635	6.34	4789	3.98
玉环市	4611	10.61	2801	6.45	1810	4.16

17-9 各县市区分行业全部在岗职工年末人数(一)

(2018年)　　单位：人

地　区	在岗职工年末人数	农、林、牧、渔业	采矿业	制造业	电力、热力、燃气及水生产和供应业	建筑业	批发和零售业	交通运输、仓储和邮政业	住宿和餐饮业	信息传输、软件和信息技术服务业
全　市	**863926**	**255**	**87**	**299480**	**11707**	**302698**	**20998**	**9676**	**4938**	**4985**
市　区	335284	109		131705	4452	87379	10441	4903	1931	4111
椒江区	175701	32		56927	3027	55847	6980	3978	1025	3865
黄岩区	70516	67		36162	746	12809	999	440	906	212
路桥区	89067	10		38616	679	18723	2462	485		34
三门县	29096	45		4690	2442	8753	272	342		74
天台县	60120	11		12677	593	29536	180	588	126	104
仙居县	37045		87	10773	535	11304	1907	131	185	
温岭市	132855			34638	1237	58855	4056	841	1046	255
临海市	184762	85		44771	1433	102688	2812	2247	849	301
玉环市	84764	5		60226	1015	4183	1330	624	801	140

17-10 各县市区分行业全部在岗职工年末人数(二)

(2018年)　　单位：人

地　区	金融业	房地产业	租赁和商务服务业	科学研究、技术服务业	水利、环境和公共设施管理业	居民服务、修理和其他服务业	教　育	卫生和社会工作	文化、体育和娱乐业	公共管理、社会保障和社会组织
全　市	**33754**	**7931**	**11966**	**5532**	**4863**	**535**	**57763**	**33762**	**3091**	**49905**
市　区	28748	4034	4539	2811	1973	167	18892	11671	1518	15900
椒江区	12272	1881	1848	2129	1337	101	9049	5758	1185	8460
黄岩区	637	1231	1817	507	598	17	5313	3734	249	4072
路桥区	15839	922	874	175	38	49	4530	2179	84	3368
三门县	561	367	601	131	85	23	3712	1715	245	5038
天台县		781	190	376	1252	43	5652	3245	176	4590
仙居县	382	400	418	41	167	34	4222	2524	157	3778
温岭市	2959	963	2516	631	260	142	10401	6383	209	7463
临海市	1068	694	2619	1420	224	88	9627	5201	375	8260
玉环市	36	692	1083	122	902	38	5257	3023	411	4876

17-11 各县市区分经济类型全部在岗职工年末人数

(2018年)

单位：人

地区	合计	国有经济单位	城镇集体经济单位	其他经济单位
全市	**863926**	**154246**	**53656**	**656024**
市区	335284	52452	2619	280213
椒江区	175701	29231	328	146142
黄岩区	70516	14076	374	56066
路桥区	89067	9145	1917	78005
三门县	29096	12083	22	16991
天台县	60120	15509	114	44497
仙居县	37045	10186	67	26792
温岭市	132855	26630	4391	101834
临海市	184762	24544	46116	114102
玉环市	84764	12842	327	71595

17-12 各县市区农村基本情况

(2018年)

地区	农村常住户数(万户)	农村常住人口数(万人)	农村从业人员数(万人)	通自来水村数(个)	通有线电视村数(个)	通宽带村数(个)
全市	**161.86**	**515.07**	**313.48**	**3027**	**3039**	**3041**
市区	43.43	144.4	81.84	689	689	691
椒江区	13.72	44.69	24.02	203	203	203
黄岩区	17.34	54.98	32.54	306	306	306
路桥区	12.37	44.73	25.28	180	180	182
三门县	9.31	29.04	18.38	275	275	275
天台县	11.19	34.58	21.58	374	374	374
仙居县	11.07	34.29	20.76	310	311	311
温岭市	39.45	118.38	73.96	576	578	579
临海市	29.32	97.82	61.26	618	627	628
玉环市	18.09	56.56	35.7	185	185	183

17-13　各县市区农林牧渔业总产值(一)

(2018年)　　单位：万元

地　区	农林牧渔业总产值	农业产值	粮食作物	油料	棉花	甘蔗	药材
全　市	**4769554**	**1553968**	**149443**	**6296**	**541**	**18645**	**56370**
市　区	888441	421362	26131	392	33	4412	2358
椒江区	421847	100529	9170	189	29	212	800
黄岩区	240363	220908	9821	153		2898	985
路桥区	226231	99925	7140	50	4	1302	573
三门县	638342	104106	13528	845	304	231	1382
天台县	208130	139817	12225	1252	37	57	21544
仙居县	230367	164707	25267	2388		180	15177
温岭市	1406606	299325	36282	849	106	13210	11902
临海市	739839	354926	33536	364	54	429	2766
玉环市	657829	69725	2474	206	7	126	1241

注：农林牧渔业总产值按当年价格计算，下同。

17-14　各县市区农林牧渔业总产值(二)

(2018年)　　单位：万元

地　区	在农业产值中								
	蔬菜	食用菌	花卉园艺	茶桑果及坚果	#茶叶	#水果			其他
							柑桔	果用瓜	
全　市	**470663**	**6757**	**74663**	**758459**	**64758**	**690604**	**176627**	**165495**	**348482**
市　区	182409	880	30504	173750	170	173388	29045	50556	93787
椒江区	22888	350	3600	63287		63287	6479	36351	20457
黄岩区	115787	530	6400	84266	170	83904	21697	4344	57863
路桥区	43734		20504	26197		26197	869	9861	15467
三门县	40232		2326	37316	6027	31117	9718	15359	6040
天台县	32775	304	4098	66355	29648	35920	5597	5838	24485
仙居县	37065	629	4548	79191	4438	73189	1274	4049	67866
温岭市	76138	4532	18992	137047	751	136296	3818	52443	80035
临海市	77539	406	7279	230571	23670	206519	110055	29864	66600
玉环市	24505	6	6916	34229	54	34175	17120	7386	9669

17-15　各县市区农林牧渔业总产值(三)

(2018年)　　单位：万元

地　区	在农业产值中			林业				
	其他	饲料绿肥作物	其他作物		人造林木生长	林产品	竹木采运	采集野生植物
全　市	**12112**	**285**	**11827**	**67187**	**7526**	**24629**	**22808**	**12224**
市　区	493	61	432	4260	1230	1036	1621	373
椒江区	4	4		354	226		128	
黄岩区	68	50	18	3472	570	1036	1493	373
路桥区	421	7	414	434	434			
三门县	7942	13	7929	3917	405	2119	555	838
天台县	1155	44	1111	14485	2410	2558	6333	3184
仙居县	262	63	199	24210	2102	11570	3713	6825
温岭市	263	59	204	431	182	132	117	
临海市	1982	44	1938	18735	137	7214	10461	923
玉环市	15	1	14	1149	1060		8	81

17-16　各县市区农林牧渔业总产值(四)

(2018年)　　单位：万元

地　区	牧业产值	牲畜				家禽饲养	活的畜禽产品	捕猎野兽野禽
			牛	猪	羊			
全　市	**260659**	**165837**	**7020**	**153217**	**5600**	**39602**	**30721**	**770**
市　区	33094	20029	960	18399	670	1533	8506	18
椒江区	21050	12063	536	11002	525	672	5678	
黄岩区	8693	4744	399	4200	145	815	2745	18
路桥区	3351	3222	25	3197		46	83	
三门县	22417	16924	396	15685	843	1393	3576	54
天台县	48741	26526	1559	24214	753	15005	2239	284
仙居县	33259	23394	1552	21212	630	5654	2373	325
温岭市	50243	34236	1694	30997	1545	6013	9352	
临海市	61297	38043	491	36706	846	5855	4099	89
玉环市	11608	6685	368	6004	313	4149	576	

17-17 各县市区农林牧渔业总产值(五)

(2018年) 单位：万元

地区	在牧业产值中				渔业产值					农林牧渔服务业
	其他动物饲养					海水产品			淡水产品	
		兔毛	蜂蜜	其他			捕捞	养殖		
全市	**23729**	**14247**	**4424**	**5058**	**2836819**	**2734503**	**1815091**	**919412**	**102316**	**50921**
市区	3008	1036	1510	462	422006	396109	338670	57439	25897	7719
椒江区	2637	1036	1268	333	299109	291136	243822	47314	7973	805
黄岩区	371		242	129	3402				3402	3888
路桥区					119495	104973	94848	10125	14522	3026
三门县	470	176	98	196	507650	504147	19711	484436	3503	252
天台县	4687	1008	818	2861	3729				3729	1358
仙居县	1513		914	599	6085				6085	2106
温岭市	642		93	549	1027948	1011792	851898	159894	16156	28659
临海市	13211	12027	850	334	301881	262945	231346	31599	38936	3000
玉环市	198		141	57	567520	559510	373466	186044	8010	7827

17-18 各县市区农作物播种面积(一)

(2018年) 单位：公顷

地区	农作物播种面积	粮食作物	油料				棉花	麻类	甘蔗
				#油菜籽	#花生	#芝麻			
全市	**199175**	**82030**	**6266**	**5161**	**913**	**160**	**223**	**4**	**1456**
市区	45850	15385	419	325	77	1	13		360
椒江区	10956	5013	130	130			11		5
黄岩区	19207	5501	241	174	66	1			235
路桥区	15687	4871	48	21	11		2		120
三门县	18494	6896	975	837	85	53	98		24
天台县	23500	10109	1585	1067	478	26	27	3	23
仙居县	24928	11833	1558	1417	84	55			13
温岭市	41439	18612	566	512	50	4	44	1	901
临海市	37451	17331	750	626	104	20	37		113
玉环市	7513	1864	413	377	35	1	4		22

17-19 各县市区农作物播种面积(二)

(2018年)　　单位：公顷

地　区	药材类	蔬菜	果用瓜			花卉苗木			其他作物
				#西瓜	#草莓		#花卉	#盆栽类园艺	
全　市	**5243**	**76464**	**16315**	**9579**	**678**	**4749**	**1005**	**46**	**6425**
市　区	254	22512	3891	1360	76	1717	334	15	1299
椒江区	12	4046	1324	182	19	353	57	9	62
黄岩区	212	11117	659	494	31	564	139	1	678
路桥区	30	7349	1908	684	26	800	138	6	559
三门县	269	6455	3233	1222	18	230	44		314
天台县	1665	7331	969	852	39	755	62	3	1033
仙居县	2127	6409	922	807	40	523	33	1	1543
温岭市	340	15887	3439	2317	70	697	210	24	952
临海市	508	13988	2775	2123	415	699	276	1	1250
玉环市	80	3882	1086	898	20	128	46	1	34

17-20 各县市区农作物产量

(2018年)　　单位：吨

地　区	粮食作物	油料		棉花	麻类	甘蔗	药材	蔬菜	果用瓜
			#油菜籽						
全　市	**510838**	**11763**	**9488**	**289**	**6**	**120455**	**39202**	**2192193**	**531865**
市　区	92037	802	527	20		23424	1293	675865	120691
椒江区	27693	241	241	17		436	89	126046	49424
黄岩区	33022	413	252			17025	835	330734	18123
路桥区	31322	148	34	3		5963	369	219085	53144
三门县	42450	1590	1346	143		1059	1202	168765	83399
天台县	67287	2920	2004	25	3	670	9506	159089	28105
仙居县	74483	3129	2817			556	23562	184968	23912
温岭市	113399	1112	960	50	3	88067	1876	512854	178478
临海市	111014	1438	1139	45		5034	1502	381672	68994
玉环市	**10168**	**772**	695	6		1645	261	108980	28286

17-21 各县市区茶园面积和茶叶产量

(2018年)

地区	茶园总面积(公顷)	#本年新增面积	#本年采摘面积	茶叶总产量(吨)	春茶	夏茶	秋茶
全市	**12284**	**370**	**10971**	**5285**	**3961**	**853**	**471**
市区	293	1	176	50	49	1	
椒江区							
黄岩区	293	1	176	50	49	1	
路桥区							
三门县	1038		927	739	483	121	135
天台县	6678	244	6043	2710	1899	566	245
仙居县	1325	1	1138	474	372	80	22
温岭市	265	8	243	75	75		
临海市	2590	113	2352	1228	1074	85	69
玉环市	95	3	92	9	9		

17-22 各县市区果园面积和水果产量(一)

(2018年) 单位：公顷

地区	果园面积	柑桔	梨园	桃园	杨梅	枇杷
全市	**67790**	**24578**	**2245**	**4111**	**24355**	**3631**
市区	14371	5205	90	766	5470	1766
椒江区	2170	897	2	236	650	161
黄岩区	10587	4122	66	312	4414	1332
路桥区	1614	186	22	218	406	273
三门县	5101	3312	296	115	638	252
天台县	4735	792	733	631	1681	153
仙居县	11516	477	378	941	8246	355
温岭市	6491	1057	203	187	1470	261
临海市	21593	11178	505	1352	6580	738
玉环市	3983	2557	40	119	270	106

17-23 各县市区果园面积和水果产量(二)

(2018年)

地区	在果园面积中(公顷)				水果总产量(吨)		
	柿子	葡萄	猕猴桃	其他	合计	柑桔	
							柑
全市	**875**	**5684**	**934**	**1377**	**1472699**	**489347**	**18215**
市区	30	817	110	117	306176	88312	6063
椒江区	12	190	9	13	86239	21517	227
黄岩区	16	156	99	70	134988	62755	5707
路桥区	2	471	2	34	84949	4040	129
三门县	74	303	52	59	158047	65693	2805
天台县	245	156	83	261	91607	21080	97
仙居县	161	281	433	244	99738	6339	3059
温岭市	47	3099	53	114	286753	14707	1449
临海市	176	439	186	439	434129	250064	249
玉环市	142	589	17	143	96249	43152	4493

17-24 各县市区果园面积和水果产量(三)

(2018年)

单位：吨

地区	在水果总产量中					
	柑桔产量中			梨头	桃子	杨梅
	桔	橙	柚			
全市	**426074**	**8048**	**37009**	**28767**	**56175**	**205830**
市区	81677	214	358	1290	10439	49538
椒江区	20928	41	321	29	3385	6073
黄岩区	56838	173	37	639	3112	35329
路桥区	3911			622	3942	8136
三门县	61416	606	865	1594	1309	2946
天台县	20587	53	343	12468	9056	11865
仙居县	3025	118	137	3329	8574	48588
温岭市	8084	4294	880	2517	3005	19795
临海市	249608	180	27	6949	22350	70391
玉环市	1677	2583	34399	620	1442	2707

17-25 各县市区果园面积和水果产量(四)

(2018年) 单位：吨

地 区	在水果总产量中					
	枇 杷	柿 子	葡 萄	猕猴桃	果用瓜	其他水果
全 市	**23866**	**6938**	**112916**	**5414**	**531865**	**11581**
市 区	13987	576	18929	659	120691	1755
椒江区	860	328	4304	91	49424	228
黄岩区	9944	200	3546	506	18123	834
路桥区	3183	48	11079	62	53144	693
三门县	1381	222	773	303	83399	427
天台县	809	1776	3938	678	28105	1832
仙居县	577	771	3968	2644	23912	1036
温岭市	3070	527	62258	233	178478	2163
临海市	2978	1247	7228	845	68994	3083
玉环市	1064	1819	15822	52	28286	1285

17-26 各县市区林业生产情况(一)

(2018年) 单位：公顷

地 区	森林抚育面积	人工造林	年末实有封山(沙)育林	更新造林	四旁(零星)植树(万株)	育苗面积
全 市	**8247**	**464**	**23150**	**481**	**149.6**	**3210**
市 区	900	186	3445	9	29.0	1433
椒江区	67	42	519		8.0	82
黄岩区	742	76	2864	9	9	852
路桥区	91	68	62		10.0	499
市直属						
三门县	700	21	4918	14	11.0	116
天台县	1527	94	1474	67	35.0	150
仙居县	2682	36	9198	272	15.0	761
温岭市	667	22	1510	13	16.0	191
临海市	1367	40	2605	81	32.6	457
玉环市	404	65		25	11.0	102

17-27　各县市区林业生产情况(二)

(2018年)

地　区	木材采伐(万立方米)	#村及村以下	竹材采伐(万根)	#村及村以下	主要林产品产量(吨)			
					毛　茶	油茶籽	竹笋干	板　栗
全　市	**10.56**	**5.55**	**156.16**	**57.98**	**5332**	**5150**	**4394**	**2140**
市　区	0.58	0.37	46.76		60		430	210
椒江区								
黄岩区	0.52	0.37	46.76		60		430	210
路桥区	0.06							
三门县	0.50	0.48	5.78	5.78	545	450	314	220
天台县	2.87	2.78	20.22		2710	2730	860	380
仙居县	4.39		31.20		720	1650	747	800
温岭市	0.03	0.01	7.20	7.20	8		20	
临海市	2.11		45.00	45.00	1289	320	2023	530
玉环市	0.08	1.91						

17-28　各县市区畜牧业生产情况(一)

(2018年)

地　区	生　猪(万头)					牛(头)		
	年末存栏头数	能繁殖的母猪	其　他生　猪	年内肥猪出栏头数	全　年饲养量	年　末存　栏	#良种牛	年　内出　栏
全　市	**37.59**	**3.25**	**34.34**	**78.57**	**116.16**	**20361**	**1247**	**10120**
市　区	4.33	0.35	3.98	9.88	14.21	1851	567	1128
椒江区	2.23	0.16	2.07	5.08	7.31	843	455	298
黄岩区	1.82	0.18	1.64	3.37	5.19	905	59	795
路桥区	0.28	0.01	0.27	1.43	1.71	103	53	35
三门县	5.19	0.38	4.81	8.78	13.97	1579	13	533
天台县	7.6	0.8	6.8	10.59	18.19	6790	8	2630
仙居县	4.49	0.27	4.22	9.83	14.32	4261	219	1667
温岭市	6.67	0.6	6.07	12.23	18.9	1328	182	1303
临海市	7.92	0.75	7.17	24.3	32.22	3996	258	2053
玉环市	1.39	0.1	1.29	2.96	4.35	556		806

17-29 各县市区畜牧业生产情况(二)

(2018年)

地 区	羊(万只)		家禽(万只)		兔(万只)		肉类产量(吨)		禽蛋产量(吨)
	年末存栏	年内出栏	年末存栏	年内出栏	年末存栏	年内出栏		#猪肉	
全 市	**5.59**	**7.41**	**673.52**	**1900.55**	**50.19**	**29.31**	**109906**	**78393**	**23838**
市 区	0.58	0.84	38.17	77.2	2.69	2.72	11358	9818	4306
椒江区	0.36	0.5	9.21	28.54	2.22	1.41	5712	5021	2020
黄岩区	0.22	0.34	27.74	46.44	0.47	1.31	4394	3580	2203
路桥区			1.22	2.22			1252	1217	83
三门县	0.8	1.03	50.71	45.23	2.46	1.63	9210	8310	4513
天台县	0.92	0.72	181.32	718.95	8.86	4.2	21835	10007	2782
仙居县	0.79	0.72	75.82	167.96	0.02	0.04	13031	10542	2267
温岭市	0.22	1.03	122.03	262.12	0.78	3.83	16035	11841	5709
临海市	1.74	2.29	170.39	491.99	35.12	16.19	33510	24810	3673
玉环市	0.54	0.78	35.08	137.1	0.26	0.7	4927	3065	588

17-30 各县市区渔业基本情况

(2018年) 单位：人

地 区	渔业乡镇(个)	渔业村(个)	渔业户(户)	渔业人口	渔业从业人员	#专业从业人员	海洋渔业从业人员	#专业从业人员	淡水渔业从业人员	#专业从业人员
全 市	**28**	**157**	**75875**	**242502**	**137543**	**100806**	**126059**	**92130**	**11484**	**8676**
市 区	4	18	6582	23130	17909	12293	15708	10863	2201	1430
椒江区	4	13	3347	10510	6903	4648	6903	4648		
黄岩区		1	115	290	685	550			685	550
路桥区		4	3120	12330	10321	7095	8805	6215	1516	880
三门县	8	7	9487	36130	26370	15680	23601	13917	2769	1763
天台县					424	142			424	142
仙居县			150	500	443	263			443	263
温岭市	3	50	27178	86407	50541	36448	50234	36264	307	184
临海市	2	8	10987	30711	13799	11619	12381	10793	1418	826
玉环市	11	74	21491	65624	28057	24361	24135	20293	3922	4068

17-31　各县市区渔业机械年末拥有量

(2018年)

地　区	机动渔船								非机动渔船	
	合　　计		捕捞渔船		养殖渔船		辅助渔船			
	艘	总吨位	艘	总吨位	艘	总吨位	艘	总吨位	艘	总吨位
全　市	**5675**	**857483**	**4147**	**668582**	**804**	**3170**	**724**	**185731**	**92**	**45**
市　区	1050	165688	669	91734	118	1499	263	72455	40	20
椒江区	655	118271	415	55024	21	468	219	62779		
黄岩区	28	73	24	61			4	12	40	20
路桥区	367	47344	230	36649	97	1031	40	9664		
三门县	568	27499	489	18378	2	20	77	9101		
天台县										
仙居县									52	25
温岭市	2467	501577	2001	423563	186	294	280	77720		
临海市	678	87600	643	80565	6	27	29	7008		
玉环市	912	75119	345	54342	492	1330	75	19447		

17-32　各县市区水产养殖面积

(2018年)　　单位：公顷

地　区	海水养殖面积	#鱼类	#甲壳类	#贝类	#藻类	海上养殖	滩涂养殖	淡水养殖面积
全　市	**24287**	**774**	**8351**	**10849**	**4292**	**5814**	**11032**	**7971**
市　区	1102	181		519	402	696	406	844
椒江区	239	181		48	10	239		227
黄岩区								149
路桥区	863			471	392	457	406	468
三门县	13600	34	6853	5425	1288	1047	6604	430
天台县								1192
仙居县								1225
温岭市	4978	46	639	3110	1162	1435	2746	805
临海市	1243	29	367	431	416	445	326	2797
玉环市	3364	484	492	1364	1024	2191	950	678

17-33　各县市区水产品产量(一)

(2018年)　　单位：吨

地　区	水产品总产量	海洋捕捞	#鱼类	#甲壳类	海水养殖	#鱼类	#甲壳类	#贝类	#藻类	远洋渔业
全　市	**1525191**	**935934**	**594127**	**263674**	**492572**	**15714**	**39512**	**414350**	**22431**	**29543**
市　区	285553	261125	198754	50830	19459	5351	75	12261	1772	4286
椒江区	228934	209947	160721	39180	9902	4985		4807	110	4286
黄岩区	2240									
路桥区	54379	36458	28947	6510	9557	366	75	7454	1662	
三门县	284603	14720	9086	5140	266603	2300	27565	230140	6598	
天台县	2704									
仙居县	4728									
温岭市	583557	441767	246860	149788	107208	1925	2794	94635	7289	25257
临海市	123114	87326	74098	11012	11215	181	4148	5017	1869	
玉环市	240932	145716	74415	52044	88087	5957	4930	72297	4903	

17-34　各县市区水产品产量(二)

(2018年)

地　区	淡水捕捞	#鱼类	#甲壳类	淡水养殖	#鱼类	#甲壳类	#池塘	#水库	#河沟	观赏鱼(万条)
全　市	**15943**	**12898**	**998**	**51199**	**42447**	**6280**	**28474**	**9997**	**10469**	**48.01**
市　区	633	594	39	14770	11492	3159	13233	25	513	32.01
椒江区				4799	4127	672	4690		87	30.00
黄岩区	280	276	4	1960	1954	6	1290	25	255	
路桥区	353	318	35	8011	5411	2481	7253		171	2.01
三门县	380	163	103	2900	2530	300	2888			
天台县	322	292	5	2382	2216	80	849	1391		3.00
仙居县	360	216	17	4368	3436	57	1998	1830		13.00
温岭市	485	335	41	8840	7306	1054	7689	12	1030	
临海市	9683	7854	622	14890	13108	952	1312	6552	6626	
玉环市	4080	3444	171	3049	2359	678	505	187	2300	

17-35　各县市区农业机械年末拥有量(一)

(2018年)

地区	农业机械总动力(千瓦)	耕作机械					收获前机械			收获后处理机械	
		耕作机械动力(千瓦)	#大中型拖拉机		#农用小型拖拉机		合计		#联合收割机(台)		
			台	千瓦	台	千瓦	台	千瓦		台	千瓦
全　市	**2856110**	**234669**	**1694**	**89959**	**10114**	**97839**	**3882**	**136306**	**2978**	**28317**	**66561**
市　区	486711	31334	207	11097	1457	13430	735	23659	588	7142	9954
椒江区	228214	8712	73	3984	437	3876	149	6213	148	85	873
黄岩区	74026	9088	42	2091	437	4266	180	7270	180	675	1873
路桥区	184471	13534	92	5022	583	5288	406	10176	260	6382	7208
三门县	248555	26847	196	10000	1342	13047	556	10158	285	693	7690
天台县	154734	30484	185	8932	1750	15560	226	9053	211	687	3036
仙居县	216196	41743	135	5476	2102	23517	270	10273	224	11544	19738
温岭市	988385	48713	557	32334	945	9227	532	25583	508	2030	7387
临海市	538073	48213	390	21123	2215	21279	1436	56028	1132	3357	14440
玉环市	223455	7335	24	996	303	1779	127	1552	30	2864	4316

17-36　各县市区农业机械年末拥有量(二)

(2018年)

地区	植保机械			排灌机械				运输机械动力(千瓦)
	合计		#机动喷雾(粉)机(架)	合计		#农用水泵(台)	#节水喷灌机械(套)	
	台	千瓦		台	千瓦			
全　市	**49137**	**86038**	**35220**	**127542**	**264080**	**105596**	**4993**	**250394**
市　区	12555	23885	10729	25719	52578	22629	2952	40322
椒江区	884	3240	886	7034	11241	6798	108	9401
黄岩区	3229	2481	2267	8614	18562	6766	1716	12035
路桥区	8442	18164	7576	10071	22775	9065	1128	18886
三门县	5885	12455	4817	5147	28625	2870	15	40298
天台县	3190	11020	537	6109	17647	5644	37	28066
仙居县	9227	9250	2775	18157	27473	14325	661	42742
温岭市	3736	6212	3561	6964	24053	6476	513	34708
临海市	11475	18619	10504	39363	78419	26837	314	42035
玉环市	3069	4597	2297	26083	35285	26815	501	22223

17-37 各县市区农业机械年末拥有量(三)

(2018年)

地区	农副产品加工机械				渔业机械动力(千瓦)	#机动渔船			其他农业机械动力(千瓦)
	合计		#粮食加工机械(台)	#棉花加工机械(台)					
	台	千瓦				(艘)	(吨位)	(千瓦)	
全市	**12752**	**111604**	**9433**	**93**	**1299773**	**5675**	**671752**	**1253983**	**406685**
市区	1305	12796	1056	3	245766	1050	93233	231804	46417
椒江区	194	2257	74		171285	655	55492	168904	14992
黄岩区	913	7829	824		560	28	61	377	14328
路桥区	198	2710	158	3	73921	367	37680	62523	17097
三门县	808	6858	420	19	60524	568	18398	41067	55100
天台县	2533	18500	1990	13	345				36583
仙居县	3179	22715	1969	3	1106				41156
温岭市	1602	17894	1373	24	747588	2467	423857	742188	76247
临海市	3053	29907	2409	28	125487	678	80592	122513	124925
玉环市	272	2934	216	3	118957	912	55672	116411	26256

17-38 各县市区农业机械化农村能源及农业物资消耗情况

(2018年)

地区	农业机械化情况(万亩)			农村用电量(万千瓦时)	农用塑料薄膜使用量(吨)	农用柴油使用量(吨)	农药使用量(吨)
	机耕面积	机播面积	机收面积				
全市	**190.78**	**38.90**	**93.87**	**1200449**	**10313**	**636557**	**2788**
市区	32.92	6.99	15.23	452811	4789	132119	767
椒江区	6.40	1.96	4.58	150662	321	127787	203
黄岩区	10.21	1.09	5.45	64256	3562	1265	387
路桥区	16.30	3.94	5.19	237893	906	3067	177
三门县	26.33	2.72	9.61	59702	358	17640	190
天台县	15.40	3.05	12.11	35391	457	3071	183
仙居县	27.46	4.79	12.58	43239	152	2387	271
温岭市	37.80	7.28	20.76	286655	2207	391914	521
临海市	45.38	12.37	21.71	222388	885	66668	740
玉环市	5.49	1.70	1.87	100263	1465	22758	116

17-39 各县市区水利设施建设情况

(2018年)

地区	本年水利资金总投入(万元)	已建成水库(座)	#大型水库	总库容(万立方米)	#大型水库	堤防总长度(公里)	水闸总座数(座)
全市	**607000**	**347**	**4**	**189772**	**136532**	**2386**	**1158**
市区	363700	34	1	79869	73242	460	235
椒江区	35800	4		144		68	89
黄岩区	58200	28	1	79697	73242	347	113
路桥区	47600	2		28		45	33
市本级	222100						
三门县	30200	49		6598		524	230
天台县	13000	73	1	32411	19910	413	27
仙居县	42500	63	1	22190	13500	617	65
温岭市	47100	23		7200		65	303
临海市	85600	89	1	39197	29880	241	154
玉环市	25000	16		2307		65	144

17-40 各县市区农田水利灌溉情况

(2018年) 单位：千公顷

地区	灌溉面积	#耕地灌溉面积	#林地灌溉面积	#园地灌溉面积	规模上灌区数量(处)	实际耕地灌溉面积	节水灌溉面积
全市	**139.95**	**125.13**	**4.15**	**10.67**	**46**	**109.66**	**101.77**
市区	21.36	28.31	3.09	1.30	1	28.06	25.52
椒江区	9.84	8.58	0.42	0.84		8.33	9.84
黄岩区	11.52	9.40	2.12		1	9.40	9.20
路桥区	11.34	10.33	0.55	0.46		10.33	6.48
三门县	13.13	12.89	0.03	0.21	15	10.44	10.14
天台县	14.00	13.78	0.11	0.11	4	13.73	9.64
仙居县	15.08	15.08	0.58	0.90	17	13.25	9.19
温岭市	27.06	21.50	0.03	5.53	1	18.90	26.62
临海市	29.63	29.63	0.11	1.03	4	25.28	15.19
玉环市	8.35	6.56	0.20	1.59	4		5.47

17-41 各县市区全部工业法人单位数

(2018年)

单位：个

地区	全部工业法人单位数	#国有	#集体	#有限责任公司	#股份有限公司	#外商及港澳台	#私营
全市	**47832**	**13**	**125**	**1953**	**417**	**275**	**43208**
市区	16249	6	60	770	141	107	14276
椒江区	3484	4	20	225	37	36	2867
黄岩区	6505	1	22	167	18	36	5812
路桥区	6260	1	18	378	86	35	5597
三门县	2069		7	37	11	14	1947
天台县	1893	4	10	61	21	16	1754
仙居县	1950	2	11	79	26	22	1797
温岭市	11910	1	12	218	50	44	11131
临海市	5207		10	188	74	39	4834
玉环市	8554		15	600	94	33	7469

17-42 各县市区规模以上工业单位数

(2018年)

单位：个

地区	工业单位数	#国有及国有控股企业	轻工业	重工业	大型企业	中型企业	小型企业	微型企业
全市	**3972**	**57**	**1535**	**2437**	**55**	**385**	**3407**	**125**
市区	1267	23	573	694	22	112	1083	50
椒江区	421	13	172	249	9	48	350	14
黄岩区	432	5	257	175	4	42	371	15
路桥区	414	5	144	270	9	22	362	21
三门县	210	4	62	148	2	19	182	7
天台县	155	3	81	74	1	23	122	9
仙居县	161	7	76	85	3	20	133	5
温岭市	851	6	323	528	10	72	749	20
临海市	507	9	292	215	11	63	419	14
玉环市	821	5	128	693	6	76	719	20

17-43　各县市区分注册类型规模以上工业单位数

(2018年)　　单位：个

地　区	国有企业	集体企业	股份合作企业	联营企业	有限责任公司	股份有限公司	私营企业	港澳台商投资公　司	外商投资企业
全　市	**4**	**3**	**117**	**1**	**953**	**201**	**2556**	**68**	**69**
市　区	4	1	40	1	471	73	631	24	22
椒江区	3	1	3		163	34	202	9	6
黄岩区	1		26		126	15	250	8	6
路桥区			11	1	182	24	179	7	10
三门县			3		16	6	178	2	5
天台县			3		34	14	96	4	4
仙居县					27	7	120	5	2
温岭市		1	35		99	21	671	10	14
临海市			7		59	37	383	13	8
玉环市		1	29		247	43	477	10	14

17-44　各县市区分行业规模以上工业单位数(一)

(2018年)　　单位：个

地　区	非金属矿采选业	农副食品加工业	食品制造业	酒、饮料和精制茶制造业	纺织业	纺织服装、服饰业	皮革、毛皮、羽毛及其制品和制鞋业	木材加工和木竹藤棕草制品业
全　市	**4**	**74**	**15**	**8**	**96**	**16**	**178**	**21**
市　区	1	7	9	5	30	6	8	5
椒江区		3	1	2	27	3	4	1
黄岩区	1	3	8	3	1	2	3	1
路桥区		1			2	1	1	3
三门县	1	1	1		10	1	2	
天台县		2	2	1	23	1	1	2
仙居县	2	2		1	2			6
温岭市		57			2	6	162	
临海市		1	1	1	29	2	1	7
玉环市		4	2				4	1

17-45 各县市区分行业规模以上工业单位数(二)

(2018年)　　单位：个

地　区	家　具制造业	造纸和纸制品业	印刷和记录媒介复制业	文教、工美、体育和娱乐用品制造业	石油、煤炭及其他燃料加工业	化学原料和化学制品制造业	医　药制造业	化学纤维制造业	橡胶和塑料制品业
全　市	**89**	**59**	**50**	**119**	**1**	**83**	**65**	**3**	**487**
市　区	11	27	25	47		31	17	3	239
椒江区	7	6	3	2		16	10	3	55
黄岩区	3	11	5	39		10	7		139
路桥区	1	10	17	6		5			45
三门县	3	4		3		6	2		56
天台县	1	3	2	13		2	5		41
仙居县	6	2	1	32		7	10		29
温岭市	2	7	13	7		6	2		29
临海市	39	15	2	12	1	28	25		64
玉环市	27	1	7	5		3	4		29

17-46 各县市区分行业规模以上工业单位数(三)

(2018年)　　单位：个

地　区	非金属矿物制品业	黑色金属冶炼和压延加工业	有色金属冶炼和压延加工业	金　属制品业	通用设备制造业	专用设备制造业	汽　车制造业	铁路船舶航空航天和其他运输设备制造业	电气机械和器材制造业
全　市	**114**	**20**	**77**	**258**	**737**	**275**	**386**	**144**	**361**
市　区	38	7	21	90	115	164	60	68	154
椒江区	19	2	5	23	43	54	21	24	60
黄岩区	9			30	11	88	10	16	23
路桥区	10	5	16	37	61	22	29	28	71
三门县	11		4	10	29	10	13	5	28
天台县	7		3	7	3	5	14	4	3
仙居县	10	1	2	4	7	5	9		14
温岭市	19	2	6	51	259	29	38	39	85
临海市	24	7	7	36	30	27	27	18	54
玉环市	5	3	34	60	294	35	225	10	23

17-47 各县市区分行业规模以上工业单位数(四)

(2018年)　　单位：个

地　区	计算机、通信和其他电子设备制造业	仪器仪表制造业	其他制造业	废弃资源综合利用业	金属制品、机械和设备修理业	电力、热力生产和供应业	燃气生产和供应业	水的生产和供应业
全　市	**44**	**52**	**36**	**38**	**2**	**36**	**8**	**16**
市　区	23		4	32	1	9	2	8
椒江区	18			1	1	4		3
黄岩区	1		2			3	1	2
路桥区	4		2	31		2	1	3
三门县	2		1	1	1	4	1	
天台县	2	3	1			3		1
仙居县	1			1		5	1	1
温岭市	11	11	1	1		4	1	1
临海市	3	4	29	2		5	3	3
玉环市	2	34		1		6		2

17-48 各县市区规模以上工业增加值

(2018年)　　单位：万元

地　区	工业增加值	#国有及国有控股企业	轻工业	重工业	大型企业	中型企业	小型企业	微型企业
全　市	**11131292**	**1123912**	**3717249**	**7414043**	**2848093**	**3388226**	**4791444**	**103529**
市　区	3787878	342537	1229197	2558681	1078402	959540	1699042	50894
椒江区	1528437	227657	506104	1022333	465184	469283	588160	5809
黄岩区	1057259	52718	539014	518244	196692	307174	548961	4432
路桥区	1202182	62162	184079	1018103	416526	183083	561920	40653
三门县	589768	213314	101333	488435	137188	200813	245019	6748
天台县	559046	57502	224055	334991	74899	295822	183444	4881
仙居县	518804	130830	281592	237213	96672	164453	252310	5369
温岭市	1615935	55792	502451	1113484	311991	526758	770378	6809
临海市	2175959	63280	1163405	1012554	946712	509719	713970	5558
玉环市	1883902	260656	215216	1668687	202230	731121	927281	23270

17-49 各县市区分注册类型规模以上工业增加值

(2018年) 单位：万元

地　区	国有企业	集体企业	股份合作企业	联营企业	有限责任公司	股份有限公司	私营企业	港澳台商投资公　司	外商投资企业
全　市	**98270**	**9275**	**112691**	**306**	**2768545**	**2340796**	**4447114**	**329317**	**1024980**
市　区	98270	412	32911	306	1183357	902566	1134004	132609	303444
椒江区	91037	412	2210		427655	506597	385354	23598	91573
黄岩区	7232		22966		330472	228037	436551	19447	12553
路桥区			7735	306	425230	167932	312098	89564	199318
三门县			4856		236984	17414	317558	9725	3231
天台县			932		115740	217384	183486	3118	38387
仙居县					143372	161584	192065	19243	2540
温岭市		7187	26983		205486	234298	994791	91138	56053
临海市			17026		392067	566190	833897	48372	318405
玉环市		1676	29983		491538	241359	791314	25113	302920

17-50 各县市区分行业规模以上工业增加值(一)

(2018年) 单位：万元

地　区	非金属矿采选业	农副食品加工业	食　品制造业	酒、饮料和精制茶制造业	纺织业	纺织服装服饰业	皮革、毛皮、羽毛及其制品和制鞋业	木材加工和木竹藤棕草制品业
全　市	**8018**	**78589**	**37041**	**43950**	**152888**	**12218**	**186803**	**26483**
市　区	502	12125	22971	7717	38690	5021	7177	8277
椒江区		3930	2462	3163	36240	2692	4024	824
黄岩区	502	7859	20509	4554	1456	1405	2798	1815
路桥区		336			994	924	355	5639
三门县	2016	340	2213		22332	1143	1235	
天台县		447	7808	34038	18841	279	730	1763
仙居县	5501	16172		701	1357			9542
温岭市		46628			1328	4160	172695	
临海市		336	2415	1494	70340	1615	472	6441
玉环市		2541	1634				4494	460

17-51 各县市区分行业规模以上工业增加值(二)

(2018年)

单位：万元

地区	家具制造业	造纸和纸制品业	印刷和记录媒介复制业	文教、工美、体育和娱乐用品制造业	石油、煤炭及其他燃料加工业	化学原料和化学制品制造业	医药制造业	化学纤维制造业	橡胶和塑料制品业
全市	**227479**	**138295**	**66848**	**192836**	**452**	**380682**	**1061145**	**1770**	**964978**
市区	31571	36774	33378	60656		191872	297442	1770	423075
椒江区	17324	15090	4667	8670		130411	205483	1770	101235
黄岩区	11928	10036	7538	47488		57411	91959		278432
路桥区	2319	11648	21174	4497		4050			43408
三门县	3674	5458		5316		13460	14521		112282
天台县	642	1708	2344	38642		1432	58262		78534
仙居县	6827	10700	849	47117		38239	158635		83644
温岭市	1508	61999	20983	18309		12238	36187		37079
临海市	155372	21039	1753	15224	452	121233	489452		192440
玉环市	27884	616	7541	7573		2209	6647		37923

17-52 各县市区分行业规模以上工业增加值(三)

(2018年)

单位：万元

地区	非金属矿物制品业	黑色金属冶炼和压延加工业	有色金属冶炼和压延加工业	金属制品业	通用设备制造业	专用设备制造业	汽车制造业	铁路船舶航空航天和其他运输设备制造业	电气机械和器材制造业
全市	**235638**	**33973**	**252803**	**428911**	**1517883**	**670166**	**1723512**	**301441**	**691506**
市区	119499	1310	206971	121337	328050	407901	420982	99703	369159
椒江区	82760	-10	2906	28517	104388	159167	92807	35662	196219
黄岩区	21487			44410	40753	214764	50220	24157	53536
路桥区	15253	1319	204065	48411	182909	33970	277955	39884	119405
三门县	17265		1575	15406	48646	18461	34521	5043	43762
天台县	8735		4125	4641	3986	16249	124619	38106	4186
仙居县	13692	810	1357	2798	8951	17740	10474		13165
温岭市	26768	1161	3282	104042	568381	43634	116564	111596	122805
临海市	39476	28114	10515	51024	53170	51506	482347	25684	89498
玉环市	10204	2579	24978	129663	506699	114674	534006	21309	48931

17-53 各县市区分行业规模以上工业增加值(四)

(2018年) 单位：万元

地　区	计算机、通信和其他电子设备制造业	仪器仪表制造业	其他制造业	废弃资源综合利用业	金属制品、机械和设备修理业	电力、热力生产和供应业	燃气生产和供应业	水的生产和供应业
全　市	**246151**	**185591**	**138812**	**120312**	**2734**	**906270**	**22676**	**72439**
市　区	190834		6875	103569	1786	173389	6063	51433
椒江区	175343			636	1786	102386		7886
黄岩区	3929		1069			34322	2834	20090
路桥区	11561		5806	102932		36682	3229	23456
三门县	2235		747	1835	948	213314	2021	
天台县	26086	21870	495			58571		1907
仙居县	344			390		66954	948	1900
温岭市	11807	23013	2160	507		51789	7187	8128
临海市	9071	39946	128535	13676		60937	6457	5925
玉环市	5775	100763		336		281316		3147

17-54 各县市区规模以上工业主要财务指标(一)

(2018年) 单位：万元

地　区	企业单位数(个)	#亏损企业	新产品产值	工业销售产值	出口交货值	年末资产总计
全　市	**3972**	**326**	**17391569**	**48519664**	**12182007**	**64983063**
市　区	1267	112	6677446	18192207	4299784	21579782
椒江区	421	49	2524908	6983641	2199096	10515545
黄岩区	432	30	1419824	4312388	1150001	5325083
路桥区	414	33	2732713	6896178	950686	5739155
三门县	210	29	353235	2479323	449488	9292409
天台县	155	21	766709	1850074	520568	2947435
仙居县	161	27	435337	1824678	440063	2656852
温岭市	851	40	2568946	6880689	2339426	6859105
临海市	507	59	4686152	9520224	1896615	13429791
玉环市	821	38	1903746	7772468	2236063	8217689

17-55　各县市区规模以上工业主要财务指标(二)

(2018年)

单位：万元

地　区	流动资产合计	存　货	非流动资产合计	固定资产原价	固定资产净值	年末负债合计	流　动负　债
全　市	**32773941**	**7007136**	**32209082**	**28175905**	**18247028**	**38320762**	**29661787**
市　区	11128422	2626145	10451347	8057013	4499530	11639521	10132986
椒江区	5086004	1102865	5429536	3924442	2108182	4857508	4207079
黄岩区	2866399	644568	2458678	2192646	1156926	2878294	2568079
路桥区	3176020	878712	2563133	1939925	1234422	3903720	3357828
三门县	1717325	538244	7575082	6827551	6234084	7085300	2072830
天台县	1505641	306744	1441792	1195449	586551	1196538	1097511
仙居县	1208629	257334	1448222	1319419	879294	1427237	885973
温岭市	4052383	917911	2806716	2599914	1484351	3790156	3480244
临海市	8690790	1358522	4738995	3711499	2243328	8413546	7732923
玉环市	4470751	1002237	3746930	4465061	2319889	4768464	4259320

17-56　各县市区规模以上工业主要财务指标(三)

(2018年)

单位：万元

地　区	非流动负　债	年　末所有者权益合计	实　收资　本	主营业务收入	主营业务成本	主营业务税金及附　加
全　市	**8492771**	**26662288**	**11805318**	**48970160**	**40610192**	**367104**
市　区	1415168	9940254	3962065	18549073	15672397	101460
椒江区	627470	5658035	1991701	7244911	5889666	42919
黄岩区	281446	2446786	956606	4433957	3580292	30858
路桥区	506252	1835434	1013758	6870205	6202439	27683
三门县	5012471	2207108	1740334	2467337	2054335	13807
天台县	98011	1750896	622349	1909928	1437318	21161
仙居县	541264	1229614	524458	1784395	1345425	12465
温岭市	307810	3068948	1243971	6847829	5694757	53820
临海市	608905	5016244	2162948	9646198	7962080	116623
玉环市	509143	3449224	1549193	7765400	6443880	47768

17-57　各县市区规模以上工业主要财务指标(四)

(2018年)　　单位：万元

地　区	销　售费　用	财　务费　用	#利息支出	利　润总　额	利　税总　额	本　年应　交增值税	从业人员年平均人　数(人)
全　市	**1546875**	**663530**	**716126**	**3429212**	**5367841**	**1563564**	**656188**
市　区	660313	214229	245766	1082599	1717397	530311	221004
椒江区	346112	85017	112582	543958	758472	170713	87185
黄岩区	207897	58791	66297	244826	459545	183741	67630
路桥区	106303	70421	66886	293816	499380	175857	66189
三门县	66689	99069	97738	106271	212367	90652	31180
天台县	69778	22295	24387	198018	292934	73651	25688
仙居县	91752	39970	43828	153409	247699	81244	29427
温岭市	220125	66096	76177	426940	717134	235718	122211
临海市	210399	109656	115999	931253	1335803	286852	104281
玉环市	227820	112214	112231	530722	844507	265135	122397

17-58　各县市区规模以上工业主要经济效益指标(一)

(2018年)

地　区	企　业亏损面(%)	资　产负债率(%)	流　动比　率	产成品存　货周转天数(天)	产　品销售率(%)
全　市	**8.21**	**58.97**	**1.10**	**22.67**	**97.85**
市　区	8.84	53.94	1.10	22.31	98.64
椒江区	11.64	46.19	1.21	26.86	98.03
黄岩区	6.94	54.05	1.12	24.97	98.27
路桥区	7.97	68.02	0.95	16.70	99.51
三门县	13.81	76.25	0.83	23.65	97.57
天台县	13.55	40.60	1.37	35.73	98.43
仙居县	16.77	53.72	1.36	29.72	100.02
温岭市	4.70	55.26	1.16	22.93	97.37
临海市	11.64	62.65	1.12	22.82	97.31
玉环市	4.63	58.03	1.05	18.37	96.56

17-59 各县市区规模以上工业主要经济效益指标(二)

(2018年)

地　区	企　业亏损率(%)	成本费用利　润　率(%)	百元营业收入实现利税(元)	百元固定资产原值实现利税(元)	出口交货值占工业销售产值(%)
全　市	**4.26**	**7.28**	**10.71**	**19.05**	**25.11**
市　区	6.29	5.90	8.92	21.32	23.64
椒江区	7.07	7.77	10.24	19.33	31.49
黄岩区	6.63	5.72	10.14	20.96	26.67
路桥区	4.51	4.16	6.82	25.74	13.79
三门县	8.49	4.46	8.52	3.11	18.13
天台县	3.55	11.40	15.10	24.50	28.14
仙居县	2.32	9.29	13.73	18.77	24.12
温岭市	4.27	6.52	10.31	27.58	34.00
临海市	2.51	10.31	13.62	35.99	19.92
玉环市	2.96	7.19	10.75	18.91	28.77

17-60 各县市区国有及国有控股工业主要财务指标(一)

(2018年)

单位：万元

地　区	企　业单位数(个)	#亏损企业	工　业增加值	新产品产　值	出　口交货值	年末资产总计
全　市	**57**	**11**	**1123912**	**329718**	**154327**	**12722464**
市　区	23	5	342537	218019	94409	2506543
椒江区	13	3	227657	218019	94409	1908856
黄岩区	5	2	52718			307344
路桥区	5		62162			290343
三门县	4		213314			7179418
天台县	3		57502			228947
仙居县	7	1	130830	78740	40976	999121
温岭市	6	2	55792	20859	232	348985
临海市	9	2	63280	12100	18710	336110
玉环市	5	1	260656			1123341

17-61 各县市区国有及国有控股工业主要财务指标(二)

(2018年)

单位：万元

地区	流动资产合计	存货	非流动资产合计	固定资产原价	固定资产净值	年末负债合计	流动负债
全市	**1745239**	**460391**	**10977225**	**11816581**	**8547870**	**8613760**	**2483474**
市区	607714	120315	1898828	2087191	861332	1275445	771207
椒江区	480860	103888	1427996	1486585	586104	933403	606222
黄岩区	49616	9548	257728	310039	134391	183625	70958
路桥区	77239	6879	213104	290567	140836	158417	94027
三门县	432384	214343	6747034	6051873	5776612	5767075	847325
天台县	43441	4307	185505	459946	175271	87937	44408
仙居县	268589	42044	730531	724330	548368	582174	140183
温岭市	128270	27285	220715	283422	144972	192263	135512
临海市	91748	20451	244362	312361	159267	182866	133049
玉环市	173091	31646	950249	1897457	882047	526002	411791

17-62 各县市区国有及国有控股工业主要财务指标(三)

(2018年)

单位：万元

地区	非流动负债	年末所有者权益合计	实收资本	主营业务收入	主营业务成本	主营业务税金及附加
全市	**6130286**	**4108703**	**2900995**	**4393068**	**3691926**	**24724**
市区	504238	1231098	538845	1547105	1246467	10390
椒江区	327180	975453	383810	958172	705886	7599
黄岩区	112667	123719	67193	271273	245669	1494
路桥区	64391	131925	87843	317660	294911	1297
三门县	4919750	1412343	1362401	585926	479249	1762
天台县	43528	141010	118045	128894	108838	1625
仙居县	441991	416947	248748	372410	267675	2306
温岭市	56751	156722	79071	406698	394398	1286
临海市	49817	153244	69690	381523	344151	1372
玉环市	114211	597338	484195	970512	851149	5984

17-63 各县市区国有及国有控股工业主要财务指标(四)

(2018年)

单位：万元

地 区	销售费用	财务费用	#利息支出	利润总额	利税总额	本年应交增值税	从业人员年平均人数(人)
全 市	**162376**	**140264**	**147618**	**195251**	**414663**	**192438**	**18374**
市 区	148649	22246	29286	30053	94685	54101	8545
椒江区	126505	15273	19413	11527	55093	35855	6860
黄岩区	319	2801	4544	4959	17302	10840	950
路桥区	1825	4173	5329	13567	22291	7406	735
三门县		64106	63481	28498	69848	38148	2450
天台县	307	4094	3006	11969	24500	10900	478
仙居县	24798	23813	24139	30016	64045	31231	2092
温岭市	1605	1749	2281	-1189	11967	11706	1584
临海市	6073	2737	3924	5331	15621	8914	1968
玉环市	945	21519	21500	90572	133996	37439	1257

17-64 各县市区国有及国有控股工业主要经济效益指标(一)

(2018年)

地 区	企业亏损面(%)	资产负债率(%)	流动比率	产成品存货周转天数(天)	产品销售率(%)
全 市	**19.30**	**67.71**	**0.70**	**8.82**	**99.40**
市 区	21.74	50.88	0.79	12.52	99.08
椒江区	23.08	48.90	0.79	21.39	98.44
黄岩区	40.00	59.75	0.70	1.05	100.17
路桥区		54.56	0.82	0.09	100.00
三门县		80.33	0.51		100.00
天台县		38.41	0.98		99.57
仙居县	14.29	58.27	1.92	32.39	99.31
温岭市	33.33	55.09	0.95	15.66	97.22
临海市	22.22	54.41	0.69	5.83	100.62
玉环市	20.00	46.82	0.42		100.00

17-65 各县市区国有及国有控股工业主要经济效益指标(二)

(2018年)

地 区	企 业亏损率(%)	成本费用利 润 率(%)	百元营业收入实现利税(元)	百元固定资产原值实现利税(元)	出口交货值占工业销售产值(%)
全 市	**14.34**	**4.60**	**9.31**	**3.51**	**3.51**
市 区	**42.41**	**1.93**	**5.98**	**4.54**	**6.31**
椒江区	62.08	1.17	5.55	3.71	10.40
黄岩区	39.68	1.84	6.35	5.58	
路桥区		4.44	6.99	7.67	
三门县		5.05	11.72	1.15	
天台县		10.48	18.99	5.33	
仙居县	0.31	8.76	17.12	8.84	9.72
温岭市	122.87	-0.29	2.93	4.22	0.06
临海市	30.23	1.42	4.08	5.00	4.91
玉环市	1.92	10.25	13.69	7.06	

17-66 各县市区大中型工业主要财务指标(一)

(2018年) 单位：万元

地 区	企 业单位数(个)	#亏损企业	新产品产 值	工业销售产值	出 口交货值	年末资产总计
全 市	**440**	**32**	**13134707**	**25473011**	**7147757**	**41215446**
市 区	134	17	5391671	9178462	2505802	12573851
椒江区	57	9	2054094	3876226	1514252	7281439
黄岩区	46	5	942400	1711708	582094	2789700
路桥区	31	3	2395177	3590528	409457	2502712
三门县	21		154365	1158468	252281	7805985
天台县	24	2	569799	1056948	350469	2027551
仙居县	23		322907	830924	281707	1253857
温岭市	82	4	1568216	3337414	1387723	3291899
临海市	74	6	4062611	6431635	1315909	9932382
玉环市	82	3	1065138	3479161	1053865	4329921

17-67 各县市区大中型工业主要财务指标(二)

(2018年) 单位：万元

地 区	流动资产合计	存 货	非流动资产合计	固定资产原价	固定资产净值	年末负债合计	流动负债
全 市	**18882691**	**3897671**	**22332751**	**17832574**	**12184558**	**23041061**	**16280870**
市 区	5866391	1414131	6707459	4233345	2318455	5734167	4899470
椒江区	3063375	634542	4218064	2665481	1392824	2715907	2263817
黄岩区	1445120	336035	1344580	878182	486546	1298632	1174595
路桥区	1357897	443554	1144815	689682	439085	1719628	1461059
三门县	866812	329863	6939172	6243421	5876560	6087842	1170727
天台县	973155	200654	1054396	564936	306678	673058	621588
仙居县	649349	148886	604508	409307	215705	510961	397623
温岭市	1842044	458324	1449854	1282219	699437	1513851	1357038
临海市	6617411	860416	3314970	2292984	1409262	6241056	5789712
玉环市	2067528	485398	2262393	2806362	1358461	2280126	2044712

17-68 各县市区大中型工业主要财务指标(三)

(2018年) 单位：万元

地 区	非流动负债	年末所有者权益合计	实收资本	主营业务收入	主营业务成本	主营业务税金及附加
全 市	**6760191**	**18174385**	**7170656**	**25763981**	**20858802**	**230077**
市 区	834697	6839684	2162679	9442827	7766293	51409
椒江区	452090	4565531	1336250	4067269	3166060	25260
黄岩区	124037	1491068	469913	1823009	1362872	13736
路桥区	258570	783084	356515	3552550	3237361	12413
三门县	4917115	1718143	1440547	1149377	935909	5361
天台县	51471	1354493	349835	1104010	776315	15896
仙居县	113338	742896	182878	770997	541706	6102
温岭市	156813	1778048	581234	3301887	2677465	32562
临海市	451344	3691326	1526862	6513883	5341383	97644
玉环市	235414	2049795	926621	3480999	2819732	21104

17-69 各县市区大中型工业主要财务指标(四)

(2018年) 单位：万元

地区	销售费用	财务费用	#利息支出	利润总额	利税总额	本年应交增值税	从业人员年平均人数(人)
全市	**918820**	**318248**	**367791**	**2364238**	**3411282**	**813839**	**294390**
市区	430098	96506	122560	669154	979281	257572	103453
椒江区	265281	43577	67797	379116	492500	87686	46939
黄岩区	128541	19952	25760	142531	237150	80882	27478
路桥区	36276	32978	29003	147507	249631	89004	29036
三门县	28982	71795	72934	64499	123724	52446	11743
天台县	45128	8509	10799	148581	208470	43986	13741
仙居县	46110	9752	13741	88019	143037	48916	13295
温岭市	141176	18081	28515	275611	433421	125078	50888
临海市	125620	63750	65471	751973	1026307	176343	56614
玉环市	101707	49856	53771	366401	497043	109498	44656

17-70 各县市区大中型工业主要经济效益指标(一)

(2018年)

地区	企业亏损面(%)	资产负债率(%)	流动比率	产成品存货周转天数(天)	产品销售率(%)
全市	**7.27**	**55.90**	**1.16**	**25.62**	**97.82**
市区	12.69	45.60	1.20	25.01	98.15
椒江区	15.79	37.30	1.35	31.91	96.86
黄岩区	10.87	46.55	1.23	34.70	98.43
路桥区	9.68	68.71	0.93	14.93	99.45
三门县		77.99	0.74	16.70	98.21
天台县	8.33	33.20	1.57	45.44	98.31
仙居县		40.75	1.63	51.14	101.19
温岭市	4.88	45.99	1.36	26.35	97.45
临海市	8.11	62.84	1.14	23.50	96.90
玉环市	3.66	52.66	1.01	23.06	97.98

17-71 各县市区大中型工业主要经济效益指标(二)

(2018年)

地 区	企 业亏损率(%)	成本费用利 润 率(%)	百元营业收入实现利税(元)	百元固定资产原值实现利税(元)	出口交货值占工业销售产值(%)
全 市	**1.97**	**9.60**	**12.82**	**19.13**	**28.06**
市 区	5.12	7.07	9.79	23.13	27.30
椒江区	6.42	9.59	11.74	18.48	39.07
黄岩区	1.43	8.29	12.69	27.00	34.01
路桥区	5.15	3.89	6.34	36.20	11.40
三门县		5.88	10.65	1.98	21.78
天台县	2.69	15.26	18.54	36.90	33.16
仙居县		12.64	18.20	34.95	33.90
温岭市	0.59	8.84	12.87	33.80	41.58
临海市	0.55	12.45	15.47	44.76	20.46
玉环市	0.41	11.30	14.05	17.71	30.29

17-72 各县市区规模以上非国有工业主要财务指标(一)

(2018年) 单位：万元

地 区	企 业单位数(个)	#亏损企业	新产品产 值	工业销售产值	出 口交货值	年末资产总计
全 市	**3915**	**315**	**17061852**	**44122706**	**12027680**	**52260599**
市 区	1244	107	6459427	16697052	4205375	19073239
椒江区	408	46	2306889	6076057	2104687	8606689
黄岩区	427	28	1419824	4042476	1150001	5017739
路桥区	409	33	2732713	6578519	950686	5448812
三门县	206	29	353235	1893398	449488	2112991
天台县	152	21	766709	1721272	520568	2718488
仙居县	154	26	356597	1403043	399087	1657731
温岭市	845	38	2548086	6473487	2339194	6510120
临海市	498	57	4674052	9139255	1877905	13093681
玉环市	816	37	1903746	6795200	2236063	7094348

17-73　各县市区规模以上非国有工业主要财务指标(二)

(2018年)　　单位：万元

地　区	流动资产合计	存　货	非流动资产合计	固定资产原价	固定资产净值	年末负债合计	流　动负　债
全　市	**31028703**	**6546744**	**21231857**	**16359323**	**9699157**	**29707001**	**27178312**
市　区	10520708	2505830	8552518	5969822	3638198	10364077	9361779
椒江区	4605144	998977	4001540	2437857	1522078	3924105	3600856
黄岩区	2816783	635020	2200950	1882607	1022535	2694669	2497121
路桥区	3098781	871833	2350029	1649358	1093586	3745302	3263801
三门县	1284941	323901	828048	775678	457472	1318225	1225504
天台县	1462200	302438	1256286	735503	411280	1108601	1053103
仙居县	940040	215290	717690	595088	330926	845064	745790
温岭市	3924113	890626	2586001	2316491	1339379	3597893	3344733
临海市	8599042	1338071	4494633	3399138	2084061	8230680	7599874
玉环市	4297660	970590	2796681	2567604	1437842	4242462	3847529

17-74　各县市区规模以上非国有工业主要财务指标(三)

(2018年)　　单位：万元

地　区	非流动负　债	年末所有者权益合计	实收资本	主营业务收入	主营业务成本	主营业务税金及附加
全　市	**2362486**	**22553585**	**8904322**	**44577093**	**36918266**	**342380**
市　区	910930	8709157	3423220	17001968	14425931	91070
椒江区	300290	4682582	1607891	6286738	5183779	35320
黄岩区	168779	2323067	889414	4162684	3334623	29363
路桥区	441861	1703508	925916	6552545	5907528	26386
三门县	92721	794765	377933	1881411	1575086	12045
天台县	54483	1609886	504304	1781035	1328479	19536
仙居县	99273	812667	275709	1411985	1077750	10160
温岭市	251059	2912225	1164900	6441131	5300359	52534
临海市	559087	4863000	2093258	9264675	7617930	115251
玉环市	394932	2851886	1064998	6794889	5592731	41785

17-75 各县市区规模以上非国有工业主要财务指标(四)

(2018年)

单位：万元

地区	销售费用	财务费用	#利息支出	利润总额	利税总额	本年应交增值税	从业人员年平均人数(人)
全市	**1384499**	**523265**	**568507**	**3233961**	**4953178**	**1371126**	**637814**
市区	531663	191982	216479	1052546	1622711	476210	212459
椒江区	219607	69744	93169	532431	703379	134859	80325
黄岩区	207578	55990	61754	239866	442243	172901	66680
路桥区	104479	66248	61557	280249	477089	168451	65454
三门县	66689	34963	34257	77773	142519	52504	28730
天台县	69471	18201	21381	186049	268434	62751	25210
仙居县	66955	16157	19689	123393	183654	50013	27335
温岭市	218520	64348	73896	428129	705167	224012	120627
临海市	204326	106920	112074	925922	1320182	277938	102313
玉环市	226875	90695	90731	440149	710511	227697	121140

17-76 各县市区规模以上非国有工业主要经济效益指标(一)

(2018年)

地区	企业亏损面(%)	资产负债率(%)	流动比率	产成品存货周转天数(天)	产品销售率(%)
全市	**8.05**	**56.84**	**1.14**	**24.03**	**97.70**
市区	8.60	54.34	1.12	23.14	98.61
椒江区	11.27	45.59	1.28	27.62	97.97
黄岩区	6.56	53.70	1.13	26.70	98.15
路桥区	8.07	68.74	0.95	17.48	99.48
三门县	14.08	62.39	1.05	30.84	96.85
天台县	13.82	40.78	1.39	38.57	98.34
仙居县	16.88	50.98	1.26	29.06	100.24
温岭市	4.50	55.27	1.17	23.46	97.38
临海市	11.45	62.86	1.13	23.58	97.18
玉环市	4.53	59.80	1.12	21.13	96.09

17-77 各县市区规模以上非国有工业主要经济效益指标(二)

(2018年)

地　区	企　业 亏损率 (%)	成本费用 利 润 率 (%)	百元营业收 入实现利税 (元)	百元固定资产 原值实现利税 (元)	出口交货值占 工业销售产值 (%)
全　市	**3.58**	**7.55**	**10.85**	**30.28**	**27.26**
市　区	4.58	6.27	9.18	27.18	25.19
椒江区	4.05	8.84	10.97	28.85	34.64
黄岩区	5.56	5.99	10.39	23.49	28.45
路桥区	4.72	4.14	6.82	28.93	14.45
三门县	11.26	4.27	7.51	18.37	23.74
天台县	3.77	11.47	14.82	36.50	30.24
仙居县	2.79	9.43	12.85	30.86	28.44
温岭市	2.88	6.98	10.77	30.44	36.13
临海市	2.29	10.69	14.01	38.84	20.55
玉环市	3.18	6.78	10.33	27.67	32.91

17-78 各县市区固定资产投资增速(一)

(2018年)　　单位：%

地　区	投资增速	建筑安装 工　　程	设　备 工器具 购　置	其　他 费　用	#土　地 购置费	#工业性 投　资
全　市	**8.1**	**-8.7**	**-10.1**	**58.7**	**82.7**	**5.2**
市　区	18.2	2.9	11.9	59.4	75.3	19.5
椒江区	27.6	15.4	59.8	50.2	60.0	65.0
黄岩区	10.8	-7.6	-46.4	70.7	95.4	-21.8
路桥区	2.9	-18.1	-1.9	73.9	93.2	-4.3
三门县	-12.9	-21.6	-12.2	-2.7	-20.5	4.2
天台县	6.2	-1.2	-29.2	52.8	96.7	-23.9
仙居县	-27.6	-39.8	-47.8	12.1	18.3	-6.6
温岭市	14.5	-6.5	-53.2	96.8	122.2	6.3
临海市	10.1	-29.6	-18.0	168.1	221.3	-17.0
玉环市	-12.4	-18.5	14.0	-8.1	-14.6	2.9

17-79 各县市区固定资产投资增速(二)

(2018年) 单位：%

地　区	新增固定资产	施工房屋面积	#住宅	竣工房屋面积	#住宅	竣工房屋价值	#住宅
全　市	**-35.0**	**0.4**	**13.6**	**-49.2**	**-21.0**	**-25.0**	**9.4**
市　区	-20.8	12.9	22.5	-34.8	-3.3	-16.2	-2.1
椒江区	-22.1	23.6	26.7	-29.3	-5.8	-56.1	-55.8
黄岩区	-73.4	5.0	44.7	-76.8	-84.3	-67.5	-60.9
路桥区	36.4	3.2	3.5	51.9	128.8	207.6	360.7
三门县	208.2	-1.6	-0.3	50.6	144.7	239.6	492.2
天台县	-17.2	-8.0	-6.2	-65.4	-75.3	-72.8	-73.9
仙居县	-67.9	5.2	0.9	-76.9	-76.7	-77.0	-81.0
温岭市	-58.9	-7.9	-5.5	-59.0	-70.4	-42.0	-18.1
临海市	-48.0	-15.5	52.6	-56.4	273.3	-22.1	534.9
玉环市	-42.1	-10.9	-4.4	-68.7	-46.3	-28.4	-9.8

17-80 各县市区房地产开发投资(一)

(2018年) 单位：万元

地　区	投资额	住　宅	办公楼	商业用房	其　他	#土地购置费	新增固定资产
全　市	**6595529**	**4513258**	**140154**	**507170**	**1434947**	**3560513**	**2541946**
市　区	3088015	2130034	121646	215163	621172	1696832	1079098
椒江区	1536155	1031052	106160	88367	310576	783664	451688
黄岩区	793930	589620	14569	44010	145731	481616	70739
路桥区	757930	509362	917	82786	164865	431552	556671
三门县	93284	67899	320	13202	11863	10942	195756
天台县	337037	232175	1745	32063	71054	116054	177784
仙居县	266666	182686	100	51314	32566	81430	15037
温岭市	1271323	831341	13362	82363	344257	728858	442988
临海市	1143386	857603	2225	55698	227860	776408	393017
玉环市	395818	211520	756	57367	126175	149989	238266

17-81 各县市区房地产开发投资(二)

(2018年)　　　　单位：万元

地区	投资额	国有控股	集体控股	私人控股	港澳台控股	外商控股	其他	非国有控股	#民间
全市	**6595529**	**219777**		**6004275**		**36728**	**334749**	**6375752**	**6339024**
市区	3088015	202250		2588161		22101	266252	2885765	2863664
椒江区	1536155	147175		1122728			266252	1388980	1388980
黄岩区	793930			771829		22101		793930	771829
路桥区	757930	55075		693604			9251	702855	702855
三门县	93284	2271		91013				91013	91013
天台县	337037	1068		303258			32711	335969	335969
仙居县	266666			266666				266666	266666
温岭市	1271323	14188		1242508		14627		1257135	1242508
临海市	1143386			1116851			26535	1143386	1143386
玉环市	395818			395818				395818	395818

17-82 各县市区房地产开发投资(三)

(2018年)　　　　单位：万平方米

地区	施工面积	#住宅	竣工面积	#住宅	商品房住宅竣工套数(套)	竣工房屋价值(万元)	#住宅	商品房销售额(万元)	#住宅
全市	**3791.87**	**2360.67**	**396.94**	**246.70**	**19242**	**2083932**	**1504547**	**9539001**	**7767312**
市区	1871.72	1142.31	176.56	103.92	7655	856771	537558	4444526	3454845
椒江区	928.40	555.17	89.82	62.49	4933	232533	165426	1976613	1684726
黄岩区	412.79	267.16	12.93	3.87	138	70739	34464	1064486	911476
路桥区	530.54	319.97	73.82	37.56	2584	553499	337668	1403427	858643
三门县	183.36	119.92	38.93	28.47	2205	173665	135811	171705	127664
天台县	219.70	148.70	8.75	2.61	215	24379	7806	638763	523431
仙居县	223.00	162.56	3.82	3.39	257	15037	9717	527299	436200
温岭市	593.74	319.45	65.89	34.48	3010	414635	348213	1791345	1484163
临海市	446.02	312.00	81.85	56.69	4642	361449	268955	1363651	1223298
玉环市	254.33	155.74	21.14	17.12	1258	237996	196487	601712	517711

17-83 各县市区房地产开发投资(四)

(2018年) 单位：万平方米

地区	商品房销售面积	#住宅	现房	#住宅	期房	#住宅	商品房住宅销售套数(套)	商品房待售面积	#住宅
全市	**933.43**	**612.43**	**159.53**	**80.28**	**773.90**	**532.15**	**48208**	**140.84**	**46.45**
市区	441.99	267.41	88.65	35.67	353.35	231.74	21100	46.54	13.57
椒江区	187.47	126.81	25.42	14.66	162.05	112.15	9931	27.34	7.80
黄岩区	84.65	63.12	9.84	2.83	74.81	60.28	4811	12.89	3.10
路桥区	169.88	77.48	53.40	18.17	116.48	59.31	6358	6.31	2.67
三门县	28.38	20.91	12.75	8.10	15.63	12.80	1860	28.98	5.79
天台县	65.46	45.40	4.60	2.86	60.86	42.54	3792	9.22	2.22
仙居县	42.99	34.17	1.10	0.29	41.89	33.88	2490	1.77	0.02
温岭市	185.85	111.62	40.09	26.32	145.76	85.30	8991	28.32	9.73
临海市	112.87	88.98	5.67	2.84	107.19	86.14	7038	6.36	3.26
玉环市	55.89	43.94	6.67	4.20	49.22	39.74	2937	19.65	11.85

17-84 各县市区房地产开发企业财务状况(一)

(2018年) 单位：万元

地区	单位数(个)	流动资产合计	固定资产原价	#本年折旧	资产总计	负债合计	所有者权益合计	#实收资本
全市	**501**	**25027884**	**903600**	**42580**	**27871834**	**23945364**	**3926471**	**2754684**
市区	196	11054969	382571	19327	12665770	10565414	2100357	1566384
椒江区	79	5811395	138368	6903	6169028	5287762	881265	694185
黄岩区	48	2990245	33848	2236	3701414	3174656	526758	242555
路桥区	69	2253328	210355	10188	2795329	2102995	692333	629644
三门县	37	692076	12347	580	701884	651423	50461	94914
天台县	34	1487396	74790	3926	1684746	1436538	248208	149631
仙居县	28	2004203	92879	5310	2115825	1935830	179995	124705
温岭市	118	4724452	169400	8960	5375572	4550370	825202	418722
临海市	50	3545221	89416	3461	3723056	3340418	382638	260098
玉环市	38	1519569	82197	1016	1604981	1465371	139610	140231

17-85 各县市区房地产开发企业财务状况(二)

(2018年)　　单位：万元

地区	主营业务收入	主营业务成本	主营业务税金及附加	销售费用	管理费用
全市	**4920196**	**4183304**	**253737**	**177080**	**209054**
市区	2603221	2253953	131065	83622	86918
椒江区	1165763	957335	60185	40026	43232
黄岩区	595695	481237	26780	26990	21081
路桥区	841762	815381	44099	16606	22606
三门县	205486	173176	7642	7366	11894
天台县	227247	151144	20758	16040	13517
仙居县	202661	159913	7928	6719	20226
温岭市	724243	652567	31610	34283	38078
临海市	638867	514787	39438	17176	26928
玉环市	318472	277764	15297	11875	11493

17-86 各县市区房地产开发企业财务状况(三)

(2018年)　　单位：万元

地区	财务费用	#利息支出	营业利润	利润总额	应交所得税	应付职工薪酬
全市	**72485**	**67117**	**227739**	**240052**	**110527**	**126358**
市区	35747	31543	181284	212694	62663	58402
椒江区	11627	16385	54415	103028	37711	27188
黄岩区	9137	3983	37404	28311	11457	18462
路桥区	14983	11175	89465	81355	13495	12752
三门县	6372	1491	592	-2141	2636	4957
天台县	3305	5392	25930	25263	13157	7169
仙居县	790	802	22194	21934	8649	6281
温岭市	20308	21343	-47226	-47749	8229	24180
临海市	-397	6741	49727	43623	15437	15229
玉环市	6361	-194	-4762	-13572	-244	10140

17-87 各县市区建筑业企业基本情况(一)

(2018年)

地 区	企业数(个)	#国有控股企业	建筑业总产值(万元)	#建筑工程产值	#安装工程产值	#在外省完成产值
全 市	**500**	**19**	**26753973**	**25013860**	**890259**	**14022706**
市 区	157	7	8478917	7674825	258453	3126319
椒江区	71	4	3134181	3041463	70666	717063
黄岩区	44	2	2249026	2109581	91715	1223227
路桥区	42	1	3095710	2523781	96072	1186029
三门县	51		1497061	1344418	142139	692447
天台县	28	1	1212918	1167755	23910	654245
仙居县	37	1	1270440	1024306	39709	581588
温岭市	128	4	8573284	8289292	232059	5485124
临海市	70	4	5529793	5359122	170446	3478944
玉环市	29	2	191561	154143	23543	4038

17-88 各县市区建筑业企业基本情况(二)

(2018年)

地 区	房屋建筑施工面积(万平方米)	#本年新开工面积	房屋建筑竣工面积(万平方米)	#住 宅	年末自有机械设备总功率(千瓦)
全 市	**18998.70**	**7610.37**	**6708.01**	**3769.19**	**2227412**
市 区	6744.10	2073.24	1805.58	945.41	424527
椒江区	2938.56	910.49	724.34	405.79	99339
黄岩区	3250.18	881.25	700.80	397.96	166730
路桥区	555.36	281.50	380.44	141.66	158458
三门县	829.46	359.81	340.35	169.16	202588
天台县	486.18	255.65	243.38	68.61	390464
仙居县	360.18	171.18	116.62	50.32	126887
温岭市	6889.88	2996.19	2313.18	1347.40	652648
临海市	3542.80	1694.12	1815.99	1185.04	344891
玉环市	146.12	60.18	72.90	3.24	85407

17-89　各县市区客运量货运量及港口货物吞吐量

(2018年)

地　区	客运量(万人)	#铁　路	#公　路	#水　运	货运量(万吨)	#公　路	#水　运	港口货物吞吐量(万吨)
全　市	**8596**	**1373**	**6992**	**174**	**29183**	**15393**	**13758**	**7167**
市　区	1549	528	940	23	15710	7738	7941	1733
椒江区	370		347	23	8755	2180	6575	1473
黄岩区	644	528	116		4164	3507	657	260
路桥区	535		477		2791	2051	709	
三门县	743	82	661		1444	464	980	806
天台县	688		688		671	671		
仙居县	720		720		550	550		
温岭市	2606	443	2163		4776	2145	2631	902
临海市	574	320	254		2582	2236	346	526
玉环市	1717		1566	151	3450	1589	1861	3200

17-90　各县市区客运周转量和货运周转量

(2018年)

地　区	客　运周转量(万人公里)	铁　路	公　路	水　运	货　运周转量(万吨公里)	铁　路	公　路	水　运
全　市	**715627**	**414993**	**298782**	**1852**	**18307816**	**6669**	**2330935**	**15970212**
市　区	267319	170799	95410	1100	12008744	6669	1283106	10718969
椒江区	33873		32773	1100	9110155		266820	8843335
黄岩区	192225	170799	21426		1506191		683324	822867
路桥区	41221		41211		1392398	6669	332962	1052767
三门县	30284	11234	19050		11148042		60815	1087227
天台县	22591		22591		91773		91773	
仙居县	19132		19132		69453		69453	
温岭市	214193	141760	72433		3299418		333463	2965955
临海市	122368	91200	31168		806905		312988	493917
玉环市	39750		38998	752	883481		179337	704144

17-91 各县市区公路基本情况(一)

(2018年)

单位：公里

地　区	公　路总里程	等级公路合计	高速公路	一　级	二　级	三　级	四　级	准四级
全　市	**13014**	**13014**	**447**	**792**	**1222**	**588**	**6601**	**3365**
市　区	2554	2554	59	221	251	128	1294	602
椒江区	642	642	27	61	83	59	242	169
黄岩区	1282	1282	21	93	64	24	646	433
路桥区	630	630	10	66	103	45	405	
三门县	1340	1340	58	62	151	43	922	104
天台县	2007	2007	42	88	70	68	916	823
仙居县	1942	1942	106	82	144	78	716	816
温岭市	2041	2041	45	116	197	125	1370	189
临海市	2392	2392	106	154	337	94	1064	636
玉环市	739	739	32	68	73	51	319	195

17-92 各县市区公路基本情况(二)

(2018年)

地　区	路面里程			隧　道		桥　梁	
	有铺装(公里)	简易铺装(公里)	未铺装(公里)	道	延米	座	米
全　市	**12632**	**90**	**292**	**353**	**256160**	**6138**	**430585**
市　区	2539	3	12	25	17227	1536	92295
椒江区	642			8	4456	364	33874
黄岩区	1269	2	12	15	11521	705	32396
路桥区	629	1		2	1250	467	26025
三门县	1325	9	5	45	31947	462	37007
天台县	1959	43	5	23	8047	555	24915
仙居县	1888	27	26	96	71481	615	49960
温岭市	1799	5	237	44	31199	1590	94277
临海市	2382	2	7	84	73415	1143	88238
玉环市	739			36	22843	237	43893

17-93 各县市区公路基本情况(三)

(2018年) 单位：公里

地 区	公路总里程	国 道	省 道	县 道	乡 道	专用道	村 道
全 市	**13014**	**660**	**681**	**2616**	**2102**	**56**	**6898**
市 区	2554	99	80	625	435	16	1299
椒江区	642	32	50	125	122		313
黄岩区	1282	37	29	368	156	10	682
路桥区	630	30	1	133	157	6	303
三门县	1340	100	59	249	210	23	699
天台县	2007	81	64	364	338	10	1150
仙居县	1942	30	212	431	226	3	1039
温岭市	2041	96	62	305	357		1221
临海市	2392	221	175	455	432	3	1105
玉环市	739	32	29	187	103		387

17-94 各县市区汽车拥有量

(2018年) 单位：辆

地 区	汽 车 拥有量	载 客 汽 车		载 货 汽 车		其 他 汽 车	摩托车
			#个 人		#个 人		
全 市	**1629324**	**1424418**	**1329973**	**201201**	**152555**	**3705**	**143060**
市区	639043	545321	501365	92134	67263	1588	52195
椒江区	210182	185512	168535	23990	15628	680	15318
黄岩区	202621	171325	157506	30959	21826	337	16658
路桥区	225066	187464	175218	37059	29799	543	20219
市本级	1174	1020	106	126	10	28	
三门县	67239	58212	54208	8809	7104	218	7968
天台县	86383	78921	75102	7272	5768	190	10524
仙居县	84095	76082	72467	7843	6274	170	8588
温岭市	364609	314872	300598	49077	40275	660	28698
临海市	235397	213305	202867	21531	15945	561	21086
玉环市	150788	136314	122527	14163	9869	311	13926

17-95 各县市区邮电通信主要指标

(2018年)

地　区	邮电局(所)数(个)	邮电业务收入(万元)	固定电话用户数(户)	移动电话用户数(户)	互联网宽带接入用户数(户)	移动互联网用户数(户)
全　市	**304**	**795915**	**1077009**	**9579995**	**2450698**	**6886762**
市　区	78	304106	435537	3429659	875433	2476960
椒江区	24	132911	195742	1299448	350734	939223
黄岩区	30	81185	113325	1025089	259693	720475
路桥区	24	90010	126470	1105122	265006	817262
三门县	66	109839	131515	1481277	373352	1052943
天台县	39	174070	198821	2130987	505583	1530476
仙居县	27	84247	142087	985512	266877	729562
温岭市	32	45340	68153	573663	169254	411856
临海市	28	41989	51439	522666	134068	370117
玉环市	34	36325	49457	456231	126131	314848

17-96 各县市区用电量

(2018年)

单位：万千瓦时

地　区	全社会用电量(包括厂用电量及线损)	#工　业用电量	#制造业	#城乡居民生活用电
全　市	**3295674**	**2146201**	**1957598**	**622837**
市　区	1235231	806308	744759	209803
椒江区	329518	221799	205402	57140
黄岩区	390787	277360	258847	60158
路桥区	316752	194575	175227	63601
直属局	198175	112573	105282	28904
三门县	190743	107871	98454	30910
天台县	148459	79552	70098	39529
仙居县	121921	62855	54634	32345
温岭市	601920	363484	332153	147687
临海市	508526	344382	313828	93713
玉环市	471092	363966	343672	68849

17-97　各县市区全社会单位生产总值能耗

(2018年)

地　区	单位GDP能耗(吨标准煤/万元)	单位GDP能耗降低率(%)	单位GDP电耗(千瓦时/万元)	单位GDP电耗降低率(%)	规模以上工业增加值能耗降低率(%)
全　市	**0.335**	**3.50**	**734**	**1.33**	**3.32**
椒江区	0.400	3.86	883	-1.03	8.63
黄岩区	0.335	5.58	848	3.31	7.49
路桥区	0.246	5.26	543	3.11	3.85
三门县	0.473	3.40	1142	0.05	9.28
天台县	0.279	0.45	630	-3.26	2.53
仙居县	0.325	-0.47	565	-2.11	-0.59
温岭市	0.320	5.52	574	3.11	1.58
临海市	0.325	2.55	840	-2.71	1.10
玉环市	0.378	-1.09	860	3.41	-1.09

17-98　各县市区规模以上工业主要能源消费量

(2018年)　　单位：吨

地　区	原　煤	焦　炭	汽　油	柴　油	热　力(百万千焦)	电　力(万千瓦时)
全　市	**15719125**	**4117**	**23325**	**50759**	**14062208**	**1520249**
市　区	3192100	167	11226	20222	3091821	521347
椒江区	3116099	167	3098	8741	2266890	279021
黄岩区	39900		4644	4104	824931	137741
路桥区	36101		3484	7377		104585
三门县	3988881		976	2364	55609	122835
天台县	75611		1441	2869	895629	89563
仙居县	76086		769	2011	1039957	88518
温岭市	159144		4427	11948	1617460	205700
临海市	308841	1814	2485	6506	7305970	225937
玉环市	7918462	2136	2001	4839	55763	266349

17-99　各县市区规模以上工业企业能源消费情况

(2018年)　　单位：吨标准煤

地　区	综合能源消费量	万元产值综合能耗(吨标准煤/万元)	节能量	万元产值综合能耗降低率(%)
全　市	**8962418**	**0.179**	**1137074**	**11.24**
市　区	2253432	0.120	255116	11.43
椒江区	1680500	0.201	171808	9.25
黄岩区	271850	0.062	37519	12.15
路桥区	301082	0.045	45789	13.23
三门县	1816057	0.716	395071	17.87
天台县	166782	0.091	7343	4.16
仙居县	171250	0.097	10029	5.55
温岭市	482622	0.070	6896	1.37
临海市	669778	0.069	45545	6.39
玉环市	3402497	0.431	443772	11.53

17-100　各县市区规模以上工业取水情况

(2018年)　　单位：万立方米

地　区	取水总量	地表水	地下水	自来水	海　水	其他水	外供水
全　市	**93342.72**	**75595.96**	**191.89**	**16076.99**	**1396.85**	**81.04**	**80010.83**
市　区	64009.38	53435.02	23.75	10528.72		21.89	59093.66
椒江区	10379.34	3980.38	8.64	6369.31		21.02	8028.81
黄岩区	32917.83	32052.54	6.63	858.33		0.33	31010.20
路桥区	20712.21	17402.10	8.48	3301.09		0.55	20054.64
三门县	880.50	166.72	70.97	555.19	86.40	1.22	
天台县	2839.22	2308.57	13.56	516.23		0.87	2017.60
仙居县	2398.71	2000.42	10.44	374.17		13.69	1731.35
温岭市	8190.79	6399.75	6.98	1780.23		3.83	6325.40
临海市	10071.58	8052.17	46.45	1959.48		13.48	7793.98
玉环市	4952.55	3233.32	19.74	362.98	1310.45	26.06	3048.85

17-101 各县市区社会消费品零售总额

(2018年) 单位：万元

地 区	社会消费品零售总额	比上年增长(%)	按行业分			按销售地区分		
			批发和零售业	住宿业	餐饮业	城 镇	#城 区	乡 村
全 市	**23668763**	**10.2**	**20946650**	**221914**	**2500198**	**19105994**	**10223466**	**4562768**
市 区	9350964	9.5	8403302	105670	841992	7884014	6529990	1466950
椒江区	2893965	9.7	2587683	74948	231333	2330299	2870004	563666
黄岩区	2534656	10.8	2141965	18953	373739	2242724	1311931	291932
路桥区	3922343	8.6	3673654	11769	236920	3310991	2348055	611352
三门县	1022569	10.4	926163	9264	87142	683497		339072
天台县	1273192	10.6	1193768	14664	64760	933836		339356
仙居县	1033731	8.6	854776	4387	174568	684111		349620
温岭市	6333364	11.0	5177281	31087	1124996	5045012	1942211	1288353
临海市	2657857	10.9	2507421	38792	111644	2333924	1609933	323933
玉环市	1997086	10.5	1883940	18050	95096	1541601	141332	455485

17-102 各县市区限额以上批发业企业销售情况

(2018年) 单位：万元

地 区	法人企业(个)	年末从业人数(人)	销售额			年末零售营业面积(平方米)
				批发额	零售额	
全 市	**666**	**20388**	**15911313**	**15740141**	**171172**	**306336**
市 区	276	8421	10235875	10089912	145963	138608
椒江区	123	4553	3521692	3484756	36936	61510
黄岩区	63	1994	1460294	1382466	77828	63621
路桥区	90	1874	5253889	5222690	31199	13477
三门县	17	386	114362	112935	1427	860
天台县	14	231	107138	106888	250	11530
仙居县	25	1972	417005	412923	4082	7470
温岭市	196	5818	2779416	2772096	7320	16672
临海市	61	1893	1228849	1221073	7775	52800
玉环市	77	1667	1028669	1024315	4354	78396

17-103 各县市区限额以上零售业企业销售情况

(2018年)　　单位：万元

地 区	法人企业(个)	年末从业人数(人)	销售额	批发额	零售额	年末零售营业面积(平方米)
全 市	**537**	**26891**	**6516883**	**840792**	**5676092**	**1423268**
市 区	207	12435	4182176	713159	3469018	792285
椒江区	78	6134	2320948	501501	1819447	412560
黄岩区	35	2029	593460	177659	415800	129152
路桥区	94	4272	1267769	33998	1233771	250573
三门县	23	408	63456		63456	26367
天台县	37	780	91487		91487	85175
仙居县	22	611	59764	4174	55591	24235
温岭市	115	6472	1010175	34164	976011	212183
临海市	86	4421	869888	74407	795482	199888
玉环市	47	1764	239937	14889	225048	83135

17-104 各县市区限额以上住宿业企业基本情况

(2018年)　　单位：万元

地 区	法人企业(个)	年末从业人数(人)	营业额	#客房收入	#餐费收入	客房间数(间)	床位数(个)	餐位数(位)	年末零售营业面积(平方米)
全 市	**90**	**8457**	**178993**	**81318**	**89496**	**13762**	**21239**	**41438**	**279547**
市 区	30	3769	82020	33143	44716	5072	7603	13711	101231
椒江区	17	2039	45908	18228	25315	2925	4422	7481	56138
黄岩区	7	1165	26192	10494	14446	1334	1928	4180	25816
路桥区	6	565	9921	4421	4955	813	1253	2050	19277
三门县	2	267	4699	2533	2034	410	718	530	5901
天台县	12	848	14024	6671	6739	1346	2116	6792	28214
仙居县	5	335	5182	3619	1227	680	1074	417	9900
温岭市	20	1289	29652	14803	13058	2598	4093	8393	55957
临海市	11	1200	25469	11677	13263	1933	2960	5626	42044
玉环市	10	749	17948	8871	8458	1723	2675	5969	36300

17-105 各县市区限额以上餐饮业企业基本情况

(2018年)

单位：万元

地　区	法人企业(个)	年末从业人数(人)	营业额	#客房收入	#餐费收入	客房间数(间)	床位数(个)	餐位数(位)	年末零售营业面积(平方米)
全　市	**134**	**7350**	**159624**	**10384**	**148379**	**2067**	**3485**	**74601**	**215634**
市　区	36	2176	47288	2851	44375	466	881	14971	71916
椒江区	17	1106	25943	293	25629	65	95	5419	24301
黄岩区	8	274	5755	58	5668	81	146	3049	22410
路桥区	11	796	15590	2500	13077	320	640	6503	25205
三门县	1	33	169		169			300	1000
天台县	11	625	9507	777	8369	168	264	4626	21955
仙居县	9	609	8480	1696	6741	390	731	21845	16320
温岭市	39	2018	50869	3955	46553	730	1172	14190	56079
临海市	25	1152	23838	882	22921	271	381	7723	23316
玉环市	13	737	19474	223	19251	42	56	10946	25048

17-106 各县市区限额以上批发业企业财务状况(一)

(2018年)

单位：万元

地　区	企业数(个)	流动资产合　计	#存　货	固定资产原　价	累　计折　旧	#本年折旧
全　市	**666**	**4781075**	**744699**	**471213**	**194105**	**25701**
市　区	276	2500981	409272	215410	94359	10514
椒江区	123	1131852	196270	127561	60999	5411
黄岩区	63	368744	56635	59271	21427	2955
路桥区	90	1000385	156367	28578	11934	2149
三门县	17	101349	6592	15972	6418	1001
天台县	14	63139	8288	2149	996	199
仙居县	25	152272	21304	18789	5428	1002
温岭市	196	1178686	189091	146229	54954	8042
临海市	61	504101	58580	15627	8991	1623
玉环市	77	280547	51573	57037	22959	3319

17-107 各县市区限额以上批发业企业财务状况(二)

(2018年)

单位：万元

地区	资产合计	负债合计	所有者权益	#实收资本	#国家资本	主营业务收入
全　市	**6087473**	**4484565**	**1602907**	**774556**	**13941**	**13921120**
市　区	3031065	2224984	806082	454543	9196	8914957
椒江区	1340206	759599	580608	141744	9196	3140238
黄岩区	436835	342266	94569	52027		1289991
路桥区	1254024	1123119	130905	260772		4484728
三门县	179172	127053	52119	18841	1217	101069
天台县	64642	57010	7632	4740		95256
仙居县	178129	164685	13444	18221	110	366409
温岭市	1451254	1132805	318449	164690	2771	2515259
临海市	847436	530831	316605	63334	647	1029934
玉环市	335774	247197	88577	50187		898237

17-108 各县市区限额以上批发业企业财务状况(三)

(2018年)

单位：万元

地区	主营业务成本	主营业务税金	其他业务利润	销售费用	管理费用
全　市	**12781943**	**155370**	**9810**	**438395**	**231906**
市　区	8225845	145893	3310	147824	155955
椒江区	2718223	141975	1014	66208	59599
黄岩区	1216610	1513	441	42193	19222
路桥区	4291011	2405	1856	39422	77134
三门县	90878	224	153	3269	2674
天台县	89286	338	41	2022	1839
仙居县	259675	1705	-671	94858	8154
温岭市	2387886	3054	6452	66018	36392
临海市	898674	2484	265	93719	13102
玉环市	829698	1671	260	30686	13790

17-109 各县市区限额以上批发业企业财务状况(四)

(2018年)

单位：万元

地 区	财务费用	#利息支出	营业利润	利润总额	应付职工薪酬	应交增值税
全 市	**48080**	**51838**	**346653**	**362564**	**161835**	**155382**
市 区	11105	16528	228889	239812	70569	86266
椒江区	-570	5639	158244	166311	46597	66598
黄岩区	6546	4947	5180	7337	12716	8086
路桥区	5129	5942	65465	66164	11256	11582
三门县	4555	4512	4	545	2080	2836
天台县	474	239	1494	1702	910	4230
仙居县	2873	2688	-575	1175	17850	15080
温岭市	10766	9734	30840	31261	40967	11079
临海市	14202	14395	66796	67896	16465	22897
玉环市	4106	3741	19206	20173	12995	12994

17-110 各县市区限额以上零售业企业财务状况(一)

(2018年)

单位：万元

地 区	企业数(个)	流动资产合计	#存货	固定资产原价	累计折旧	#本年折旧
全 市	**537**	**1666549**	**572064**	**589862**	**207207**	**40048**
市 区	207	972517	349674	332256	134314	21755
椒江区	78	301825	107300	199639	83968	9816
黄岩区	35	306678	102067	64505	20326	6152
路桥区	94	364014	140307	68111	30020	5788
三门县	23	13729	3869	8747	3079	436
天台县	37	30981	10651	12957	5203	840
仙居县	22	22916	8796	6738	2391	456
温岭市	115	249562	93747	112883	25347	9796
临海市	86	308011	79689	76474	25604	4469
玉环市	47	68833	25637	39806	11271	2295

17-111 各县市区限额以上零售业企业财务状况(二)

(2018年)　　单位：万元

地　区	资　产 合　计	负　债 合　计	所有者 权　益	#实　收 资　本	#国家资本	主营业务 收　　入
全　市	**2455912**	**1886416**	**569497**	**738472**	**114145**	**5647057**
市　区	1440218	1109560	330658	521713	107312	3600619
椒江区	605410	399382	206028	179438	107312	1967004
黄岩区	378171	346599	31572	251410		514259
路桥区	456637	363579	93058	90865	325	1119356
三门县	22497	15022	7475	5121	658	50596
天台县	45181	31991	13190	12882	625	82338
仙居县	30911	27235	3676	9375	500	52820
温岭市	393433	302838	90595	74213	1000	867603
临海市	401531	303820	97711	93946	2725	780920
玉环市	122142	95950	26192	21223	1000	212162

17-112 各县市区限额以上零售业企业财务状况(三)

(2018年)　　单位：万元

地　区	主营业务 成　　本	主营业务 税　　金	其他业务 利　　润	销　售 费　用	管　理 费　用
全　市	**5150586**	**12051**	**29744**	**307488**	**147782**
市　区	3358784	6243	14300	149080	80462
椒江区	1828233	3038	4350	101116	34434
黄岩区	486186	954	3815	12265	16636
路桥区	1044365	2252	6135	35699	29392
三门县	42648	176		2435	2903
天台县	70570	346	683	4410	4401
仙居县	47268	127		3528	2828
温岭市	767630	3199	4984	60606	25641
临海市	679037	1193	9716	72363	25469
玉环市	184649	767	62	15068	6079

17-113　各县市区限额以上零售业企业财务状况(四)

(2018年)　　单位：万元

地　区	财务费用	#利息支出	营业利润	利润总额	应付职工薪酬	应交增值税
全　市	**34850**	**25084**	**46646**	**53884**	**165698**	**53079**
市　区	20656	12755	16244	21663	86353	25166
椒江区	7426	4963	9725	10775	45745	13647
黄岩区	4707	3638	-1447	1583	11676	3066
路桥区	8524	4155	7967	9304	28931	8454
三门县	332	271	2175	2219	2344	940
天台县	394	448	3096	3135	3837	4517
仙居县	131	79	-612	-292	2870	609
温岭市	4130	3930	14526	14851	37234	12257
临海市	7147	6099	6317	6986	23251	6951
玉环市	2060	1502	4900	5324	9811	2639

17-114　各县市区限额以上住宿业企业财务状况(一)

(2018年)　　单位：万元

地　区	企业数(个)	流动资产合计	#存货	固定资产原价	累计折旧	#本年折旧
全　市	**90**	**283580**	**4862**	**469318**	**207549**	**21816**
市　区	30	72706	2451	197884	83478	6707
椒江区	17	39231	1200	82418	53453	3785
黄岩区	7	20920	659	103060	22449	2144
路桥区	6	12555	593	12406	7577	778
三门县	2	834	57	5279	4308	176
天台县	12	27471	289	23717	10555	1116
仙居县	5	1223	72	9109	6706	317
温岭市	20	30176	494	53505	24280	2898
临海市	11	66330	631	66326	31767	4545
玉环市	10	84840	869	113499	46456	6056

17-115　各县市区限额以上住宿业企业财务状况(二)

(2018年)　　单位：万元

地　区	资产合计	负债合计	所有者权益	#实收资本	#国家资本	主营业务收入
全　市	**817289**	**730808**	**86482**	**159590**	**225**	**167791**
市　区	213442	184479	28963	50637	195	76959
椒江区	79392	54659	24733	28740		43228
黄岩区	115340	118825	-3484	17734	195	24306
路桥区	18710	10996	7714	4163		9426
三门县	2276	4921	-2645	1180		4379
天台县	80845	87320	-6475	8234		13548
仙居县	10566	23506	-12940	3400		4961
温岭市	100330	74807	25524	21519		27119
临海市	234143	174052	60091	34755	30	24208
玉环市	175688	181724	-6036	39866		16619

17-116　各县市区限额以上住宿业企业财务状况(三)

(2018年)　　单位：万元

地　区	主营业务成本	主营业务税金	其他业务利润	销售费用	管理费用
全　市	**61220**	**1796**	**3510**	**58368**	**51585**
市　区	29023	681	881	24338	21137
椒江区	14114	263	1064	14105	12682
黄岩区	10188	343	-183	7153	6988
路桥区	4721	76		3081	1467
三门县	1064	57	1514	2543	843
天台县	3507	237	7	6212	5411
仙居县	1454	75		1470	1946
温岭市	10710	221	927	7716	6846
临海市	10753	403	179	4914	11292
玉环市	4709	121		11175	4109

17-117　各县市区限额以上住宿业企业财务状况(四)

(2018年)　　单位：万元

地　区	财　务费　用	#利息支出	营　业利　润	利　润总　额	应付职工薪　　酬	应　交增值税
全　市	**11672**	**10857**	**-12305**	**-11814**	**44645**	**3563**
市　区	4354	4495	-890	-494	19640	1670
椒江区	1542	1590	2042	2025	10457	936
黄岩区	2620	2731	-2824	-2447	6907	539
路桥区	192	175	-107	-71	2276	195
三门县	208	195	-336	-341	1234	60
天台县	1030	448	-3115	-2976	4520	135
仙居县	2437	2399	-1878	-1831	1540	335
温岭市	1835	1579	1884	1915	6275	412
临海市	1448	1439	-4670	-4621	6668	772
玉环市	361	303	-3300	-3466	4768	179

17-118　各县市区限额以上餐饮业企业财务状况(一)

(2018年)　　单位：万元

地　区	企业数(个)	流动资产合　　计	#存　货	固定资产原　　价	累　计折　旧	#本年折旧
全　市	**134**	**43523**	**3989**	**115844**	**25344**	**6087**
市　区	36	15196	946	8538	3694	946
椒江区	17	7615	615	2406	1329	161
黄岩区	8	1695	81	1139	782	103
路桥区	11	5887	251	4993	1583	682
三门县	1	96	13	257	64	13
天台县	11	3508	415	6404	2038	626
仙居县	9	2668	303	10567	4427	943
温岭市	39	11026	1114	73231	8801	2508
临海市	25	7439	698	13273	3956	823
玉环市	13	3589	499	3576	2364	228

17-119 各县市区限额以上餐饮业企业财务状况(二)

(2018年)　单位：万元

地区	资产合计	负债合计	所有者权益	#实收资本	主营业务收入
全市	**178540**	**127414**	**51126**	**74825**	**150226**
市区	32951	21428	11524	11101	45115
椒江区	10218	6690	3529	3984	24696
黄岩区	3104	1291	1814	1440	5654
路桥区	19629	13447	6181	5677	14766
三门县	289	3	286	300	164
天台县	13138	6567	6571	3961	8925
仙居县	11082	14280	-3198	11040	8122
温岭市	85377	55392	29986	34663	46532
临海市	27827	25827	2001	8481	23361
玉环市	7875	3918	3957	5279	18007

17-120 各县市区限额以上餐饮业企业财务状况(三)

(2018年)　单位：万元

地区	主营业务成本	主营业务税金	其他业务利润	销售费用	管理费用
全市	**88400**	**922**	**1475**	**37958**	**19102**
市区	27165	315	96	11130	4383
椒江区	14728	97		6513	2053
黄岩区	3270	99		1122	452
路桥区	9167	119	96	3495	1878
三门县	78	9			75
天台县	5289	81	96	2322	1896
仙居县	4686	74	92	2172	1744
温岭市	26578	208	84	11486	5929
临海市	13550	168	1108	6676	3105
玉环市	11054	68		4172	1970

17-121 各县市区限额以上餐饮业企业财务状况(四)

(2018年)　　单位：万元

地区	财务费用	#利息支出	营业利润	利润总额	应付职工薪酬	应交增值税
全市	**2132**	**1194**	**2042**	**2179**	**30650**	**3675**
市区	668	182	1322	1519	9765	1076
椒江区	259	164	994	1022	5589	694
黄岩区	21	11	601	601	1037	89
路桥区	388	7	-273	-104	3139	293
三门县			2	2	102	5
天台县	121	29	-730	-726	2773	229
仙居县	175	150	-697	-760	1736	231
温岭市	544	408	1153	1112	9160	1057
临海市	588	424	313	363	3968	624
玉环市	36	2	681	669	3147	453

17-122 各县市区商品市场基本情况

(2018年)

地区	市场数(个)	#消费品市场	#生产资料市场	市场成交额(亿元)
全市	**470**	**399**	**66**	**1414.27**
市区	165	133	29	794.28
椒江区	47	41	5	149.19
黄岩区	44	40	4	141.81
路桥区	69	48	19	480.96
市直属分局	5	4	1	22.32
三门县	23	21	1	16.36
天台县	18	16	2	23.10
仙居县	11	9	2	8.76
温岭市	130	111	19	478.90
临海市	71	64	6	52.41
玉环市	52	45	7	40.46

17-123 各县市区外贸进出口总额

(2018年) 单位：万元

地区	进出口总额	出口额	#欧盟	#东盟	#中东	进口额
全市	**17429914**	**15375961**	**3997470**	**1150637**	**865886**	**2053953**
市区	7224305	5734430	1243493	542398	300170	1489877
椒江区	2145879	1962039	325419	237519	86565	183840
黄岩区	1678573	1576970	424846	89794	69712	101603
路桥区	2446041	1308385	312659	137763	84549	1137657
市直属公司	43074	42907	10922	2649	1631	167
台州经济开发区	910738	844129	169647	74673	57713	66610
三门县	560652	536012	130784	24001	40117	24640
天台县	520472	483685	169241	36441	24994	36787
仙居县	662666	654997	179695	46402	28073	7669
温岭市	3284535	3041244	630506	278582	249033	243290
临海市	2442049	2285997	847442	98065	39383	156052
玉环市	2735233	2639595	796309	124748	184115	95638

17-124 各县市区进出口贸易情况

(2018年) 单位：万元

地区	出口额中				进口额中			
	#一般贸易	#加工贸易	来料加工装配贸易	进料加工装配贸易	#一般贸易	#加工贸易	来料加工装配贸易	进料加工装配贸易
全市	**14075323**	**1298068**	**12383**	**1285685**	**1768139**	**262069**	**6289**	**255780**
市区	4894958	831350	5893	825457	1349809	117851	3280	114571
椒江区	1313753	644600	185	644415	92047	71535		71535
黄岩区	1438779	132605	4573	128032	73888	26306	2896	23410
路桥区	1284523	19781		19781	1129540	7935		7935
市直属公司	42601	294		294	54	106		106
台州经济开发区	815302	34070	1135	32935	54280	11969	384	11585
三门县	531370	9766	1126	8640	19964	4514	495	4019
天台县	459245	24444	567	23877	27565	8947	522	8425
仙居县	652542	2424	484	1940	6487	1151	830	322
温岭市	2934199	103883	7	103876	207908	35091	25	35065
临海市	2042748	244701	4307	240394	95936	59914	1136	58778
玉环市	2560261	81501		81501	60470	34600		34600

17-125 各县市区出口贸易主要市场情况

(2018年) 单位：万元

地区	合计	欧洲	亚洲	北美洲	拉丁美洲	非洲	大洋洲
全市	**15375961**	**4847251**	**4227294**	**3572424**	**1379003**	**974444**	**375544**
市区	5727577	1496290	1847135	1274380	607410	347209	155153
椒江区	1958456	397866	782721	427056	212448	116236	22130
黄岩区	1571474	482351	395151	406268	126277	90834	70591
路桥区	1304365	364423	398851	254364	165863	75589	45275
市直属公司	42907	13396	10509	9848	4894	3547	713
台州经济开发区	850375	238254	259903	176844	97928	61003	16444
三门县	541260	167582	125138	143683	51588	34227	19042
天台县	483708	188307	114345	101910	39047	23233	16866
仙居县	654997	202987	210248	169674	40320	21545	10222
温岭市	3038387	887081	934386	466660	289074	420487	40699
临海市	2287636	925934	483027	712037	89998	24011	52628
玉环市	2642397	979070	513016	704079	261565	103733	80934

17-126 各县市区外贸出口主要商品(一)

(2018年) 单位：万元

地区	家用电器	汽摩及部件	服装机械	塑料模具	医化产品	纺织服装	鞋类	灯具
全市	**796056**	**910635**	**301428**	**1001353**	**1747395**	**627403**	**1071504**	**389515**
市区	587286	158811	237151	566634	624001	129577	99843	208568
椒江区	523847	8533	171656	103679	369902	33662	12326	35251
黄岩区	13006	28339	8772	311336	212059	34805	1955	45544
路桥区	20102	95012	12686	86233	14735	21414	17357	99719
市直属公司	3164	41	1594	4373	1100	7222	293	1357
台州经济开发区	27167	26886	42443	61013	26205	32474	67912	26697
三门县	7402	42194	48	71374	55314	52365	5121	3350
天台县	6148	52723	910	71950	84403	107329	22879	11409
仙居县	7891	8706	523	30127	221979	49102	11082	13746
温岭市	91304	195328	23595	114155	12478	43251	756873	17002
临海市	22080	13728	1795	69584	708087	229614	174501	134385
玉环市	73944	439147	37408	77529	41133	16167	1206	1055

17-127 各县市区外贸出口主要商品(二)

(2018年) 单位：万元

地 区	农产品	阀门、龙头	家 具	工艺品	太阳能板	喷雾器	船 舶	液体泵
全 市	**582012**	**1375112**	**849282**	**143363**	**67133**	**413639**	**59956**	**700307**
市 区	248738	273439	133723	78161	13393	356708	15141	108505
椒江区	23803	7918	39047	211	2641	118848	3240	23452
黄岩区	188255	65875	40114	72437	7529	32861	6719	19667
路桥区	16474	122742	17602	1269	138	177087	101	31777
市直属公司	2341	323	2735	1825		510		235
台州经济开发区	17865	76581	34225	2419	3085	27402	5081	33374
三门县	14523	80915	19342	3876		317	1457	6556
天台县	13350	252	23706	6994		6856		90
仙居县	117688	3207	59861	37517	259	173		12449
温岭市	52241	57902	27648	4438	27358	40992	6726	499143
临海市	94678	9685	540619	11780	2778	983	36632	8840
玉环市	40794	949712	44382	597	23346	7609		64723

17-128 各县市区利用外资情况

(2017-2018年) 单位：万美元

地 区	2017年				2018年			
	利用外资企业数(家)	总投资	合同外资	实际利用外资	利用外资企业数(家)	总投资	合同外资	实际利用外资
全 市	**48**	**159492**	**77847**	**44332**	**44**	**82060**	**50532**	**28893**
市 区	18	26700	16802	23054	18	24414	12812	8311
椒江区	5	3789	1700	5423	3	16989	6143	2687
黄岩区	6	5343	5589	4574	5	1926	2874	2440
路桥区	2	13000	4964	8910	7	3855	2248	2684
台州经济开发区	5	4568	4549	2993	2	1500	1500	500
台州湾集聚区				1154	1	144	47	
三门县	2	158	800	1042	3	2233	1257	1001
天台县	3	10228	2917	749	2	6954	2197	1769
仙居县	6	1913	1598	1108	1	1500	1246	1851
温岭市	6	10539	5980	5260	8	16216	3957	3327
临海市	8	4794	7122	5039	5	16514	15337	5379
玉环市	5	105160	42628	8080	7	14229	13728	7253

17-129 各县市区国际国内旅游情况

(2018年) 单位：万人次

地 区	旅 游 总人数	国内旅游人 数	国际旅游入境人数	旅 游 总收入 (亿元)	国内旅游收入 (亿元)	国际旅游(外汇)收入 (万美元)
全 市	**11840.08**	**11821.70**	**18.38**	**1302.23**	**1298.02**	**6355.22**
市 区	2669.53	2664.47	5.06	293.81	292.56	1891.22
椒江区	1454.16	1452.70	1.46	159.87	159.51	555.88
黄岩区	588.00	584.82	3.18	65.02	64.21	1213.81
路桥区	627.37	626.95	0.42	68.92	68.84	121.53
三门县	433.36	433.13	0.23	47.60	47.56	70.40
天台县	1902.06	1896.92	5.14	209.65	208.28	2062.76
仙居县	1902.04	1896.82	5.22	209.16	208.27	1343.56
温岭市	1890.02	1889.42	0.60	207.62	207.46	248.21
临海市	2368.09	2367.34	0.75	260.09	259.93	236.38
玉环市	1007.63	1006.26	1.37	110.82	110.49	502.69

注：全市国内旅游人数和收入扣除重游率(1.028)，各县市区没有扣除。

17-130 各县市区地方财政收入及分类(一)

(2018年) 单位：万元

地 区	一般预算收入合计	增值税	企 业所得税	个 人所得税	资源税	城市维护建 设 税
全 市	**4311768**	**1685337**	**551254**	**264757**	**11103**	**245367**
市 区	1751242	639648	233421	109756	1989	110023
椒江区	472176	185739	64117	28282	45	30480
黄岩区	477200	202195	48831	24352	678	28592
路桥区	470360	158596	81616	28498	1248	27760
市本级	331506	93118	38857	28624	18	23191
三门县	186290	69769	20152	10606	1429	8004
天台县	218960	81862	25067	11607	1012	9677
仙居县	208400	86750	21326	13332	1247	9969
温岭市	772850	297098	99228	52225	2049	38015
临海市	640650	248875	95346	38458	1891	41071
玉环市	533376	261335	56714	28773	1486	28608

17-131 各县市区地方财政收入及分类(二)

(2018年) 单位：万元

地 区	房产税	印花税	城镇土地使用税	土地增值税	车船税	耕地占用税	契 税
全 市	**168687**	**54604**	**114584**	**233003**	**56004**	**49794**	**322952**
市 区	71263	25683	43616	103682	26864	13895	152952
椒江区	15523	6450	8152	37354	8908	2740	48782
黄岩区	18506	4995	15118	26559	5091	7384	28896
路桥区	22446	6663	15277	28743	8587	3771	33471
市本级	14788	7575	5069	11026	4278		41803
三门县	9115	2209	6372	8413	1601	3786	8280
天台县	7092	2557	4070	14872	2970	2527	24082
仙居县	5208	2038	4492	12792	2399	10043	14157
温岭市	32054	9291	21417	40060	10849	10660	57764
临海市	22453	7062	19273	31194	6412	5008	47467
玉环市	21502	5764	15344	21990	4909	3875	18250

17-132 各县市区地方财政收入及分类(三)

(2018年) 单位：万元

地 区	专项收入	行政事业性收费收入	罚没收入	国有资本经营收入	国有资源(资产)有偿使用收入	其他收入	基金收入	
							政府性基金	社会保险基金
全 市	**299935**	**47320**	**121448**	**-35912**	**106058**	**12787**	**5447128**	**4203305**
市 区	116696	21855	54600	-15516	33003	6834	2807592	1441958
椒江区	21776	2686	10129	-6474	5484	1940	964359	307285
黄岩区	41133	3101	8616	-4142	15727	1484	716270	372960
路桥区	37084	5566	8357	-2400	2994	1259	312545	291940
市本级	16703	10502	27498	-2500	8798	2151	814418	469773
三门县	9497	4830	9270	-220	12688	311	104652	246899
天台县	21990	2727	5909	-6027	6324	618	353387	364126
仙居县	16101	1441	4610	-2467	4805		246027	378114
温岭市	51776	9149	20115	-7180	22719	4784	907990	783140
临海市	34823	3674	12142	-502	25653	240	768101	617868
玉环市	49052	3644	14802	-4000	866		259379	373930

17-133 各县市区地方财政支出及分类(一)

(2018年) 单位：万元

地区	一般预算支出合计	一般公共服务支出	国防支出	公共安全支出	教育支出	科学技术支出
全市	**6537506**	**780115**	**5710**	**470696**	**1345144**	**169642**
市区	2317713	303149	2637	212489	478764	70964
椒江区	447599	62984	475	44822	87630	13193
黄岩区	538816	67240	751	36370	153631	20245
路桥区	394629	47087	47	36502	85547	5724
市本级	936669	125838	1364	94795	151956	31802
三门县	438152	59836	557	30236	90714	6605
天台县	511399	59436	1181	29376	122644	7729
仙居县	545537	54816	320	24465	96610	4766
温岭市	1078061	112412	68	76030	217266	21147
临海市	946885	96547	862	55465	209885	22297
玉环市	699759	93919	85	42635	129261	36134

17-134 各县市区地方财政支出及分类(二)

(2018年) 单位：万元

地区	文化体育与传媒支出	社会保障和就业支出	医疗卫生与计划生育支出	节能环保支出	城乡社区支出	农林水支出
全市	**115514**	**665531**	**514996**	**186855**	**665440**	**720018**
市区	44274	224306	153871	40645	192403	197904
椒江区	7180	49978	41761	2248	17999	53442
黄岩区	13185	90658	31715	13279	20136	54991
路桥区	10837	46417	34317	9390	28286	56324
市本级	13072	37253	46078	15728	125982	33147
三门县	7279	41542	38716	9044	44818	47544
天台县	12937	60347	53295	23499	22656	57563
仙居县	7961	64767	49004	32553	68039	80898
温岭市	17292	107659	69424	54448	103866	161503
临海市	9684	110736	71313	15140	134257	112090
玉环市	16087	56174	79373	11526	99401	62516

17-135 各县市区地方财政支出及分类(三)

(2018年)

单位：万元

地区	交通运输支出	工业商业金融等支出	其他支出	基金支出	
				政府性基金	社会保险基金
全市	**379142**	**133904**	**384799**	**5722397**	**3753332**
市区	177380	70191	148736	2989528	1298337
椒江区	5467	15493	44927	810310	330438
黄岩区	11885	5042	19688	666943	398880
路桥区	5779	4978	23394	271691	304279
市本级	154249	44678	60727	1240584	264740
三门县	22687	4839	33735	68682	196290
天台县	21115	9468	30153	342049	310764
仙居县	13679	10420	37239	242900	293058
温岭市	61339	22735	52872	919400	714966
临海市	51643	5658	51308	884449	618625
玉环市	31299	10593	30756	275389	324022

注：2018年县市区上缴社会保险调剂金的缘故，县市区社会保险基金加总数与全市数据有差异。

17-136 各县市区全部金融机构年末存贷款余额(一)

(2018年)

单位：万元

地区	本外币存款余额	人民币存款余额合计	住户存款			非银行业金融机构存款
				活期存款	定期及其他存款	
全市	**85189153**	**83857431**	**45802900**	**19353331**	**26449569**	**3878553**
市区	39586347	38845673	19175258	7223323	11951935	2760904
椒江区	9014876	8846674	3844565	1510842	2333723	412246
黄岩区	8788939	8666238	5688000	1873298	3814702	148527
路桥区	11560887	11472629	6605137	2556781	4048356	1737491
市本级	8872632	8515859	2082449	1021566	1060883	457638
三门县	2891972	2858543	1683297	734936	948361	8086
天台县	4071661	4016476	2499224	1224687	1274537	2600
仙居县	4391645	4320097	2371446	950011	1421435	1595
温岭市	16684310	16532217	9887652	4528922	5358731	953183
临海市	10653387	10522032	6124416	2491868	3632548	20660
玉环市	6909831	6762392	4061606	2199585	1862022	131526

17-137 各县市区全部金融机构年末存贷款余额(二)

(2018年)　　单位：万元

地　区	非金融企业存款	活期存款	定期及其他存款	广义政府存款	财政性存款	机关团体存款
全　市	**19281772**	**8634210**	**10647562**	**14828819**	**906303**	**13922516**
市　区	10279392	3997052	6282340	6581770	473529	6108240
椒江区	2694906	1092349	1602557	1890238	348414	1541824
黄岩区	1445834	652270	793564	1377525	64539	1312986
路桥区	1969420	902940	1066480	1130640	26478	1104162
市本级	3934219	1274729	2659489	2034280	34098	2000182
三门县	440825	273167	167657	726031	59671	666361
天台县	839211	453213	385999	673658	52989	620670
仙居县	816865	551726	265140	1129708	67549	1062159
温岭市	3178985	1531017	1647968	2504684	101185	2403498
临海市	2385974	1002214	1383760	1987339	103599	1883739
玉环市	1340519	825822	514698	1225629	47781	1177849

17-138 各县市区全部金融机构年末存贷款余额(三)

(2018年)　　单位：万元

地　区	本外币贷款余额	人民币贷款余额合计	住户贷款	短期贷款	消费贷款
全　市	**73543353**	**72887742**	**40564471**	**21576033**	**5466557**
市　区	33285016	32978216	16592224	9177274	2660899
椒江区	6796960	6725271	3598546	1823836	391139
黄岩区	6280362	6267570	3653962	1980724	441252
路桥区	8663383	8621318	5298326	3813487	1036914
市本级	10130285	9950030	3450668	1364475	764024
三门县	4553753	4492780	1984886	934782	250882
天台县	3810427	3804053	2855255	1287582	351877
仙居县	3502827	3454279	2478386	1387135	341715
温岭市	13909756	13800077	8535379	5131399	886060
临海市	8979081	8889847	5261422	2305016	616745
玉环市	5502493	5468491	2856918	1352846	358379

17-139 各县市区全部金融机构年末存贷款余额(四)

(2018年)

单位：万元

地区	在住户贷款中				非金融企业及机关团体贷款
	在短期贷款中	中长期贷款			
	经营贷款		消费贷款	经营贷款	
全市	**16109476**	**18988438**	**14760026**	**4228412**	**32322243**
市区	6516375	7414950	6205837	1209113	16385486
椒江区	1432697	1774710	1566840	207870	3126494
黄岩区	1539472	1673238	1359395	313843	2613549
路桥区	2776573	1484839	1076294	408545	3322992
市本级	600451	2086193	1845358	240835	6499147
三门县	683900	1050104	676455	373650	2507894
天台县	935705	1567674	1070588	497086	948797
仙居县	1045420	1091252	905333	185918	975801
温岭市	4245339	3403980	2562660	841320	5264641
临海市	1688271	2956406	2227826	728580	3628050
玉环市	994467	1504071	1111327	392744	2611573

17-140 各县市区全部金融机构年末存贷款余额(五)

(2018年)

单位：万元

地区	在非金融企业及机关团体贷款中			
	短期贷款	中长期贷款	票据融资	各项垫款
全市	**17557373**	**12902631**	**1850899**	**11339**
市区	8176423	6988758	1216037	4269
椒江区	1749068	1073873	302491	1063
黄岩区	1589964	874917	148669	
路桥区	1758293	1031522	531599	1578
市本级	2837460	3522469	137590	1628
三门县	637582	1861934	7926	453
天台县	568137	371070	9590	
仙居县	481125	460125	34551	
温岭市	3764365	1083848	412100	4327
临海市	2115830	1412431	99397	393
玉环市	1813912	724465	71299	1897

17-141　各县市区养老保险基本情况

(2018年)

地　区	城镇职工养老保险参保人数(人)	职　工参保人数	离退休参保人数	收缴保险基金(万元)	支　付养老金(万元)	月人均养老金(元)
全　市	**2288528**	**1476675**	**811853**	**2230742**	**2383536**	**2536**
市　区	865697	562954	302743	781668	885253	2506
椒江区	208166	128716	79450	186295	248553	2681
黄岩区	285090	175245	109845	210525	312751	2430
路桥区	224744	134921	89823	188935	234133	2233
市本级	147697	124072	23625	195913	89816	3332
三门县	130479	91893	38586	136483	114815	2619
天台县	204011	135678	68333	210382	199726	2499
仙居县	128458	74398	54060	206223	157297	2525
温岭市	421496	257080	164416	418241	455971	2420
临海市	329566	215067	114499	292863	374701	2830
玉环市	208821	139605	69216	184882	195773	2453

17-142　各县市区城镇基本医疗和失业保险基本情况

(2018年)

地　区	城镇基本医疗保险					失业保险		
	期末参保人数(人)	职　工参保人数	离退休参保人数	收缴保险基金(万元)	支付保险基金(万元)	期末参保人数(人)	收缴保险基金(万元)	支付保险基金(万元)
全　市	**1496184**	**1262774**	**233410**	**586170**	**418908**	**985931**	**55901**	**30239**
市　区	618396	526218	92178	249311	158012	392784	23323	12640
椒江区	171268	139454	31814	9670	9234	99669	6598	3451
黄岩区	173763	141925	31838	13907	7081	112447	5995	3757
路桥区	135103	117483	17620	5976	4478	90777	4640	2381
市本级	138262	127356	10906	219758	137219	89891	6090	3050
三门县	85304	73212	12092	31971	24373	44589	2164	1413
天台县	108506	89989	18517	45000	29839	56162	2559	1787
仙居县	78904	64010	14894	33384	29220	48411	2903	1114
温岭市	255217	217787	37430	101209	72237	168171	11458	4715
临海市	203908	166279	37629	71651	64662	165776	8313	5795
玉环市	145949	125279	20670	53644	40565	110038	5180	2776

17-143　各县市区工伤与生育保险基本情况

(2018年)

地　区	工伤保险			生育保险		
	期末参保人数(人)	收缴保险基金(万元)	支付保险基金(万元)	期末参保人数(人)	收缴保险基金(万元)	支付保险基金(万元)
全　市	**1946014**	**78791**	**66787**	**979629**	**23988**	**36002**
市　区	820926	27303	19525	420743	9067	15165
椒江区	208615	6463	4831	108236	2204	2992
黄岩区	248991	6685	4909	106450	2468	4012
路桥区	200814	6106	7155	92988	1896	3392
市本级	162506	8049	2630	113069	2499	4769
三门县	92524	4190	2566	53142	1153	1554
天台县	94987	2943	2174	49027	1311	2401
仙居县	81984	3899	2610	53050	1277	2212
温岭市	327765	18653	14659	172785	6253	5992
临海市	287341	8609	8971	124324	2567	4984
玉环市	240487	13194	16282	106558	2360	3694

17-144　各县市区城乡居民养老保险与城乡居民医疗保险情况

(2018年)

地　区	城乡居民养老保险			城乡居民医疗保险		
	期末参保人数(人)	收缴保险基金(万元)	支付保险基金(万元)	期末参保人数(人)	收缴保险基金(万元)	支付保险基金(万元)
全　市	**2113781**	**178370**	**170288**	**4539758**	**559706**	**446866**
市　区	452472	36836	34049	1142610	154715	115699
椒江区	90698	10404	9442	375120	50323	39807
黄岩区	184352	17392	15605	438482	58772	41900
路桥区	177422	9040	9002	329008	45620	33992
三门县	165958	14315	13286	335343	38875	27533
天台县	195909	21042	22736	464611	58301	43727
仙居县	195299	19771	14762	386494	37459	35769
温岭市	566595	37415	36905	959007	110444	95396
临海市	439199	38675	37632	933309	115241	94350
玉环市	98349	10316	10918	318384	44671	34392

17-145 各县市区分经济类型在岗职工工资总额

(2018年) 单位：万元

地 区	在岗职工工资总额	国 有经济单位	城镇集体经济单位	其 他经济单位
全 市	**6614729**	**2100500**	**260449**	**4253780**
市 区	2689453	822498	11769	1855186
椒江区	1437384	474574	2964	959846
黄岩区	540867	213459	3762	323645
路桥区	711202	134465	5043	571695
三门县	249556	128988	236	120332
天台县	391893	182112	1341	208440
仙居县	283321	117452	310	165560
温岭市	1087513	359363	20682	707468
临海市	1276552	308710	224165	743677
玉环市	636442	181378	1947	453117

17-146 各县市区分行业在岗职工工资总额(一)

(2018年) 单位：万元

地 区	在岗职工工资总额	农林牧渔 业	采矿业	制造业	电力热力燃气及水生产和供应业	建筑业	批发和零售业	交通运输仓储和邮政业	住宿和餐饮业	信息传输软件和信息技术服务业
全 市	**6614729**	**1777**	**756**	**1926616**	**170668**	**1445666**	**156873**	**87597**	**26162**	**67481**
市 区	2689453	685		839915	74427	355184	82923	48861	10158	58363
椒江区	1437384	328		392891	52521	198302	60168	39969	5636	54790
黄岩区	540867	301		209527	12578	52420	6035	4705	4522	3143
路桥区	711202	56		237497	9328	104462	16720	4188		430
三门县	249556	272		29320	35110	42250	1884	2075		627
天台县	391893	156		88461	6185	102963	1152	4354	538	989
仙居县	283321		756	71879	8282	45000	17288	1008	775	
温岭市	1087513			220477	12740	378580	26170	4306	5420	3378
临海市	1276552	584		301846	18301	501716	17929	19896	4093	3273
玉环市	636442	81		374718	15622	19973	9527	7096	5179	850

17-147 各县市区分行业在岗职工工资总额(二)

(2018年)

单位：万元

地 区	金融业	房地产业	租赁和商务服务业	科学研究技术服务业	水利环境和公共设施管理业	居民服务修理和其他服务业	教 育	卫生和社会工作	文化体育和娱乐业	公共管理社会保障和社会组织
全 市	**477445**	**62003**	**70666**	**86672**	**36892**	**5294**	**700678**	**454266**	**32941**	**804278**
市 区	376793	32339	36467	37748	18237	1225	246117	155719	15330	298962
椒江区	181654	16149	18638	30201	8376	651	123034	77963	11471	164642
黄岩区	14281	8800	11794	6542	9387	155	68725	50689	3153	74110
路桥区	180858	7389	6036	1006	474	419	54358	27066	706	60210
三门县	9908	2724	2340	1362	553	188	42329	19957	2198	56459
天台县		4992	2074	3911	6088	373	62440	41466	2497	63255
仙居县	9587	2441	1723	600	1887	515	45202	28254	1904	46222
温岭市	55017	8596	10573	6852	2864	1252	126615	93942	2669	128061
临海市	25740	6090	10262	34727	2942	1090	116655	75419	4013	131978
玉环市	400	4821	7227	1473	4323	652	61320	39509	4330	79342

17-148 各县市区分经济类型在岗职工平均工资

(2018年)

单位：元

地 区	在岗职工平均工资	国有经济单位	城镇集体经济单位	其他经济单位
全 市	**77675**	**138334**	**57063**	**65032**
市 区	79450	158551	44478	65327
椒江区	81238	164823	91481	64934
黄岩区	79941	152897	99534	60700
路桥区	75729	147407	25939	69005
三门县	84609	107017	107227	69077
天台县	69344	117826	116617	50910
仙居县	77315	115262	46224	62741
温岭市	83201	136822	55852	70226
临海市	72875	132403	57833	65759
玉环市	75274	142964	59348	63342

17-149 各县市区分行业在岗职工平均工资(一)

(2018年)　　单位：元

地　区	在岗职工平均工资	农林牧渔　业	采矿业	制造业	电力热力燃气及水生产和供应业	建筑业	批发和零售业	交通运输仓储和邮政业	住宿和餐饮业	信息传输软件和信息技术服务业
全　市	**77675**	**69128**	**88882**	**64005**	**144548**	**49520**	**74851**	**89257**	**51520**	**135097**
市　区	79450	62807		63626	164881	38850	77716	97723	52067	141451
椒江区	81238	102375		67756	171413	35004	83254	100324	53781	141174
黄岩区	79941	44925		60292	165066	46222	60474	88932	50078	148967
路桥区	75729	56000		60476	135587	44583	68386	85994		126412
三门县	84609	60378		61792	143483	46357	69000	60493		84730
天台县	69344	141636		72219	101896	39012	64358	71855	43347	94229
仙居县	77315		88882	66193	151122	41197	91375	75201	49699	
温岭市	83201			62855	102662	66596	69824	52643	48737	130425
临海市	72875	67069		65914	127532	53884	63353	86921	50464	109110
玉环市	75274	162000		62165	153913	48409	69745	113715	56047	64916

17-150 各县市区分行业在岗职工平均工资(二)

(2018年)　　单位：元

地　区	金融业	房地产业	租赁和商务服务业	科学研究技术服务业	水利环境和公共设施管理业	居民服务修理和其他服务业	教　育	卫生和社会工作	文化体育和娱乐业	公共管理社会保障和社会组织
全　市	**144043**	**76283**	**67008**	**153565**	**76459**	**99515**	**122389**	**137598**	**110059**	**162254**
市　区	134114	76795	83987	134815	94343	72456	132143	138220	108801	188572
椒江区	149571	84462	110086	142456	63939	63184	139573	142842	106313	195398
黄岩区	228861	66018	66708	128519	160455	91235	130235	138192	128175	182177
路桥区	118007	76492	68509	58830	124711	85429	119916	126478	84012	179196
三门县	177566	72837	39127	103144	65024	81783	115025	117049	90469	111667
天台县		65001	110335	102110	48584	86767	111520	128858	135679	137390
仙居县	247075	61188	43393	146390	110976	156121	108293	113470	116816	121862
温岭市	183636	87715	45379	107390	106851	90065	122725	149068	126474	172450
临海市	239887	83193	60793	227270	131321	125276	121125	147073	108167	163927
玉环市	111111	72599	72056	120746	48463	171447	117381	136002	105100	165814

17-151　各县市区居民人均可支配收入和住房情况(一)

(2018年)　　单位：元

地　区	可支配收入			工资性收入			经营净收入		
	全体居民	城镇常住居民	农村常住居民	全体居民	城镇常住居民	农村常住居民	全体居民	城镇常住居民	农村常住居民
全　市	**43973**	**55705**	**27631**	**26572**	**32684**	**18057**	**8069**	**9579**	**5966**
市　区	49707	61779	29626	28791	34510	19278	8688	9761	6902
椒江区	50176	61532	29394	31914	38642	19601	6141	5979	6436
黄岩区	44385	55861	28276	26513	31031	20172	7475	9358	4831
路桥区	54801	67703	31534	27802	33331	17832	12727	14270	9945
三门县	33507	44933	24313	22057	29616	15974	7236	8700	6057
天台县	34561	45265	22468	17752	24354	10256	9042	10801	7095
仙居县	31573	40506	20970	18300	23661	11937	9300	11097	7166
温岭市	46268	57793	30743	24406	27122	20748	10854	14163	6398
临海市	40009	51520	27418	25848	32850	18190	5351	5560	5122
玉环市	53017	66027	32453	30921	36577	21980	10505	13680	5487

17-152　各县市区居民人均可支配收入和住房情况(二)

(2018年)　　单位：元

地　区	财产净收入			转移净收入			年末现住房建筑面积(平方米)		
	全体居民	城镇常住居民	农村常住居民	全体居民	城镇常住居民	农村常住居民	全体居民	城镇常住居民	农村常住居民
全　市	**4814**	**7244**	**1430**	**4518**	**6198**	**2178**	**54.0**	**50.8**	**58.5**
市　区	6718	9662	1822	5510	7846	1625	51.5	48.4	56.6
椒江区	7563	10468	2248	4558	6443	1109	49.4	47.5	52.9
黄岩区	4025	6301	830	6372	9171	2443	50.3	43.8	59.5
路桥区	8519	11994	2253	5752	8108	1504	55.0	53.9	56.9
三门县	2250	4491	447	1965	2126	1835	52.0	45.4	57.3
天台县	2761	5015	215	5006	5095	4902	56.9	55.4	58.5
仙居县	2450	4213	358	1523	1535	1509	59.8	56.7	63.5
温岭市	5263	8420	1010	5744	8088	2587	54.8	54.3	55.6
临海市	3461	5556	1170	5348	7554	2936	50.8	39.2	63.6
玉环市	8568	12455	2425	3023	3315	2561	52.7	49.0	58.4

17-153 各县市区居民人均消费支出情况(一)

(2018年)

单位：元

地区	消费支出			食品烟酒			衣着		
	全体居民	城镇常住居民	农村常住居民	全体居民	城镇常住居民	农村常住居民	全体居民	城镇常住居民	农村常住居民
全市	**29421**	**35100**	**21510**	**8489**	**10058**	**6303**	**2210**	**2814**	**1368**
市区	32299	38266	22373	9384	11097	6534	2656	3320	1552
椒江区	35361	40715	25564	10558	12396	7194	2987	3510	2030
黄岩区	28659	35535	19008	8181	10113	5469	2182	2993	1044
路桥区	32809	38206	23075	9376	10620	7132	2797	3426	1663
三门县	21469	26219	17647	5502	6314	4849	1527	2158	1019
天台县	21761	26467	16445	6336	7185	5377	1277	1731	765
仙居县	22792	27053	17735	7378	9022	5427	1890	2553	1103
温岭市	32227	39311	22685	9888	11526	7682	2427	3095	1527
临海市	28424	34271	22029	7682	8958	6286	1982	2691	1206
玉环市	35228	42852	23176	11261	13084	8380	3110	4125	1506

17-154 各县市区居民人均消费支出情况(二)

(2018年)

单位：元

地区	居住			生活用品及服务			交通通信		
	全体居民	城镇常住居民	农村常住居民	全体居民	城镇常住居民	农村常住居民	全体居民	城镇常住居民	农村常住居民
全市	**6957**	**8426**	**4910**	**1700**	**2159**	**1061**	**4917**	**5729**	**3787**
市区	7250	8567	5060	1901	2367	1127	5584	6343	4320
椒江区	7218	8330	5184	2333	2591	1859	5942	6405	5097
黄岩区	7500	9180	5142	1329	1836	618	4958	5663	3969
路桥区	7022	8240	4826	2035	2629	965	5853	6927	3916
三门县	5060	6870	3603	1444	2177	853	3919	4428	3510
天台县	5556	6861	4082	1356	1793	862	3468	4342	2480
仙居县	3774	4429	2997	1634	1696	1560	4534	5852	2970
温岭市	7133	9525	3911	1609	1890	1232	5731	7350	3551
临海市	7103	8945	5088	1630	2194	1013	4059	4601	3466
玉环市	6530	8235	3835	2630	3295	1578	5641	6797	3815

17-155 各县市区居民人均消费支出情况(三)

(2018年)

单位：元

地　区	教育文化娱乐			医疗保健			其他用品及服务		
	全　体居　民	城镇常住居民	农村常住居民	全　体居　民	城镇常住居民	农村常住居民	全　体居　民	城镇常住居民	农村常住居民
全　市	**2778**	**3256**	**2113**	**1659**	**1725**	**1566**	**711**	**933**	**402**
市　区	3028	3531	2191	1387	1604	1025	1109	1437	564
椒江区	3547	4130	2481	1352	1552	986	1424	1801	733
黄岩区	2371	2993	1498	1193	1404	896	945	1353	372
路桥区	3155	3391	2730	1628	1852	1224	942	1121	619
三门县	2148	2258	2060	1333	1412	1269	535	601	483
天台县	1937	2536	1260	1493	1579	1395	339	440	224
仙居县	1532	1588	1465	1593	1307	1933	457	606	281
温岭市	2719	3046	2278	2070	2055	2090	649	825	413
临海市	3359	3832	2841	2037	2208	1849	573	842	280
玉环市	3291	4224	1815	1743	1857	1563	1021	1235	684

17-156 各县市区城市和县城建设基本情况

(2018年)

年　份	全年供水总量(万吨)	排水管道长度(公里)	铺设道路面积(万平方米)	绿化覆盖面积(公顷)	园林绿地面积(公顷)	公园绿地面积(公顷)	人均公园绿地面积(平方米)
全　市	**32561**	**5551**	**5372**	**13789**	**13151**	**3740**	**16.20**
市　区	18065	3071	2857	6596	6543	1971	18.76
椒江区							
黄岩区							
路桥区							
三门县	1546	302	328	562	496	149	11.37
天台县	2060	216	199	939	794	210	15.50
仙居县	1929	322	321	731	640	206	13.15
温岭市	3502	480	269	1970	1802	446	14.32
临海市	3836	628	725	1888	1855	473	14.87
玉环市	1623	532	673	1104	1021	285	13.84

17-157 各县市区中等职业学校基本情况

(2018年) 单位：人

地 区	学校数(所)	招生数	在校学生数	毕业生数	教职工数	#专任教师
全 市	**22**	**23679**	**68431**	**21153**	**4103**	**3837**
市 区	6	6871	20406	6345	1108	1057
椒江区	1	1965	5522	1835	439	410
黄岩区	2	1917	5722	1923	357	348
路桥区	1	1456	4311	1268	256	250
市本级	2	1533	4851	1319	56	49
三门县	1	575	1870	1292	191	176
天台县	3	2401	6451	1952	414	392
仙居县	2	2584	7185	2046	451	447
温岭市	3	4136	11461	3161	703	665
临海市	6	5887	17240	5197	963	844
玉环市	1	1225	3818	1160	273	256

注：中等职业学校包括普通中专、成人中专、职业高中。

17-158 各县市区普通中学基本情况

(2018年) 单位：人

地 区	学校数(所)	招生数	在校学生数	毕业生数	专任教师
全 市	**281**	**105870**	**314118**	**93285**	**23253**
市 区	87	31086	92641	27423	7288
椒江区	17	6041	18163	5342	1298
黄岩区	25	6381	19147	5707	1404
路桥区	21	6761	19939	5671	1455
市本级	24	11903	35392	10703	3131
三门县	22	6471	19694	5724	1484
天台县	29	10556	31599	9514	2459
仙居县	22	11388	31778	8727	2146
温岭市	48	18012	54559	16936	4014
临海市	45	20119	60225	18325	3976
玉环市	28	8238	23622	6636	1886

17-159　各县市区小学基本情况

(2018年)　　单位：人

地　区	学校数(所)	招生数	在　校学生数	毕　业生　数	专任教师
全　市	**360**	**75739**	**445719**	**77399**	**24698**
市　区	82	25419	141254	22422	7738
椒江区	20	9834	52010	7916	2806
黄岩区	36	7574	43600	7081	2392
路桥区	25	7709	44136	7188	2457
市本级	1	302	1508	237	83
三门县	29	4513	26829	4620	1458
天台县	41	5068	32327	6733	1931
仙居县	40	4817	32479	8172	1963
温岭市	51	14964	87490	13665	4822
临海市	93	12636	79168	14772	4271
玉环市	24	8322	46172	7015	2515

17-160　各县市区幼儿教育基本情况

(2018年)　　单位：人

地　区	幼儿园数(所)	班　数(个)	在　园幼儿数	教　职工　数	#专任教师
全　市	**1166**	**6876**	**201137**	**23617**	**12473**
市　区	425	2444	69490	8444	4442
椒江区	159	816	23393	2943	1556
黄岩区	126	765	21467	2408	1300
路桥区	136	809	23145	2857	1470
市本级	4	54	1485	236	116
三门县	65	366	11076	1193	649
天台县	83	441	13062	1501	823
仙居县	83	429	11660	1394	757
温岭市	193	1359	41535	4547	2491
临海市	204	1113	33102	3697	2052
玉环市	113	724	21212	2841	1259

17-161 各县市区县级及以上政府部门属研究与开发机构基本情况

(2018年) 单位：万元

地区	机构数(个)	职工人数(人)	#科技活动人员	经费收入总额	#政府拨款	经费支出总额	#人员费用
全市	**9**	**393**	**321**	**19201**	**12419**	**16196**	**5673**
市区							
椒江区	4	240	193	12025	7174	9358	2438
黄岩区	1	68	51	3565	1984	3287	1114
路桥区							
三门县							
天台县							
仙居县	1	2	2	21	21	21	21
温岭市							
临海市	3	83	75	3590	3241	3531	2101
玉环市							

17-162 各县市区科技成果和专利授权情况

(2018年) 单位：项

地区	科技进步奖励			合同数(个)	成交额(万元)	专利申请受理量	专利授权量合计			
		#省进步奖	#市进步奖					发明	实用新型	外观设计
全市	**6**	**5**		**1326**	**633635**	**35695**	**26287**	**2767**	**13138**	**10382**
市区	1	1		401	384284	15499	12322	1380	5011	5931
椒江区	1	1		112	158796	5560	4471	453	2561	1457
黄岩区				72	34765	6717	5070	272	1577	3221
路桥区				36	45407	3222	2781	655	873	1253
市本级				181	145316					
三门县				35	31849	2392	1460	148	1031	281
天台县				58	46948	2267	1476	101	894	481
仙居县	2	2		43	16723	979	535	63	295	177
温岭市				589	43084	6130	4366	470	2576	1320
临海市	1	1		91	73027	4422	2861	364	1279	1218
玉环市	2	1		109	37721	4006	3267	241	2052	974

注：科技进步奖励按实际参与项目统计。

17-163 各县市区规模以上工业企业研究与试验发展(R&D)活动基本情况(一)

(2018年)

地　区	有R&D活动企业数(个)	有研发机构企业数(个)	企业办研发机构(个)	发明专利申请数(件)	有效发明专利数(件)
全　市	**1450**	**555**	**628**	**1723**	**4658**
市　区	432	177	196	595	1738
椒江区	124	71	83	401	991
黄岩区	127	67	70	120	458
路桥区	181	39	43	74	289
三门县	90	48	52	92	141
天台县	79	26	35	102	254
仙居县	47	17	26	77	211
温岭市	400	147	157	255	655
临海市	109	64	82	382	883
玉环市	293	76	80	220	776

17-164 各县市区规模以上工业企业研究与试验发展(R&D)活动基本情况(二)

(2018年)

地　区	R&D人员(人)	R&D人员折合全时当量(人年)	R&D经费内部支出(万元)	R&D经费外部支出(万元)
全　市	**44558**	**32324**	**801595**	**138490**
市　区	14379	10783	290099	60589
椒江区	5959	4807	150707	32375
黄岩区	4120	2913	73962	3057
路桥区	4300	3063	65431	25158
三门县	2436	1382	33947	602
天台县	2298	1754	45330	1263
仙居县	2037	1266	37207	4849
温岭市	10183	7014	164970	5519
临海市	5706	4255	122739	64393
玉环市	7519	5870	107302	1275

17-165　各县市区卫生事业基本情况

(2018年)

地　区	卫　生机构数(个)	#医院、卫生院	卫生机构床 位 数(张)	#医院、卫生院	卫生机构技术人员数(人)	#医生	#护士	医院、卫生院诊疗人 次 数(万人次)
全　市	**3691**	**285**	**29861**	**28945**	**44797**	**18103**	**18493**	**3830**
市　区	1081	70	8946	8771	15370	6242	6276	1001
椒江区	400	26	3775	3728	7279	2933	3125	404
黄岩区	352	20	3117	2989	4190	1794	1593	304
路桥区	329	24	2054	2054	3901	1515	1558	293
三门县	167	17	1236	1227	2440	1002	1002	210
天台县	249	20	2602	2553	3149	1426	1167	319
仙居县	280	23	2105	1966	2984	1275	1219	265
温岭市	930	56	6125	5907	9331	3750	3794	732
临海市	703	81	6349	6158	7924	3141	3523	922
玉环市	281	18	2498	2363	3599	1267	1512	381

17-166　各县市区广播基本情况

(2018年)

地　区	公共广播节目套数(个)	广播人口覆盖率(%)	全年播音时间(小时)	自制节目制作情况(小时)
全　市	**10**	**100.00**	**77559**	**43115**
市　区	4	100.00	35040	23757
椒江区		100.00		
黄岩区	1	100.00	8760	1187
路桥区		100.00		
市本级	3	100.00	26280	22570
三门县	1	100.00	8500	1240
天台县	1	100.00	5892	4085
仙居县	1	100.00	5838	5108
温岭市	1	100.00	8760	4520
临海市	1	100.00	6229	1752
玉环市	1	100.00	7300	2653

17-167 各县市区电视基本情况

(2018年)

地　区	无线电视节目套数(套)	电视人口覆盖率(%)	全年播出时间(小时)	全年制作节目时间(小时)
全　市	**10**	**99.87**	**64782**	**13099**
市　区	4	100.00	28525	8538
椒江区		100.00		
黄岩区	1	100.00	6205	365
路桥区		100.00		
市本级	3	100.00	22320	8173
三门县	1	100.00	4860	1038
天台县	1	98.67	4177	539
仙居县	1	100.00	6230	220
温岭市	1	100.00	7118	1114
临海市	1	100.00	5112	1002
玉环市	1	100.00	8760	648

17-168 各县市区民政事业基本情况

(2018年)

地　区	最低生活保障人数(人)	最低生活保障资金(万元)	社会福利院床位数(张)	收养类单位床位数(张)	结婚对数(对)	社会团体机构数(个)
全　市	**86885**	**45968**	**2311**	**48683**	**32362**	**2120**
市　区	16014	10406	1163	14477	9049	1031
椒江区	4322	2546	500	4450	3179	175
黄岩区	8138	4860	100	6174	3323	270
路桥区	3554	3000	563	3853	2350	184
市本级					197	402
三门县	10538	4841	145	3202	2343	115
天台县	14068	6302	60	4463	3617	175
仙居县	14294	5868	300	3991	2824	152
温岭市	12856	7339	92	10304	6216	252
临海市	13690	7695	101	8900	6167	236
玉环市	5425	3517	450	3346	2146	159

18

乡镇经济社会基本情况

Social Economics by Village and Town

18-1 乡镇(街道)经济社会基本情况(一)

(2018年)

地 区	行政区域面积(公顷)	村委会数(个)	#通宽带村数	#通自来水村数	#通电视村数	#垃圾集中处理村数	#污水集中处理村数	#通公共交通村数
椒江区								
海门街道	2209	5	5	5	5	5	5	5
白云街道	1417	2	2	2	2	2	2	2
葭沚街道	3922	26	26	26	26	26	26	26
洪家街道	2885	31	31	31	31	31	31	31
三甲街道	3766	38	38	38	38	38	38	38
下陈街道	2378	30	30	30	30	30	30	30
前所街道	2918	31	31	31	31	31	31	31
章安街道	6266	38	38	38	38	38	38	38
大陈镇	1768	3	3	3	3	3	3	3
黄岩区								
东城街道	1744	7	7	7	7	7	5	5
南城街道	1927	12	12	12	12	12	12	12
西城街道	2400	17	17	17	17	17	17	17
北城街道	3311	19	19	19	19	19	14	19
新前街道	4745	22	22	22	22	22	22	22
澄江街道	3472	18	18	18	18	18	18	15
江口街道	3120	19	19	19	19	19	19	19
高桥街道	1990	12	12	12	12	12	12	12
宁溪镇	8912	21	21	21	21	21	21	8
北洋镇	11254	20	20	20	20	20	20	18
头陀镇	5850	24	24	24	24	24	24	18
院桥镇	7980	39	39	38	39	39	39	39
沙埠镇	4407	15	15	15	15	15	15	11
屿头乡	9888	11	11	11	11	11	11	11
上郑乡	9382	10	10	10	10	10	10	10
富山乡	5386	10	10	10	10	10	10	8
茅畲乡	3032	14	14	14	14	14	14	14
上垟乡	6444	11	11	11	11	11	11	7
平田乡	4033	9	9	9	9	9	9	9

18-1 续表 1

地 区	行政区域面积(公顷)	村委会数(个)	#通宽带村数	#通自来水村数	#通电视村数	#垃圾集中处理村数	#污水集中处理村数	#通公共交通村数
路桥区								
路南街道	1710	16	16	16	16	16	12	16
路桥街道	930	9	9	9	9	9	9	9
路北街道	1127	12	12	12	12	12	12	12
螺洋街道	2028	12	12	12	12	12	10	12
桐屿街道	3311	16	16	16	16	16	7	14
峰江街道	2709	20	20	20	20	20	20	20
新桥镇	1380	11	11	11	11	11	10	7
横街镇	1493	14	14	14	14	14	14	14
金清镇	8140	42	40	40	40	40	29	40
蓬街镇	4520	30	30	30	30	30	30	30
三门县								
海游街道	8205	22	22	22	22	22	22	22
海润街道	11200	15	15	15	15	15	14	15
沙柳街道	4660	17	17	17	17	17	15	17
珠岙镇	8341	34	34	31	34	30	25	18
亭旁镇	13319	53	53	53	53	53	53	53
健跳镇	17202	39	39	39	39	39	30	28
横渡镇	11763	13	13	13	13	13	13	13
浦坝港镇	25320	60	60	60	60	60	56	40
花桥镇	8305	17	17	17	17	17	17	17
蛇蟠乡	2321	4	4	4	4	4	4	4
天台县								
赤城街道	7939	20	20	20	20	20	20	16
始丰街道	5700	32	32	32	32	32	32	32
福溪街道	8237	20	20	20	20	20	12	20
白鹤镇	14334	49	49	49	49	49	47	49
石梁镇	17020	21	21	21	21	21	21	21
街头镇	14273	29	29	29	29	29	29	29
平桥镇	17692	70	70	70	70	69	63	61

18-1 续表 2

地　区	行政区域面　积(公顷)	村　委会　数(个)	#通宽带村　数	#通白来水村数	#通电视村　数	#垃圾集中处理村　数	#污水集中处理村　数	#通公共交　通村　数
坦头镇	8186	30	30	30	30	30	27	25
三合镇	5922	26	26	26	26	26	26	26
洪畴镇	3758	15	15	15	15	15	15	14
三州乡	4440	11	11	11	11	11	11	11
龙溪乡	7590	7	7	7	7	7	7	7
雷峰乡	8260	13	13	13	13	13	13	13
南屏乡	5285	14	14	14	14	14	14	14
泳溪乡	7018	17	17	17	17	1	17	17
仙居县								
安洲街道	4655	13	13	13	13	11	8	13
南峰街道	3883	7	7	7	7	7	7	7
福应街道	11389	18	18	18	18	18	18	12
横溪镇	21100	34	34	34	34	34	34	34
埠头镇	6966	12	12	12	12	12	12	12
白塔镇	10702	27	27	27	27	27	27	23
田市镇	9258	23	23	23	23	23	22	23
官路镇	7999	14	13	13	14	13	13	10
下各镇	8950	31	31	31	31	31	31	16
朱溪镇	18252	30	30	30	30	30	21	30
安岭乡	4865	13	13	13	13	13	13	5
溪港乡	6274	8	8	8	8	8	8	8
湫山乡	13008	14	14	14	14	7	4	11
淡竹乡	21139	11	11	11	11	7	3	8
皤滩乡	7020	10	10	10	10	10	10	4
上张乡	10284	10	10	10	10	10	10	8
步路乡	7240	12	12	11	12	12	12	9
广度乡	7936	9	9	9	9	9	9	6
大战乡	5905	10	10	10	10	10	10	7
双庙乡	6070	9	9	9	9	9	8	7

18-1 续表 3

地 区	行政区域面积(公顷)	村委会数(个)	#通宽带村数	#通自来水村数	#通电视村数	#垃圾集中处理村数	#污水集中处理村数	#通公共交通村数
温岭市								
太平街道	3070	13	13	13	13	13	13	13
城东街道	4260	17	17	17	17	17	17	17
城西街道	1970	14	14	14	14	14	13	14
城北街道	1260	14	14	14	14	14	14	14
横峰街道	1630	23	23	23	23	23	23	23
泽国镇	6328	51	51	51	51	51	51	51
大溪镇	12950	70	70	70	70	70	67	58
松门镇	8270	48	48	48	48	48	48	39
箬横镇	11790	74	74	74	74	74	74	71
新河镇	7140	62	62	62	62	62	59	46
石塘镇	2820	34	34	33	34	34	34	17
滨海镇	6170	44	44	44	44	44	44	28
温峤镇	7750	35	35	35	35	35	33	35
城南镇	10910	49	49	48	49	49	43	49
石桥头镇	2840	16	16	16	16	16	16	12
坞根镇	3470	14	14	14	14	14	14	14
临海市								
古城街道	8100	19	19	19	19	19	19	19
大洋街道	4200	21	21	21	21	21	21	21
江南街道	8700	20	20	20	20	20	20	20
大田街道	6500	27	27	27	27	27	27	24
邵家渡街道	8800	30	30	30	29	30	30	29
汛桥镇	5300	14	14	14	14	14	14	14
东塍镇	16500	36	33	36	33	36	19	28
汇溪镇	5700	15	15	15	15	15	12	15
小芝镇	9000	21	21	21	21	21	21	21

18-1 续表 4

地 区	行政区域面积(公顷)	村委会数(个)	#通宽带村数	#通自来水村数	#通电视村数	#垃圾集中处理村数	#污水集中处理村数	#通公共交通村数
河头镇	10000	30	30	30	30	30	30	30
白水洋镇	21700	60	60	60	60	60	60	57
括苍镇	15600	29	29	29	29	29	29	29
永丰镇	15600	39	39	39	39	39	33	36
尤溪镇	13600	18	18	14	18	18	18	17
涌泉镇	11200	32	32	32	32	32	29	29
沿江镇	8816	30	30	30	30	30	30	30
杜桥镇	18600	107	107	107	107	107	107	107
上盘镇	9900	30	30	30	30	30	13	23
桃渚镇	12900	55	55	51	55	55	53	51
玉环市								
玉城街道	7230	35	34	35	34	33	30	34
坎门街道	2580	6	6	6	6	6	3	6
大麦屿街道	6688	28	28	28	28	28	25	26
清港镇	5421	28	28	28	28	28	28	28
楚门镇	3543	18	18	18	18	18	18	18
干江镇	2996	15	15	15	15	15	15	15
沙门镇	4954	18	18	18	18	18	18	16
芦浦镇	1955	12	12	12	12	12	12	12
龙溪镇	2415	12	12	12	12	12	12	12
鸡山乡	1051	6	4	6	5	4	4	
海山乡	2608	7	7	7	7	7	2	4

18-2 乡镇(街道)经济社会基本情况(二)

(2018年)

地区	从业人员数(人)	第一产业	第二产业	第三产业	农民合作社个数(个)	设施农业占地面积(亩)	工业企业单位数(个)	建筑业企业单位数(个)
椒江区								
海门街道	60252	1173	27863	31216	6	150	430	15
白云街道	47162	397	15180	31585	6		341	15
葭沚街道	64013	2184	35036	26793	98		650	5
洪家街道	43168	1927	23554	17687	11		543	
三甲街道	43705	8740	25760	9205	37	6090	690	1
下陈街道	34205	3315	19910	10980	27	4845	652	3
前所街道	36677	5019	22451	9207	56	5280	305	1
章安街道	58519	18765	26543	13211	182	780	358	2
大陈镇	2110	1338	22	750	11		1	
黄岩区								
东城街道	49672	1237	33720	14715	7	24	733	94
南城街道	17450	2050	11300	4100	33	150	438	6
西城街道	89492	12182	31930	45380	8	272	1141	88
北城街道	28582	3791	15586	9205	30	86	2165	2
新前街道	29300	3610	21514	4176	20	4425	1089	11
澄江街道	21609	4123	12461	5025	41		362	1
江口街道	24125	3515	12004	8606	51	285	493	15
高桥街道	14132	3791	8136	2205	37		354	
宁溪镇	6491	3280	2306	905	54		132	
北洋镇	18894	9960	4932	4002	75	2870	164	5
头陀镇	21873	8785	6852	6236	68		363	
院桥镇	39918	14118	23123	2677	97	2025	681	14
沙埠镇	15477	4318	8666	2493	37	165	282	2
屿头乡	7624	2467	186	4971	22		6	1
上郑乡	3871	3557	254	60	11	26	14	2
富山乡	3689	3553		136	39		1	
茅畲乡	6879	3193	1674	2012	30	170	34	
上垟乡	9729	4398	3981	1350	58	191	10	1
平田乡	6378	4800	58	1520	20	1298		

18-2 续表 1

地区	从业人员数(人)	第一产业	第二产业	第三产业	农民合作社个数(个)	设施农业占地面积(亩)	工业企业单位数(个)	建筑业企业单位数(个)
路桥区								
路南街道	24865	7553	12200	5112	18	900	610	1
路桥街道	36861	56	16650	20155		30	365	13
路北街道	28763	430	17901	10432			238	21
螺洋街道	17358	2466	9870	5022	19	360	514	
桐屿街道	22286	1631	9506	11149	9		471	4
峰江街道	29779	1414	17148	11217	20	1725	450	
新桥镇	15562	1086	10131	4345	3	2265	475	1
横街镇	22038	658	15732	5648	15	1155	685	
金清镇	78935	10182	45502	23251	110	137	1267	1
蓬街镇	42200	6800	28200	7200	57	7950	892	1
三门县								
海游街道	42875	1305	18586	22984	32	105	452	36
海润街道	15236	4318	5212	5706	35	96	30	
沙柳街道	11106	3619	4396	3091	33	120	37	
珠岙镇	26054	3479	13610	8965	20	6	135	
亭旁镇	21242	5075	7601	8566	87	420	103	
健跳镇	42466	12456	10960	19050	273	9900	105	
横渡镇	6480	1741	1373	3366	38	150		
浦坝港镇	52775	19550	21123	12102	259	5250	419	
花桥镇	17428	8631	3173	5624	182	75	14	
蛇蟠乡	2979	2086	101	792	27	495		
天台县								
赤城街道	55458	5078	5520	44860	78	3270	373	11
始丰街道	25817	5155	9987	10675	36	915	170	10
福溪街道	22942	4101	7321	11520	43	75	328	7
白鹤镇	31546	12396	9425	9725	96	3000	160	
石梁镇	4262	3355	108	799	75	6915	24	
街头镇	17641	8110	3000	6531	112	6150	52	
平桥镇	64127	23310	19077	21740	131	6750	364	1

18-2 续表 2

地 区	从业人员数(人)	第一产业	第二产业	第三产业	农民合作社个数(个)	设施农业占地面积(亩)	工业企业单位数(个)	建筑业企业单位数(个)
坦头镇	27415	6026	13653	7736	35	600	578	
三合镇	23730	5631	10183	7916	42	45	112	
洪畴镇	12411	5438	4525	2448	9		83	
三州乡	6621	3362	1780	1479	27		15	
龙溪乡	1943	1301	217	425	16	345	4	
雷峰乡	6751	1684	454	4613	67	1020	4	
南屏乡	2388	855	248	1285	59	165	6	
泳溪乡	5325	3120	1562	643	15	750		
仙居县								
安洲街道	24320	3550	8320	12450	72		432	17
南峰街道	39720	6793	16682	16245	215		311	7
福应街道	40311	7998	18002	14311	69		520	14
横溪镇	31071	8428	4986	17657	135	570	110	
埠头镇	7551	4370	1893	1288	55	11	53	
白塔镇	16857	6526	3436	6895	104	116	118	
田市镇	9420	5600	1650	2170	110	1500	56	
官路镇	11057	4462	4850	1745	112		108	
下各镇	30047	19885	6180	3982	162		201	
朱溪镇	7357	2007	1034	4316	74	1170	14	
安岭乡	3353	2973	54	326	21		5	
溪港乡	2013	1662	21	330	31		1	
湫山乡	9323	1331	1350	6642	80	1500	17	
淡竹乡	2484	1992	18	474	16		2	
皤滩乡	5584	1987	1007	2590	66		23	
上张乡	3735	1015	692	2028	66	852	10	
步路乡	4594	3181	892	521	145	795	27	
广度乡	2865	988	1305	572	92		5	
大战乡	8147	806	5799	1542	93		14	
双庙乡	4155	2405	768	982	64	225	16	

18-2 续表 3

地 区	从业人员数(人)	第一产业	第二产业	第三产业	农民合作社个数(个)	设施农业占地面积(亩)	工业企业单位数(个)	建筑业企业单位数(个)
温岭市								
太平街道	57425	343	19687	37395			307	60
城东街道	55539	2187	21350	32002	4	675	644	36
城西街道	31043	587	11856	18600	1		319	5
城北街道	774	774			1		887	1
横峰街道	750	750			6	102	1677	
泽国镇	144813	4649	72963	67201	45	438	1811	6
大溪镇	93420	6128	58732	28560	62	3750	2281	3
松门镇	71405	18664	24226	28515	72	11400	701	4
箬横镇	91253	29423	31010	30820	138	28425	1012	2
新河镇	71872	16595	30385	24892	3	6570	816	4
石塘镇	24361	24361			2		239	1
滨海镇	53577	22597	14987	15993	4	25020	347	2
温峤镇	37877	9581	16194	12102	3	19845	765	2
城南镇	44217	13189	18077	12951	68	4785	283	2
石桥头镇	15621	5039	5230	5352	31	1929	100	
坞根镇	15620	3369	8523	3728	86	216	113	1
临海市								
古城街道	84681	3727	27895	53059	63	4050	415	30
大洋街道	45225	2093	22064	21068	48	387	547	23
江南街道	20391	2967	9713	7711	33	330	393	3
大田街道	20742	6340	8067	6335	62		348	2
邵家渡街道	25900	6993	10360	8547	72	6369	70	
汛桥镇	12825	4683	5628	2514	45	9	77	
东塍镇	40939	11732	24706	4501	90	390	563	
汇溪镇	7389	2566	2311	2512	44	6861	29	1
小芝镇	20773	6421	7812	6540	91	386	82	

18-2 续表 4

地 区	从 业 人员数 (人)				农民合作社个数 (个)	设施农业占地面积 (亩)	工业企业单位数 (个)	建筑业企业单位数 (个)
		第一产业	第二产业	第三产业				
河头镇	21119	8526	7231	5362	115	16980	39	1
白水洋镇	48894	15279	25211	8404	119	195	109	
括苍镇	26559	7169	15512	3878	128	750	133	2
永丰镇	30165	9445	10268	10452	125	225	133	1
尤溪镇	13221	5202	4981	3038	86	369	54	
涌泉镇	31948	12503	9650	9795	255		181	
沿江镇	25121	8065	10251	6805	85		282	
杜桥镇	133262	23702	54720	54840	119	50775	1245	4
上盘镇	36508	11628	7025	17855	67	165	165	3
桃渚镇	65276	17409	40000	7867	120	5037	105	
玉环市								
玉城街道	95486	3386	60890	31210	57	2411	3494	26
坎门街道	48270	3786	31707	12777	4	3564	2020	
大麦屿街道	53794	4482	40062	9250	30	180	1557	
清港镇	56098	5686	29995	20417	127	3273	1711	1
楚门镇	74359	3715	43997	26647	37		2140	1
干江镇	16489	4595	9683	2211	40		260	
沙门镇	23339	3268	17697	2374	41		513	1
芦浦镇	30878	2340	19970	8568	43	627	372	
龙溪镇	20828	1418	11763	7647	53		859	
鸡山乡	808	605	43	160	6	327	6	
海山乡	4147	2396		1751	42		6	

18-3 乡镇(街道)经济社会基本情况(三)

(2018年) 单位：个

地区	市场个数	50平方米以上的超市个数	住宿餐饮业企业个数	小学数(所)	幼儿园、托儿所个数	图书馆、文化站个数	医疗卫生机构个数(所)	医疗卫生机构床位数(床)
椒江区								
海门街道	8	38	25	7	23	2	36	1466
白云街道	5	90	112	6	24	3	26	1500
葭沚街道	10	52	22	8	24	1	46	320
洪家街道	15	61	4	6	16	2	44	47
三甲街道	6	75	3	5	17	1	26	10
下陈街道	2	62		7	17	2	25	
前所街道	2	70		6	19	2	17	
章安街道	2	28		9	23	1	31	65
大陈镇		7	9	1	1	1	1	
黄岩区								
东城街道	8	33	61	7	18	2	18	1205
南城街道	3	14	6	4	7	12	9	
西城街道	7	55	57	4	19	7	47	632
北城街道	5	37	1	4	13	1	13	
新前街道	2	50	8	3	16	2	26	99
澄江街道	1	32		2	6	2	17	5
江口街道	3	31	1	3	12	1	20	30
高桥街道	2	35		1	5	1	4	9
宁溪镇	1	6	2	1	3	2	16	30
北洋镇	1	4	1	2	3	1	14	21
头陀镇	3	58		1	7	1	21	
院桥镇	6	31	6	4	10	2	32	86
沙埠镇	1	6	1	1	4	1	5	
屿头乡		5		1	1	1	2	
上郑乡		1	1	1	1	1	2	5
富山乡	1	1		1	1	2	4	
茅畲乡	1	13		1	1	1	7	
上垟乡	2	6		2	2	1	6	8
平田乡		1		1	1	1	4	

18-3　续表 1

单位：个

地　区	市　场 个　数	50平方米以上的超市个数	住宿餐饮业企业个数	小学数（所）	幼儿园、托儿所个数	图书馆、文化站个数	医疗卫生机构个数（所）	医疗卫生机构床位数（床）
路桥区								
路南街道	10	29	2	4	10	1	23	270
路桥街道	18	93	103	6	20	2	58	975
路北街道	12	50	88	4	17	2	39	256
螺洋街道	4	190		3	13	2	12	
桐屿街道	5	62	3	3	8	2	13	800
峰江街道	6	47		6	19	1	24	
新桥镇	1	12	8	5	13	2	10	
横街镇	2	40	3	5	17	2	9	46
金清镇	8	80	14	10	26	2	52	248
蓬街镇	5	35	3	8	35	1	31	50
三门县								
海游街道	11	282	36	8	21	4	54	938
海润街道	1	4	1	1	7	1	4	
沙柳街道	1	6	4	1	1	2	1	20
珠岙镇		44		3	7	1	10	24
亭旁镇	3	21	5	2	6	1	8	40
健跳镇	4	265	6	4	13	1	24	70
横渡镇	1	8		2	2	2	3	15
浦坝港镇	5	26	5	8	23	4	24	80
花桥镇	1	17	2	2	5	1	3	20
蛇蟠乡	1	3	3	1	1	1	2	6
天台县								
赤城街道	7	27	143	8	25	3	46	1460
始丰街道	4	42	41	5	9	1	20	122
福溪街道	3	26	8	5	14	1	17	555
白鹤镇	1	14	29	5	13	1	17	20
石梁镇	1	5	12	1	1	1	5	2
街头镇	2	4	5	3	2	1	10	36
平桥镇	8	29	9	8	12	2	40	75

18-3 续表 2

单位：个

地 区	市场个数	50平方米以上的超市个数	住宿餐饮业企业个数	小学数(所)	幼儿园、托儿所个数	图书馆、文化站个数	医疗卫生机构个数(所)	医疗卫生机构床位数(床)
坦头镇	2	67	1	5	7	1	11	50
三合镇	3	21		4	6	1	13	9
洪畴镇	1	8		1	4	1	2	3
三州乡	2	2	2	1	1	1	2	4
龙溪乡		1	6	1	1	1	2	2
雷峰乡		1	2	2	3	1	3	
南屏乡	1	10	5	1	1	1	2	2
泳溪乡		4	2	1	1	1	2	3
仙居县								
安洲街道	7	20	18	5	10	1	25	238
南峰街道	1	85	40	4	15	1	33	490
福应街道		55	31	4	13	2	35	737
横溪镇	1	50	15	8	14	1	24	300
埠头镇		31	2	1	2	1	5	2
白塔镇	1	61	12	2	10	2	19	105
田市镇		19	2	2	2	1	9	3
官路镇	1	11	2	2	4	1	6	
下各镇	1	45	1	6	9	1	1	99
朱溪镇		8	1	2	1	1	11	8
安岭乡		3		1	1	1	4	10
溪港乡		5	2	1	1	1	4	10
湫山乡		8		1	1	1	2	2
淡竹乡		1	3	1	1	1	1	2
皤滩乡		6	2	2	2	1	1	2
上张乡		4	2	1	1	1	1	
步路乡		1	1	1	1	1	3	6
广度乡		2		1		2	4	3
大战乡		11		2	2	1	1	2
双庙乡		8		1	2	1	1	

18-3 续表 3

单位：个

地 区	市 场 个 数	50平方米以上的超市个数	住宿餐饮业企业个数	小学数（所）	幼儿园、托儿所个数	图书馆、文化站个数	医疗卫生机构个数（所）	医疗卫生机构床位数（床）
温岭市								
太平街道	14	47	87	9	20	4	111	1015
城东街道	11	145	58	3	12	3	48	853
城西街道	4	58	34	4	6	2	32	1660
城北街道	3	48	9	3	8	2	21	22
横峰街道	7	114	3	3	8	2	34	
泽国镇	16	269	57	8	28	2	99	733
大溪镇	12	198	34	7	27	2	93	269
松门镇	13	102	36	5	13	2	75	448
箬横镇	14	149	21	5	14	2	98	120
新河镇	9	93	10	4	18	2	76	660
石塘镇	4	32	37	2	7	2	58	
滨海镇	5	14	4	3	9	2	50	45
温峤镇	6	62	7	4	10	2	42	50
城南镇	5	55	2	3	6	2	60	250
石桥头镇	2	4	5	1	1	2	15	
坞根镇	2	45	3	1	2	2	17	
临海市								
古城街道	14	620	14	9	24	4	111	3495
大洋街道	5	50	26	3	21	2	50	172
江南街道	4	55	4	2	8	1	11	20
大田街道	8	108	2	2	12	1	32	52
邵家渡街道	2	38	6	4	7	1	20	20
汛桥镇	1	17		2	2	1	15	5
东塍镇	5	67	1	6	12	1	51	36
汇溪镇	1	8	1	1	2	1	7	10
小芝镇	1	5		3	3	1	19	25

18-3 续表 4

单位：个

地区	市场个数	50平方米以上的超市个数	住宿餐饮业企业个数	小学数(所)	幼儿园、托儿所个数	图书馆、文化站个数	医疗卫生机构个数(所)	医疗卫生机构床位数(床)
河头镇	1	3	3	4	3	1	29	45
白水洋镇	6	39	4	6	8	1	39	70
括苍镇	1	57	1	4	5	1	19	35
永丰镇	3	76	2	6	4	1	23	14
尤溪镇	2	1	8	1	2	1	7	10
涌泉镇	1	32	2	5	10	1	18	25
沿江镇	4	52	1	4	8	1	36	50
杜桥镇	20	521	21	18	44	1	102	80
上盘镇	7	44	4	6	10	1	27	20
桃渚镇	8	128	7	6	18	1	54	110
玉环市								
玉城街道	13	144	44	8	34	2	66	1128
坎门街道	7	80	2	4	24	2	26	200
大麦屿街道	8	62	4	5	12	2	34	50
清港镇	5	109	8	3	11	2	31	120
楚门镇	13	275	19	3	21	4	46	735
干江镇	1	22	4	1	4	1	9	
沙门镇	1	17	1	2	6	1	9	
芦浦镇	2	45		2	4	2	8	
龙溪镇	2	29	1	1	3	1	10	
鸡山乡		3	1	1	1	1	2	
海山乡		1		1	2	1	2	

18-4 分乡镇街道户籍人口数

(2016-2018年)　　单位：人

地　区	2016年	2017年	2018年
椒江区			
海门街道	85598	86181	86704
白云街道	73632	75117	76090
葭沚街道	75718	79487	83601
洪家街道	51346	51598	51957
下陈街道	42709	42859	43029
前所街道	53521	53933	54136
章安街道	86441	87159	87628
三甲街道	62199	62508	62584
大陈镇	3919	3929	3947
黄岩区			
东城街道	61863	62614	63050
南城街道	24634	24833	24938
西城街道	66717	67372	68152
北城街道	37003	37532	37975
新前街道	44804	45026	45179
澄江街道	33091	33069	33018
江口街道	35213	35483	35719
高桥街道	24133	24156	24272
宁溪镇	34642	34527	34387
北洋镇	33609	33544	33425
头陀镇	37366	37391	37322
院桥镇	73513	73742	74117
沙埠镇	24461	24459	24424
屿头乡	14099	14021	13912
上郑乡	12657	12623	12558
富山乡	11820	11828	11752

18-4 续表 1

单位：人

地　区	2016年	2017年	2018年
茅畲乡	13787	13693	13668
上垟乡	17690	17620	17507
平田乡	9921	9869	9822
路桥区			
路南街道	32513	32850	33165
路桥街道	57346	57247	57240
路北街道	24641	25586	26375
螺洋街道	25809	26261	26647
桐屿街道	37079	37592	37993
峰江街道	45111	45315	45432
新桥镇	28162	28224	28196
横街镇	28622	28786	28751
金清镇	107308	107501	107478
蓬街镇	68264	68702	68820
三门县			
海游街道	73354	74566	75280
海润街道	23090	23285	23453
沙柳街道	17595	17587	17489
珠岙镇	44394	44498	44403
亭旁镇	58585	58630	58275
健跳镇	68599	68985	69174
横渡镇	23137	23287	23213
浦坝港镇	106389	107181	107566
花桥镇	26813	26948	26986
蛇蟠乡	1617	1637	1652

18-4 续表 2

单位：人

地　区	2016年	2017年	2018年
天台县			
赤城街道	96776	97643	98045
始丰街道	49090	49920	50526
福溪街道	44925	45061	45530
白鹤镇	66201	66496	66226
石梁镇	16129	16062	15875
街头镇	38986	39129	39212
平桥镇	112030	112534	112504
坦头镇	46059	46278	46236
三合镇	41422	41903	41955
洪畴镇	21803	21942	22012
三州乡	9804	9784	9683
龙溪乡	8007	8028	8010
雷峰乡	16217	16228	16139
南屏乡	14765	14665	14351
泳溪乡	16279	16292	16216
仙居县			
安洲街道	31781	32386	32964
南峰街道	38402	38951	39753
福应街道	55410	56445	56822
横溪镇	51162	51764	51928
埠头镇	19953	20108	20188
白塔镇	43607	44014	44225
田市镇	29170	29417	29508
官路镇	22940	23068	23181
下各镇	52561	52904	52973
朱溪镇	31814	32069	32016
安岭乡	11838	11921	11999
溪港乡	8440	8460	8501

18-4 续表 3

单位：人

地 区	2016年	2017年	2018年
湫山乡	16892	16308	16322
淡竹乡	13350	13444	13446
皤滩乡	15773	16238	16260
上张乡	13675	13722	13715
步路乡	15392	15516	15510
广度乡	9579	9585	9547
大战乡	15985	16002	15888
双庙乡	12566	12652	12631
温岭市			
太平街道	115376	118288	120144
城东街道	53971	54280	54790
城西街道	29262	30253	31335
城北街道	20365	20386	20396
横峰街道	33209	33494	34085
泽国镇	128260	128557	128605
大溪镇	132212	132820	133068
松门镇	93689	93625	93372
箬横镇	147677	147274	146831
新河镇	122594	122332	122033
石塘镇	69832	69087	68248
滨海镇	75893	75674	75330
温峤镇	63699	63566	63400
城南镇	75427	75301	74955
石桥头镇	29094	29013	28799
坞根镇	26171	26140	25990
临海市			
古城街道	123241	123031	122583
大洋街道	57317	59023	61278
江南街道	28773	28989	29151

18-4 续表 4

单位：人

地 区	2016年	2017年	2018年
大田街道	41184	41411	41531
邵家渡街道	42498	42805	43191
汛桥镇	19868	19907	19885
东塍镇	65622	65655	65367
汇溪镇	21603	21379	20926
小芝镇	36471	36488	36435
河头镇	45009	44381	43824
白水洋镇	104514	104607	104207
括苍镇	46566	46625	46557
永丰镇	62157	62224	61969
尤溪镇	25764	25658	25560
涌泉镇	55013	55114	55005
沿江镇	49672	49806	49844
杜桥镇	218415	219621	220372
上盘镇	58260	58609	58884
桃渚镇	97901	98247	98368
玉环市			
玉城街道	104152	105578	106802
坎门街道	68088	67854	67605
大麦屿街道	56528	56476	56363
清港镇	51218	51386	51444
楚门镇	52131	52840	53383
干江镇	21795	21703	21707
沙门镇	25863	25884	25857
芦浦镇	18086	18181	18334
龙溪镇	18650	18660	18613
鸡山乡	7653	7632	7543
海山乡	7643	7669	7644

19

各市国民经济主要指标

Main Indicators of National Economy by City

19-1 各市国民经济主要指标(一)

(2018年) 单位：万人

地 区	土地面积(平方公里)	市区建成区面积(平方公里)	年末户籍总户数(万户)	年末户籍总人口	年出生人口	年死亡人口	年末常住总人口
杭州市	16853	662	241.84	774.10	9.47	4.65	980.6
宁波市	9816	512	232.13	602.96	5.11	4.01	820.2
温州市	12110	362	238.51	828.74	10.75	4.88	925.0
嘉兴市	4223	360	110.96	360.44	3.20	2.57	472.6
湖州市	5820	244	87.11	267.06	2.50	2.00	302.7
绍兴市	8279	360	161.34	447.21	3.75	3.27	503.5
金华市	10942	378	191.43	488.97	6.00	3.23	560.4
衢州市	8845	137	95.47	257.88	2.70	1.78	220.9
舟山市	1459	76	37.21	96.90	0.60	0.75	117.3
台州市	10050	301	191.83	605.40	6.48	3.92	613.9
丽水市	17275	111	106.95	270.19	3.30	1.85	219.9

19-2 各市国民经济主要指标(二)

(2018年) 单位：亿元

地 区	生产总值(当年价)					人均生产总值(元)
		第一产业	第二产业	第三产业	在生产总值中：工业	
杭州市	13509.15	305.51	4571.93	8631.71	4160.13	140180
宁波市	10745.46	305.96	5507.53	4931.97	4953.67	132603
温州市	6006.16	141.75	2379.53	3484.88	1921.18	65055
嘉兴市	4871.98	115.03	2624.49	2132.46	2387.18	103858
湖州市	2719.07	127.69	1273.63	1317.75	1152.53	90304
绍兴市	5416.90	196.12	2611.80	2608.98	2234.22	107853
金华市	4100.23	135.86	1745.47	2218.90	1502.85	73428
衢州市	1470.58	80.93	661.68	727.97	553.16	66936
舟山市	1316.70	142.63	428.37	745.70	303.59	112490
台州市	4874.67	264.28	2182.60	2427.79	1895.25	79541
丽水市	1394.67	94.16	577.79	722.72	478.45	63611

注：本表人均生产总值均按常住人口计算。

19-3　各市国民经济主要指标(三)

(2018年)

单位：亿元

地　区	工业企业单位数(个)	工业企业主营业务收入	工业企业主营业务成本	主营业务税金及附加	工业企业本年应交增值税
杭州市	5431	14432.89	11677.44	297.67	486.03
宁波市	7602	16861.05	13989.20	403.33	451.39
温州市	4618	4401.27	3653.81	24.47	144.34
嘉兴市	5822	9683.44	8326.58	47.10	270.93
湖州市	3489	4419.56	3748.09	29.37	130.77
绍兴市	4584	6253.03	5301.88	34.32	172.77
金华市	3586	3687.38	3133.20	22.08	128.94
衢州市	873	1663.81	1408.58	9.90	40.39
舟山市	353	716.34	630.46	5.09	14.85
台州市	3972	4897.02	4061.02	36.71	156.36
丽水市	943	1468.12	1265.01	6.96	42.23

注：本表统计范围为年主营业务收入2000万元及以上独立核算工业。

19-4　各市国民经济主要指标(四)

(2018年)

地　区	工业企业利润总额(亿元)	工业企业从业人员年平均人数(万人)	境内公路里程(公里)	
				#高速公路
杭州市	1015.16	103.43	16520	632
宁波市	1259.50	150.53	11295	567
温州市	255.39	67.71	8994	365
嘉兴市	609.75	87.75	8242	393
湖州市	274.50	38.57	8079	319
绍兴市	396.59	64.15	10137	441
金华市	196.51	53.34	12952	376
衢州市	134.18	12.81	8409	422
舟山市	8.40	6.78	1922	42
台州市	342.92	65.62	13014	447
丽水市	78.64	14.01	15481	419

注：本表工业统计范围为年主营业务收入2000万元及以上独立核算工业。

19-5 各市国民经济主要指标(五)

(2018年)

地区	民用汽车拥有量(万辆)	#私人汽车拥有量	公路客运量(万人)	公路货运量(万吨)	水运客运量(万人)	水运货运量(万吨)
杭州市	268.00	217.90	10027	30593	603	4244
宁波市	267.42	204.74	3858	32424	190	26325
温州市	218.49	201.60	20831	11700	26	4271
嘉兴市	133.11	114.29	2971	13864	247	2269
湖州市	81.24	73.82	5242	11504	98	7279
绍兴市	138.56	134.14	2798	12596	107	1565
金华市	188.07	175.21	10773	9911	2	26
衢州市	48.84	38.41	3966	13162	2	4
舟山市	17.99	15.74	2584	10374	2922	27756
台州市	162.93	148.38	6992	15393	174	13758
丽水市	39.36	36.22	2074	4950	126	254

19-6 各市国民经济主要指标(六)

(2018年)

地区	全社会用电量(亿千瓦时)	#工业用电	#生活用电	进出口总额(亿元)	进口总额	出口总额
杭州市	796.96	446.09	128.49	4847.66	1697.84	3149.83
宁波市	775.28	571.73	88.80	8576.29	3025.65	5550.65
温州市	423.30	250.19	96.64	1507.15	204.72	1302.43
嘉兴市	522.06	415.56	44.63	2821.20	803.87	2017.33
湖州市	274.80	203.47	31.39	885.13	114.15	770.98
绍兴市	437.72	338.14	45.95	2240.31	194.19	2046.12
金华市	370.57	244.13	57.09	3769.04	110.76	3658.28
衢州市	171.76	131.85	18.18	349.15	118.30	230.85
舟山市	55.67	23.93	10.12	1135.55	710.73	424.82
台州市	329.57	214.62	62.28	1742.99	205.40	1537.60
丽水市	103.45	65.15	19.24	247.13	21.23	225.91

注：杭州市进出口总额不包括省级公司。

19-7 各市国民经济主要指标(七)

(2018年)

地 区	邮政业务收入(亿元)	电信业务收入(亿元)	固定电话用户数(万户)	移动电话用户数(万户)	互联网宽带用户数(万户)
杭州市	364.67	196.85	241.17	1801.43	509.24
宁波市	101.83	122.28	207.00	1258.86	419.66
温州市	77.95	119.09	137.05	1238.50	410.28
嘉兴市	6.42	55.98	98.12	719.80	192.30
湖州市	5.25	36.46	76.25	502.74	193.10
绍兴市	7.30	56.19	106.79	730.13	218.52
金华市	26.32	78.27	90.44	1373.36	287.37
衢州市	7.38	17.58	34.62	252.93	89.97
舟山市	1.54	14.07	22.58	170.81	55.38
台州市	8.46	71.13	107.70	958.00	245.07
丽水市	11.93	18.91	32.24	263.01	88.33

19-8 各市国民经济主要指标(八)

(2018年)

地 区	社会消费品零售总额(亿元)	国内旅游者人数(万人次)	国内旅游收入(亿元)	入境旅游人数(万人次)	国际旅游收入(万美元)
杭州市	5715.33	17982.84	3335.61	420.51	383089
宁波市	4154.93	12427.30	1977.85	84.01	42100
温州市	3337.11	11861.10	1315.10	55.53	29155
嘉兴市	1938.59	10646.98	1212.22	53.66	29040
湖州市	1297.24	11629.41	1347.97	109.95	42235
绍兴市	2007.61	10878.70	1179.42	14.72	6798
金华市	2253.00	12017.67	1317.74	84.29	50089
衢州市	717.46	7454.00	531.79	2.12	587
舟山市	536.85	6291.46	904.20	17.75	16354
台州市	2366.88	11821.70	1298.02	18.38	6355
丽水市	682.91	7233.95	667.62	1.01	392

19-9 各市国民经济主要指标(九)

(2018年)

单位：亿元

地区	财政总收入	地方财政预算内收入	地方财政预算内支出	年末金融机构本外币存款余额	#住户存款	年末金融机构本外币贷款余额
杭州市	3457.46	1825.06	1717.08	39810.50	10198.52	36598.25
宁波市	2655.28	1379.69	1594.10	19149.97	6662.97	19935.88
温州市	895.26	547.58	874.14	11966.03	6740.99	10050.88
嘉兴市	895.29	518.55	588.87	8298.46	3748.56	6863.38
湖州市	490.71	287.10	397.54	4589.41	2131.62	3886.22
绍兴市	811.85	501.34	556.65	8436.53	4108.65	7516.71
金华市	661.74	392.62	574.00	8696.28	4646.44	7356.37
衢州市	206.90	128.10	355.94	2440.22	1173.98	2248.06
舟山市	218.35	146.02	308.49	2034.10	841.09	2028.90
台州市	745.19	431.18	653.75	8518.92	4603.46	7354.34
丽水市	211.18	130.01	432.02	2572.33	1601.51	1935.92

19-10 各市国民经济主要指标(十)

(2018年)

单位：元

地区	在岗职工平均工资	城镇常住居民人均可支配收入	城镇常住居民人均消费支出	农村常住居民人均可支配收入	农村常住居民人均消费支出	城镇居民人均住房建筑面积(平方米)	农村居民人均住房建筑面积(平方米)
杭州市	106709	61172	41615	33193	24203	37.30	72.50
宁波市	102325	60134	36712	33633	21248	46.36	56.40
温州市	82837	56097	36709	27478	19568	43.86	49.84
嘉兴市	90342	57437	32366	34279	21708	41.26	72.95
湖州市	81617	54393	31829	31767	20718	41.00	69.00
绍兴市	75375	59049	33319	33097	20888	51.51	67.42
金华市	88664	54883	34503	26218	18550	49.90	61.60
衢州市	105793	43126	24273	22255	13629	50.20	79.50
舟山市	98394	56622	33826	33812	22007	36.21	54.31
台州市	77675	55705	35100	27631	21510	50.80	58.50
丽水市	103259	42557	29271	19922	16623	48.80	64.60

注：在岗职工平均工资统计范围为城镇集体及以上单位。

19-11 各市国民经济主要指标(十一)

(2018年)

地 区	学校数(个)			专任教师数(人)			在校学生数(万人)		
	普通高校	普通中学	小 学	普通高校	普通中学	小 学	普通高校	普通中学	小 学
杭州市	40	351	478	30247	31625	35793	43.20	34.93	59.05
宁波市	13	304	433	8409	24603	27880	14.98	29.52	49.03
温州市	11	443	562	5719	33031	36215	8.88	38.93	62.86
嘉兴市	6	170	147	3134	14488	15043	2.49	16.25	26.02
湖州市	3	120	128	1653	10133	9248	2.69	11.43	16.66
绍兴市	11	187	330	4782	19565	16043	9.93	23.05	25.79
金华市	8	246	395	4651	20130	22590	7.75	26.70	42.19
衢州市	2	95	200	702	9189	8922	1.44	11.23	13.38
舟山市	4	41	57	1348	3833	3075	2.30	3.24	4.94
台州市	4	281	360	1786	23253	24698	3.52	31.41	44.57
丽水市	2	95	211	1164	8603	10300	2.10	11.69	16.07

19-12 各市国民经济主要指标(十二)

(2018年)

地 区	医院数(个)	医院床位数(张)	执业医生数(人)	注册护士(人)	绿化覆盖面积(公顷)	公园面积(公顷)
杭州市	316	75186	44896	49911	53269	3527
宁波市	170	35591	25850	27078	37249	3317
温州市	145	37414	28387	27419	15601	2772
嘉兴市	457	96089	70482	71571	17770	1909
湖州市	62	13598	8847	10452	12298	1557
绍兴市	81	21651	15662	15691	19521	4018
金华市	137	29290	17286	17857	20465	2105
衢州市	84	12571	7294	7637	6033	823
舟山市	33	5698	4105	3827	16642	1014
台州市	122	26879	18103	18493	13789	2921
丽水市	56	12340	8032	8066	5929	1082

20

长江三角洲各城市国民经济主要指标

Main Indicators of National Economy by YANGTZE DELTA's City

20-1 长江三角洲各城市国民经济主要指标(一)

(2018年)　　单位：亿元

地　区	生产总值(当年价)	第　一产　业	第　二产　业	第　三产　业	在生产总值中：工　业	人　均生产总值(元)
上海市	32679.87	104.37	9732.54	22842.96	8694.95	134982
南京市	12820.40	273.42	4721.61	7825.37	4055.14	152886
无锡市	11438.62	125.07	5464.01	5849.54	5009.33	174270
常州市	7050.27	156.25	3263.29	3630.73		149275
苏州市	18597.47	213.99	8933.28	9450.20		173765
南通市	8427.00	397.77	3947.88	4081.35	3283.23	115320
盐城市	5487.08	573.40	2436.45	2477.23	2090.05	75987
扬州市	5466.17	273.34	2623.24	2569.59	2283.60	120944
镇江市	4050.00	138.40	1976.60	1935.00	1804.00	126906
泰州市	5107.63	280.05	2434.01	2393.57	2119.00	109988
杭州市	13509.15	305.51	4571.93	8631.71	4160.13	140180
宁波市	10745.46	305.96	5507.53	4931.97	4953.67	132603
嘉兴市	4871.98	115.03	2624.49	2132.46	2387.18	103858
湖州市	2719.07	127.69	1273.63	1317.75	1152.53	90304
绍兴市	5416.90	196.12	2611.80	2608.98	2234.22	107853
金华市	4100.23	135.86	1745.47	2218.90	1502.85	73428
舟山市	1316.70	142.63	428.37	745.70	303.59	112490
台州市	4874.67	264.28	2182.60	2427.79	1895.25	79541

注：生产总值均为初步统计数；人均生产总值均按常住人口计算。

20-2 长江三角洲各城市国民经济主要指标(二)

(2018年)

地 区	工业用电量(亿千瓦时)	自营进出口总额(亿元)	自营进口总额	自营出口总额	实际利用外资(亿美元)
上海市	780.21	34009.93	20343.08	13666.85	173.00
南京市	331.27	4317.20	1816.50	2500.70	38.53
无锡市	551.49	6161.83	2418.15	3743.68	37.15
常州市	373.05	2266.40	613.50	1652.90	26.11
苏州市	1227.77	23375.60	9718.68	13656.91	45.25
南通市	295.86	2542.90	866.02	1676.88	25.81
盐城市	212.54	629.79	231.47	398.31	9.13
扬州市	165.64	789.40	227.40	562.10	12.20
镇江市	185.97	779.07	253.45	525.62	8.68
泰州市	205.74	968.75	341.34	627.41	15.07
杭州市	446.09	4847.66	1697.84	3149.83	38.27
宁波市	571.73	8276.29	3025.65	5550.65	43.20
嘉兴市	415.56	2821.20	803.87	2017.33	31.40
湖州市	203.47	885.13	114.15	770.98	12.71
绍兴市	338.14	2240.29	194.19	2046.12	13.51
金华市	244.13	3769.04	110.76	3658.28	3.19
舟山市	23.93	1135.55	710.73	424.82	4.18
台州市	214.62	1742.99	205.40	1537.60	2.89

20-3 长江三角洲各城市国民经济主要指标(三)

(2018年) 单位：元

地区	社会消费品零售总额(亿元)	城镇常住居民人均可支配收入	城镇常住居民人均生活消费支出	农村常住居民人均可支配收入	农村常住居民人均生活消费支出	市区居民消费价格指数(%)
上海市	12668.69	68034	46015	30375	19965	101.6
南京市	5832.46	59308	33537	25263	18457	102.4
无锡市	3672.70	56989	35016	30787	21460	102.3
常州市	2613.19	54000	30351	28014	19116	102.2
苏州市	5746.90	63481	37403	32420	21587	102.6
南通市	3088.77	46321	28259	22369	15624	102.3
盐城市	1778.74	35896	19731	20357	14515	101.9
扬州市	1557.03	41999	23718	21457	15848	102.2
镇江市	1360.92	48903	27278	24687	18463	102.0
泰州市	1282.87	43452	25488	21219	15576	102.0
杭州市	5715.33	61172	41615	33193	24203	102.3
宁波市	4154.93	60134	36712	33633	21248	102.2
嘉兴市	1938.59	57437	32366	34279	21708	102.3
湖州市	1297.24	54393	31829	31767	20718	102.2
绍兴市	2007.61	59049	33319	33097	20888	102.4
金华市	2253.00	54883	34503	26218	18550	102.3
舟山市	536.85	56622	33826	33812	22007	102.8
台州市	2366.88	55705	35100	27631	21510	102.4

20-4 长江三角洲各城市国民经济主要指标(四)

(2018年) 单位：亿元

地区	财政总收入	地方财政预算内收入	地方财政预算内支出	年末金融机构本外币存款余额	#年末住户存款余额	年末金融机构本外币贷款余额
上海市		7108.15	8351.54	121112.33	28569.24	73272.35
南京市	2783.84	1470.02	1532.71	34524.86	7106.00	29065.66
无锡市		1012.28	1056.02	16056.79	5511.59	12102.76
常州市		560.33	589.12	10090.05	3841.90	7564.83
苏州市		2119.99	1952.80	30523.37	9168.45	27440.94
南通市		606.19	877.18	12211.17	6287.26	8878.00
盐城市		381.00	845.95	6421.42	3173.90	4998.76
扬州市		340.00	563.57	6080.73	2860.65	4643.49
镇江市	486.96	301.50	408.65	5122.03	2161.07	4484.17
泰州市	952.36	366.64	532.65	6202.42	2876.63	4819.82
杭州市	3457.46	1825.06	1717.08	39810.50	10198.52	36598.25
宁波市	2655.28	1379.69	1594.10	19149.97	6662.97	19935.88
嘉兴市	895.26	518.55	588.87	8298.46	3748.56	6863.38
湖州市	490.71	287.10	397.54	4589.41	2131.62	3886.22
绍兴市	811.85	501.34	556.65	8436.53	4108.65	7516.71
金华市	661.74	392.62	574.00	8696.28	4646.44	7356.37
舟山市	218.35	146.02	308.49	2034.10	841.09	2028.90
台州市	745.19	431.18	653.75	8518.92	4603.46	7354.34

注：江苏省住户存款为人民币口径。

21

统计公报

Statistical Communique

台州市2018年国民经济和社会发展统计公报

台州市统计局　国家统计局台州调查队

（2019年3 月15日）

2018年，面对错综复杂的国内外经济形势，台州坚持以习近平新时代中国特色社会主义思想为指导，全面贯彻落实党的十九大、十九届二中、三中全会精神，认真落实省委省政府、市委市政府各项决策部署，围绕“八八战略再深化、改革开放再出发”，聚焦“再创民营经济新辉煌”，着力深化供给侧结构性改革，统筹推进“五位一体”总体布局，聚心聚力高质量、竞争力、现代化，深入推进“妈妈式”服务，全市经济展现了新活力，转型升级取得了新进展，社会事业呈现了新气象，民生保障得到了新提升，台州高质量发展的基础更加坚实。

一、综　合

经济运行稳中向好。据初步核算，全市实现生产总值4874.67亿元，按可比价格计算，比上年增长7.6%。其中，第一产业增加值264.28亿元，增长0.9%；第二产业增加值2182.60亿元，增长8.7%；第三产业增加值2427.79亿元，增长7.3%；三次产业结构为5.4∶44.8∶49.8。全市人均生产总值为80644元（按年平均汇率折算达12187美元），比上年增长7.1%。

市区实现生产总值1808.20亿元，按可比价格计算，比上年增长8.3%。市区人均生产总值达到111645元（按年平均汇率折算达16871美元），比上年增长7.5%。

（图1　2011－2018年地区生产总值及增长速度，略）

（图2　2011－2018年三次产业增加值占地区生产总值比重，略）

二、农　业

农业生产基本稳定。全市实现农林牧渔业总产值476.96亿元，按可比价格计算，比上年增长1.0%。其中，农业产值155.40亿元，增长4.0%；林业产值6.72亿元，增长3.8%；牧业产值26.07亿元，增长4.4%；渔业产值283.68亿元，下降1.8%；农林牧渔服务业产值5.09亿元，增长8.8%。

全年农作物总播种面积199.68千公顷，比上年增长1.1%。全年蔬菜产量219.22万吨，比上年增长2.4%；油料产量1.18万吨，下降2.0%；水果产量147.27万吨，增长1.7%。

全年完成造林更新面积944公顷，其中，人工造林面积464公顷。年末实有封山育林面积24.89千公顷。全市有林地面积632.39千公顷，森林覆盖率为61.6%。全市有自然保护区（含小区）35个，面积9.84千公顷。

全年水产品产量152.52万吨，比上年下降3.4%，其中，海洋捕捞产量93.59万吨，下降5.7%；海水养殖产量49.26万吨，下降1.3%。

全市注册登记的农民专业合作社8184家，其中省级示范性专业合作社109家。全市共认证有机食品54个，绿色食品182个，国家无公害农产品305个，浙江省无公害农产品产（基）地305个。市级农业龙头企业共有231家，省级农业龙头企业47家。

全市完成河湖库塘疏浚清淤858万立方米，其中，市区220万立方米。治理水土流失面积38.41平方公里，新增防渗渠道164公里，新增节水灌溉面积3892公顷。年末全市拥有农业机械总动力285.61万千瓦，全年农村用电量 120.04 亿千瓦时。

三、工业和建筑业

工业生产稳中有进。全市实现工业增加值 1895.25 亿元，按可比价格计算，比上年增长 9.4%。全市规模以上工业企业（年主营业务收入 2000 万元及以上工业企业，不含台州电业局，下同）家数为 3972 家，实现工业增加值 1113.13 亿元。

（图 3　2011－2018 年全部工业增加值及增长速度，略）

全市规模以上轻工业实现工业增加值 371.72 亿元，重工业实现工业增加值 741.40 亿元。轻重工业比例为 33.4∶66.6。

全市规模以上工业增加值总量排在前五位的行业中，汽车制造业、通用设备制造业、医药制造业、橡胶和塑料制品业、电力热力生产供应业分别完成工业增加值 172.35 亿元、151.79 亿元、106.11 亿元、96.50 亿元和 90.63 亿元。

全年规模以上装备制造业实现增加值 566.38 亿元，比上年增长 14.5%；规模以上战略性新兴产业实现增加值 176.93 亿元，增长 6.3%；规模以上数字经济核心产业实现增加值 45.74 亿元，增长 17.0%。

表 1　2018 年规模以上工业主要产品产量及增长速度

产品名称	单位	2018 年	2018 年比 2017 年±%
啤 酒	万千升	34.36	0.9
罐 头	万吨	11.63	22.0
冷冻水产品	万吨	18.57	-6.0
电工仪器仪表	万台	249.04	-3.0
家 具	万件	2868.67	-8.2
服 装	万件	330.20	-17.1
皮革鞋靴	万双	18661.00	-5.3
化学药品原药	万吨	7.26	-12.7
塑料制品	万吨	143.42	1.8
白银（银锭）	千克	18810	持平
铜 材	万吨	12.81	-6.5
金属切削机床	万台	2.92	10.8
交流电动机	万千瓦	1333.20	3.2
泵	万台	3213.57	1.8
水 泥	万吨	473.14	11.5
电动自行车	万辆	119.75	-4.9
汽 车	万辆	46.55	53.2
摩托车整车	万辆	69.00	37.5
民用钢质船舶	万载重吨	34.47	52.0
变压器	万千伏安	1241.01	-25.9
家用冷柜	万台	112.35	13.6
家用电冰箱	万台	93.59	8.9
彩色电视机	万台	72.20	23.4
日用塑料制品	万吨	47.55	4.7
眼镜成镜	万副	1045.38	-1.9
模 具	万套	3.89	21.6
阀 门	万吨	20.72	0.4

全市规模以上工业企业产品产销率为97.8%；新产品产值1851.17亿元,比上年增长30.1%；新产品产值率为36.96%，比上年提高4.4个百分点。

全市规模以上工业企业实现利税总额536.78亿元，其中利润总额342.92亿元。

全市实现建筑业增加值290.53亿元，按可比价格计算，比上年增长4.1%。资质以上建筑企业完成房屋建筑施工面积18998.70万平方米，比上年增长1.0%；房屋竣工面积6708.01万平方米，下降10.7%。

四、固定资产投资和房地产业

固定资产投资稳步增长。全市固定资产投资施工项目3042个，其中本年新开工项目1397个。全年固定资产投资比上年增长8.1%。其中，第一产业下降52.8%，第二产业增长5.2%，第三产业增长9.6%。固定资产投资中，工业性投资比上年增长5.2%；基础设施投资下降17.1%；民间投资增长30.1%。

重点工程建设扎实推进，沿海高速、台金高速东延段二期项目建成通车，三门核电一期并网运行，吉利汽车临海产业园30万辆扩建项目投产，新吉奥能源汽车下线；孟溪水库、三门洋市涂围垦等项目完工；市域铁路S1线一期、金台铁路、朱溪水库、台州市引水工程、台州市地下综合管廊项目加快推进；台州方特动漫主题园、台州市委党校迁建工程、台州湾文旅综合体等项目开工建设。

全年房地产开发投资额659.55亿元，比上年增长43.1%。房屋施工面积3758.26万平方米，比上年增长13.1%；房屋竣工面积382.95万平方米，下降14.7%。全年商品房销售面积933.35万平方米，比上年增长12.5%，其中，住宅销售面积612.34万平方米，下降1.7%。

五、交通和邮电业

全年交通运输、仓储和邮政业增加值为181.95亿元，比上年增长3.6%。

全年完成货物周转量1830.78亿吨公里，比上年增长0.9%；旅客周转量为71.56亿人公里，下降4.9%。全年台州港完成货物吞吐量7167万吨，比上年增长1.6%，其中，外贸吞吐量618万吨，下降17.9%；完成集装箱吞吐量24.4万标箱，增长14.6%。民航完成旅客吞吐量111.22万人次，货邮吞吐量7581吨，分别比上年增长35.3%和10.8%。全年铁路发送旅客1373万人次，比上年增长7.3%。

年末全市公路总里程(含村道)13014公里，其中，高速公路447公里，比上年增加149公里。年末全市汽车保有量达162.93万辆，比上年增加14.63万辆；其中，私人汽车148.38万辆，比上年增加13.19万辆。

全年邮电业务收入79.59亿元，比上年增长6.6%。年末国际互联网宽带接入用户245.07万户，比上年增加18.81万户，移动互联网用户688.67万户，与上年基本持平。年末移动电话用户为958.0万户，比上年增加131.54万户；城乡固定电话用户为107.70万户，比上年增加15.44万户。

全年快递服务企业完成业务量7.03亿件，比上年增长30.3%；完成业务收入39.96亿元，增长20.4%。

六、国内贸易和旅游业

市场消费持续增长。全市实现社会消费品零售总额2366.88亿元，比上年增长10.2%，扣除价格因素，实际增长8.3%。按消费类型分，商品零售额2094.81亿元，增长10.0%；餐饮收入272.07亿元，增长11.9%。按经营地分,城镇零售额1910.60亿元，增长9.2%；乡村零售额456.28亿元，增长14.5%。限额以上批发零售企业中，服装鞋帽针纺织品类、中西药品类、石油及制品类和日用品类零售额分别比上年增长94.8%、43.8%、15.8%和11.5%；汽车类零售额增长放缓，比上年增长5.2%。

全年新设市场主体10.83万家，其中，新设企业3.17万家，新设个体工商户7.60万家。年末在册市场主体58.55万家，其中，企业17.41万家，个体工商户39.85万家。

年末全市拥有各类商品交易市场470家，成交额1414.30亿元，年成交额超亿元的市场有138家。全年网络零售额1191.40亿元，比上年增长26.0%。全市已创设淘宝村206个，电商产业园32个，活跃网络零售网店 6.40 万家，其中活跃天猫网店 1752 家。

全市居民消费价格总水平比上年上涨 2.5%，其中，消费品价格上涨 1.7%，服务价格上涨 3.7%。工业生产者出厂价格比上年上涨 2.0%，工业生产者购进价格比上年上涨 3.9%。

表 2　2018 年居民消费价格比上年涨跌幅度

单位：%

	全市	其中：市区
居民消费价格	2.5	2.4
一、食品烟酒	1.4	1.5
食品	1.1	1.1
其中：粮食	0.4	0.1
鲜菜	7.4	7.7
畜肉类	-3.6	-3.4
水产品	2.0	1.0
烟酒	0.3	-0.1
二、衣着类	2.1	2.3
三、居住	6.4	5.8
四、生活用品及服务	1.0	1.5
五、交通和通信	0.4	0.3
六、教育文化和娱乐	2.3	2.2
七、医疗保健	1.9	1.4
八、其他用品和服务	0.2	-0.3

临海灵湖景区、黄岩九峰景区成功获批国家 4A 级景区。全年共接待旅游总人数 11840.08 万人次，比上年增长 15.0%，其中，接待国内游客 11821.70 万人次，增长 15.0%；接待入境旅游人数 18.38 万人次，下降 6.9%。全年实现旅游总收入 1302.23 亿元，增长 16.9%，其中，国内旅游收入 1298.02 亿元，增长 16.9%；入境旅游收入 6355.22 万美元，下降 3.3%。全市共有 5A 级旅游区 2 个，4A 级旅游区 13 个，3A 级旅游区 53 个，2A 级旅游区 12 个。共有星级饭店 54 家，客房 8041 间，床位 13166 张。旅行社 174 家，其中，星级旅行社 63 家。

七、对外经济

进出口规模持续扩大。全年外贸进出口总额 1742.99 亿元，比上年增长 10.4%。其中，出口总额 1537.6 亿元，增长 11.5%；进口总额 205.4 亿元，增长 3.1%。全年外贸企业出口 268.89 亿元，比上年增长 11.8%；三资企业出口 131.86 亿元，增长 2.1%；生产企业出口 1136.84 亿元，增长 12.6%。在出口总额中，一般贸易出口 1407.53 亿元，比上年增长 10.3%；加工贸易出口 129.81 亿元，增长 26.0%。全年高新技术产品出口 96.47 亿元，增长 15.2%；机电产品出口 873.87 亿元，增长 13.4%。全年对美国出口 318.81 亿元，增长 14.7%；对欧盟出口 399.75 亿元，增长 10.7%；对“一带一路”沿线国家出口 545.69 亿元，比上年增长 10.4%。全年有进出口实绩企业 6102 家，比上年增加 544 家。出口国家和地区为 222 个。

全年新批外商投资项目 44 个，总投资 8.21 亿美元，合同利用外资 5.05 亿美元，实际利用外资 2.89 亿美元。

全年新批境外投资企业 35 家，中方投资额 20.63 亿美元。全市累计境外投资项目 660 个，中方累计投资额 35.0 亿美元。

全年服务贸易进出口总额 86.6 亿元，其中出口额 54.4 亿元。全年服务外包离岸合同执行额 8470 万美元，增长 49.1%。

八、财政、金融和保险业

全年财政总收入 745.19 亿元，比上年增长 13.4%；其中，地方财政收入 431.18 亿元，增长 12.8%。

年末全市金融机构本外币存款余额 8518.92 亿元，比上年末增长 11.8%,当年新增存款 900.51 亿元。年末本外币住户存款余额 4603.46 亿元，比上年末增长 13.3%，当年新增 540.73 亿元。年末金融机构本外币贷款余额 7354.34 亿元，比上年末增长 14.7%,当年新增贷款 941.77 亿元。年末金融机构本外币存贷款比率为 86.3%，不良贷款率为 0.75%。

全年新增上市公司 1 家，年末已有上市公司 53 家，其中，中小板上市公司 25 家，累计融资总额达到 1002.52 亿元。当年新三板挂牌企业数 4 家。年末有小额贷款公司 31 家，注册资本金总额 40.91 亿元，全年发放贷款 54.46 亿元。

年末有证券营业部 108 家，全年股票交易额 1.55 万亿元，比上年下降 26.3%。

全年保险业实现保费总收入 178.5 亿元，其中，财产险保费收入 73.8 亿元，人身险保费收入 104.7 亿元。全年各类赔款、给付支出 57.96 亿元，其中，财产险支出 39.21 亿元，人身险支出 18.75 亿元。

九、科学技术和教育

科技创新加快推进。新引进建设南方科技大学台州研究院、浙江工业大学台州研究院、同济大学科技成果转移转化台州中心等各类科创服务平台。全市实现规模以上高新技术产业增加值 621.81 亿元，比上年增长 15.1%。全市共有省级企业研究院 104 家，省级高新技术研发中心 360 家，新增国家重点扶持的高新技术企业 163 家，累计 749 家，新增省级科技型中小企业 865 家，累计 3787 家。众创平台建设成效明显，建成市级以上众创空间 28 家，其中，国家级 3 家，省级 18 家。全年申请专利 35695 件，专利授权 26287 件，其中发明 2767 件，比上年增长 50.1%。全年共签订各类技术合同 1326 项，技术交易额 63.36 亿元。

（图 4　2011－2018 年专利申请、授权量情况，略）

全市有中国名牌产品 19 个，浙江名牌产品 322 个，地理标志保护产品 3 个。“浙江制造”认证企业 46 家，全市企业主导制（修）订国家标准 11 项，主导制（修）订行业标准 13 项。全市有 508 家单位取得食品生产许可证。年末有各类检验机构 138 家，其中国家级检测中心 2 家，省级质检中心 12 家。新增驰名商标 1 件，全市被国家工商总局认定的驰名商标累计达到 58 件。

教育发展成效明显。镇海中学台州分校、华师大台州附中、北大附中飞龙湖学校等一批优质教育资源落户台州，台州学院通过教育部本科教学工作审核评估。全市有幼儿园 1166 所，在园幼儿 20.11 万人；普通小学 360 所，在校生 44.57 万人；初中 209 所，在校生 22.06 万人；高中 72 所，在校生 9.36 万人，中等职业学校 22 所，在校生 6.84 万人，高中段在校生 16.20 万人，初升高比例 99.44%。全市特殊教育学校招生（不含随班就读）195 人，在校生 1316 人。全市全日制普通高校招生 11366 人，在校生 35216 人，成人高校在校学生 34718 人。

十、文化、卫生和体育

成功创建国家公共文化服务体系示范区。市科技馆开馆。年末全市有文化馆 10 个，公共图书馆 10 个，博物馆 52 个，自办广播节目 16 套，自办电视节目 16 套。年末全市有线广播电视覆盖用户 181.09 万户，其中数字电视实际用户 179.47 万户。全年广播节目播出时间 77559 小时，电视节目播出时间 64782 小时。广播人口综合覆盖率和电视人口综合覆盖率分别为 100%和 99.87%。全市共有农村文化礼堂 1495 家。年末全市拥有国家级非物质文化遗产项目12项，省级85项，市级283项。

开展县域医共体试点，创新实施“智慧医疗”项目。市妇女儿童医院开诊。年末全市有各类医疗卫生机构3691家，其中，社区卫生服务机构345家。大力推动社会办医，全市共有民营医院81家。全市医疗卫生机构床位29861张，各类卫生技术人员44797人，其中，执业医生和执业助理医生18103人，注册护士18493人。每千人拥有卫生技术人员7.40人，其中，医生2.99人。全年总诊疗6035万人次。全市甲、乙类传染病发病率为170.64/10万。全市五岁以下儿童死亡率4.03‰，其中，婴儿死亡率2.53‰，户籍孕产妇死亡率7.90/10万。全年有5.33万人次参加无偿献血。农村自来水普及率100%，卫生户厕普及率99.6%。

成功举办首届全民运动健身大会暨首届体育文化节、第四届台州国际马拉松比赛、首届全国气排球大奖赛、2018“中国杯”国际软式网球锦标赛、第三届中国台州国际武术节、第三届国际传统武术暨绝技大赛等赛事。全市运动员参加国际国内各项赛事共夺得国际比赛金牌7枚、银牌5枚、铜牌1枚，全国、全省比赛金牌354.2枚、银牌315枚、铜牌387枚。全市共建有市、县级体育社团246个。全年销售各类体育彩票15.57亿元。

十一、能耗、环境保护和安全生产

全市万元生产总值综合能耗比上年下降3.5%。主要污染物化学需氧量、氨氮、二氧化硫、氮氧化物排放量分别比上年下降7.6%、7.6%、6.4%和5.23%。全市省控以上断面Ⅰ~Ⅲ水质断面占比65.4%，地表水满足水域功能达标率为80%。城镇生活污水集中处理率为95.97%,城镇生活垃圾无害化处理率为100%。城市空气综合污染指数3.19，比上年下降0.18。市区PM2.5年均浓度为29微克/立方米，比上年下降4微克/立方米；市区环境空气质量达到二级标准以上的天数有342天，占全年总天数的93.7%。

全市共发生各类生产经营性安全事故166起，死亡154人，受伤27人，分别比上年下降44.1%、41.7%和68.6%。

十二、人口、就业、社会保障和人民生活

截止2018年11月30日，全市户籍总人口605.40万人，其中，男性人口309.06万人，女性人口296.34万人，男女性别比为104.29:100。全年共出生6.48万人，死亡3.92万人，人口出生率为10.72‰，死亡率为6.48‰，人口自然增长率4.24‰。市区户籍人口162.50万人。据2018年浙江省5‰人口变动抽样调查，年末全市常住人口613.90万人，城镇人口比重为63.0%。

全年城镇新增就业人数13.38万人，帮助3.49万名城镇失业人员实现再就业。年末城镇登记失业率为1.87%。

建立统一的多层次的全民医保制度，全面建立职工医保帐户，大病保险实现市级统筹、全市统一管理。年末全市城镇职工基本养老保险（含被征地农民）、基本医疗保险、工伤保险、生育保险和失业保险参保人数分别达到241.65万人、149.62万人、194.60万人、97.96万人和98.59万人。全市有211.38万人参加城乡居民社会养老保险，有453.98万人参加城乡居民医疗保险。全年收缴各类保险基金382.25亿元，支出360.18亿元。

全市城乡居民最低生活保障人数为8.69万人，全年共投入低保资金4.60亿元。低保对象月人均补助为423元。全市共有各类养老机构302个，床位48683张，年末在院老人23835人。全市有城乡社区居家养老服务照料中心3654家。全年共支出医疗救助资金1.52亿元，医疗救助10.55万人次。全年发行各类福利彩票15.10亿元。

全市全体居民人均可支配收入43973元，比上年增长8.7%，扣除价格因素实际增长6.1%。城镇常住居民人均可支配收入55705元，增长8.4%，扣除价格因素实际增长5.8%；农村常住居民人均可支配收入27631元，增长8.9%，扣除价格因素实际增长6.3%。城乡居民收入差距倍数为2.02。全体居民人均生活消费支出

29421元，比上年增长8.4%。城镇常住居民和农村常住居民人均生活消费支出分别为35100和21510元，增长8.0%和9.1%,扣除价格因素实际增长5.3%和6.5%。

年末城镇常住居民和农村常住居民人均现住房建筑面积分别为50.82平方米和58.50平方米。城乡居民每百户家庭家用汽车、空调等高档耐用消费品拥有量继续增加。

表3　2018年末城乡居民每百户家庭主要耐用消费品拥有量

指　　标	单位	城镇常住居民	农村常住居民
洗衣机	台	97	83
电冰箱	台	105	102
空调器	台	214	125
摩托车	辆	13	18
家用汽车	辆	65	44
彩色电视机	台	192	173
固定电话	部	36	24
移动电话	部	256	242
家用电脑	台	98	60

注： 1.公报中生产总值、各产业增加值绝对数按现行价格计算，增长速度按可比价格计算；人均生产总值按户籍人口计算。

2.部分数据因四舍五入的原因，存在着与分项合计不等的情况。

资料来源：

本公报中造林面积、森林覆盖率、自然保护区数据来自市自然资源和规划局；水产品产量、港口货物吞吐量、集装箱吞吐量等数据来自市港航口岸和渔业管理局；专业合作社、有机食品、无公害农产品、农业龙头企业等数据来自市农业农村局；河道疏浚、水土流失治理面积、农村自来水普及率等数据来自市水利局；公路里程、货物周转量、旅客周转量等数据来自市交通运输局；民航运输数据来自市机场管理有限公司；汽车拥有量、户籍人口等数据来自市公安局；快递业务量等数据来自市邮政管理局；市场主体、商品交易实体市场、交易额、驰名商标、名牌产品、地理标志保护产品、企业主导制订国家、行业标准项数、“浙江制造”认证企业、检验机构等数据来自市市场监督管理局；货物进出口、服务贸易进出口、外商直接投资、国外经济合作、网络零售额等数据来自市商务局；旅游、文化馆、公共图书馆、博物馆、广播电视、非物质文化遗产、体育、体育彩票等数据来自市文化和广电体育旅游局；财政数据来自市财政局；货币金融数据来自人民银行台州市中心支行；不良贷款率来自中国银保监会台州监管分局；上市公司、小贷公司、证券交易额、保险业数据来自市金融办；企业研究院、高新技术企业、科技型中小企业、众创平台、专利、科技交易额等数据来自市科技局；教育数据来自市教育局；卫生数据来自市卫生健康委员会；减排数据、环境监测等数据来自市生态环境局；各类事故发生起数、死亡和受伤人数等数据来自市应急管理局；新增城镇就业、失业人员再就业、登记失业率、社会保障等数据来自市人力社保局；低保、养老机构、社会救助、福利彩票等数据来自市民政局；城市污水处理、城市生活垃圾处理数据来自市综合行政执法局；城乡居民收支、住房面积、家庭耐用品拥有量、物价等数据来自国家统计局台州调查队；其他数据来自于市统计局。

2018 年浙江省国民经济和社会发展统计公报[1]

浙江省统计局　国家统计局浙江调查总队

2019 年 3 月 1 日

2018 年，浙江坚持以习近平新时代中国特色社会主义思想为指导，全面贯彻党的十九大和十九届二中、三中全会精神，深入贯彻省第十四次党代会精神，围绕“八八战略”再深化、改革开放再出发，坚持稳中求进工作总基调，坚持新发展理念，坚持供给侧结构性改革主线，聚焦聚力高质量、竞争力、现代化，扎实推进富民强省十大行动计划，全力打好三大攻坚战，持续打好高质量发展组合拳，全省经济持续健康发展，社会保持和谐稳定。

一、综　合

据 2018 年全省 5‰人口变动抽样调查推算，年末全省常住人口 5737 万人，比上年末增加 80 万人。其中，男性人口 2939 万人，女性人口 2798 万人，分别占总人口的 51.2%和 48.8%。全年出生人口 62.8 万人，出生率为 11.02‰；死亡人口 31.8 万人，死亡率为 5.58‰；自然增长率为 5.44‰。城镇化率为 68.9%。

初步核算，全年地区生产总值（GDP）56197 亿元，比上年增长 7.1%。其中，第一产业增加值 1967 亿元，第二产业增加值 23506 亿元，第三产业增加值 30724 亿元，分别增长 1.9%、6.7%和 7.8%，第三产业对 GDP 增长的贡献率为 56.2%。三次产业增加值结构由上年的 3.7∶43.0∶53.3 调整为 3.5∶41.8∶54.7。人均 GDP 为 98643 元（按年平均汇率折算为 14907 美元），增长 5.7%。

（图 1　2011-2018 年地区生产总值及增长速度，略）

（图 2　2018 年地区生产总值及第三产业增加值构成，略）

全年居民消费价格（CPI）比上年上涨 2.3%，其中食品类价格上涨 2.6%。商品零售价格上涨 2.1%。农业生产资料价格上涨 1.8%。工业生产者出厂价格（PPI）上涨 3.4%，工业生产者购进价格上涨 5.1%。固定资产投资价格上涨 5.7%。

（图 3　2018 年居民消费价格月度涨跌幅度，略）

表 1　2018 年居民消费价格指数情况（上年＝100）

指　标	全　省	城　市	农　村
居民消费价格指数	102.3	102.3	102.2
其中：食品烟酒	102.6	102.8	101.9
其中：食品	102.6	102.8	102.0
其中：粮食	100.5	100.4	100.8
衣着	101.1	101.1	101.3
居住	103.4	103.3	103.8
生活用品及服务	101.4	101.4	101.2
交通和通信	101.0	100.9	101.4
教育文化和娱乐	102.2	102.2	102.3
医疗保健	102.6	103.0	101.6
其他用品和服务	100.2	100.0	101.2

全年城镇新增就业 125.3 万人。年末城镇登记失业率为 2.6%，比上年下降 0.13 个百分点。城镇调查失业率各季保持在 4.1%～4.5%，四季度为 4.1%。

供给侧结构性改革深入推进。全年处置“僵尸企业”393 家。规模以上工业企业产能利用率为 81.9%。规模以上工业中，高耗能行业增加值占 33.3%，比上年下降 0.7 个百分点。年末商品房待售面积比上年末下降 24.4%，其中，商品住宅待售面积下降 38.2%。年末规模以上工业企业资产负债率为 55.5%，规模以上服务业企业资产负债率为 52.6%。全年规模以上工业企业每百元主营业务收入中的成本为 83.8 元。交通投资、生态保护和环境治理业投资分别增长 25.8%、19.3%。

经济新动能加快成长。全年以新产业、新业态、新模式为主要特征的“三新”经济增加值占 GDP 的 24.9%。数字经济核心产业增加值 5548 亿元，按现价计算比上年增长 13.1%。在规模以上工业中，数字经济核心产业、文化、节能环保、健康产品、高端装备、时尚制造业增加值分别增长 11.8%、4.4%、7.2%、8.0%、9.2% 和 9.7%；高技术、高新技术、装备制造、战略性新兴产业增加值分别增长 13.7%、9.4%、10.0%、11.5%，占比分别为 12.8%、51.3%、40.7%和 29.6%。在战略性新兴产业中，新一代信息技术和物联网、海洋新兴产业、生物产业增加值分别增长 19.9%、10.1%和 11.8%。规模以上工业新产品产值率为 36.4%，比上年提高 1.9 个百分点。碳纤维增强复合材料、光纤、太阳能电池、城市轨道车辆、新能源汽车、智能手机、智能电视、工业机器人等产量快速增长。规模以上服务业企业[2]营业收入 15045 亿元，比上年增长 14.2%，其中，战略性新兴服务业营业收入 6631 亿元，增长 22.0%。网络零售额 16719 亿元，增长 25.4%；省内居民网络消费 8471 亿元，增长 25.0%。

表 2　2018 年规模以上工业分产业增加值及增速

行　业	增加值（亿元）	比上年增长（%）	行　业	增加值（亿元）	比上年增长（%）
规模以上工业增加值	14714	7.3	节能环保制造业	1562	7.2
高技术产业	1890	13.7	健康产品制造业	635	8.0
高新技术产业	7543	9.4	时尚制造业	1195	9.7
装备制造业	5985	10.0	高端装备制造业	3435	9.2
战略性新兴产业	4351	11.5	文化制造业	630	4.4
数字经济核心产业制造业	1700	11.8			

表 3　2018 年规模以上服务业企业主要行业营业收入情况

行　业	营业收入（亿元）	比上年增长（%）	行　业	营业收入（亿元）	比上年增长（%）
总　计	15045	14.2	水利、环境和公共设施管理业	334	-10.1
交通运输、仓储和邮政业	3053	6.7	居民服务、修理和其他服务业	156	25.9
信息传输、软件和信息技术服务业	7065	21.6	教育	60	6.9
房地产业(除房地产开发经营)	484	0.2	卫生和社会工作	190	13.0
租赁和商务服务业	1975	14.3	文化、体育和娱乐业	406	-1.7
科学研究和技术服务业	1323	14.6			

发展效益改善效率提高。全年财政总收入 11706 亿元，比上年增长 13.6%；一般公共预算收入 6598 亿元，增长 11.1%，其中，税收收入 5587 亿元，增长 11.6%，占一般公共预算收入的 84.7%。一般公共预算支出 8628 亿元，增长 14.6%，民生支出占财政支出的 73.4%。规模以上工业企业利润总额 4452 亿元，增长 5.3%，其中，高新技术、战略性新兴产业利润总额分别增长 5.6%、5.4%，17 个传统制造业利

润增长 7.2%。主营业务收入利润率为 6.48%。规模以上服务业企业营业利润 2142 亿元，增长 7.1%。全年全员劳动生产率[3]为 14.7 万元/人，按可比价计算比上年提高 6.0%；规模以上工业劳动生产率 22.5 万元/人，提高 8.3%。

二、农业和农村

全年粮食总产量 599 万吨，比上年增长 3.3%；油菜籽播种面积 97 千公顷，增长 0.9%；蔬菜 646 千公顷，增长 0.2%；花卉苗木 161 千公顷，增长 0.1%；中药材 51 千公顷，增长 4.6%；果用瓜 102 千公顷，与上年基本持平。

全年肉类总产量 105 万吨，比上年下降 8.8%；水产品总产量 611 万吨，增长 2.8%，其中，海水产品产量 481 万吨，增长 1.8%；淡水产品产量 130 万吨，增长 6.6%。年末生猪存栏 517 万头，下降 4.7%，生猪出栏 912 万头，下降 10.8%。

累计创建省级现代农业园区 48 个、特色农业强镇 85 个，建成单条产值 10 亿元以上的示范性农业全产业链 68 条。严格保护好 819 万亩粮食生产功能区，完成提标改造 65 万亩。新增省名牌农产品 30 个、区域名牌农产品 15 个，有效期内浙江名牌农产品 238 个。新增“三品一标”[4]农产品 1128 个，新增绿色食品基地 12.3 万亩，现代农业园区、粮食生产功能区内无公害农产品整体认定 139.4 万亩，主要食用农产品中“三品”比率 53%以上。

新增开展农村生活垃圾分类处理建制村 4969 个，全省农村生活垃圾分类处理建制村覆盖率 61%，垃圾回收利用率 32.1%，资源化利用率 82.3%，无害化处理率 99%；完成改造公厕 5.1 万座。在建省级历史文化村落重点村、一般村 949 个。培育创建美丽乡村示范乡镇 100 个、特色精品村 300 个、农村生活垃圾示范村 200 个、历史文化保护利用示范村 20 个。全国休闲农业与乡村旅游示范县 24 个，中国重要农业文化遗产 8 个，中国美丽休闲乡村 36 个。

建成农家乐休闲旅游特色村（民宿集聚村）1162 个、农家乐特色点（农庄）2100 个，农家乐经营户 2.2 万户，直接从业人员 16.9 万人，带动就业超过 100 万人。接待游客 4 亿人次，增长 17.4%，营业总收入 427.7 亿元，增长 20.9%。

全年共组织农民培训 57.9 万人次，其中，农村实用人才 18 万人次，新型职业农民 2.7 万人次，农村富余劳动力转移就业技能培训 5.11 万人次；实现转移就业 4.4 万人，转移就业率为 86%。

三、工业和建筑业

全年规模以上工业增加值 14714 亿元，比上年增长 7.3%。分经济类型看，国有及国有控股企业增长 5.8%，私营企业增长 7.0%；外商投资企业增长 7.4%，港澳台商投资企业增长 5.9%。17 个传统制造业增加值增长 6.0%。规模以上工业销售产值 67384 亿元，增长 10.6%，其中，出口交货值 11698 亿元，增长 8.6%。

表 4　2018 年主要工业产品产量

产品名称	单位	产量	比上年增长(%)
布	亿米	80.1	-6.7
化纤	万吨	2282.3	13.8
房间空调器	万台	1613.2	8.7
发电量	亿千瓦时	3353.6	2.7
钢材	万吨	3048.7	7.1
水泥	万吨	12248.3	12.4
发电机组	万千瓦	536.2	3.9
电工仪器仪表	万台	8766.2	-10.5

续表

产品名称	单位	产量	比上年增长(%)
光纤	万米	4165.7	115.6
光缆	万芯千米	4040.4	-8.3
光电子器件	亿只（片、套）	327.0	24.6
锂离子电池	万只	21921.4	-22.5
太阳能电池	万千瓦	1134.1	42.4
集成电路	亿块	65.4	-20.0
电子元件	亿只	952.6	3.7
微型计算机设备	万台	204.1	9.5
移动通信手持机（手机）	万台	5317.6	14.0
其中：智能手机	万台	4955.9	21.3
彩色电视机	万台	722.2	22.5
其中：智能电视	万台	583.0	17.2
汽车	万辆	119.1	42.8
其中：新能源汽车	万辆	4.0	22.3
工业机器人	套	4707.0	8.0
稀土磁性材料	吨	356.4	1.0
碳纤维增强复合材料	吨	6587.7	408.5
城市轨道车辆	辆	332.0	32.8

全年建筑业增加值3099亿元，占GDP的比重为5.5%。具有资质等级的总承包和专业承包建筑业企业总产值28756亿元，增长5.6%；实现利税总额1358亿元，增长5.4%。

四、固定资产投资和房地产业

全年固定资产投资比上年增长7.1%。非国有投资增长15.9%，占68.0%；民间投资增长17.8%，占63.1%。基础设施、服务业、高新技术产业、装备制造业投资分别增长7.7%、10.1%、22.6%、9.6%。

全年房地产开发投资比上年增长20.9%，其中住宅投资增长26.8%。商品房销售面积9755万平方米，增长1.6%；商品房销售额14090亿元，增长14.2%。

五、国内贸易

全年社会消费品零售总额25008亿元，比上年增长9.0%。按经营地统计，城镇消费品零售额20684亿元，增长8.6%；乡村消费品零售额4324亿元，增长10.6%。按消费类型统计，商品零售额22292亿元，增长8.5%；餐饮收入额2716亿元，增长12.5%。

在限额以上批发零售贸易业零售额中，通讯器材类零售额比上年增长17.8%，家具类增长17.3%，日用品类增长16.7%，石油及制品类增长15.9%，粮油、食品类增长14.3%，服装、鞋帽、针纺织品类增长14.1%，中西药品类增长12.2%，五金、电料类增长4.2%，金银珠宝类增长3.9%，建筑及装潢材料类增长0.3%，汽车类下降0.7%。

全省各类商品市场3759个，全年交易额为2.19万亿元，比上年增长2.0%。其中，十亿级市场268个，百亿级市场39个，千亿级市场2个。

六、对外经济

全年货物进出口总额28519亿元，比上年增长11.4%。其中，出口21182亿元，增长9.0%，出口占全国的12.9%，份额比上年提高0.2个百分点；进口7337亿元，增长19.0%。民营经济出口16530亿元，增长10.6%，占出口总额的78.0%，比重比上年提高1.1个百分点。机电产品出口9214亿元，增长9.6%；高新技术产品出口1408亿元，增长11.5%。对欧盟、美国进出口分别增长9.3%、10.1%，其中，出口分别增长7.8%和12.2%。对“一带一路”沿线国家[5]合计进出口8967亿元，增长12.3%，其中出口6822亿元，增长8.3%。中欧（义新欧）班列开行320列。推动中国（浙江）自由贸易试验区扩权，2018年自贸区固定资产投资419亿元，新增注册企业7413家，新增油品企业1998家，大宗商品电子交易额1487亿元。

表5　2018年货物进出口主要分类情况

指　标	金额(亿元)	比上年增长(%)	指　标	金额(亿元)	比上年增长(%)
货物进出口总额	28519	11.4	高新技术产品	1408	11.5
货物出口额	21182	9.0	货物进口额	7337	19.0
其中：一般贸易	16968	9.5	其中：一般贸易	5557	15.9
加工贸易	1874	2.2	加工贸易	814	13.3
市场采购贸易	2054	7.6	其中：机电产品	1276	19.6
其中：机电产品	9214	9.6			

表6　2018年对主要市场货物进出口情况

国家和地区	出口额(亿元)	比上年增长(%)	进口额(亿元)	比上年增长(%)
欧　盟	4662	7.8	907	18.3
美　国	4149	12.2	470	-5.5
东　盟	2023	16.1	1137	35.8
日　本	837	4.1	744	13.0
俄罗斯	590	8.4	129	18.4
韩　国	551	9.8	656	23.0
中国香港	249	4.0	28	213.5
中国台湾	212	9.8	571	8.1

全年服务贸易[6]进出口额3815亿元，比上年增长83.5%，居全国第4位，服务贸易进出口额占货物和服务贸易总额的11.8%。其中，出口1069亿元，增长72.2%；进口2745亿元，增长88.3%。

新批外商直接投资项目3529个，比上年增加499个；合同外资430.6亿美元，实际利用外资186.4亿美元，分别增长24.1%和4.1%。第二产业中，制造业实际利用外资59.7亿美元，增长9.2%。第三产业投资项目2940个，比上年增加502个，占外商直接投资项目总数的83.3%，合同外资307.8亿美元，实际利用外资120.0亿美元，分别增长28.7%和2.6%，占外资总额的比重分别为71.5%和64.4%。

年末经备案核准的境外企业和机构共计737家，比上年增加210家。全年境外直接投资备案额1262亿元，比上年增长1倍。国外经济合作完成营业额518.9亿元，比上年增长9.0%。其中，对外承包工程完成营业额506.9亿元，增长8.6%；新签合同额273.0亿元，下降17.6%；共派出各类劳务人员22589人次，外派劳务人员实际收入12.0亿元。

七、交通运输、邮电和旅游

全年交通运输、仓储和邮政业增加值 2082 亿元，比上年增长 6.1%。

全省公路总里程 12 万公里，其中高速公路 4421 公里。共有民航机场 7 个，全年旅客吞吐量 6539 万人，其中发送量 3375 万人。铁路、公路和水运完成货物周转量 11538 亿吨公里，比上年增长 14.2%；旅客周转量 1104 亿人公里，增长 0.7%。港口完成货物吞吐量 16.9 亿吨，增长 6.5%，其中，沿海港口完成 13.4 亿吨，增长 6.2%。宁波-舟山港完成货物吞吐量 10.8 亿吨，增长 7.4%，集装箱吞吐量跃居全球第三，达 2635 万标箱，增长 7.1%。

表 7　2018 年交通客货运输量

指　　标	单位	绝对数	比上年增长（%）
货物周转量	亿吨公里	11538	14.2
其中：铁路	亿吨公里	221	2.7
公路	亿吨公里	1964	7.8
水运	亿吨公里	9353	15.9
旅客周转量	亿人公里	1104	0.7
其中：铁路	亿人公里	695	5.5
公路	亿人公里	403	-6.7
水运	亿人公里	6	-0.1
民航旅客吞吐量	万人	6539	13.5

年末全省民用汽车保有量 1534 万辆，比上年末增长 9.8%，其中个人汽车 1347 万辆，增长 9.7%。民用轿车保有量 964 万辆，增长 8.6%，其中个人轿车 892 万辆，增长 8.4%。

全年邮政业务总量[7]2326 亿元，比上年增长 34.6%；电信业务总量[8]4099 亿元，增长 129.1%。年末移动电话用户 8309 万户，比上年增加 719 万户，其中使用 3G、4G 移动电话用户 7071 万户。固定互联网宽带接入用户 2648 万户，增加 183 万户，其中固定互联网光纤宽带接入用户 2349 万户，增加 238 万户。移动互联网用户 8136 万户，增加 680 万户。全省快递业务量 101 亿件，比上年增长 27.5%。

全年旅游产业增加值 4391 亿元，比上年增长 10.0%，占 GDP 的 7.8%；旅游总收入 10006 亿元，增长 11.9%，接待游客 6.9 亿人次，增长 8.7%，其中接待入境过夜游客 456.8 万人次，下降 4.2%。

八、金融、证券和保险

年末全部金融机构本外币各项存款余额 116513 亿元，比上年末增长 8.6%，其中人民币存款余额增长 9.4%。住户本外币存款余额 46458 亿元，增长 13.9%。全部金融机构本外币各项贷款余额 105775 亿元，增长 17.2%，其中人民币贷款余额增长 17.5%。年末主要农村金融机构（农村信用社、农村合作银行、农村商业银行）人民币贷款余额 13946 亿元，比年初增加 1822 亿元。

表 8　2018 年金融机构本外币存贷款情况

指　　标	年末数（亿元）	比上年末增长（%）	指　　标	年末数（亿元）	比上年末增长（%）
各项存款余额	116513	8.6	各项贷款余额	105775	17.2
其中：住户存款	46458	13.9	其中：住户贷款	42554	25.7
非金融企业存款	39480	6.0	非金融企业及机关团体贷款	62699	12.1

年末境内上市公司 432 家，累计融资 10112 亿元；其中，中小板上市公司 142 家，占全国中小板上市公司的 15.4%；创业板上市公司 82 家，占全国创业板上市公司的 11.1%。

全年保险业实现保费收入 2273 亿元，比上年增长 5.9%。其中，财产险保费收入 827 亿元，增长 8.7%；人身险保费收入 1446 亿元，增长 4.4%。支付各类赔款及给付 762 亿元，增长 16.6%。其中，财产险赔付支出 490 亿元，人身险赔付支出 272 亿元。

九、人民生活和社会保障

根据城乡一体化住户调查，全年全省居民人均可支配收入为 45840 元，比上年增长 9.0%，扣除价格因素增长 6.5%。按常住地分，城镇和农村居民人均可支配收入分别为 55574 和 27302 元，增长 8.4%和 9.4%，扣除价格因素分别增长 6.0%和 7.0%。全省居民人均可支配收入中位数[9]为 40085 元，比上年增加 2747 元，增长 7.4%。

表 9　2018 年居民人均收支主要指标

指　标	全省居民		城镇常住居民		农村常住居民	
	绝对数（元）	比上年增长（%）	绝对数（元）	比上年增长（%）	绝对数（元）	比上年增长（%）
人均可支配收入	45840	9.0	55574	8.4	27302	9.4
1.工资性收入	26242	8.7	31148	8.1	16898	9.3
2.经营净收入	7752	8.8	8316	8.4	6677	9.2
3.财产净收入	5244	10.6	7586	9.8	784	9.2
4.转移净收入	6602	9.2	8524	8.4	2943	10.3
人均生活消费支出	29471	8.8	34598	8.4	19707	8.9

全省居民人均生活消费支出 29471 元，比上年增长 8.8%，扣除价格因素增长 6.4%。按常住地分，城镇和农村居民人均生活消费支出分别为 34598 和 19707 元，增长 8.4%和 8.9%，扣除价格因素分别增长 6.0%和 6.6%。

年末每百户居民家庭拥有家用汽车 44.4 辆；拥有计算机 72.6 台，其中接入互联网的计算机 64.7 台；拥有移动电话 243.6 部，其中接入互联网的移动电话 178.8 部；拥有彩色电视机 173.2 台、电冰箱 104.0 台、洗衣机 90.6 台、空调 193.1 台、热水器 101.9 台。

年末全省参加基本养老保险人数 4081 万人，参加基本医疗保险人数 5369 万人，参加失业保险、工伤保险、生育保险人数分别为 1478、2088 和 1477 万人。正常缴费企业退休人员基本养老金月人均超过 3200 元。城乡居民养老保险基础养老金月人均最低标准提高到 155 元，因工死亡职工供养亲属抚恤金月人均提高 100 元。

年末在册低保对象 72.7 万人（不含五保），其中，城镇 22.1 万人，农村 50.6 万人。低保资金（含各类补贴）支出 45.2 亿元，比上年增长 33.9%；城乡低保标准已实现一体化，平均每人每月 771 元。全年支出医疗救助资金 12.1 亿元，比上年增长 36.9%。中央和省财政投入补助资金 62.7 亿元，新增各类机构养老床位数 2 万张。

全年发行各类福利彩票 167.8 亿元，比上年增加 11.4 亿元，筹集公益金 48.3 亿元。

十、教育和科学技术

年末全省共有小学 3301 所，招生 66.2 万人；在校生 360.6 万人，比上年增长 1.9%，小学学龄儿童入学率为 100%。小学生均校舍建筑面积 9.5 平方米；生均图书 31.2 册；每百名学生拥有计算机 20.5 台；小学体育运动场（馆）面积达标的学校比例为 99.7%。共有初中 1742 所，招生 54.3 万人；在校生 161.5 万人，比上年增长 3.6%，初中入学率为 100%。初中生均校舍建筑面积 19.9 平方米；生均图书 50.6 册；每百名学生拥有计算机 31.8 台；初中体育运动场（馆）面积达标的学校比例为 99.5%。全省各类中等职业教育学校 246 所（不含技工学校），招生 17.8 万人，在校生 52.6 万人；普通高中 591 所，招生 25.5 万人，在校生 76.9 万人，毕业生 25.3 万人。

全省共有普通高校 109 所（含独立学院及筹建院校）。研究生（含非全日制）、本科、专科招生比例为 1.0∶5.5∶4.9；高等教育毛入学率为 60.1%。全年研究生（含非全日制）招生 29760 人，其中，博士生 3339 人，硕士生 26421 人。

义务教育中小学专任教师 33.8 万人，比上年增长 2.4%。中等职业教育（不含技工学校）专任教师 3.4 万人，生师比 15.3:1；专任教师学历合格率为 97.5%。双师型教师占专任教师和专业课教师的比例分别为 45.3%和 83.6%。普通高等学校专任教师中副高及以上职称教师所占比例为 45.7%；具有硕士及以上学位教师比例为 84.0%。

全省共有幼儿园 8453 所，在园幼儿 193.4 万人，比上年减少 1.2%。幼儿园专任教师 13.0 万人，比上年增加 0.5 万人；幼儿教师学历合格率为 99.97%。

全年全社会研究和发展（R&D）经费支出占生产总值的 2.52%，比上年提高 0.07 个百分点。财政一般公共预算支出中科技支出 379.7 亿元，比上年增长 25.1%。

有国家认定的企业技术中心 113 家（含分中心）。新认定高新技术企业 3187 家，累计 14649 家。新培育科技型中小企业 10539 家，累计 50898 家。全年专利申请量 45.6 万件；授权量 28.5 万件，其中发明专利授权量 3.3 万件，比上年增长 13.2%。科技进步贡献率为 61.8%。新增“浙江制造”标准 559 个。

十一、卫生和文化体育

年末全省卫生机构 3.3 万个(含村卫生室)，其中，医院 1288 个，卫生院 1166 个，社区卫生服务中心(站) 5310 个，诊所（卫生室、医务室）11089 个，村卫生室 11483 个，疾病预防控制中心 100 个，卫生监督所（中心）102 个。卫生技术人员 48.6 万人，比上年末增长 5.5%，其中，执业（助理）医师 19.1 万人，注册护士 20.2 万人，分别增长 6.4%和 7.1%。医疗卫生机构床位数 33.2 万张，增长 5.7%，其中，医院 29.4 万张，卫生院 1.9 万张。医院全年总诊疗 28292 万人次，增长 2.4%。

全省预约诊疗服务平台预约请求量 1063 万人次，预约成功量 747 万次，比上年分别增长 15.3%和 9.2%，日均预约成功量 2.0 万次，新增注册用户 215 万人，增长 3.1%，日均注册量为 0.6 万人次。全年新接入医院 238 家，累计接入医院 522 家。

年末全省共有公共图书馆 103 个，文化馆 101 个，文化站 1374 个，博物馆 337 个，隶属文化部门艺术表演团体 64 个。广播、电视人口综合覆盖率分别为 99.73%和 99.80%。共有影视制作机构 3368 家，其中上市公司 26 家；全年制作电视剧 52 部 2358 集，动画片 54 部 19393 分钟；制作影片 117 部，电影票房收入 48.9 亿元，比上年增长 11.3%。图书出版社 14 家；公开发行报纸 95 种，出版期刊 233 种；新闻出版营业收入 23.4 亿元。

全年浙江运动员在各类国际性、洲际性、全国性比赛中共获得世界锦标赛、世界杯总决赛冠军 14 个，世界杯分站赛、系列赛冠军 25 个，世界青年锦标赛冠军 4 个，亚洲锦标赛、亚洲杯赛冠军 9 个，亚洲青年锦标赛冠军 17 个，全国一类比赛冠军 80 个、二类比赛冠军 96 个、青少年比赛冠军 343 个。

年末全省人均体育场地面积 2.16 平方米，经常参加体育锻炼人数[10]占总人口的 41.3%，城乡居民国民体质合格率保持在 92.9%以上。有省级全民健身中心 24 个、中心村全民健身广场（体育休闲公园）534 个、社区多功能运动场 585 个。国家级体育后备人才基地 18 个，省级体育后备人才基地 50 个。国家级体育传统项目学校 17 个。省级青少年体育俱乐部 413 所。国家体育产业示范基地（运动休闲示范区）5 个、体育旅游示范基地 1 个、国家级运动休闲特色小镇 3 个。省级运动休闲基地 17 个、运动休闲旅游示范基地 26 个。

全年销售体育彩票 206.2 亿元，比上年增加 69.2 亿元，增长 50.5%。

十二、资源、环境保护和社会安全

全年平均降水量为 1640 毫米（折合降水总量 1702 亿立方米），全省水资源总量为 867 亿立方米，人均水资源量为 1521 立方米。

全年完成造林更新面积 16.9 千公顷，比上年减少 11.8%，其中，人工造林 7.4 千公顷，迹地更新 8.8 千公顷。森林抚育面积 128.6 千公顷，完成义务植树 2679 万株。新植珍贵树木 2413 万株，重点建设珍贵彩色森林 29.8 万亩。根据 2018 年浙江省森林资源公告，全省森林覆盖率为 61.2%（含灌木林）。完成水土流失治理面积 454.5 平方公里。

年末有气象雷达观测站点 10 个，卫星云图接收站点 26 个，区域自动气象观测站 2968 个。全年霾平均日数 22 天，比上年减少 12 天。11 个设区城市环境空气 PM2.5 年均浓度平均为 33 微克/立方米，比上年下降 15.4%；日空气质量优良天数比例为 71.0%～95.1%，平均为 85.3%，比上年提高 2.6 个百分点。69 个县级以上城市日空气质量优良天数比例为 71.0%～100%，平均为 90.8%，提高 0.8 个百分点。

221 个省控断面中，III类及以上水质断面占 84.6%，比上年提高 1.8 个百分点；满足水环境功能区目标水质要求断面占 89.6%，提高 3.6 个百分点。按达标水量计，11 个设区城市的主要集中式饮用水水源地水质达标率为 97.0%，下降 0.4 个百分点；县级以上城市集中式饮用水水源地水质达标率为 97.0%，提高 0.6 个百分点。按个数计，11 个设区城市的主要集中式饮用水水源地水质达标率为 90.5%，与上年持平；县级以上城市集中式饮用水水源地水质达标率为 94.5%，提高 1.1 个百分点。145 个跨行政区域河流交接断面水质达标率为 90.3%，与上年持平。近岸海域发现赤潮 18 次，累计面积约 1069 平方千米，其中有毒有害赤潮 6 次，面积 180 平方千米。与上年相比，赤潮发现次数减少 15 次，累计面积减少 999 平方千米。

全年城市污水排放量 37.0 亿立方米，比上年增长 3.9%，城市污水处理量为 35.3 亿立方米，增长 4.8%，城市污水处理率 95.55%，比上年提高 0.78 个百分点。城市生活垃圾无害化处理率 100%，城市用水普及率 100%，城市燃气普及率 99.83%。人均公园绿地面积 13.6 平方米。

累计建成国家生态文明建设示范市 1 个，国家生态文明建设示范县（市、区）10 个，国家“绿水青山就是金山银山”实践创新基地 5 个，省级生态文明建设示范市 5 个，省级生态文明建设示范县（市、区）38 个。建成国家级生态市 2 个，国家级生态县（市、区）39 个，国家级生态乡镇 691 个，国家环境保护模范城市 7 个，省级生态市 5 个，省级生态县（市、区）67 个，省级环保模范城市 15 个。

全年规模以上工业企业能源消费量比上年增长 2.1%，单位工业增加值能耗下降 4.8%。其中，千吨以上和重点监测用能企业能源消费量分别下降 0.7%和 1.1%，单位工业增加值能耗分别下降 6.6%和 7.2%。

全年发生各类生产安全事故（包括工矿商贸企业、道路运输、水上交通、渔业船舶、铁路交通、海上交通事故）2276 起、死亡 1963 人、受伤 789 人，比上年分别下降 33.0%、28.0%和 45.1%。其中，较大生产安全事故 13 起、死亡 52 人，比上年减少 2 起、增加 1 人；未发生重大生产安全事故。道路运输共发生事故 1767 起、死亡 1446 人、受伤 680 人，比上年分别下降 35.4%、29.1%和 47.0%。

注释：

[1] 本公报所列各项数据为年度初步统计数据。部分数据因四舍五入原因，存在与分项合计不等的情况。

[2] 规模以上服务业企业为列入国家统计局统计的 10355 家企业，不包括批发零售住宿餐饮、房地产开发和银行、证券、保险业企业。

[3] 全员劳动生产率为地区生产总值（现价）与全部就业人员年平均人数的比率，增速按可比价计算。

[4] 三品一标是指无公害农产品，绿色食品，有机农产品，农产品地理标志。

[5] “一带一路”沿线国家具体包括印度、俄罗斯、越南、印度尼西亚、伊朗、泰国、土耳其、巴基斯坦、马来西亚、波

兰、菲律宾、沙特阿拉伯等 64 个国家。

[6]从 2018 年起，浙江服务贸易统计执行《国际服务贸易统计监测制度》，口径与上年有调整，增速按可比口径计算。

[7]邮政业务总量按 2010 年不变价计算。

[8]电信业务总量按 2015 年不变价计算。

[9]人均可支配收入中位数是指将所有调查户按人均可支配收入水平从低到高顺序排列，处于最中间位置的调查户的人均可支配收入。

[10]经常参加体育锻炼的人指每周参加 3 次及以上，每次锻炼时间 30 分钟以上、锻炼强度达到中等及以上的人。

资料来源：

本公报中财政数据来自省财政厅；城镇新增就业、登记失业率、社会保障等数据来自省人力社保厅；水产品产量、粮食生产功能区、现代农业园区、示范性农业全产业链、农业文化遗产、休闲农业与乡村旅游示范县、美丽休闲乡村、建制村生活垃圾处理、美丽乡村建设、历史文化村落、农家乐、农民素质提升工程培训等数据来自省农业农村厅；商品交易实体市场和交易额、“浙江制造”标准、专利等数据来自省市场监管局（知识产权局）；货物进出口等数据来自杭州海关；服务贸易进出口、外商直接投资、对外投资、国外经济合作、对外承包工程、外派劳务、网络零售额等数据来自省商务厅；公路里程、民航运输、货物周转量、旅客周转量、港口货物吞吐量、集装箱吞吐量等数据来自省交通运输厅；汽车拥有量等数据来自省公安厅；邮政业务、快递业务量等数据来自省邮政管理局；电信业务总量、电话用户、互联网用户等数据来自省通信管理局；公共图书馆、文化馆、博物馆、艺术表演团体、旅游等数据来自省文化和旅游厅；货币金融数据来自人民银行杭州中心支行；上市公司数据来自浙江证监局；保险业数据来自浙江银保监局；教育数据来自省教育厅；企业技术中心、高新技术企业、科技型中小企业、科技进步贡献率等数据来自省科技厅；卫生、诊疗数据来自省卫生健康委；广播电视数据来自省广电局；电影、出版数据来自省委宣传部；体育、体育彩票等数据来自省体育局；低保、社会服务和救助、福利彩票等数据来自省民政厅；水资源、水土流失治理面积等数据来自省水利厅；森林资源数据来自省林业局；气象数据来自省气象局；生态建设、环境监测等数据来自省生态环境厅；城市污水处理、城市生活垃圾处理、用水和燃气普及率、人均公园绿地面积、农村公厕改造等数据来自省建设厅；各类事故发生起数、死亡和受伤人数等数据来自省应急管理厅；价格、粮食产量、生猪存出栏、城乡居民收支、家庭耐用品拥有量、调查失业率等数据来自国家统计局浙江调查总队；其它数据均来自省统计局。

中华人民共和国2018年国民经济和社会发展统计公报[1]

国家统计局

2019年2月28日

2018年，面对复杂严峻的国际环境和艰巨繁重的改革发展稳定任务，在以习近平同志为核心的党中央坚强领导下，各地区各部门以习近平新时代中国特色社会主义思想为指导，全面贯彻党的十九大和十九届二中、三中全会精神，按照党中央、国务院决策部署，统筹推进“五位一体”总体布局，协调推进“四个全面”战略布局，坚持稳中求进工作总基调，深入贯彻新发展理念，落实高质量发展要求，以供给侧结构性改革为主线，着力深化改革扩大开放，坚决打好防范化解重大风险、精准脱贫、污染防治三大攻坚战，有效应对外部环境深刻变化，统筹稳增长、促改革、调结构、惠民生、防风险，做好稳就业、稳金融、稳外贸、稳外资、稳投资、稳预期工作，经济运行总体平稳、稳中有进，质量效益稳步提升，人民生活持续改善，保持了经济持续健康发展和社会大局稳定，朝着实现全面建成小康社会的目标迈出了新的步伐。

一、综合

初步核算，全年国内生产总值[2]900309亿元，比上年增长6.6%。其中，第一产业增加值64734亿元，增长3.5%；第二产业增加值366001亿元，增长5.8%；第三产业增加值469575亿元，增长7.6%。第一产业增加值占国内生产总值的比重为7.2%，第二产业增加值比重为40.7%，第三产业增加值比重为52.2%。全年最终消费支出对国内生产总值增长的贡献率为76.2%，资本形成总额的贡献率为32.4%，货物和服务净出口的贡献率为-8.6%。人均国内生产总值64644元，比上年增长6.1%。国民总收入[3]896915亿元，比上年增长6.5%。全国万元国内生产总值能耗[4]比上年下降3.1%。全员劳动生产率[5]为107327元/人，比上年提高6.6%。

（图1　2014-2018年国内生产总值及其增长速度，略）

（图2　2014-2018年三次产业增加值占国内生产总值比重，略）

（图3　2014-2018年万元生产总值能耗降低率，略）

（图4　2014-2018年全员劳动生产率，略）

年末全国大陆总人口139538万人，比上年末增加530万人，其中城镇常住人口83137万人，占总人口比重（常住人口城镇化率）为59.58%，比上年末提高1.06个百分点。户籍人口城镇化率为43.37%，比上年

表1　2018年年末人口数及其构成

指　　标	年末数（万人）	比重（%）
全国总人口	139538	100.0
其中：城镇	83137	59.58
乡村	56401	40.42
其中：男性	71351	51.1
女性	68187	48.9
其中：0-15岁（含不满16周岁）[8]	24860	17.8
16-59岁（含不满60周岁）	89729	64.3
60周岁及以上	24949	17.9
其中：65周岁及以上	16658	11.9

末提高 1.02 个百分点。全年出生人口 1523 万人，出生率为 10.94‰；死亡人口 993 万人，死亡率为 7.13‰；自然增长率为 3.81‰。全国人户分离的人口[6]2.86 亿人，其中流动人口[7]2.41 亿人。

年末全国就业人员 77586 万人，其中城镇就业人员 43419 万人。全年城镇新增就业 1361 万人，比上年增加 10 万人。年末全国城镇调查失业率为 4.9%，比上年末下降 0.1 个百分点；城镇登记失业率为 3.8%，下降 0.1 个百分点。全国农民工[9]总量 28836 万人，比上年增长 0.6%。其中，外出农民工 17266 万人，增长 0.5%；本地农民工 11570 万人，增长 0.9%。

（图 5　2014-2018 年城镇新增就业人数，略）

全年居民消费价格比上年上涨 2.1%。工业生产者出厂价格上涨 3.5%。工业生产者购进价格上涨 4.1%。固定资产投资价格上涨 5.4%。农产品生产者价格[10]下降 0.9%。12 月份 70 个大中城市新建商品住宅销售价格月同比上涨的城市个数为 69 个，下降的为 1 个。

（图 6　2018 年居民消费价格月度涨跌幅度，略）

表 2　2018 年居民消费价格比上年涨跌幅度

指　标	全国	城市	农村
居民消费价格	2.1	2.1	2.1
其中：食品烟酒	1.9	2.1	1.1
衣　着	1.2	1.1	1.5
居　住[11]	2.4	2.1	3.3
生活用品及服务	1.6	1.6	1.6
交通和通信	1.7	1.6	1.8
教育文化和娱乐	2.2	2.3	2.2
医疗保健	4.3	4.6	3.7
其他用品和服务	1.2	1.2	1.2

年末国家外汇储备 30727 亿美元，比上年末减少 672 亿美元。全年人民币平均汇率为 1 美元兑 6.6174 元人民币，比上年升值 2.0%。

（图 7　2014-2018 年年末国家外汇储备，略）

供给侧结构性改革深入推进。全年全国工业产能利用率[12]为 76.5%。其中，煤炭开采和洗选业产能利用率为 70.6%，比上年提高 2.4 个百分点；黑色金属冶炼和压延加工业产能利用率为 78.0%，提高 2.2 个百分点。年末商品房待售面积 52414 万平方米，比上年末减少 6510 万平方米。其中，商品住宅待售面积 25091 万平方米，减少 5072 万平方米。年末规模以上工业企业资产负债率为 56.5%，比上年末下降 0.5 个百分点[13]。全年规模以上工业企业每百元主营业务收入中的成本为 83.88 元，比上年下降 0.20 元。全年生态保护和环境治理业、农业固定资产投资（不含农户）分别比上年增长 43.0%和 15.4%。

新动能持续发展壮大。全年规模以上工业中，战略性新兴产业[14]增加值比上年增长 8.9%。高技术制造业[15]增加值增长 11.7%，占规模以上工业增加值的比重为 13.9%。装备制造业[16]增加值增长 8.1%，占规模以上工业增加值的比重为 32.9%。全年规模以上服务业[17]中，战略性新兴服务业[18]营业收入比上年增长 14.6%。全年高技术产业投资[19]比上年增长 14.9%，工业技术改造投资[20]增长 12.8%。全年新能源汽车产量 115 万辆，比上年增长 66.2%；智能电视产量 11376 万台，增长 17.7%。全年网上零售额[21]90065 亿元，比上年增长 23.9%。

脱贫攻坚成效显著。按照每人每年 2300 元（2010 年不变价）的农村贫困标准计算，年末农村贫困人口 1660 万人，比上年末减少 1386 万人[22]；贫困发生率[23]1.7%，比上年下降 1.4 个百分点。全年贫困地区[24]农村居民人均可支配收入 10371 元，比上年增长 10.6%，扣除价格因素，实际增长 8.3%。

（图 8　2014-2018 年年末全国农村贫困人口和贫困发生率，略）

二、农业[25]

全年粮食种植面积 11704 万公顷，比上年减少 95 万公顷。其中，小麦种植面积 2427 万公顷，减少 24 万公顷；稻谷种植面积 3019 万公顷，减少 56 万公顷；玉米种植面积 4213 万公顷，减少 27 万公顷。棉花种植面积 335 万公顷，增加 16 万公顷。油料种植面积 1289 万公顷，减少 33 万公顷。糖料种植面积 163 万公顷，增加 9 万公顷。

全年粮食产量 65789 万吨，比上年减少 371 万吨，减产 0.6%。其中，夏粮产量 13878 万吨，减产 2.1%；早稻产量 2859 万吨，减产 4.3%；秋粮产量 49052 万吨，增产 0.1%。全年谷物产量 61019 万吨，比上年减产 0.8%。其中，稻谷产量 21213 万吨，减产 0.3%；小麦产量 13143 万吨，减产 2.2%；玉米产量 25733 万吨，减产 0.7%。

（图 9　2014-2018 年粮食产量，略）

全年棉花产量 610 万吨，比上年增产 7.8%。油料产量 3439 万吨，减产 1.0%。糖料产量 11976 万吨，增产 5.3%。茶叶产量 261 万吨，增产 5.9%。

全年猪牛羊禽肉产量 8517 万吨，比上年下降 0.3%。其中，猪肉产量 5404 万吨，下降 0.9%；牛肉产量 644 万吨，增长 1.5%；羊肉产量 475 万吨，增长 0.8%；禽肉产量 1994 万吨，增长 0.6%。禽蛋产量 3128 万吨，增长 1.0%。牛奶产量 3075 万吨，增长 1.2%。年末生猪存栏 42817 万头，下降 3.0%；生猪出栏 69382 万头，下降 1.2%。

全年水产品产量 6469 万吨，比上年增长 0.4%。其中，养殖水产品产量 5018 万吨，增长 2.3%；捕捞水产品产量 1451 万吨，下降 5.7%。

全年木材产量 8432 万立方米，比上年增长 0.4%。

全年新增耕地灌溉面积 72 万公顷，新增高效节水灌溉面积 144 万公顷。

三、工业和建筑业

全年全部工业增加值 305160 亿元，比上年增长 6.1%。规模以上工业增加值增长 6.2%。在规模以上工业中，分经济类型看，国有控股企业增加值增长 6.2%；股份制企业增长 6.6%，外商及港澳台商投资企业增长 4.8%；私营企业增长 6.2%。分门类看，采矿业增长 2.3%，制造业增长 6.5%，电力、热力、燃气及水生产和供应业增长 9.9%。

（图 10　2014-2018 年全部工业增加值及其增长速度，略）

全年规模以上工业中，农副食品加工业增加值比上年增长 5.9%，纺织业增长 1.0%，化学原料和化学制品制造业增长 3.6%，非金属矿物制品业增长 4.6%，黑色金属冶炼和压延加工业增长 7.0%，通用设备制造业增长 7.2%，专用设备制造业增长 10.9%，汽车制造业增长 4.9%，电气机械和器材制造业增长 7.3%，计算机、通信和其他电子设备制造业增长 13.1%，电力、热力生产和供应业增长 9.6%。

年末全国发电装机容量 189967 万千瓦，比上年末增长 6.5%[29]。其中[30]，火电装机容量 114367 万千瓦，增长 3.0%；水电装机容量 35226 万千瓦，增长 2.5%；核电装机容量 4466 万千瓦，增长 24.7%；并网风电装机容量 18426 万千瓦，增长 12.4%；并网太阳能发电装机容量 17463 万千瓦，增长 33.9%。

全年规模以上工业企业利润 66351 亿元，比上年增长 10.3%[31]。分经济类型看，国有控股企业利润 18583 亿元，比上年增长 12.6%；股份制企业 46975 亿元，增长 14.4%，外商及港澳台商投资企业 16776 亿元，增长 1.9%；私营企业 17137 亿元，增长 11.9%。分门类看，采矿业利润 5246 亿元，比上年增长 40.1%；制造业 56964 亿元，增长 8.7%；电力、热力、燃气及水生产和供应业 4141 亿元，增长 4.3%。全年规模以上工业企业主营业务收入利润率为 6.49%，比上年提高 0.11 个百分点。

表 3　2018 年主要工业产品产量及其增长速度[26]

产品名称	单位	产量	比上年增长（%）
纱	万吨	2958.9	-7.3
布	亿米	657.3	-4.9
化学纤维	万吨	5011.1	2.7
成品糖	万吨	1524.1	3.5
卷烟	亿支	23358.7	-0.4
彩色电视机	万台	18834.8	18.2
其中：液晶电视机	万台	18825.2	19.5
家用电冰箱	万台	7993.2	-3.9
房间空气调节器	万台	20486.0	14.7
一次能源生产总量	亿吨标准煤	37.7	5.0
原煤	亿吨	36.8	4.5
原油	万吨	18910.6	-1.3
天然气	亿立方米	1602.7	8.3
发电量	亿千瓦小时	71117.7	7.7
其中：火电[27]	亿千瓦小时	50738.6	6.7
水电	亿千瓦小时	12342.3	3.0
核电	亿千瓦小时	2943.6	18.7
粗钢	万吨	92800.9	6.6
钢材[28]	万吨	110551.7	5.6
十种有色金属	万吨	5702.7	3.7
其中：精炼铜（电解铜）	万吨	902.9	0.7
原铝（电解铝）	万吨	3580.2	7.5
水泥	亿吨	22.1	-5.3
硫酸（折 100%）	万吨	9129.8	-0.9
烧碱（折 100%）	万吨	3420.2	2.7
乙烯	万吨	1841.0	1.1
化肥（折 100%）	万吨	5424.4	-7.9
发电机组（发电设备）	万千瓦	10600.5	-10.3
汽车	万辆	2781.9	-4.1
其中：基本型乘用车（轿车）	万辆	1160.1	-2.9
运动型多用途乘用车（SUV）	万辆	927.4	-7.7
大中型拖拉机	万台	24.3	-29.3
集成电路	亿块	1739.5	11.2
程控交换机	万线	1006.6	7.3
移动通信手持机	万台	179846.4	-4.8
微型计算机设备	万台	30700.2	0.1
工业机器人	万台（套）	14.8	6.4

全年全社会建筑业增加值 61808 亿元，比上年增长 4.5%。全国具有资质等级的总承包和专业承包建筑业企业利润 8104 亿元，比上年增长 8.2%，其中国有控股企业 2470 亿元，增长 8.5%。

（图 11　2014-2018 年建筑业增加值及其增长速度，略）

四、服务业

全年批发和零售业增加值 84201 亿元，比上年增长 6.2%；交通运输、仓储和邮政业增加值 40550 亿元，增长 8.1%；住宿和餐饮业增加值 16023 亿元，增长 6.5%；金融业增加值 69100 亿元，增长 4.4%；房地产业增加值 59846 亿元，增长 3.8%；信息传输、软件和信息技术服务业增加值 32431 亿元，增长 30.7%；租赁和商务服务业增加值 24427 亿元，增长 8.9%。全年规模以上服务业企业营业收入比上年增长 11.4%，营业利润增长 6.5%。

（图 12　2014-2018 年服务业增加值及其增长速度，略）

全年货物运输总量 515 亿吨，比上年增长 7.1%。货物运输周转量 205452 亿吨公里，增长 4.1%。全年规模以上港口完成货物吞吐量 133 亿吨，比上年增长 2.7%[32]，其中外贸货物吞吐量 42 亿吨，增长 2.0%。规模以上港口集装箱吞吐量 24955 万标准箱，增长 5.2%。

表 4　2018 年各种运输方式完成货物运输量及其增长速度

指标	单位	绝对数	比上年增长（%）
货物运输总量	亿吨	514.6	7.1
铁路	亿吨	40.3	9.2
公路	亿吨	395.9	7.4
水运	亿吨	69.9	4.7
民航	万吨	738.5	4.6
管道	亿吨	8.5	5.4
货物运输周转量	亿吨公里	205451.6	4.1
铁路	亿吨公里	28821.0	6.9
公路	亿吨公里	71202.5	6.6
水运	亿吨公里	99303.6	0.7
民航	亿吨公里	262.4	7.7
管道	亿吨公里	5862.0	22.5

全年旅客运输总量 179 亿人次，比上年下降 3.1%[33]。旅客运输周转量 34213 亿人公里，增长 4.3%。

表 5　2018 年各种运输方式完成旅客运输量及其增长速度

指　标	单位	绝对数	比上年增长（%）
旅客运输总量	亿人次	179.2	-3.1
铁路	亿人次	33.7	9.4
公路	亿人次	136.5	-6.3
水运	亿人次	2.8	-0.5
民航	亿人次	6.1	10.9
旅客运输周转量	亿人公里	34213.5	4.3
铁路	亿人公里	14146.6	5.1
公路	亿人公里	9275.5	-5
水运	亿人公里	79.8	2.7
民航	亿人公里	10711.6	12.6

年末全国民用汽车保有量 24028 万辆（包括三轮汽车和低速货车 906 万辆），比上年末增长 10.5%，其中私人汽车保有量 20730 万辆，增长 10.9%。民用轿车保有量 13451 万辆，增长 10.4%，其中私人轿车 12589 万辆，增长 10.3%。

全年完成邮政行业业务总量[34]12345 亿元，比上年增长 26.4%。邮政业全年完成邮政函件业务 26.8 亿件，包裹业务 0.2 亿件，快递业务量 507.1 亿件，快递业务收入 6038 亿元。全年完成电信业务总量[35]65556

亿元，比上年增长 137.9%。电信业新增移动电话交换机容量[36]17267 万户，达到 259453 万户。年末全国电话用户总数 174835 万户，其中移动电话用户 156610 万户。移动电话普及率上升至 112.2 部/百人。固定互联网宽带接入用户[37]40738 万户，比上年末增加 5884 万户，其中固定互联网光纤宽带接入用户[38]36833 万户，增加 7440 万户；移动宽带用户[39]130565 万户，增加 17413 万户。全年移动互联网用户接入流量 711 亿 GB，比上年增长 189.1%。全年软件和信息技术服务业[40]完成软件业务收入 63061 亿元，按可比口径计算，比上年增长 14.2%。

（图 13　2014-2018 年快递业务量及其增长速度，略）

（图 14　2014-2018 年年末固定互联网宽带接入用户数和移动宽带用户数，略）

五、国内贸易[41]

全年社会消费品零售总额 380987 亿元，比上年增长 9.0%。按经营地统计，城镇消费品零售额 325637 亿元，增长 8.8%；乡村消费品零售额 55350 亿元，增长 10.1%。按消费类型统计，商品零售额 338271 亿元，增长 8.9%；餐饮收入额 42716 亿元，增长 9.5%。

在限额以上单位商品零售额中，粮油、食品类零售额比上年增长 10.2%，饮料类增长 9.0%，烟酒类增长 7.4%，服装、鞋帽、针纺织品类增长 8.0%，化妆品类增长 9.6%，金银珠宝类增长 7.4%，日用品类增长 13.7%，家用电器和音像器材类增长 8.9%，中西药品类增长 9.4%，文化办公用品类增长 3.0%，家具类增长 10.1%，通讯器材类增长 7.1%，建筑及装潢材料类增长 8.1%，石油及制品类增长 13.3%，汽车类下降 2.4%。

全年实物商品网上零售额 70198 亿元，比上年增长 25.4%，占社会消费品零售总额的比重为 18.4%，比上年提高 3.4 个百分点。

六、固定资产投资[42]

全年全社会固定资产投资 645675 亿元，比上年增长 5.9%。其中固定资产投资（不含农户）635636 亿元，增长 5.9%。分区域看[43]，东部地区投资比上年增长 5.7%，中部地区投资增长 10.0%，西部地区投资增长 4.7%，东北地区投资增长 1.0%。

在固定资产投资（不含农户）中，第一产业投资 22413 亿元，比上年增长 12.9%；第二产业投资 237899 亿元，增长 6.2%；第三产业投资 375324 亿元，增长 5.5%。民间固定资产投资[44]394051 亿元，增长 8.7%，占固定资产投资（不含农户）的比重为 62.0%。基础设施投资[45]增长 3.8%。六大高耗能行业投资增长 1.4%。

（图 15　2014-2018 年三次产业投资占固定资产投资（不含农户）比重，略）

表 6　2018 年分行业固定资产投资（不含农户）增长速度

行　业	比上年增长（%）	行　业	比上年增长（%）
总　计	5.9	金融业	-13.1
农、林、牧、渔业	12.3	房地产业[46]	8.3
采矿业	4.1	租赁和商务服务业	14.2
制造业	9.5	科学研究和技术服务业	13.6
电力、热力、燃气及水生产和供应业	-6.7	水利、环境和公共设施管理业	3.3
建筑业	-13.9	居民服务、修理和其他服务业	-14.4
批发和零售业	-21.5	教育	7.2
交通运输、仓储和邮政业	3.9	卫生和社会工作	8.4
住宿和餐饮业	-3.4	文化、体育和娱乐业	21.2
信息传输、软件和信息技术服务业	4.0	公共管理、社会保障和社会组织	-18.0

表 7　2018 年固定资产投资新增主要生产与运营能力

指　　标	单位	绝对数
新增 220 千伏及以上变电设备	万千伏安	22082
新建铁路投产里程	公里	4683
其中：高速铁路[47]	公里	4100
增、新建铁路复线投产里程	公里	4711
电气化铁路投产里程	公里	6474
新改建公路里程	公里	356045
其中：高速公路	公里	6063
港口万吨级码头泊位新增通过能力	万吨/年	26428
新增民用运输机场	个	6
新增光缆线路长度	万公里	578

全年房地产开发投资 120264 亿元，比上年增长 9.5%。其中住宅投资 85192 亿元，增长 13.4%；办公楼投资 5996 亿元，下降 11.3%；商业营业用房投资 14177 亿元，下降 9.4%。

全年全国棚户区住房改造开工 626 万套，基本建成 511 万套。全国农村地区建档立卡贫困户危房改造 157 万户[48]。

表 8　2018 年房地产开发和销售主要指标及其增长速度

指　　标	单位	绝对数	比上年增长（%）
投资额	亿元	120264	9.5
其中：住宅	亿元	85192	13.4
房屋施工面积	万平方米	822300	5.2
其中：住宅	万平方米	569987	6.3
房屋新开工面积	万平方米	209342	17.2
其中：住宅	万平方米	153353	19.7
房屋竣工面积	万平方米	93550	-7.8
其中：住宅	万平方米	66016	-8.1
商品房销售面积	万平方米	171654	1.3
其中：住宅	万平方米	147929	2.2
本年到位资金	亿元	165963	6.4
其中：国内贷款	亿元	24005	-4.9
个人按揭贷款	亿元	23706	-0.8

七、对外经济

全年货物进出口总额 305050 亿元，比上年增长 9.7%。其中，出口 164177 亿元，增长 7.1%；进口 140874 亿元，增长 12.9%。货物进出口顺差 23303 亿元，比上年减少 5217 亿元。对“一带一路”[49]沿线国家进出口总额 83657 亿元，比上年增长 13.3%。其中，出口 46478 亿元，增长 7.9%；进口 37179 亿元，增长 20.9%。

（图 16　2014-2018 年货物进出口总额，略）

表 9　2018 年货物进出口总额及其增长速度

指　　标	金额（亿元）	比上年增长（%）
货物进出口总额	305050	9.7
货物出口额	164177	7.1
其中：一般贸易	92405	10.9
加工贸易	52676	2.5
其中：机电产品	96457	7.9
高新技术产品	49374	9.3
货物进口额	140874	12.9
其中：一般贸易	83947	14.3
加工贸易	31097	6.6
其中：机电产品	63727	10.3
高新技术产品	44340	12.2
货物进出口顺差	23303	—

表 10　2018 年主要商品出口数量、金额及其增长速度

商品名称	单位	数量	比上年增长（%）	金额（亿元）	比上年增长（%）
钢材	万吨	6934	-8.1	3984	7.7
纺织纱线、织物及制品	—	—	—	7851	5.1
服装及衣着附件	—	—	—	10413	-2.3
鞋类	万吨	448	-0.4	3095	-5.4
家具及其零件	—	—	—	3544	4.8
箱包及类似容器	万吨	316	2.0	1787	-1.0
玩具	—	—	—	1662	2.3
塑料制品	万吨	1312	12.3	2870	9.3
集成电路	亿个	2171	6.2	5591	23.5
自动数据处理设备及其部件	万台	147296	-4.4	11355	6.0
手持或车载无线电话机	万台	111918	-7.8	9343	9.8
集装箱	万个	340	13.5	685	20.9
液晶显示板	万个	175810	-9.3	1527	-12.5
汽车	万辆	115	11.3	972	8.3

表 11　2018 年主要商品进口数量、金额及其增长速度

商品名称	单位	数量	比上年增长（%）	金额（亿元）	比上年增长（%）
谷物及谷物粉	万吨	2047	-20.0	385	-12.4
大豆	万吨	8803	-7.9	2502	-6.9
食用植物油	万吨	629	9.0	313	2.0
铁矿砂及其精矿	万吨	106447	-1.0	4984	-4.0
煤及褐煤	万吨	28123	3.9	1613	4.9
原油	万吨	46190	10.1	15882	43.1
成品油	万吨	3348	13.0	1333	35.6
天然气	万吨	9039	31.9	2552	62.1
初级形状的塑料	万吨	3284	14.5	3718	13.2
纸浆	万吨	2479	4.5	1300	25.1
钢材	万吨	1317	-1.0	1083	5.5
未锻轧铜及铜材	万吨	530	12.9	2469	16.5
集成电路	亿个	4176	10.8	20584	16.9
汽车	万辆	113	-8.5	3331	-2.7

表 12　2018 年对主要国家和地区货物进出口金额、增长速度及其比重

国家和地区	出口额（亿元）	比上年增长（%）	占全部出口比重（%）	进口额（亿元）	比上年增长（%）	占全部进口比重（%）
欧　盟	26974	7.0	16.4	18067	9.2	12.8
美　国	31603	8.6	19.2	10195	-2.3	7.2
东　盟	21066	11.3	12.8	17722	11.0	12.6
日　本	9709	4.4	5.9	11906	6.2	8.5
韩　国	7174	3.1	4.4	13495	12.3	9.6
中国香港	19966	5.7	12.2	564	13.8	0.4
中国台湾	3212	7.9	2.0	11714	11.0	8.3
巴　西	2214	12.9	1.3	5119	28.2	3.6
俄罗斯	3167	9.1	1.9	3909	39.4	2.8
印　度	5054	9.5	3.1	1242	12.2	0.9
南　非	1072	6.9	0.7	1799	8.9	1.3

全年服务进出口[50]总额 52402 亿元，比上年增长 11.5%。其中，服务出口 17658 亿元，增长 14.6%；服务进口 34744 亿元，增长 10.0%。服务进出口逆差 17086 亿元。

全年外商直接投资（不含银行、证券、保险领域）新设立企业 60533 家，比上年增长 69.8%。实际使用外商直接投资金额 8856 亿元，增长 0.9%，折 1350 亿美元，增长 3.0%。其中“一带一路”沿线国家对华直接投资新设立企业 4479 家，增长 16.1%；对华直接投资金额 424 亿元，增长 13.2%，折 64 亿美元，增长 16.0%。全年高技术制造业实际使用外资 898 亿元，增长 35.1%，折 137 亿美元，增长 38.1%。

表 13　2018 年外商直接投资（不含银行、证券、保险领域）及其增长速度

行　业	企业数（家）	比上年增长（%）	实际使用金额（亿元）	比上年增长（%）
总　计	60533	69.8	8856	0.9
其中：农、林、牧、渔业	741	5.0	53	-26.4
制造业	6152	23.4	2713	20.1
电力、热力、燃气及水生产和供应业	284	-23.7	291	23.6
交通运输、仓储和邮政业	754	45.8	314	-16.0
信息传输、软件和信息技术服务业	7222	127.9	773	-44.4
批发和零售业	22853	86.1	643	-16.5
房地产业	1053	42.9	1489	31.4
租赁和商务服务业	9099	78.9	1196	6.4
居民服务、修理和其他服务业	485	39.0	37	-2.6

全年对外非金融类直接投资额 7974 亿元，比上年下降 1.6%，折 1205 亿美元，增长 0.3%。其中，对“一带一路”沿线国家非金融类直接投资额 156 亿美元，增长 8.9%。

全年对外承包工程完成营业额 11186 亿元，比上年下降 1.7%，折 1690 亿美元，增长 0.3%。其中，对“一带一路”沿线国家完成营业额 893 亿美元，增长 4.4%，占对外承包工程完成营业额比重为 52.8%。对外劳务合作派出各类劳务人员 49 万人。

表 14　2018 年对外非金融类直接投资额及其增长速度

行　　业	金额（亿美元）	比上年增长（%）
总　计	1205	0.3
其中：农、林、牧、渔业	18	-20.3
采矿业	92	11.3
制造业	188	-1.6
电力、热力、燃气及水生产和供应业	32	-0.9
建筑业	74	0.8
批发和零售业	106	-57.5
交通运输、仓储和邮政业	58	92.7
信息传输、软件和信息技术服务业	68	-33.7
房地产业	40	82.0
租赁和商务服务业	446	27.6

八、财政金融

全年全国一般公共预算收入 183352 亿元，比上年增长 6.2%。其中税收收入 156401 亿元，比上年增加 12031 亿元，增长 8.3%。全年各地共发行地方政府置换债券 13130 亿元，平均发行利率约 3.89%。2015-2018 年，置换债券累计发行 12.2 万亿元，基本完成既定的存量政府债务置换目标。经过置换，年末地方政府债务平均利率比 2014 年末降低约 6.5 个百分点，累计节约利息约 1.7 万亿元。

（图 17　2014-2018 年全国一般公共预算收入，略）

年末广义货币供应量（M2）余额 182.7 万亿元，比上年末增长 8.1%；狭义货币供应量（M1）余额 55.2 万亿元，增长 1.5%；流通中货币（M0）余额 7.3 万亿元，增长 3.6%。

全年社会融资规模增量[51]19.3 万亿元，按可比口径计算，比上年少 3.1 万亿元；年末社会融资规模存量[52]200.7 万亿元，比上年末增长 9.8%。年末全部金融机构本外币各项存款余额 182.5 万亿元，比年初增加 13.2 万亿元，其中人民币各项存款余额 177.5 万亿元，增加 13.4 万亿元。全部金融机构本外币各项贷款余额 141.8 万亿元，增加 16.2 万亿元，其中人民币各项贷款余额 136.3 万亿元，增加 16.2 万亿元。

表 15　2018 年年末全部金融机构本外币存贷款余额及其增长速度

指　　标	年末数（亿元）	比上年末增长（%）
各项存款	1825158	7.8
其中：境内住户存款	724439	11.1
其中：人民币	716038	11.2
境内非金融企业存款	589105	3.1
各项贷款	1417516	12.9
其中：境内短期贷款	443200	7.8
境内中长期贷款	854571	13.8

年末主要农村金融机构（农村信用社、农村合作银行、农村商业银行）人民币贷款余额 169822 亿元，比年初增加 20002 亿元。全部金融机构人民币消费贷款余额 377903 亿元，增加 62709 亿元。其中，个人短

期消费贷款余额 87994 亿元，增加 19989 亿元；个人中长期消费贷款余额 289909 亿元，增加 42720 亿元。

全年境内交易场所累计筹资[53]64365 亿元，比上年增加 13572 亿元。其中，首次公开发行 A 股 105 只，筹资 1378 亿元，减少 923 亿元；A 股现金再融资（包括公开增发、定向增发、配股、优先股）5505 亿元，减少 2504 亿元；各类主体通过沪深交易所发行债券（包括公司债、可转债、可交换债、政策性金融债、地方政府债和企业资产支持证券）筹资 56878 亿元，增加 17731 亿元；全国中小企业股份转让系统[54]新增挂牌公司 577 家，挂牌公司累计筹资 604 亿元。

全年发行公司信用类债券[55]7.79 万亿元，比上年增加 1.92 万亿元。

全年保险公司原保险保费收入[56]38017 亿元，比上年增长 3.9%。其中，寿险业务原保险保费收入 20723 亿元，健康险和意外伤害险业务原保险保费收入 6524 亿元，财产险业务原保险保费收入 10770 亿元。支付各类赔款及给付 12298 亿元。其中，寿险业务给付 4389 亿元，健康险和意外伤害险业务赔款及给付 2012 亿元，财产险业务赔款 5897 亿元。

九、居民收入消费和社会保障

全年全国居民人均可支配收入 28228 元，比上年增长 8.7%，扣除价格因素，实际增长 6.5%。全国居民人均可支配收入中位数[57]24336 元，增长 8.6%。按常住地分，城镇居民人均可支配收入 39251 元，比上年增长 7.8%，扣除价格因素，实际增长 5.6%。城镇居民人均可支配收入中位数 36413 元，增长 7.6%。农村居民人均可支配收入 14617 元，比上年增长 8.8%，扣除价格因素，实际增长 6.6%。农村居民人均可支配收入中位数 13066 元，增长 9.2%。按全国居民五等份收入分组[58]，低收入组人均可支配收入 6440 元，中间偏下收入组人均可支配收入 14361 元，中间收入组人均可支配收入 23189 元，中间偏上收入组人均可支配收入 36471 元，高收入组人均可支配收入 70640 元。全国农民工人均月收入 3721 元，比上年增长 6.8%。

全年全国居民人均消费支出 19853 元，比上年增长 8.4%，扣除价格因素，实际增长 6.2%。按常住地分，城镇居民人均消费支出 26112 元，增长 6.8%，扣除价格因素，实际增长 4.6%；农村居民人均消费支出 12124 元，增长 10.7%，扣除价格因素，实际增长 8.4%。全国居民恩格尔系数为 28.4%，比上年下降 0.9 个百分点，其中城镇为 27.7%，农村为 30.1%。

（图 18　2014-2018 年全国居民人均可支配收入及其增长速度，略）

（图 19　2018 年全国居民人均消费支出及其构成，略）

年末全国参加城镇职工基本养老保险人数 41848 万人，比上年末增加 1555 万人。参加城乡居民基本养老保险人数 52392 万人，增加 1137 万人。参加基本医疗保险人数 134452 万人，增加 16771 万人。其中，参加职工基本医疗保险人数 31673 万人，增加 1351 万人；参加城乡居民基本医疗保险人数 89741 万人，增加 2382 万人。参加失业保险人数 19643 万人，增加 859 万人。年末全国领取失业保险金人数 223 万人。参加工伤保险人数 23868 万人，增加 1145 万人，其中参加工伤保险的农民工 8085 万人，增加 278 万人。参加生育保险人数 20435 万人，增加 1135 万人。年末全国共有 1008 万人享受城市居民最低生活保障，3520 万人享受农村居民最低生活保障，455 万人享受农村特困人员[59]救助供养，全年临时救助[60]1075 万人次。全年资助 4972 万人参加基本医疗保险，医疗救助 3825 万人次。国家抚恤、补助退役军人和其他优抚对象 861 万人。

年末全国共有各类提供住宿的社会服务机构 3.3 万个，其中养老服务机构 3.0 万个，儿童服务机构 664 个。社会服务床位[61]782.4 万张，其中养老服务床位 746.3 万张，儿童服务床位 10.4 万张。年末共有社区服务中心 2.7 万个，社区服务站 14.5 万个。

十、科学技术和教育

全年研究与试验发展（R&D）经费支出 19657 亿元，比上年增长 11.6%，与国内生产总值之比为 2.18%，其中基础研究经费1118亿元。全年国家重点研发计划共安排1052个项目，国家科技重大专项共安排563个课题，国家自然科学基金共资助44504个项目。截至年底，正在运行的国家重点实验室501个，累计建设国家工程研究中心132个，国家工程实验室217个，国家企业技术中心1480家。国家科技成果转化引导基金累计设立21支子基金，资金总规模313亿元。全年境内外专利申请432.3万件，比上年增长16.9%；授予专利权244.7万件，增长33.3%；PCT专利申请受理量[62]为5.5万件。截至年底，有效专利838.1万件，其中境内有效发明专利160.2万件，每万人口发明专利拥有量11.5件。全年共签订技术合同41.2万项，技术合同成交金额17697亿元，比上年增长31.8%。

（图20　2014-2018年研究与试验发展（R&D）经费支出及其增长速度，略）

表16　2018年专利申请、授权和有效专利情况

指　　标	专利数（万件）	比上年增长（%）
专利申请数	432.3	16.9
其中：境内专利申请	412.1	17.3
其中：发明专利申请	154.2	11.6
其中：境内发明专利	138.1	11.9
专利授权数	244.7	33.3
其中：境内专利授权	231.9	36.0
其中：发明专利授权	43.2	2.9
其中：境内发明专利	34.0	6.0
年末有效专利数	838.1	17.3
其中：境内有效专利	739.9	19.3
其中：有效发明专利	236.6	13.5
其中：境内有效发明专利	160.2	18.1

全年成功完成38次宇航发射。嫦娥四号探测器成功着陆月球背面并通过中继星将数据传回地球，标志着人类首次月球背面巡视探测任务正式开启；北斗三号基本系统完成建设，开始提供全球服务；我国地震立体观测体系首个天基平台中意电磁监测试验卫星、中法航天合作的首颗卫星中法海洋卫星成功发射。第二艘航母出海试航，国产大型水陆两栖飞机水上首飞，港珠澳大桥正式通车运营。

年末全国共有国家质检中心791家。全国现有产品质量、体系和服务认证机构484个，累计完成对63万家企业的认证。全国共有法定计量技术机构5030个，全年强制检定计量器具10406万台（件）。全年制定、修订国家标准2668项，其中新制定1935项。全年制造业产品质量合格率[63]为93.93%。

全年研究生教育招生85.8万人，在学研究生273.1万人，毕业生60.4万人。普通本专科招生791.0万人，在校生2831.0万人，毕业生753.3万人。中等职业教育[64]招生557.0万人，在校生1555.2万人，毕业生487.3万人。普通高中招生792.7万人，在校生2375.4万人，毕业生779.2万人。初中招生1602.6万人，在校生4652.6万人，毕业生1367.8万人。普通小学招生1867.3万人，在校生10339.3万人，毕业生1616.5万人。特殊教育招生12.4万人，在校生66.6万人，毕业生8.1万人。学前教育在园幼儿4656.4万人。九年义务教育巩固率为94.2%，高中阶段毛入学率为88.8%。

（图21　2014-2018年普通本专科、中等职业教育及普通高中招生人数，略）

十一、文化旅游、卫生健康和体育

年末全国文化系统共有艺术表演团体2075个，博物馆3331个。全国共有公共图书馆3173个，总流通[65]84529万人次；文化馆3326个。有线电视实际用户2.14亿户，其中有线数字电视实际用户2.02亿户。

年末广播节目综合人口覆盖率为98.9%，电视节目综合人口覆盖率为99.3%。全年生产电视剧323部13726集，电视动画片86257分钟。全年生产故事影片902部，科教、纪录、动画和特种影片[66]180部。出版各类报纸340亿份，各类期刊24亿册，图书95亿册（张），人均图书拥有量[67]6.85册（张）。年末全国共有档案馆4210个，已开放各类档案14016万卷（件）。

全年国内游客55.4亿人次，比上年增长10.8%；国内旅游收入51278亿元，增长12.3%。入境游客14120万人次，增长1.2%。其中，外国人3054万人次，增长4.7%；香港、澳门和台湾同胞11066万人次，增长0.3%。在入境游客中，过夜游客6290万人次，增长3.6%。国际旅游收入1271亿美元，增长3.0%。国内居民出境16199万人次，增长13.5%。其中因私出境15502万人次，增长14.1%；赴港澳台出境9919万人次，增长14.0%。

（图22　2014-2018年国内旅游人次及其增长速度，略）

年末全国共有医疗卫生机构100.4万个，其中医院3.2万个，在医院中有公立医院1.2万个，民营医院2.0万个；基层医疗卫生机构95.0万个，其中乡镇卫生院3.6万个，社区卫生服务中心（站）3.5万个，门诊部（所）24.8万个，村卫生室63.0万个；专业公共卫生机构1.9万个，其中疾病预防控制中心3469个，卫生监督所（中心）3141个。年末卫生技术人员950万人，其中执业医师和执业助理医师358万人，注册护士412万人。医疗卫生机构床位845万张，其中医院656万张，乡镇卫生院134万张。全年总诊疗人次[68]84.2亿人次，出院人数[69]2.6亿人。

（图23　2014-2018年年末卫生技术人员人数，略）

全年我国运动员在24个运动大项中获得118个世界冠军，共创15项世界纪录。全年我国残疾人运动员在20项国际赛事中获得50个世界冠军。

十二、资源、环境和应急管理

全年全国国有建设用地供应总量[70]64.3万公顷，比上年增长6.6%。其中，工矿仓储用地13.2万公顷，增长7.2%；房地产用地[71]14.4万公顷，增长24.6%；基础设施等用地36.8万公顷，增长0.7%。

全年水资源总量27960亿立方米。全年总用水量6110亿立方米，比上年增长1.1%。其中，生活用水增长1.4%，工业用水增长0.6%，农业用水增长1.1%，生态补水增长3.8%。万元国内生产总值用水量[72]73立方米，比上年下降5.1%。万元工业增加值用水量45立方米，下降5.2%。人均用水量439立方米，比上年增长0.6%。

全年完成造林面积707万公顷，其中人工造林面积360万公顷，占全部造林面积的50.9%。森林抚育面积852万公顷。截至年底，国家级自然保护区474个。新增水土流失治理面积5.4万平方公里。

初步核算，全年能源消费总量46.4亿吨标准煤，比上年增长3.3%。煤炭消费量增长1.0%，原油消费量增长6.5%，天然气消费量增长17.7%，电力消费量增长8.5%。煤炭消费量占能源消费总量的59.0%，比上年下降1.4个百分点；天然气、水电、核电、风电等清洁能源消费量占能源消费总量的22.1%，上升1.3个百分点。重点耗能工业企业单位烧碱综合能耗下降0.5%，单位合成氨综合能耗下降0.7%，吨钢综合能耗下降3.3%，单位铜冶炼综合能耗下降4.7%，每千瓦时火力发电标准煤耗下降0.7%。全国万元国内生产总值二氧化碳排放下降4.0%。

（图24　2014-2018年清洁能源消费量占能源消费总量的比重，略）

近岸海域417个海水水质监测点中，达到国家一、二类海水水质标准的监测点占74.6%，三类海水占6.7%，四类、劣四类海水占18.7%。

在监测的338个地级及以上城市中，城市空气质量达标的城市占35.8%，未达标的城市占64.2%。细颗粒物（PM2.5）未达标城市（基于2015年PM2.5年平均浓度未达标的262个城市）年平均浓度43微克/立方米，比上年下降10.4%。

在开展城市区域声环境监测的323个城市中，声环境质量好的城市占4.0%，较好的占63.5%，一般的占 30.7%，较差的占 1.2%，差的占 0.6%。

全年平均气温为 10.09℃，比上年下降 0.30℃。共有 10 个台风登陆。

全年农作物受灾面积 2081 万公顷，其中绝收 259 万公顷。全年因洪涝和地质灾害造成直接经济损失 1061 亿元，因旱灾造成直接经济损失 255 亿元，因低温冷冻和雪灾造成直接经济损失 434 亿元，因海洋灾害造成直接经济损失 48 亿元。全年大陆地区共发生 5.0 级以上地震 16 次，成灾 11 次，造成直接经济损失约 30 亿元。全年共发生森林火灾 2478 起，受害森林面积 1.6 万公顷。

全年各类生产安全事故共死亡 34046 人。工矿商贸企业就业人员 10 万人生产安全事故死亡人数 1.547 人，比上年下降 5.6%；煤矿百万吨死亡人数 0.093 人，下降 12.3%。道路交通事故万车死亡人数 1.93 人，下降 6.3%。

注释：

[1] 本公报中数据均为初步统计数。各项统计数据均未包括香港特别行政区、澳门特别行政区和台湾省。部分数据因四舍五入的原因，存在总计与分项合计不等的情况。

[2] 国内生产总值、各产业增加值、人均国内生产总值和国民总收入绝对数按现价计算，增长速度按不变价格计算。根据第三次全国农业普查结果，对国内生产总值、三次产业增加值比重、全员劳动生产率等历史数据进行了修订。

[3] 国民总收入，原称国民生产总值，是指一个国家或地区所有常住单位在一定时期内所获得的初次分配收入总额，等于国内生产总值加上来自国外的初次分配收入净额。

[4] 万元国内生产总值能耗按 2015 年价格计算。

[5] 全员劳动生产率为国内生产总值（按 2015 年价格计算）与全部就业人员的比率。

[6] 人户分离的人口是指居住地与户口登记地所在的乡镇街道不一致且离开户口登记地半年及以上的人口。

[7] 流动人口是指人户分离人口中扣除市辖区内人户分离的人口。市辖区内人户分离的人口是指一个直辖市或地级市所辖区内和区与区之间，居住地和户口登记地不在同一乡镇街道的人口。

[8] 2018 年年末，0-14 岁（含不满 15 周岁）人口为 23523 万人，15-59 岁（含不满 60 周岁）人口为 91066 万人。

[9] 年度农民工数量包括年内在本乡镇以外从业 6 个月及以上的外出农民工和在本乡镇内从事非农产业 6 个月及以上的本地农民工两部分。

[10] 农产品生产者价格是指农产品生产者直接出售其产品时的价格。

[11] 居住类价格包括租赁房房租、住房保养维修及管理、水电燃料等价格。

[12] 产能利用率是指实际产出与生产能力（均以价值量计量）的比率。企业的实际产出是指企业报告期内的工业总产值；企业的生产能力是指报告期内，在劳动力、原材料、燃料、运输等保证供给的情况下，生产设备（机械）保持正常运行，企业可实现的、并能长期维持的产品产出。

[13] 由于统计制度规定的口径调整、统计执法、剔除重复数据、企业改革剥离等因素，2018 年规模以上工业企业财务指标增速及变化按可比口径计算。

[14] 工业战略性新兴产业包括节能环保产业，新一代信息技术产业，生物产业，高端装备制造产业，新能源产业，新材料产业，新能源汽车产业等七大产业中的工业相关行业。

[15] 高技术制造业包括医药制造业，航空、航天器及设备制造业，电子及通信设备制造业，计算机及办公设备制造业，医疗仪器设备及仪器仪表制造业，信息化学品制造业。

[16] 装备制造业包括金属制品业，通用设备制造业，专用设备制造业，汽车制造业，铁路、船舶、航空航天和其他运输设备制造业，电气机械和器材制造业，计算机、通信和其他电子设备制造业，仪器仪表制造业。

[17] 规模以上服务业统计范围包括年营业收入 1000 万元及以上，或年末从业人员 50 人及以上的交通运输、仓储和邮政业，信息传输、软件和信息技术服务业，房地产业（不含房地产开发经营），租赁和商务服务业，科学研究和技术服务业，水利、环境和公共设施管理业，教育，卫生和社会工作；年营业收入 500 万元及以上，或年末从业人员 50 人及以上的居民服务、修理和其他服务业，文化、体育和娱乐业法人单位。

[18] 战略性新兴服务业包括节能环保产业，新一代信息技术产业，生物产业，高端装备制造产业，新能源产业，新材料产业，新能源汽车产业等七大产业中的服务业相关行业。

[19] 高技术产业投资包括医药制造、航空航天器及设备制造等六大类高技术制造业投资和信息服务、电子商务服务等九大类高技术服务业投资。

[20] 工业技术改造投资是指工业企业利用新技术、新工艺、新设备、新材料对现有设施、工艺条件及生产服务等进行改造提升，实现内涵式发展的投资活动。

[21]网上零售额是指通过公共网络交易平台（主要从事实物商品交易的网上平台，包括自建网站和第三方平台）实现的商品和服务零售额。2018 年网上零售额增速按可比口径计算。

[22]减贫人口等于当年贫困人口减去上年贫困人口，也相当于当年脱贫人口减去当年返贫人口。

[23]贫困发生率是指贫困人口占目标调查人口的比重。

[24]贫困地区包括集中连片特困地区和片区外的国家扶贫开发工作重点县，原共有 832 个县。2017 年开始将新疆阿克苏地区纳入贫困监测范围。

[25]农、牧、渔业等历史数据根据第三次全国农业普查结果进行了修订。

[26]2017 年部分产品产量数据进行了核实调整，2018 年产量增速按调整后的可比口径计算。

[27]火电包括燃煤发电量，燃油发电量，燃气发电量，余热、余压、余气发电量，垃圾焚烧发电量，生物质发电量。

[28]钢材产量数据中含企业之间重复加工钢材约 21800 万吨。

[29]2018 年，中国电力企业联合会对发电装机容量统计范围进行了调整，增速按可比口径计算。

[30]少量发电装机容量（如地热等）公报中未列出。

[31]见注释[13]。

[32]2018 年部分规模以上港口货物吞吐量统计范围进行调整，扩大至全港企业，相关指标增速按可比口径计算。

[33]旅客运输总量包括铁路、公路、水运、民航营业性旅客运输量，其中公路旅客运输量占 70%以上。近年来，随着人们出行方式的变化，居民自驾出行、网络约车及拼车人数增长较快，分流了公路客运量，导致旅客运输总量下降。

[34]邮政行业业务总量按 2010 年价格计算。

[35]电信业务总量按 2015 年价格计算。

[36]移动电话交换机容量是指移动电话交换机根据一定话务模型和交换机处理能力计算出来的最大同时服务用户的数量。

[37]固定互联网宽带接入用户是指报告期末在电信企业登记注册，通过 xDSL、FTTx+LAN、FTTH/O 以及其他宽带接入方式和普通专线接入公众互联网的用户。

[38]固定互联网光纤宽带接入用户是指报告期末在电信企业登记注册，通过 FTTH 或 FTTO 方式接入公众互联网的用户。

[39]移动宽带用户是指报告期末在计费系统拥有使用信息，占用 3G 或 4G 网络资源的在网用户。

[40]软件和信息技术服务业包括软件开发，集成电路设计，信息系统集成和物联网技术服务，运行维护服务，信息处理和存储支持服务，信息技术咨询服务，数字内容服务和其他信息技术服务等行业。

[41]根据第三次全国农业普查结果及有关制度规定，对 2017 年社会消费品零售总额及分项基数进行修订，2018 年增速按可比口径计算。

[42]根据统计执法检查和第四次全国经济普查单位清查结果，对 2017 年固定资产投资基数进行一些修订，2018 年增速按可比口径计算。

[43]东部地区是指北京、天津、河北、上海、江苏、浙江、福建、山东、广东和海南 10 省（市）；中部地区是指山西、安徽、江西、河南、湖北和湖南 6 省；西部地区是指内蒙古、广西、重庆、四川、贵州、云南、西藏、陕西、甘肃、青海、宁夏和新疆 12 省（区、市）；东北地区是指辽宁、吉林和黑龙江 3 省。

[44]民间固定资产投资是指具有集体、私营、个人性质的内资企事业单位以及由其控股（包括绝对控股和相对控股）的企业单位建造或购置固定资产的投资。

[45]基础设施投资包括交通运输、邮政业，电信、广播电视和卫星传输服务业，互联网和相关服务业，水利、环境和公共设施管理业投资。

[46]房地产业投资除房地产开发投资外，还包括建设单位自建房屋以及物业管理、中介服务和其他房地产投资。

[47]高速铁路是指线路最大速度 200 公里/小时及以上的铁路和 200 公里/小时以下仅运行动车组列车的铁路。

[48]各省（自治区、直辖市）汇总上报截至 2018 年 12 月底建档立卡贫困户农村危房改造实际竣工数。

[49]“一带一路”是指“丝绸之路经济带”和“21 世纪海上丝绸之路”。

[50]服务进出口按照《国际收支手册（第六版）》标准统计，增速按可比口径计算。

[51]社会融资规模增量是指一定时期内实体经济从金融体系获得的资金总额。

[52]社会融资规模存量是指一定时期末（月末、季末或年末）实体经济从金融体系获得的资金余额。

[53]境内股票市场筹资额按上市日统计。

[54]全国中小企业股份转让系统又称“新三板”，是 2012 年经国务院批准设立的全国性证券交易场所。全年全国中小企业股份转让系统挂牌公司累计筹资不含优先股。

[55]公司信用类债券包括非金融企业债务融资工具、企业债券以及公司债、可转债等。

[56]原保险保费收入是指保险企业确认的原保险合同保费收入。

[57]人均收入中位数是指将所有调查户按人均收入水平从低到高（或从高到低）顺序排列，处于最中间位置调查户的人均收入。

[58]全国居民五等份收入分组是指将所有调查户按人均收入水平从高到低顺序排列，平均分为五个等份，处于最高 20% 的收入群体为高收入组，依此类推依次为中间偏上收入组、中间收入组、中间偏下收入组、低收入组。

[59]农村特困人员是指无劳动能力，无生活来源，无法定赡养、抚养、扶养义务人或者其法定义务人无履行义务能力的农村老年人、残疾人以及未满 16 周岁的未成年人。

[60]临时救助是国家对遭遇突发事件、意外伤害、重大疾病或其他特殊原因导致基本生活陷入困境，其他社会救助制度暂时无法覆盖或救助之后基本生活暂时仍有严重困难的家庭或个人给予的应急性、过渡性的救助。

[61]社会服务床位数除收养性机构外，还包括救助类机构、社区类机构以及军休所、军供站等机构的床位。

[62]PCT 专利申请受理量是指国家知识产权局作为 PCT 专利申请受理局受理的 PCT 专利申请数量。PCT（PatentCooperationTreaty）即专利合作条约，是专利领域的一项国际合作条约。

[63]制造业产品质量合格率是指以产品质量检验为手段，按照规定的方法、程序和标准实施质量抽样检测，判定为质量合格的样品数占全部抽样样品数的百分比，统计调查样本覆盖制造业的 29 个行业。

[64]中等职业教育包括普通中专、成人中专、职业高中和技工学校。

[65]总流通人次是指本年度内到图书馆场馆接受图书馆服务的总人次，包括借阅书刊、咨询问题以及参加各类读者活动等。

[66]特种影片是指那些采用与常规影院放映在技术、设备、节目方面不同的电影展示方式，如巨幕电影、立体电影、立体特效（4D）电影、动感电影、球幕电影等。

[67]人均图书拥有量是指在一年内全国平均每人能拥有的当年出版图书册数。

[68]总诊疗人次指所有诊疗工作的总人次数，包括门诊、急诊、出诊、预约诊疗、单项健康检查、健康咨询指导（不含健康讲座）人次。

[69]出院人数指报告期内所有住院后出院的人数，包括医嘱离院、医嘱转其他医疗机构、非医嘱离院、死亡及其他人数，不含家庭病床撤床人数。

[70]国有建设用地供应总量是指报告期内市、县人民政府根据年度土地供应计划依法以出让、划拨、租赁等方式将土地使用权提供给单位或个人使用的国有建设用地总量。

[71]房地产用地是指商服用地和住宅用地的总和。

[72]万元国内生产总值用水量、万元工业增加值用水量按 2015 年价格计算。

资料来源：

本公报中户籍人口城镇化率、民用汽车、道路交通事故数据来自公安部；城镇新增就业、登记失业率、社会保障、技工学校数据来自人力资源和社会保障部；外汇储备、汇率数据来自国家外汇管理局；水产品产量数据来自农业农村部；木材产量、造林面积、森林抚育面积、国家级自然保护区数据来自国家林业和草原局；灌溉面积、水资源、水土流失治理面积数据来自水利部；发电装机容量、新增 220 千伏及以上变电设备数据来自中国电力企业联合会；港口货物吞吐量、港口集装箱吞吐量、公路运输、水运、新改建公路里程、港口万吨级码头泊位新增通过能力数据来自交通运输部；铁路运输、新建铁路投产里程、增新建铁路复线投产里程、电气化铁路投产里程数据来自中国铁路总公司；民航、新增民用运输机场数据来自中国民用航空局；管道数据来自中国石油天然气集团有限公司、中国石油化工集团有限公司、中国海洋石油集团有限公司；邮政业务数据来自国家邮政局；通信业、软件业务收入、新增光缆线路长度等数据来自工业和信息化部；棚户区改造、农村地区建档立卡贫困户危房改造数据来自住房和城乡建设部；货物进出口数据来自海关总署；服务进出口、外商直接投资、对外直接投资、对外承包工程、对外劳务合作等数据来自商务部；财政数据来自财政部；货币金融、公司信用类债券数据来自中国人民银行；境内交易场所筹资数据来自中国证券监督管理委员会；保险业数据来自中国银行保险监督管理委员会；医疗保险、资助参加基本医疗保险、医疗救助数据来自国家医疗保障局；城乡低保、农村特困人员救助供养、临时救助、社会服务数据来自民政部；优抚对象数据来自退役军人事务部；国家重点研发计划、国家科技重大专项、国家重点实验室、科技成果转化引导基金、技术合同等数据来自科学技术部；国家自然科学基金项目数据来自国家自然科学基金委员会；国家工程研究中心、国家工程实验室、国家企业技术中心等数据来自国家发展和改革委员会；专利数据来自国家知识产权局；宇航发射数据来自国家国防科技工业局；质量检验、国家标准制定修订、制造业产品质量合格率数据来自国家市场监督管理总局；教育数据来自教育部；艺术表演团体、博物馆、公共图书馆、文化馆、图书、旅游数据来自文化和旅游部；电视、广播数据来自国家广播电视总局；电影数据来自国家电影局；报纸、期刊数据来自国家新闻出版署；档案数据来自国家档案局；居民出境数据来自国家移民管理局；医疗卫生数据来自国家卫生健康委员会；体育数据来自国家体育总局；残疾人运动员数据来自中国残疾人联合会；国有建设用地供应、海洋灾害造成直接经济损失数据来自自然资源部；万元国内生产总值二氧化碳排放、环境监测等数据来自生态环境部；平均气温、登陆台风数据来自中国气象局；农作物受灾面积、洪涝和地质灾害造成直接经济损失、旱灾造成直接经济损失、低温冷冻和雪灾造成直接经济损失、森林火灾、受害森林面积、安全生产数据来自应急管理部；地震次数、地震灾害造成直接经济损失数据来自中国地震局；其他数据均来自国家统计局。